존 웨슬리의 기독교 해설 4

윤리와 사회

이 책은 드림 브릿지 김성학 목사님과 후원자님들의 기도와 재정의 후원
으로 번역되었습니다. 후원과 사랑에 깊이 감사드립니다.

존 웨슬리의 기독교 해설 4

윤리와 사회

토머스 C. 오든

웨슬리 르네상스

감수 후기

「존 웨슬리의 기독교 해설」 시리즈 4권 『윤리와 사회』는 번역자가 번역을 마친 후, 감수자가 꼼꼼히 수정하고, 마지막으로 번역자가 수정된 원고를 재확인하는 방식으로 만들었습니다. 책이 난해한 신학적 내용을 다루기보다 어느 정도 신앙 지식을 지닌 개신교 신자라면 충분히 이해할 수 있을 내용인 데다, 번역자가 영국에서 자라 영어를 모국어처럼 사용하기에 가능한 작업이었습니다. 그럼에도 번역자의 웨슬리 신학 이해와 우리말 표현에 부족한 점이 있을 수 있음을 감안해, 모든 과정은 웨슬리 신학 전공자의 철저한 감수 아래 이루어졌음을 밝힙니다.

책의 본문이나 각주에서 웨슬리 자료의 출처는 많은 경우 원서의 영어 제목을 그대로 옮겼습니다. 아직 우리말로 번역되지 않은 웨슬리 자료가 많은 데다, 전문적인 연구자의 편의를 위해 필요하다고 판단했기 때문입니다. 웨슬리의 설교는 대부분 우리말로 번역되었기에 번역된 자료를 참고할 수 있도록 책의 끝부분에 부록으로 '영어 알파벳순 웨슬리 설교 목록'과 '우리말 웨슬리 설교 목록'을 실었습니다. '우리말 웨슬리 설교 목록'에는 웨슬리 설교의 우리말 제목과 영어 제목을 동시에 표기했습니다. 따라서 책의 본문이나 각주에서 영어로 표기된 설교의 우리말 자료가 필요한 경우 부록을 참고하시기 바랍니다.

2020년 3월
장기영 박사

차례

제2부 경제 윤리

제3부 정치 윤리

제4부 신학 윤리

머리말

존 웨슬리의 가르침에 대한 독자 안내서 제4권은 윤리와 사회에 대한 복음적 가르침의 근본 교의에 초점을 맞춘다. 내용은 사회 윤리, 경제 윤리, 정치 윤리, 신학 윤리라는 상호 보완적인 네 부분으로 구성되어 있다. 웨슬리는 이런 큰 주제 아래 주의깊은 재능과 시간과 돈의 사용, 전쟁과 노예제도에 대한 정치적 문제, 복음과 율법의 관계 등에서 책임성 있는 공동체를 양육하는 것에 대해 광범위한 글을 썼다.

이 책은 신학을 전공하지 않은 비전문적인 독자에게도 매일의 기독교적 삶의 실천에 대한 웨슬리의 가르침의 핵심을 전달한다. 우리는 웨슬리가 남긴 방대한 글 중에서도 사랑으로써 역사하는 믿음에 대한 그의 가르침을 모을 것이다.

「존 웨슬리의 기독교 해설」 시리즈 중 윤리와 사회에 대한 이 마지막 책은 제1권『하나님과 섭리』, 제2권『그리스도와 구원』, 제3권『목회신학』에서 다룬 핵심적인 주장에 기초하고 있다. 제4권을 먼저 읽고자 하는 독자들은 이전에 이미 논의한 중요한 개념과 사상을 이해하기 위해 나머지 세 권을 참조하기를 권한다.

이 안내서는 끊임없이 웨슬리가 직접 쓴 글들을 인용하면서 도덕적인 삶에 대한 웨슬리의 가르침을 이해하기 쉽게 설명한다. 원자료들의 출처를 확인하는 방법은 뒤쪽의 '주요 원자료 버전 표기' 부분에서 설명할 것이다. 내 목표는 성품, 의도, 행동, 목적, 의무, 행복한 삶과 같은 근본적인 윤리 주제와 관련해 존 웨슬리의 중요한 문서의 핵심 주장을 간결하게 전달하는 것이다.

웨슬리는 1771년에 출판한 전집에서 자신의 교육적 설교들에 순서를 매기면서 다음과 같이 적었다. "나는 이 글들을 서로 비슷한 주제끼리 묶어 적절한 제목 아래 배치해 서로가 서로를 더 명확하게 해줄 수 있도록 체계화하고 싶었다. … 깊이 있게 다루든 이따금씩만 다루든, 실천 신학이나 논쟁적 신학의 중요한 주제 중 다루지 않은 것은 거의 없다."[1]

웨슬리는 매일의 기도와 성경 연구, 설교 준비에 헬라어 신약성경을 사용했다. 내 목적은 웨슬리의 가르침을 현대의 일상 언어로 전달하는 것이기에, 그 의미가 영어 흠정역 성경[Authorized King James Version (KVJ)]보다 더 명백한 경우 새국제성경[New International Version (NIV)][2]을 사용하고, 또 웨슬리가 매일 활용했던 『영국 국교회 공동기도서』(*The Book of Common Prayer*)를 주로 사용할 것이다.

웨슬리의 도덕적 가르침은 주로 설교를 통해, 때로는 논문을 통해 이루어졌다. 윤리에 관해 가장 철저하게 다룬 글은 복음과 율법의 관계, 더 좁게는 전쟁, 혁명, 노예제도, 그리고 그가 '도덕의 개혁'이라고 부른 내용을 다루는 기독교 윤리의 요약판, 13편의 산상설교 시리즈다. 철학적 윤리학과 기독교 도덕사상이 공통으로 다루는 어떤 주제도 웨슬리의 가르침에서 소홀히 다루어지지 않는다.

웨슬리의 의도는 토머스 아퀴나스(Thomas Aquinas), 루이스 데 몰리

---

1   "Preface to the Third Edition," J I:3.
2   다른 현대판 번역본은, NEB (New English Bible)나 NRSV (New Revised Standard Version) 처럼 일반적으로 사용하는 약어로 표기할 것이다.

나(Luis de Molina), 프란시스코 수아레스(Francisco Suárez), 알폰소 리구오리(Alphonsus Liguori), 필립 멜랑히톤(Philipp Melanchthon), 요한 게르하르트(Johann Gerhard)나 리처드 백스터(Richard Baxter)에게서 발견되는 것과 같은 포괄적이고 체계적인 윤리적 가르침을 남기는 것이 아니었다. 몇개의 글을 제외하면 그의 메시지는 주로 대학교 청중을 위한 것이 아니라, 하나님의 은혜에 기초해 거룩한 삶을 추구한 작은 공동체들을 위한 것이었다.

웨슬리 연구 방법

내가 웨슬리의 글을 해설할 때 사용할 방법은 논변 분석이다. 이 방법은 출판된 그의 글들에 담긴 구체적인 주장을 유심히 살펴보는 것이다. 나는 웨슬리 사고의 발전 과정을 설명하거나 그의 글을 논평하려 하지 않고, 그의 주장을 분석적으로 설명하고자 한다. 즉, 웨슬리의 글을 토대로 그의 논리와 주장에 대한 분석을 제공하기 위해 윤리적 주제에 대한 그의 핵심 자료를 사용할 것이다. 나는 '웨슬리는 어떤 이유로 이런 결론을 내리는가?'라고 질문할 것이다. 그의 가르침의 정확한 출처를 제시하기 위해서는 사람들이 가장 많이 사용하는 그의 전집을 인용할 것이다. 나는 이 글들을 도덕적 삶의 질서에 대한 웨슬리의 가르침을 논리적으로 일관성 있게 제시할 수 있도록 상식적인 순서로 정리했다.

지금까지의 웨슬리 연구는 웨슬리 신학을 유용하게 해설했지만, 내가 알기로는 그중 어떤 것도 신학적·목회적·윤리적 가르침을 담은 그의 글 전체에 기초해 그의 주장을 체계적으로 해설하기를 시도하지 않았다. 이

시리즈가 네 권의 분량이 된 것은 그리스도인의 신앙과 삶에 대한 그의 논리와 주장의 내용과 중요성을 정당하게 평가하기 위해 꼭 필요했다.

웨슬리는 성경에 기초해 끊임없이 성경과 관련해 논리를 전개하므로 앞으로 성경 구절이 자주 언급될 것이다. 또 웨슬리는 전통적 기독교의 일치된 가르침, 특히 초기 기독교 교부들의 자료에 근거해 논리를 전개했기에, 그의 가르침을 교부들과 비교해 보기 원하는 사람은 해당 주제에 관해 「교부들의 성경주해」(Ancient Christian Commentary on Scripture, 분도출판사)를 함께 살펴보면 된다.

주요 원자료 버전 표기

이 책에서 가장 중요하게 사용한 학문성이 뛰어난 웨슬리 전집은 옥스퍼드(Oxford)/애빙던(Abingdon) 출판사의 200주년 기념판(옥스퍼드 출판사는 1975-83년, 애빙던은 1984년 이후)으로, 'B'로 표기할 것이다.[3]

인쇄를 거듭해 가장 많이 출판되었고, 흔히 도서관이나 목회자의 책장에서 유일하게 발견되는 전집은 1829-31년에 처음 출판된 토머스 잭슨(Thomas Jackson) 판인데, 'J'로 표기할 것이다. 따라서 각주에 'B'나 'J'가 나오면 독자는 200주년 기념판(B)이나 잭슨판(J)으로 기억하기 바란다. 이 작업이 필요한 이유는 독자 대부분이 두 전집 중 하나만 가지고 있지, 둘 모두를 가지고 있지는 않기 때문이다. 잭슨판은 200주년 기념판보다 훨씬 많이 배포되어 있다.

---

3   드물게 석든(Sugden)판 웨슬리 표준설교(*Standard Sermons*, 약어 *SS*)에서 인용할 경우 특별히 그가 주해한 내용을 독자에게 설명할 것이다.

연구 자료 활용을 위한 핵심 지침은 아래와 같다.

- 아라비아 숫자로 표기된 책은 200주년 기념판을 가리키고, 대문자 로마 숫자로 표기된 책은 잭슨판을 가리킨다.

- 200주년 기념판(B로 표기)과 잭슨판(J로 표기) 모두는 검색용 CD나 온라인으로 사용할 수 있다. 200주년 기념판 CD는 아직 불완전하고, 전집의 완성을 위해서는 아직 많은 책을 더 출판해야 한다.

- 잭슨판과 200주년 기념판을 구분하는 것은 쉽다. 첫 번째 숫자가 아라비아 숫자면 200주년 기념판을 가리키고, 대문자 로마 숫자면 잭슨판을 뜻한다. 예를 들어, 'B 4:133'은 200주년 기념판 4권 133페이지, 'J IV:133'은 잭슨판 4권 133페이지를 가리킨다.

- 더 자세한 논의를 위해 새로운 설교를 소개할 경우, 200주년 기념판은 괄호에 넣어 B, 설교 번호, 설교 날짜, 권수와 페이지 순서, 잭슨판은 괄호 안에 J, 설교 번호, 권수와 페이지로 표기할 것이다.

- 200주년 기념판 설교의 번호와 순서는 간혹 잭슨판과 다르다. [4]

이런 표기를 하는 이유는 서로 다른 버전의 웨슬리 자료를 가지고 있더라도 편리하게 원문을 확인할 수 있도록 돕기 위해서이다. 독자 대부분은 잭슨판이나 200주년 기념판 중 한 가지 버전만 사용할 것이고, 대체로 두 버전 모두 사용하지는 않을 것이다. 이를 감안해 나는 두 버전을 모두 표기할 것이다. 이 시리즈 각 권 뒤에는 모두 부록으로 "알파벳 순서별 웨슬리 설교 출처, 200주년 기념판 & 잭슨판"을 수록했다. 학술적으로 연구하는 사람이라면 가능한 한 200주년 기념판을 사용하기 바란다.

---

[4] 예를 들어 "선한 사람들의 괴로움과 쉼"은 200주년 기념판에서는 설교 109번(B #109), 잭슨판에서는 설교 127번(J #127)이다. 두 전집의 설교 번호가 같은 경우가 더 많지만 일부 설교는 다르다.

성경 구절 인용 표기

웨슬리는 일반 예배에서 사용되던 영어 흠정역 성경(KJV)의 가치에 늘 감사하는 마음을 가졌지만, 그가 성경을 연구할 때는 대체로 원어 성경을 사용했다. 이 책에서 성경 구절을 인용할 때 별다른 언급이 없는 경우에는 웨슬리가 설교하거나 글을 쓸 때 주로 사용한 킹제임스 성경을 인용할 것이다.

웨슬리는 자신이 헬라어를 직접 번역한 신약 성경을 출판할 때, 평이한 영어를 사용하던 1700년대 청중과의 교감을 위해 1611년판 영어 흠정역 성경의 많은 본문을 수정했다. 그렇더라도 웨슬리가 자신의 헬라어 영역본 신약 성경이 앞으로 수세기 동안 영국 독자를 위한 결정판이 될 것이라고 여겼다고 생각할 필요는 없다. 과거 수십 년 동안 영국 사람들의 언어의 용례와 기법이 자주 바뀌어 왔듯, 웨슬리 이후로도 그럴 것이기 때문이다.

웨슬리가 늘 킹제임스 성경으로 작업한 것으로 추측해온 사람은, 그가 헬라어 신약 성경을 능숙하게 읽을 수 있었음을 알 필요가 있다. 그는 날마다 이른 아침과 저녁, 말씀 묵상과 연구를 위해 헬라어 신약 성경을 사용했다.

다른 웨슬리 전집들

웨슬리 생전에 출판된 유일한 전집은 32권짜리 브리스톨판 웨슬리 전집 [*The Works of the Rev. John Wesley* (Bristol, UK: William Pine, 1771-74)]이었다.

웨슬리 사후 출판된 두 번째 전집은 조셉 벤슨(Joseph Benson)이 편집한 *The Works of the Rev. John Wesley* (17 vols., London: Conference Offices, 1809-13; New York과 Philadelphia에서 10권으로 재출판됨, 1826-27)이다.

세 번째 전집은 현재 미국에서 가장 많이 사용되고 있고 이 책에서도 가장 중요하게 사용할 두 전집 중 하나로, 토머스 잭슨이 편집한 *The Works of the Rev. John Wesley* (14 vols., London, 1829-31)이다.[5]

200주년 기념판이 나오기 전 현대적 기준에 따라 웨슬리 글에 학자의 서문을 싣고 주해를 붙인 전집에는 1916년에 출간된 느헤미아 커녹(Nehemiah Curnock)의 *The Journal of John Wesley* (약어 *JJW*), 1921년에 출간된 에드워드 석든(Edward H. Sugden)의 『표준설교집』(*Standard Sermons,* 약어 *SS*), 1931년에 출간된 존 텔포드(John Telford)의 *The Letters of John Wesley* (약어 *LJW*), 1964년에 알버트 아우틀러(Albert C. Outler)가 선별한 『존 웨슬리 저작선』[*John Wesley* (New York: Oxford University Press, 1964)]이 있다. 이 책은 이 모든 자료를 중요하게 다룬다. 옥스퍼드 • 애빙던 출판사의 200주년 기념판(약어 B)[6]은 앞으로 오랜 기간 웨슬리 전집의 결정판으로 자리매김할 것이다.

5　200주년 기념판 설교집이 텔포드 • 석든 • 커녹 • 잭슨판을 거의 언급하지 않는 이유는 여전히 수수께끼로 남는다. 그 모든 자료가 연구에 적절하고 유용한 해설을 담고 있기 때문이다. 존 에머리(John Emory)가 잭슨판에 기초해 편집한 미국판은 1831년 뉴욕에서 출간됐다. 현재 많은 도서관이 잭슨판만 가지고 있다.

6　'신조'(Articles of Religion, 약어 Art.)라는 말로 내가 지칭하는 것은 웨슬리가 영국 국교회 39개 신조를 편집, 수정해 만든 24개 신조다(미국 감리교회는 1784년에 25번째 신조를 추가했다). 이 신조는 미국 웨슬리안 교리 전통에서 핵심적 역할을 해왔으며, 웨슬리안 전통 교회 대부분의 헌법에 포함되어 있다. '신앙고백'(Confession, 약어 Confes.)이라는 말은 1962년에 복음주의 형제연합교회(The Evangelical United Brethren) 신앙고백서에 제시된 웨슬리안 신앙 개요를 지칭하는데, 이 개요는 이후 헌법적 구속력이 있는 규정에 의해 연합감리교회(the United Methodist Church)의 교리적 표준이 되었다. 신앙고백 제1조는 'Confes. 1'로 표기할 것이다.

웨슬리가 남긴 유산

웨슬리는 엄청난 분량의 저작물을 남겼다. 이 방대한 저작물은 151편의 교육적 설교, 거의 60년치의 출판된 일지(1735-91), 자필 일기, 8권 분량의 편지, 신학 논문, 교리에 관한 소책자, 필요에 따라 쓴 글과 서문들이다. 막대한 분량의 찬송 대부분은 동생 찰스 웨슬리가 썼지만, 그것을 편집한 사람은 형 존 웨슬리다. 이 모든 것은 아주 오랜 기간 그들이 편집하고 출판한 결과물이다. 18세기에 존 웨슬리처럼 방대한 저작물을 남긴 사람은 다시 찾기 힘들다.

　이 시리즈는 웨슬리에 대한 전문 지식이 없는 독자를 위해 웨슬리가 남긴 유산 전체의 요지를 조직신학적으로 체계화해 전달하고자 한다. 이는 그의 기독교 해설에 담긴 근본적 지혜를 보게 하는 하나의 창을 제공할 것이다. 이 시리즈는 그의 가르침을 총망라하지는 못하더라도, 그의 다양한 장르의 저작물 전체에 담긴 핵심적 통찰을 빠짐없이 담고자 노력했다.

　이는 웨슬리의 방대한 작품을 점검하는 일에 왜 여러 권의 책이 필요한지에 대한 설명이 될 것이다. 짧은 시리즈로는 핵심 내용을 희생시킬 수밖에 없기 때문이다. 특정 교리나 사상에 대한 관심으로 이 책을 읽는 독자라면, 시리즈의 특정 부분을 더 심도 있게 읽는 것이 도움이 될 것이다.

이 시리즈에 관해

존더반(Zondervan)은 참고자료와 고전 출판에 탁월한 명성을 가진 출판사로, 출판한 많은 책이 시리즈로 되어 있다. 나는 이 시리즈가 평신도와 신학자 모두에게 충분히 유용한 자료로 인정받고 적절한 시기에 디지털화되어 앞으로 수십 년 동안 세계의 독자들이 활용할 수 있게 되기를 바란

다. 지금까지 웨슬리 연구에서 웨슬리가 가르친 내용과 그 내용을 담고 있
는 원문을 하나하나 소개하면서 해설한 이런 연구서는 없었다.

존더반은 1994년에 이 시리즈의 전작인 웨슬리 신학 연구서 *John Wesley's Scriptural Christianity: A Plain Exposition of His Teaching on Christian Doctrine* (약어 *JWSC*)을 출판했다. 이 시리즈는 그 단행본의 내용을 상당히 개정하고 분량을 네 배로 확장했다.

약어표

ACCS   *The Ancient Christian Commentary on Scripture.* 29 vols. Edited by
        Thomas C. Oden. Downers Grove, IL: InterVarsity, 1997-2010.

AHR   *American Historical Review.*

AS   *Asbury Seminarian.*

B   Bicentennial edition of *The Works of John Wesley*. Edited by
        Frank Baker and Richard Heitzenrater. Oxford: Clarendon,
        and New York: Oxford University Press, 1975-83; Nashville:
        Abingdon, 1984-; in print: volumes 1, 2, 3, 4, 7, 18, 19, 20, 21, 22,
        23, 24. Vols. 14-16 of the Bicentennial edition, on pastoral, eth-
        ical, and instructional writings, and on medicine and many
        other topics are as yet in preparation.

BCP   Book of Common Prayer.

CC   Thomas C. Oden. *Classic Christianity.* San Francisco: Harper-
        One, 2003.

CCJW   *The Cambridge Companion to John Wesley.* Edited by Randy L.
        Maddox and Jason E. Vickers. Cambridge: Cambridge Uni-
        versity Press, 2009.

CH   *A Collection of Hymns for the Use of the People Called Methodists.*
        Volume 7 of the Bicentennial edition.

CL   Christian Library.

Confes. 1962 Confession of the Evangelical United Brethren.

diss.   dissertation.

DS   "Doctrine of Salvation."

DSWT   Thomas C. Oden. *Doctrinal Standards in the Wesleyan Tradition.*
        Grand Rapids: Zondervan, 1988.

EA   "An Earnest Appeal to Men of Reason and Religion."

ENNT   *Explanatory Notes upon the New Testament.*

ENOT   *Explanatory Notes upon the Old Testament.*

EQ   *Evangelical Quarterly.*

ESV   English Standard Version.

FA	"A Farther Appeal to Men of Reason and Religion."
FAP	Francis Asbury Press, Zondervan.
FW	Kenneth Collins. *A Faithful Witness: John Wesley's Homiletical Theology*. Wilmore, KY: Wesleyan Heritage, 1993.
HLQ	*Huntington Library Quarterly.*
HSP	*Hymns and Sacred Poems.*
Interpretation	*Interpretation: A Journal of Bible and Theology.*
J	Jackson edition of Wesley's Works. Edited by Thomas Jackson, 1829-32. 1872 edition reprinted in many 14 volume American editions (Eerdmans, Zondervan, Christian Book Distributors, et al.); digitally available at Wesley.nnu.edu.
JBT	*Journal of Bible and Theology.*
JJW	*The Journal of John Wesley*. Edited by Nehemiah Curnock. 8 vols. London: Epworth, 1916.
JWO	*John Wesley*. Edited by Albert C. Outler. Library of Protestant Theology. New York: Oxford University Press, 1964.
JWSC	Thomas C. Oden. *John Wesley's Scriptural Christianity: A Plain Exposition of His Teaching on Christian Doctrine*. Grand Rapids: Zondervan, 1994.
JWT	Thomas Oden. *John Wesley's Teachings*. 4 vols. Grand Rapids: Zondervan, 2012-13.
JWTT	Colin Williams. *John Wesley's Theology Today*. Nashville: Abingdon, 1960.
KJV	King James Version.
LCL	Loeb Classical Library.
LJW	*Letters of John Wesley*. Edited by John Telford. 8 vols. London: Epworth, 1931.
LQHR	*London Quarterly and Holborn Review.*
MH	*Methodist History.*
Minutes	"Minutes of Some Late Conversations between the Rev. Mr. Wesley and Others."
MM	Methodist Magazine.
MPL	*Patrologia Latina (Patrologiae cursus completus: Series latina)*. Edited by J.-P. Migne. 217 vols. Paris: 1844-64. Series graeca, 1857-66.
MQR	*Methodist Quarterly Review.*

MR	*Methodist Review.*
MSG	*The Message.*
NIV	New International Version.
NKJV	New King James Version.
NLT	New Living Translation.
NRSV	New Revised Standard Version.
NT	New Testament.
OT	Old Testament.
pref.	preface.
PW	*Poetical Works of Charles Wesley and John Wesley.* Edited by George Osborn. 13 vols. London: Wesleyan Methodist Conference, 1868-72.
PWHS	*Proceedings of the Wesleyan Historical Society.*
QR	*Quarterly Review.*
RE	Henry D. Rack. *Reasonable Enthusiast* Philadelphia: Trinity Press International, 1985.
RJW	George Croft Cell. *The Rediscovery of John Wesley.* New York: Henry Holt, 1935.
RL	*Religion in Life.*
SS	*The Standard Sermons of John Wesley.* Edited by Edward H. Sugden. 2 vols. London: Epworth, 1921; 3rd ed., 1951.
TCNT	*Twentieth Century New Testament.*
TJW	William R. Cannon. *Theology of John Wesley: With Special Reference to the Doctrine of Justification.* New York: Abingdon, 1946.
UMC	United Methodist Church.
unpubl.	unpublished.
WMM	*Wesleyan Methodist Magazine.*
WQR	*Wesleyan Quarterly Review.*
WS	Harald G. A. Lindström. *Wesley and Sanctification.* Nashville, Abingdon, 1946.
WTH	Albert C. Outler. *The Wesleyan Theological Heritage: Essays of Albert C. Outler.* Edited by Thomas C. Oden and Leicester R. Longden. Grand Rapids: Zondervan, 1991.
WTJ	*Wesleyan Theological Journal.*
XXV	Twenty-Five Articles. Adapted from the Sunday Service of 1784.
XXXIX	Anglican Thirty-Nine Articles of Religion.

1부

사회 윤리

1장

신앙 공동체 세우기

1장 신앙 공동체 세우기

사랑으로 역사하는 믿음의 실천 훈련

웨슬리는 서로 얼굴과 얼굴을 대하는 작은 공동체에서 사랑으로 역사하는 믿음의 삶의 실제적 실천을 훈련하기 위해 노력했다. 이 공동체에서 이루어진 역동적 훈련은 초기의 다섯 개 핵심 문서인 "반회 모임의 규칙"(The Rules of the Band Societies, 1738), "메소디스트의 성격"(The Character of a Methodist, 1742), "메소디스트의 원칙"(The Princples of a Methodist, 1742), "연합 신도회의 성격과 계획, 일반 규칙"(The Nature, Design, and General Rules of the United Societies, 1743), "반회의 나아갈 방향"(Directions Given to the Band-Societies, 1744)에 잘 나타나 있다. 우리는 이 문서들을 연대순으로 다루어 초기 메소디스트 부흥운동 내에서 이루어진 신앙과 삶의 발전을 살펴볼 것이다. 웨슬리는 본래 윤리사상가라기보다 윤리적 행동 실천을 가능하도록 돕는 빈틈없는 전문가였다.

A. 반회 모임의 규칙(1738)

1. 실천을 통해 믿음을 일으키다

웨슬리는 기독교 윤리의 가르침에 의미심장하고도 지속성을 가진 기여를 했다. 그는 인격, 덕, 정의, 옳음, 책임, 내면적 의도, 외적 행위, 목적, 의무, 결과와 같은 영속적 윤리 문제에 관해 분명하고도 잘 다듬어진 견해를 지니고 있었다. 그러나 이러한 가르침의 실천에 끼친 그의 공헌은 그보다 훨씬 중요했다. 웨슬리의 도덕적 가르침은 종교뿐 아니라 사회에도 뚜렷한 역사적 족적을 남겼다. 웨슬리 시대는 윤리 이론과 실천에 관해 특별히 깊이 숙고하던 시기였고, 그는 진행 중이던 다양한 논의에 적극적으로 참여했다.

18세기에는 최고의 윤리사상가들이 많았는데 그들의 사상은 여전히 비판적으로 독서할 가치가 있다. 그중 일부의 이름만 거론하면 존 로크(John Locke, 1632-1704), 새뮤얼 클라크(Samuel Clarke, 1675-1729), 조지 버클리(George Berkeley, 1685-1753), 프랜시스 허치슨(Francis Hutcheson, 1694-1746), 조지프 버틀러(Joseph Butler, 1692-1752), 데이비드 흄(David Hume, 1711-76), 데이비드 하틀리(David Hartley, 1705-57), 몽테스키외(Montesquieu, 1689-1755), 리처드 프라이스(Richard Price, 1723-91), 드니 디드로(Denis Diderot, 1713-84), 장 자크 루소(Jean-Jacques Rousseau, 1712-78), 아담 스미스(Adam Smith, 1723-90), 토머스 리드(Thomas Reid, 1710-96) 등이다. 웨슬리는 그들의 작품 대부분을 읽었다.

웨슬리가 이들처럼 18세기 주요 윤리사상가로 거론되는 경우는 드물지만, 나는 그를 중요한 윤리사상가로 여겨야 할 이유를 제시하고자 한다. 웨슬리는 앞에서 언급한 사람 대부분의 작품을 잘 알고 있었고, 그중 많은 작품에 대해 자신의 의견을 명확히 개진했다. 그는 로크의 경험주의에 중대한 영향을 받았으면서도 동시에 심각한 우려를 표명했다. 조지프 버틀러 주교는 웨슬리 저술에 직접적인 반대를 표했고, 이것이 버틀러의 조력자 조시아 터커(Josiah Tucker)와의 오랜 논쟁을 촉발했다. 웨슬리는 몽테스키외에게는 완전히 실망했고, 루소의 사상이 가정과 교육에 끼친 결과에는 치를 떨었다. 또 그는 허치슨과 흄의 환원주의적 자연주의를 반대해 정곡을 찌르는 변론문을 작성했으며, 무정부주의적 혁명을 주장한 리처드 프라이스에게는 항거했다. 비록 칸트는 웨슬리보다 스물한 살이 어렸지만, (네 행위의 준칙이 보편타당한 원리에 부합하도록 행동하라는) 그의 정언명령은 (남에게 대접 받고자 하는 대로 너희도 남을 대접하라는) 황금률을 공감하며 가르친 웨슬리에 의해 이미 예시되었다.

나는 자주 이 윤리사상가 목록을 윤리를 전공하는 내 박사과정 학생들에게 제시해, 그중 자신의 이론을 상호 책임성을 가진 헌신된 공동체에서 실천적으로 이행하는 일에 웨슬리보다 더 관심을 쏟은 사람이 있다고 생각하는지 의견을 개진하도록 권유하곤 했다. 그러나 학생들은 언제나 그중 누군가를 웨슬리보다 더 옹호하는 주장을 개진하는 데 힘들어했다.

앞에서 언급한 윤리학자들은 예외 없이 자신의 사상을 실현하는 데 어느 정도 관심을 가졌다. 그러나 그중 윤리적 삶을 체계적으로 지도하고 실천하기 위해 실제로 공동체를 양성한 사람은 거의 없다. 웨슬리가 윤리학에 끼친 가장 큰 공헌은 개인적 책임성을 실제적으로 훈련시킨 코치나 멘토로서의 공헌이다.

a. 도덕적 책임성을 훈련할 소그룹 공동체 세우기

웨슬리는 거룩한 삶을 교육할 수 있는 믿음의 공동체를 실제적으로 훈련시키는 일에 열심을 쏟았다. 그는 자신이 가르친 훌륭한 삶을 살아낼 수 있도록 현명한 조언을 제공했다.

1738년에 웨슬리는 작은 신앙 공동체를 세워나가기 위한 목적으로 영국, 스코틀랜드, 아일랜드 전 지역을 찾아갔다. 그들은 기독교의 영적·도덕적 가르침을 실질적으로 실천하기 위해 서로에게 책임을 다하는 일에 진지하게 헌신했다. 웨슬리는 이 운동 전체를 이끄는 멘토와 교사였다. 그는 이러한 신도회의 리더들을 한 사람씩 가르쳤다.

위대한 복음적 부흥운동 초기에 그는 "반회 모임의 규칙"[The Rules of the Band Societies, 1738년 12월 25일에 작성되었고, 어떤 판은 "반회의 규칙"(Rules of the Bands)으로 제목 붙이기도 함]을 저술해, 자신의 설교와 도덕적 가르침에 반응을 보인 사람들이 사랑으로 역사하는 믿음의 삶에서 자신의 계속적인 지도를 받아 유익을 누릴 수 있게 했다. 이 글은 메소디스트 신도회에 입회하기 위한 기본적 규칙을 정리한 것이다.

'반회'(band)는 하나님과 서로에게 정직하기 위해 함께 언약을 맺은 사람들을 말한다. 반회 모임은 자발적으로 이루어졌고, 큰 그룹 모임에서는 불가능한 친밀성을 추구했기에 모임의 크기가 작았다.

웨슬리는 이 간단한 두 페이지 문서를 통해, 영성 형성을 위한 메소디스트 연합체에 소속된 모든 개인에게 '반회'에 입회하기 위한 전제를 알려주었다. 이 모임에 입회한 사람은, 하나님의 칭의의 은혜에 합당하게 살기 위해 헌신된, 서로를 돌아보고 자신의 죄를 고백하는 신자들의 소그룹 모임에서 매주 자신의 양심을 면밀히 점검하기로 동의했다.

이 짧은 문서는 (1) 거룩한 삶을 추구하는 신자들의 작은 모임에 입회하고 모임을 계속하기 위해 요구되는 사항, (2) 이 집중적인 훈련에 참여하기 전 각 사람에게 던지는 질문, (3) 매주 모임에 참여하는 각 사람이 자신을 점검하기 위한 규칙이라는 세 부분으로 구분된다.[1]

b. 반회에서의 책임

그리스도인의 삶의 목표는 매우 단순하게도 "하나님의 명령에 복종하는 것이다." 이는 자신의 뜻이 아니라 하나님이 바라시는 것을 행하고자 하는 것이다. 그 목표를 신실하게 추구하지 않는 사람은 신도회 모임에 함께하고 싶어지지 않을 것이다. 반회로 모이는 주된 목적은 삶의 즐거움이나 심미적 개선, 지적 통찰력을 증대시키는 데 있지 않고, 매우 단순하게 매일 은혜 속에서 살아가기 위한 것이다.[2]

이런 모임에서 어떤 일이 일어날지는 모든 참가자가 분명히 알고 있다. 즉 "너희 죄를 서로 고백하며 병이 낫기를 위하여 서로 기도하라"(약 5:16)라는 말씀 그대로다.[3] '병이 낫는다'는 말의 주된 의미는 육신보다 영혼의 치유를 말한다. 참가자들은 하나님의 뜻에 순종하겠다는 같은 목표를 지니고 서로 공감할 수 있는 친밀한 공동체에 소속됨으로, 자신의 삶을 서로에게 열어 어떻게 하면 하나님의 뜻에 더 잘 순종할 수 있는지에 관해 서로 조언하고 훈계할 수 있게 된다.

---

1   "Rules of the Band-Societies," B 9:77, J VIII:272, sec. 1. 1.
2   같은 곳.
3   약 5:16; "Rules of the Band-Societies," B 9:77, J VIII:272, sec. 1. 1.

2. 거룩한 삶을 추구하는 신자들을 묶는 반회 규칙

웨슬리 윤리의 정수를 담은 격언은 간단한 등식, 즉 '성결이 곧 행복'이라는 것이다. 성결한 삶은 신앙을 통해 은혜로 주어진다. 행복한 삶은 성결한 삶이다.

a. 거룩한 삶을 추구하는 공동체의 참여 조건

웨슬리는 그리스도 안에서의 삶을 진지하게 추구하는 것이 무엇인지를 규정하는 여섯 가지 규칙을 설명했다. 이 규칙에 헌신하려 하지 않는 사람은 이러한 대화를 위해 준비되어 있지 않은 것이다. 이러한 과정이 무엇을 위해서인지 명확히 이해하지 못한다면 모임에 참여하지 말아야 했다.

그들은 하나님의 뜻에 순종하기를 배우는 데는 시간이 걸리며, 온 마음을 다하는 깊은 헌신이 필요함을 깨달아야 했다.

처음 네 개의 규칙은 시간의 청지기로서의 의무를 포함한다.

1. 그들은 "일주일에 적어도 한 번 모임을 갖는다"는 데 동의해야 한다.[4] 규칙적인 모임을 가로막는 어떤 장애물도 이 기준을 벗어난 것이다. 이 모임 시간은 거룩한 삶을 훈련하기 위해 성별해 "따로 떼놓은" 것이다.

2. 한 사람이 다른 사람의 소중한 시간을 낭비하게 만드는 일이 생기지 않도록 시간에 대한 약속은 처음부터 각인되어야 했다. "특별한 이유가 없다면 약속한 시간에 정확히 모여야 한다."[5] 이 규칙을 지키고 싶지 않은 사람은 아예 모임을 시작할 생각을 하지 말아야 한다.

3. 대화는 하나님을 찬양하는 내용으로 시작해야 한다. "참여한 사람

---

4   "Rules of the Band-Societies," B 9:77, J VIII:272, sec. 1. 1.
5   "Rules of the Band-Societies," B 9:78, J VIII:272, sec. 1. 2.

들은 정시에 찬양이나 기도로 시작한다."[6] 하나님의 임재와 들으심을 간구하지 않는다면 모임의 성격을 전적으로 오해한 것이다. 이 모임은 사람들이 만나 서로 대화할 뿐 아니라, 기도로 하나님께 아뢰고 듣기 위한 모임이다. 기도는 찬양의 형식을 지닐 수도 있다.

4. 참여한 사람들은 "순서대로 한 사람씩 자유롭고 솔직하게 자신의 영혼의 상태를 있는 그대로 말하기로" 동의했다.[7] 이러한 과정은 용기가 없거나 앉아서 다른 사람을 관찰하려는 사람을 위한 것이 아니다. 이 모임은 처음부터 전적인 자발적 참여로 이루어져야 한다.

현대의 독자는 이러한 상호 작용 과정과 특정한 시간에 집중적으로 이루어지는 현대의 집단 과정(group process) 사이의 유사점을 쉽게 알 수 있을 것이다. 상당한 정도의 유사성이 오늘날의 원초 요법(primal therapy), 게슈탈트 치료(Gestalt therapy), 베델 인간관계 실험실 훈련(Bethel Human Relations Laboratory Training), 교류 분석(transactional analysis), 다양한 형태의 집단 심리치료(group psychotherapy), 인본주의 심리치료(humanistic psychological treatment), 실존치료(existential therapy) 등에서 발견된다.

차이점은 이러한 집단 과정은 기도로 시작하지 않고, 참가자들에게 하나님 앞에서 자기 영혼의 상태를 있는 그대로 말하기를 요구하지 않는다는 것이다. 이 차이점을 제외하면 의사소통이나 공감적 듣기, 솔직한 자기 노출의 깊이는 상당히 유사하다.

반회 모임은 모든 참가자가 마음과 마음으로 서로 들어주고 자신에 대해서도 말하는 집단 과정을 활용했다. 반회는 전문적인 환경에서 이루어진 것이 아니라, 성경과 목회자의 지도 아래 평신도들이 자발적으로 모인

---

6   "Rules of the Band-Societies," B 9:78, J VIII:272, sec. 1. 3.
7   같은 곳.

모임이었다. 이 과정은 인격의 변화에 대한 특수 용어 또는 특정 이론과 관련된 전문적이거나 분석적인 용어를 배우기 위한 것이 아니다. 오히려 보통 사람들이 "자유롭고 솔직하게" 말했다.[8] 그들은 "지난번 모임 이후로 자신이 생각이나 말, 행동으로 저지른 잘못과 자신이 느낀 유혹"에 특별히 초점을 맞추어 자기 영혼의 상태를 있는 그대로 말했다.[9]

자기 죄를 자백하려 하지 않는 사람은 모임 참여를 재고할 것을 요청받았다. 죄의 자백은 자발적 소그룹 모임인 반회로 모이는 주된 목적이었기 때문이다. 모임의 주제는 은혜 안에서의 신앙으로 이끄는 회개였기에, 각 대화의 시작의 요점은 서로를 위하는 공동체 안에서 최근 (지난 한 주 동안) 받았던 유혹을 솔직히 드러내고 죄를 자백하는 것이었다. 즉 참가자들은 지난 한 주 동안의 자기 영혼의 상태를 자유롭게 스스로 드러냈다. 그들은 단지 자신의 기분을 말한 것이 아니라, 자신이 하나님의 뜻에 어긋난다고 생각하는 방식으로 생각하고 말하고 행동했던 것을 자백했다. 자신들의 삶을 위한 하나님의 뜻에 귀 기울이는 것을 방해하는 죄를 제거함으로, 그들은 함께 하나님께 순종하기를 배워나간 것이다.

반회 모임을 위한 그 외의 규칙은 다음과 같다.

5. 참가자들이 현재 하나님과의 관계가 어떠한지를 말하는 것이 대화의 주된 목적이었다. 대화 전체에는 회개, 간구, 중보, 찬양 등 기도의 핵심 요소가 있어야 했다. 대화는 찬양으로 시작해 참가자들이 자백한 내용에 적합한 방식, 즉 "참여한 각 사람의 상태에 적합한 기도를 드림으로 마무리했다."[10] 각 사람은 모두가 함께 기도해줌으로 힘을 얻었다.

---

8   "Rules of the Band-Societies," B 9:78, J VIII:272, sec. 1. 4.
9   같은 곳.
10   "Rules of the Band-Societies," B 9:77, J VIII:272, sec. 1. 5.

6. 대화는 비지시적으로만 이루어지지 않았다. 대화를 시작하는 특정한 질문이 있었다. 한 사람이 다음과 같은 질문으로 시작한다. "현재 여러분의 영혼의 상태는 어떠한가요? 지난 한 주 동안 감정적으로 어떤 삶을 살았으며, 어떤 유익하거나 해로운 일을 경험했나요?"

반회 참여의 마지막 조건은 "모임 중 어떤 사람에게 자신의 상태를 먼저 말해주기를 요청하고, 나머지 다른 사람에게도 그들의 상태와 죄와 유혹에 관해 질문하는" 것이었다.[11] 대화는 한 사람에게 자발적으로 자기 영혼의 상태를 말하고, 자신이 지은 죄와 느낀 유혹을 숨김없이 말하도록 요청하는 것으로 시작되었다. 사람들은 이어서 다른 사람들도 자발적으로 말하기를 기대했다. 각 사람은 신앙 공동체와 함께하는 가운데 하나님 앞에 나아가 정결해짐으로, 더 깨끗한 양심으로 살아가게 되는 특별한 은혜를 누렸다.

이렇게 한 후 진실한 마음을 불러일으키는 일은 성령님께 달려 있었다. 대화의 과정은 특정한 성경 본문으로 시작하지 않고, 특별한 경험으로 시작해 그와 관련된 지혜를 성경에서 구하는 순서로 진행되었다.

3. 반회 입회 전

a. 입회 전 답해야 할 질문

매주 모여 자기 죄를 고백하는 이 작은 모임에 참여하기 원하는 사람에게는 자기 진단을 위해 정곡을 찌르는 질문들이 주어졌다. 그들은 다음의 질문에 기꺼이 답해야 했다.

---

11   "Rules of the Band-Societies," B 9:77, J VIII:272, sec. 1. 6.

1. "당신은 죄 용서를 받았습니까?"[12] 십자가에서 그리스도께서 행하신 대속을 통해 하나님의 용서를 개인적으로 경험하는 것은, 반회에서 상호 작용을 수용하고자 하는 모든 사람에게 요구된 전제조건이다. 만약 그들이 하나님께서 회개하는 모든 죄인을 용서하심과 자신이 그 용서를 경험했는지 알지 못한다면, 그들은 자신의 죄와 유혹을 살피며 용서해주신 은혜에 합당한 삶에 관해 대화할 준비를 갖추지 못한 것이다.

2. "당신은 구원의 은혜 속에서 살아감으로 모든 이해를 초월하는 평안을 경험한 적이 있습니까? 당신은 우리 주 예수 그리스도를 통해 하나님과 평화를 누리고 있습니까?"[13]

3. "당신은 당신의 영과 더불어 당신이 하나님의 자녀임을 증거하시는 성령의 증거(롬 8:16)를 가지고 있습니까?"[14] 오순절에 교회에 부어진 성령의 사역은 신자의 영과 더불어 하나님께서 그를 품어주셨음을 깨닫게 하시려는 하나님의 의도를 증거하시는 것이다. 당신은 하나님의 자녀로서 새로운 가족에 소속된 사실을 알고 있는가?

4. "하나님의 사랑이 당신의 마음에 뿌린 바 되었습니까?"[15] 당신은 매일의 삶에서 성령님을 모시고 살아가는가? 당신은 성령께서 주고자 하시는 은사들을 받았는가?

5. "내적이든 외적이든 어떤 죄도 당신을 다스리지 못하고 있습니까?"[16] 당시 웨슬리 설교를 알았던 사람은 누구나, 웨슬리가 사람 속에 죄가 남아 있는 것과 그 죄가 사람을 다스리는 것 사이를 구분한 사실을 알고

---

12 "Rules of the Band-Societies," B 9:77, J VIII:272, sec. 2. 1.
13 "Rules of the Band-Societies," B 9:77, J VIII:272, sec. 2. 2.
14 "Rules of the Band-Societies," B 9:77, J VIII:272, sec. 2. 3.
15 "Rules of the Band-Societies," B 9:77, J VIII:272, sec. 2. 4.
16 "Rules of the Band-Societies," B 9:77, J VIII:272, sec. 2. 5.

있었음에 유의해야 한다. 다시 말해, 신자는 죄에서 구원을 받았고, 죄가 남아 있더라도 그 죄가 신자를 다스리지는 못한다. 하나님의 용서를 믿는 신앙이 죄의 다스림을 끝내더라도, 죄의 뿌리는 남아 있어 실천을 통해 쟁기질하고 남은 것을 긁어내고 뿌리 뽑아야 할 수 있다.[17] 모임에서 나누는 대화는, 참가자들이 하나님의 뜻을 따르지 못하도록 그들을 붙들고 있어 그들의 의지에 영향을 끼치는 죄를 인식하고 뿌리 뽑기 위해 계획되었다.

6. 잠재적 참가자들은 대화에 참여하기 전 다음의 솔직한 질문을 받았다. "당신은 자신의 잘못에 관해 이야기 나누기를 원합니까?"[18] 그들이 자신의 삶에 영향을 끼치는 죄의 권세를 뿌리뽑는 과정을 진행해나가기 위해서는, 자기 잘못을 분명히 볼 수 있도록 도우려는 친절한 믿음의 동료의 말을 경청하는 태도를 가져야 한다. 그들은 비난하기 위해서가 아니라 참가자들의 유익을 위해 이해를 돕고자 모임에 함께하기 때문이다.

7. "당신은 자신의 모든 잘못에 관해 분명하고 철저하게 이야기 나누기를 원합니까?"[19] 당신의 영혼의 유익을 위해 숨김없는 권고를 듣기 원하는가?

8. "당신은 우리 각 사람이 때때로 당신에 대해 마음으로 생각하는 바를 무엇이든 말해주기를 원합니까?"[20] "때때로"라는 말은 그럴 필요가 있을 때를 말한다. 만약 당신이 의도적인 악행을 깊은 곳에서부터 뿌리 뽑기를 원한다면, 자신이 고백한 내용에서 다른 사람이 무엇을 느꼈는지 들을 준비가 되어 있는가? 다르게 말하자면 이것이다. "만약 당신이 하나님께 마음을 열기를 원한다면, 당신의 이웃이 자신의 마음을 당신에게 여는

---

17 *JWT* 2:271-72.
18 "Rules of the Band-Societies," B 9:78, J VIII:272, sec. 2. 6.
19 "Rules of the Band-Societies," B 9:78, J VIII:272, sec. 2. 7.
20 "Rules of the Band-Societies," B 9:78, J VIII:273, sec. 2. 8.

것도 원합니까?"

9. "당신은 다른 사람이 당신에 대해 생각하는 것을 진지하게 받아들일 준비가 되어 있습니까? 당신은 얼마나 깊이 자신을 드러낼 수 있습니까?" 이것은 모임에 참가하기 전 내려야 할 결정이다. 그러므로 "숙고해 보시기 바랍니다! 당신은 우리가 당신에 관해 생각하는 것, 염려하는 것, 듣는 것이 무엇이든 당신에게 말해주기를 바랍니까?"[21]

10. "당신은 우리가 이렇게 함으로 할 수 있는 한 서로 친밀하게 되어 우리가 당신의 마음을 상하게 하더라도 그 마음 깊은 곳까지 살피기를 바랍니까?"[22] "마음 깊은 곳까지 살핀다"는 것은, 당신 삶의 일부를 지배하는 죄를 일으키는 근본 요소까지 가능한 한 깊이 파고드는 것을 말한다. 참가자는 동료가 바로 요점으로 들어가 숨김없이 말하는 것을 허락할 것인지 결정해야 했다.

11. 참가자들은 만약 다른 사람이 타인에게 전적으로 마음을 열고자 하면 자신도 다른 사람에게 기꺼이 마음을 열 것인지 답해야 했다. "당신은 어떤 경우에든 전적으로 마음을 열어 당신의 마음에 있는 모든 것을 숨기지 않고 빠짐없이 적나라하게 말하기를 원합니까?"[23] 이러한 자세는 마음과 마음이 닿는 솔직함에 매우 큰 가치를 둔 것이다. 당신은 그렇게 할 준비가 되어 있는가? 그렇다면 당신은 메소디스트 신도회에 참여할 준비가 된 것이다. 자신을 노출할 준비가 되었는지에 대해서는 "어떤 상황에서든 자주 질문을 받을 수 있었다."[24]

---

21 "Rules of the Band-Societies," B 9:78, J VIII:273, sec. 2. 9.
22 "Rules of the Band-Societies," B 9:78, J VIII:273, sec. 2. 10.
23 "Rules of the Band-Societies," B 9:78, J VIII:273, sec. 2. 11.
24 "Rules of the Band-Societies," B 9:78, J VIII:273, sec. 3. 1.

4. 각 모임을 위한 자기 진단 질문

"반회 모임의 규칙"은 각 모임마다 매번 물어보아야 할 네 가지 날카로운 질문으로 끝난다. 만약 질문을 하지 않고 피한다면 모임의 목적은 달성되지 못할 것이다. 질문은 다음과 같다.

1. "지난 모임 이후 어떤 알고 있는 죄를 지었습니까?"[25] 알고 있는 죄를 고의적으로 범하는 것은, 연약성이나 인간의 유한성으로 인해 비고의적으로 범하는 잘못과는 구분된다. 최근에 당신이 의도적으로 행한 잘못을 중심으로 생각해 보라.

2. "당신은 어떤 유혹에 직면했습니까?"[26] 당신이 하지 말아야 한다는 사실을 잘 아는 무엇인가를 할 기회가 생겼을 때는, 최근에 있었던 그런 일의 사례를 밝히는 것이 당신에게 유익하다. 그런 사례를 밝힘을 통해 당신은 언제 유혹이 다가와 당신으로 거룩한 삶을 살겠다는 목표를 벗어나게 하는지 깨달을 수 있다.

3. 당신은 어떻게 잘못된 길을 피했는지 정확히 설명할 수 있는가? 당신은 성령께서 어떻게 믿음과 소망과 사랑을 굳게 붙잡도록 인도하셨는지 아는가? "당신은 어떻게 유혹에서 구원을 얻었습니까?" 그것을 서술적으로 말해보라.[27]

4. 당신이 죄를 짓도록 유혹을 받은 것인지, 아니면 고의로 죄를 범한 것인지 확실히 알기 힘든 모호한 상황이 있을 수 있다. 이런 상황은 다른 사람에게 공개함으로 그 문제를 함께 논의할 때 어떤 지혜를 얻을 수 있는지 살펴볼 가치가 있다. "당신이 생각하거나 말하거나 행한 것 중에 죄인

25 같은 곳.
26 "Rules of the Band-Societies," B 9:78, J VIII:273, sec. 3. 2.
27 "Rules of the Band-Societies," B 9:78, J VIII:273, sec. 3. 3.

지 아닌지 구분하기 힘든 것은 무엇입니까?"[28] 신앙 공동체가 당신의 유익을 위해 당신이 이런 문제를 구분하는 일을 도울 수 있게 하라.

이러한 것이 반회 모임의 규칙이다. 이 작은 반회와 신도회에서 비롯된 것이 개인의 행동의 변화를 일으키는 강력한 힘인데, 이는 하나님의 은혜에 의한 것이다. 개인의 행동의 변화는 사회적 영향력을 가진 힘이 되었다. 그들이 영국과 미국의 문화에 영향을 끼치고, 궁극적으로 세계적인 복음적 부흥운동으로 확산되었다는 주장에는 충분한 근거가 있다.

B. 메소디스트의 성격

복된 삶을 사는 사람의 특징

지금까지 우리가 한 일은 자신을 드러내고 죄를 자백하는 과정을 명확히 한 것이다. 그러나 이 과정을 통해 참여자의 행동에서는 어떤 변화를 기대할 수 있는가? 이 질문에 답하기 위해 웨슬리가 묘사한 "단순하고 오래된 종교"를 따르고자 하는 사람의 특징을 살펴보고자 한다. 웨슬리가 "반회 모임의 규칙"을 작성한 것은 1738년으로, 웨슬리가 "나, 심지어 나 같은 사람도" 어떤 공로도 없이 오직 하나님의 선물로 하나님의 용서와 의롭게 하시는 은혜를 받은 자가 되었음을 깨닫고 "마음이 이상하게 뜨거워진" 올더스게이트 체험이 있었던 해다.[29]

이 글로 인해 영국 전역에는 수백 개의 지역 반회와 신도회가 생겨났다. 1742년에 웨슬리는 "메소디스트의 성격"을 쓸 준비가 되어 있었다. 웨슬리는 이 중요한 논문에서 이 공동체의 삶에 어떤 행동의 변화가 있었는

---

28 "Rules of the Band-Societies," B 9:78, J VIII:273, sec. 3. 4.

29 *JJW*, 1738년 5월 24일.

지 적었다.

인격(character)은 웨슬리의 기독교 윤리에서 중요한 주제다. "메소디스트라 불린 사람들"은 하나님께서 끊임없이 주시는 은혜에 온전히 반응하기 위해 신중하게 노력하는 사람들이다. 웨슬리가 설명한 인격적 특징과 행동 양식은, 사도적 가르침을 따랐던 "단순하고 오래된 종교"와 그가 "명목상의 그리스도인"(The Almost Christian)[30]으로 지칭한 기독교가 얼마나 다른지를 보여준다. 지금 우리는 웨슬리 자신이 그리스도 안에서 온전한 삶을 구현하도록 영적 훈련 연합체를 가르치고 지도하며 조언하기로 결심했음을 보여주는 그의 윤리적인 핵심 저술들을 살펴보고 있다.[31]

1. 은혜 받은 영혼을 구별하는 지표

은혜 받은 영혼을 구별하는 지표는 '어떤 종류의 견해'를 가졌는지와는 관계가 없다. 다음과 같은 것은 그 표가 아니다.

- 이런저런 종교 체계에 동의하는 것
- 어떤 특정한 견해를 받아들이는 것
- 어떤 사상가의 주장을 지지하는 것

a. 하나님 안에서 행복을 찾는 사람의 인격적 특징

복음적 기독교의 '텔로스'(telos, 목표 또는 목적)는 하나님을 향하고, 하나님의 은혜에서 비롯되는 행복한 삶이다. 웨슬리는 이러한 과정을 통해 빚어진 사람들을 다음과 같이 묘사했다. "'성령에 의해 그 마음에 하나

30　JWT, 2:203-5.
31　"메소디스트의 성격"(The Character of a Methodist)의 신학적 전제는 JWT, 제2권에서 이미 논의했다. 그러나 우리는 여기서 거룩한 사랑의 삶을 실제로 구체화하는 방법을 다루고 있기에 그 글에서 행동의 변화 측면을 다시 언급하는 것은 적절하다.

님의 사랑이 부어지고' '온 마음과 영혼, 모든 생각과 힘을 다해 주 하나님
을 사랑하는' 사람에게는 하나님이 마음의 기쁨이자 그의 영혼이 갈망하
는 분이 된다."[32]

"하나님 안에서 행복한"[33] 사람들의 행동을 살펴보라. 그 기쁨은 끊임
없이 사라져버리는 세상의 행복의 기준으로는 측량할 수 없는 기쁨이다.
신자는 그 속에 "'영생하도록 솟아나는 샘물'(요 4:14)이 있어 그의 영혼을
평화와 기쁨으로 넘치게 하므로 언제나 행복하다."[34]

b. 그리스도인의 삶의 본보기, 알렉산드리아의 클레멘트

이러한 인격적 특징을 설명하기 위해 웨슬리는 고대 교회 교부 중에서
그가 좋아하는 인물로, 신약성경의 마지막 저자들로부터 한 세기가 지난
뒤 아프리카에서 저술 활동을 한 탁월한 교사 알렉산드리아의 클레멘트
(Clement of Alexandria, AD 150-215)를 언급했다.

클레멘트의 작품 중 세 권의 주요 작품이 보존되어 있다. 그중『프로트
렙티쿠스』(Protrepticus, 권고)는 이 세상의 우상을 떠나 새로운 삶을 선
택하도록 권고하는 초청장이다. 이 책은 대체로 이교도인 독자에게 하나
님의 말씀이신 그리스도의 가르침 아래 사는 더 나은 삶의 방법을 제시한
다.『파에다고구스』(Paedagogus, 교사)는 진실한 가르침을 주는 삶의 지
침서다. 인간의 행동에 대한 최고의 교사는 성육신하셔서 삶의 방식을 가
르쳐주신 하나님 자신이시다. 진리는 이론적 지식에 한정되지 않고, 하나
님을 향한 깊은 사랑으로 살아가는 실천적 지식을 포함한다. 그리스도는

---

32 "The Character of a Methodist," B 9:35, J VIII:341, sec. 1. 5; 참고. 시 73:25-26; 막 12:30.
33 "The Character of a Methodist," B 9:35-36, J VIII:342, sec. 1. 6.
34 같은 곳; 참고. 요 4:14; 롬 15:13.

온 마음으로 따를 만한 유일한 교사시다. 성자의 삶은 성부 하나님의 삶을 비추는 거울이다. 우리는 신앙을 통해 그의 삶에 참여하도록 초청받는다. 그리스도께서는 단순하게 사는 방법을 우리에게 직접 지도해주신다.

『스트로마타』(Stromata, 온전한 사랑의 삶에 관한 문장 모음집)는 클레멘트가 쓴 책 중 웨슬리의 마음을 가장 강하게 사로잡은 책이다. 이 작품은 그리스도 안에서 사는 삶에 대한 간결한 설명으로 끝난다. 책은 대체로 이러한 삶을 뚜렷이 묘사하는 신약성경 구절들로 이루어져 있다. 참된 기독교 지식은 사도들이 증거한 내용을 토대로 신앙을 통해 마음으로부터 하나님을 아는 길을 보여준다. 성령께서는 인간의 마음속 사랑을 온전케 하심으로 그리스도께 참여하는 이러한 삶을 온전히 이루게 하신다.

웨슬리는 놀라울 정도로, 『스트로마타』의 7장에서 클레멘스가 참된 그리스도인으로 설명한 내용을 따랐다. 그는 이것을 "단순하고 오래된 기독교"[35]라고 불렀다. 그것은 기독교가 일으키는 삶의 변화를 의미하는 가장 오래된 표현으로, 사도와 그 직속 후계자 시대만큼 오래된 기독교를 의미한다. 베드로, 야고보, 요한, 바울은 이를 분명히 묘사했다. 웨슬리는 사도들 직후 세대인 가장 초기의 기독교 교사들을 중요하게 여겼는데, 그들은 신약성경에 기록된 사건과 가장 가까워 가장 신뢰할 만하기 때문이었다. 그들의 글은 같은 시기의 이단적 저술들과 구별되는 것으로, 세계 교회가 받아들였고, 모든 시대와 모든 장소의 그리스도인에게서 전 세계에 흩어져 있는 교회들이 읽기에 적합하다는 신뢰를 받았다.

---

35   Neil D. Anderson, *A Definitive Study of Evidence Concerning John Wesley's Appropriation of the Thought of Clement of Alexandria*, Texts and Studies in Religion (Lewiston, NY: Edwin Mellen, 2004), 5:102; 참고. John Ferguson, *Clement of Alexandria* (New York: Ardent Media, 1974); Albert C. Outler, "The 'Platonism' of Clement of Alexandria," *Journal of Religion* 20, no. 3 (July 1940): 217-40; Eric Osborn, *Clement of Alexandria* (Cambridge: Cambridge Univ. Press, 2008).

클레멘트가 중점적으로 설명한 성경 구절은 빌립보서 2:5의 "너희 안에 이 마음을 품으라 곧 그리스도 예수의 마음이니"라는 말씀이다.[36] "그러므로 그리스도 안에 무슨 권면이나 사랑의 무슨 위로나 성령의 무슨 교제나 긍휼이나 자비가 있거든 마음을 같이하여 같은 사랑을 가지고 뜻을 합하며 한마음을 품어 아무 일에든지 다툼이나 허영으로 하지 말고 오직 겸손한 마음으로 각각 자기보다 남을 낫게 여기고 각각 자기 일을 돌볼뿐더러 또한 각각 다른 사람들의 일을 돌보아 나의 기쁨을 충만하게 하라."[37] 그리스도인의 삶은, 그리스도의 삶을 함께 살아가고 그 삶을 체현해 "그리스도 안에서" 사는 삶이다.

웨슬리는 클레멘트의 서술에 사도들의 설명을 덧붙였다. "메소디스트의 성격"에서 웨슬리는 그리스도 안에서의 삶에 대한 클레멘트의 설명을 따랐다. 클레멘트의 가르침으로 기독교 역사상 첫 신학교인 알렉산드리아 교리문답 학교가 세워졌다. 이 학교는 기독교 교육의 가장 초기 모델이 되었다. 최초의 주요 아프리카 신학자에 대한 웨슬리의 설명은 18세기 메소디스트들의 윤리의식에 영감을 불어넣었다. 그리스도 안에서 살아가는 공동체의 특징에 관한 그의 묘사는 다음과 같다.

2. 행복한 삶의 특징

a. 사랑이 두려움을 내쫓음

무엇이 사람을 이 땅에서뿐 아니라 내세에서도 영원히 행복하게 만드는가?

---

36 빌 2:5.
37 빌 2:1-4.

그들은 하나님의 성령께서 주시는 힘을 공급받아 살아간다. 그들은 행복하다. "온전한 사랑이 두려움을 내쫓기"(요일 4:18) 때문이다.[38] 그들은 아무것도 염려하지 않는다. 자신을 돌보시는 분께 모든 것을 맡겼기 때문이다.[39]

그들에게는 하나님과의 평화가 있다. 성령께서 그들의 영과 더불어 그들이 하나님의 자녀인 것을 증언하시므로(롬 8:16) 그들은 구원의 확신을 주는 증언에 기뻐한다.[40]

각 사람은 "'장차 우리에게 나타날 영광'(롬 8:18)을 고대할 때마다" 즐거워한다. "그는 기쁨으로 가득해 그의 모든 뼈들이 '우리 주 예수 그리스도의 아버지 하나님을 찬송하리로다 … 우리를 거듭나게 하사 산 소망이 있게 하셨도다'(벧전 1:3)라고 외친다."[41]

b. 모든 것에 감사함

하나님 안에서 행복한 사람은 모든 것에 감사한다. 그들은 "그렇게 하는 것이 '그리스도 예수 안에서 우리를 향하신 하나님의 뜻'이기에 항상 기뻐하고, 쉬지 않고 기도하며, 범사에 감사"한다.[42]

그들은 모든 우연한 일도 주님께서 허용하시는 뜻 안에서 일어난 것으로 받아들인다. 그들은 욥처럼 진실하게 "내가 모태에서 알몸으로 나왔사온즉 또한 알몸이 그리로 돌아가올지라 주신 이도 여호와시요 거두신 이

38 "The Character of a Methodist," B 9:35-36, J VIII:342, sec. 1. 6.
39 "The Character of a Methodist," B 9:36-37, J VIII:342, sec. 1. 7; 참고. 벧전 5:7.
40 "The Character of a Methodist," B 9:35-36, J VIII:342, sec. 1. 6; 참고. 롬 8:16; 요일 5:10.
41 "The Character of a Methodist," B 9:35-36, J VIII:342, sec. 1. 6; 참고. 벧전 1:3-4.
42 "The Character of a Methodist," B 9:36-37, J VIII:342, sec. 1. 7; 참고. 살전 5:16-18.

도 여호와시오니 여호와의 이름이 찬송을 받으실지니이다"⁴³라고 자유로
이 말할 수 있다. 그들은 "어떠한 형편에든지 자족하기"⁴⁴를 배웠다.

c. 쉬지 않고 기도함

삶에서 하나님의 은혜를 입어 하나님 안에서 행복한 사람은 "쉬지 않
고 기도"⁴⁵한다. 은혜는 그들로 "항상 기도하고 낙심하지 않도록"⁴⁶ 힘을
준다. 그들이 기도해야 할지 모를 때는 "오직 성령이 말할 수 없는 탄식으
로 … 친히 간구"⁴⁷하신다. 그들은 "은퇴했을 때든 일할 때든, 여가를 즐
기든 일을 하든 아니면 대화를 하든, 그 마음은 항상 주님과 함께 있다."⁴⁸

d. 사랑으로 가득함

하나님의 사랑으로 살아가는 사람은 언제나 다른 사람들을 사랑하는
마음으로 가득하다. "'너희를 미워하는 자를 선대'하는 것"이 그의 힘으로
는 불가능하지만, "그는 그들이 계속 자신의 사랑을 경멸하고, 또 '자신을
모욕하고 박해'함에도 그들을 위해 기도하기를 멈추지 않는다."⁴⁹

"하나님의 사랑은 그의 마음을 모든 복수심에 불타는 격정, 시기, 악
의, 분노, 모든 불친절한 성품과 악한 감정에서 정결케 하시고", 다툼의 원
인이 되는 "영적 교만과 거만함에서 그를 깨끗하게 하셨다."⁵⁰

---

43 욥 1:21.
44 빌 4:11.
45 살전 5:17.
46 눅 18:1.
47 롬 8:26; "The Character of a Methodist," B 9:37, J VIII:343, sec. 1. 8.
48 "The Character of a Methodist," B 9:37, J VIII:343, sec. 1. 8.
49 "The Character of a Methodist," B 9:37-38, J VIII:343, sec. 1. 9; 참고. 마 5:44; 눅 6:27-28.
50 "The Character of a Methodist," B 9:38, J VIII:343-44, sec. 1. 10.

불화는 제거된다. "그는 이제 '세상에 대하여 십자가에 못 박혔고, 세상도 그에 대하여 십자가에 못 박혔으며', 세상에 있는 모든 것 곧 '육신의 정욕과 안목의 정욕과 이생의 자랑'에 대하여 죽어, '이 세상이나 세상에 있는 것들을 사랑하지 않기에', 누구도 그에게서 그의 보물을 빼앗을 수 없다."[51]

하나님의 은혜를 입고 살아가는 사람은 "단 한 가지의 바람 … 삶에 대한 단 한 가지 계획을 가지고 있는데, 그것은 '자기 뜻을 행하는 것이 아니라 자신을 보내신 이의 뜻을 행하는 것이다.' 언제나 어떤 일에서나 그의 한 가지 목적은 자신을 기쁘게 하는 것이 아니라, 그의 영혼이 사랑하는 그분을 기쁘시게 하는 것이다. 그는 바른 눈을 가졌다. '눈이 성하기에 온몸이 밝을 것이다.'"[52]

"하나님만이 다스리신다. 그의 영혼에 있는 모든 것은 주님께 드리는 거룩함뿐이다. 그의 마음은 어떤 동요도 없고, 오직 주님의 뜻을 따른다."[53]

e. 열매로 그들을 알 수 있음

당신은 하나님의 은혜를 받아 살아가는 사람이 있다면 그들의 열매로 그들을 알아보게 될 것이다. 그들은 "하나님과 사람에 대하여 거리낌이 없는 양심"을 지니기 위해 노력한다.[54] 그들의 영광은 "하나님의 뜻이 하늘에서 이루어진 것같이 땅에서도 이루어지는" 것이다.[55] 행복한 사람은 "남김 없이 온전히 자신을, 즉 자신이 가진 모든 것과 자기 자신을 하나님의 영광

---

51 같은 곳; 참고. 갈 6:14; 요일 2:15-16
52 "The Character of a Methodist," B 9:38, J VIII:344, sec. 1. 11; 참고. 눅 11:34-36.
53 "The Character of a Methodist," B 9:38, J VIII:344, sec. 1. 11; 참고. *JWT* 4:248-50.
54 "The Character of a Methodist," B 9:39, J VIII:344, sec. 1.12; 참고. 행 24:16.
55 같은 곳; 참고. 마 6:10.

을 위해 바침으로 끊임없이 자신의 영혼과 몸을 하나님이 기뻐하시는 거룩한 산 제물로 드린다. 자신이 받은 모든 재능, 영혼의 모든 능력과 기능, 몸의 모든 지체를 끊임없이 주인의 뜻에 따라 사용한다."[56]

f. 모든 것에서 하나님의 영광을 위함

이 은혜 받은 사람이 하는 모든 것은 "하나님의 영광을 위한 것"이다. 모든 종류의 직업에서 이 행복한 사람은 "기도만이 아니라 일하는 것이나 음식을 먹는 것도 이 중요한 목적을 위해 한다. … 그의 일생의 한 가지 목적은 옷을 입든, 일을 하든, 먹고 마시든, 힘든 일을 벗어나 기분 전환을 하든, 모든 것이 하나님께 영광을 드리기 위한 것이다."[57]

그는 "어떤 종류든 악으로 향하는 가장 미세한 성향"으로의 유혹조차 경계한다.[58] 또 "정욕을 위하여 육신의 일을 도모"[59]하거나 땅에 보물을 쌓지 않는다.

그는 순수한 의도를 가지고 자신의 말을 제어한다. "사랑이 그의 입술 문을 지키고 있기에 그는 누구에 대해서도 좋지 않은 말을 내뱉지 않는다."[60] 그는 "무릇 더러운 말은 너희 입 밖에도 내지 말고 오직 덕을 세우는 데 소용되는 대로 선한 말을 하여 듣는 자들에게 은혜를 끼치게 하라"는 사도의 규칙을 따른다.[61] "무엇에든지 참되며 무엇에든지 경건하며 무엇에든지 옳으며 무엇에든지 정결하며 무엇에든지 사랑받을 만하며 무엇

---

56 "The Character of a Methodist," B 9:39, J VIII:344-45, sec. 1. 13; 참고. 롬 12:1.
57 "The Character of a Methodist," B 9:39-40, J VIII:345, sec. 1. 14.
58 "The Character of a Methodist," B 9:40, J VIII:345, sec. 1. 15.
59 같은 곳; 참고. 롬 13:14.
60 "The Character of a Methodist," B 9:40, J VIII:345, sec. 1. 15; 참고. 시 141:3.
61 엡 4:29; "The Character of a Methodist," B 9:40, J VIII:345, sec. 1. 15.

에든지 칭찬받을 만하며 무슨 덕이 있든지 무슨 기림이 있든지” 이것들을 생각한다.[62]

g. 모든 사람에게 선을 행함

그들은 기회가 생길 때마다 친구든, 적이든, 모르는 사람이든 모든 사람에게 선을 행한다. “‘굶주린 사람을 먹이고, 헐벗은 사람을 입히고, 병들거나 옥에 갇힌 사람을 돌아봄’으로 그들의 육체뿐 아니라 더욱 더 영혼에 선을 행하기 위해 노력하면서” 가능한 모든 선을 행한다.[63] 선한 신자가 그들의 영혼을 위해 할 수 있는 최선의 것은, 십자가에서 베푸신 하나님의 사랑을 알려주어, 그들로 “믿음으로 의롭다 함을 받아 하나님과 평화를 누리고”, “그리스도의 장성한 분량이 충만한 데까지 이르게” 하는 것이다.[64]

이러한 것이 그리스도 안에 사는 삶에서 형성된 인격을 나타내는 “원리와 실천”이다. 혹 당신은 “이런 것은 단지 기독교의 근본 원리일 뿐입니다!”라고 말할지도 모른다. 만약 당신이 그렇게 말한다면, 당신은 제대로 안 것이다. 이것이 그리스도 안에서 사는 삶에 대한 가장 친숙한 묘사이기 때문이다. 그러한 사람은 “명목상만이 아니라 마음과 삶으로 그리스도인이다.” 그는 신앙 공동체가 아는 대로 “내적으로나 외적으로 하나님의 뜻에 순종한다.” 그는 예수 그리스도 안에서 계시된 지혜를 따라 생각하고 말하며 살아간다. “그의 영혼은 의와 참된 거룩함 속에서 하나님의 형상을 따라 새로워진다. 그리스도 안에 있던 마음을 품고 그리스도께서 사셨

---

62   빌 4:8; “The Character of a Methodist,” B 9:40, J VIII:345, sec. 1. 15.

63   “The Character of a Methodist,” B 9:41, J VIII:346, sec. 1. 16; 참고. 마 25:35-36.

64   롬 5:1; 엡 4:13; “The Character of a Methodist,” B 9:41, J VIII:346, sec. 1. 16.

던 것처럼 살아간다."[65]

그리스도인의 특징은 설명이 가능하며, 사도와 성인들의 시대부터 정확히 묘사되어 왔다.

C. 메소디스트의 원리

웨슬리는 세 가지 비난에 "메소디스트의 원리"[66]로 답했다. 그 비난은 믿음으로 의롭다 함을 받는다는 그의 견해에 오류가 있고, 그가 죄 없는 완전(sinless perfection)을 믿고 있으며, 스스로 모순된 사상을 가지고 있다는 것이다.[67] 그는 이 질문들에 응답함으로 기독교 윤리의 기초를 놓았다.

1. 믿음으로 의롭게 됨의 윤리적 함의

믿음을 통해 은혜에 의해 이루어지는 칭의는 선한 삶의 실천과 관계없는 부수적 가르침이 아니다. 오히려 그리스도인의 삶과 기독교 윤리의 핵심에 이신칭의가 있다. 웨슬리는 이를 명확히 하기 위해 교부들과 유럽 종교개혁, 영국 종교개혁의 성경적 이신칭의 교리를 재확인했다. 그의 주장은 구원의 순서(order of salvation)의 주요 국면을 체계적으로 다룬다.[68]

---

65 "The Character of a Methodist," B 9:41, J VIII:346, sec. 1. 17.
66 1742년에 조시아 터커(Josiah Tucker)가 쓴 "A Brief History of the Principles of Methodism, wherein the Rise and Progress, Together with the Causes of the Several Variations, Divisions, and Present Inconsistencies of This Sect Are Attempted to Be Traced Out, and Accounted For" (Bristol, UK: Farley, 1742)라는 제목의 긴 책자가 출판되었다. 터커는 브리스톨 주교 조지프 버틀러(Joseph Butler) 아래에서 그를 돕는 지도 신부(chaplain)였다. 1749년 터커는 브리스톨의 올세인트 교회(All Saints Church)에서 설교했는데, 이 설교는 "웨슬리에게 '우리 자신의 의로 말미암는' 칭의를 선포하는 것으로 보였다." 이 글에서 웨슬리는 그 "오류"를 공식적으로 바로잡고자 했다.
67 "The Principles of a Methodist," B 9:48, J VIII:361, sec. 1. 1.
68 구원의 순서에 관한 논의는 JWT, 제2권 2-9장을 참고하라.

a. 인간의 참된 자유의 기초는 하나님의 용서

하나님의 도덕적 요구는 비밀한 지식이 아니다. 그것은 이성으로 이해할 수 있고, 양심에 내재되어 있으며, 역사 속에서 모세와 선지자들이 명령하고 예수님께서 성취하신 것이다.[69] 18세기 복음주의자들은 "오래되고 단순한 종교"가 가르친 것처럼, "아담의 모든 후손은 원의(原義, original righteousness)에서 멀어져 본성적으로 죄로 기울어지며, 세상에 태어나는 모든 사람에게 존재하는 우리 본성의 이러한 타락은" 비할 바 없는 하나님의 의로 심판받기에 마땅하다고 배웠다. 오직 죄 용서만이 죄인으로 "하나님 앞에서 의롭게 여기심"을 받게 한다.[70] 인간이 철저히 타락한 사실을 깨닫지 못하고서는 하나님의 은혜에 대한 진지한 깨달음은 불가능하다. 오직 그리스도의 공로만이 개인과 사회의 죄가 복잡하게 뒤얽힌 역사의 죄과를 제거하실 수 있다. 십자가에서 보이신 하나님의 사랑은 오직 믿음을 통해 하나님의 구원의 약속을 신뢰함으로 받을 수 있다. "우리의 행위나 어떤 가치 있는 것으로" 얻는 것이 아니다. "나는 칭의 이전에 행한 모든 행위는 그 속에 죄의 성격을 가지고 있으며, 따라서 사람은 의롭다 하심을 받기까지 하나님께서 기뻐하시며 받으실 만한 어떤 일도 행할 능력이 없음을 믿는다."[71]

2. 하나님의 은혜, 그리스도의 속죄, 성령의 역사

죄인이 칭의, 즉 "하나님께 의롭다 칭하심을 받으려면 … 세 가지가 있어야 한다." 하나님의 역할과 그리스도의 역할, 우리의 역할이다. "하나님

---

69 "The Principles of a Methodist," B 9:48-49, J VIII:361, sec. 1. 2.
70 참고. 갈 3:6.
71 "The Principles of a Methodist," B 9:48-49, J VIII:361, sec. 1. 2.

께는 그의 크신 자비와 은혜, 그리스도께는 자신의 몸을 드리고 피 흘리심
으로 하나님의 공의를 만족시키심, 우리에게는 예수 그리스도의 공로를
믿는 참되고 살아있는 믿음이 있어야 한다."[72] 이 모든 것이 합쳐져 생겨나
는 거룩한 힘은 불행한 삶을 행복한 삶으로 변화시킨다.

a. 하나님의 은혜는 어떻게 우리의 반응을 일으키는가?

이 모든 것이 더해지면, 우리는 칭의에서 "하나님의 자비와 은혜뿐 아
니라 그분의 의로우심"도 받는다. "따라서 하나님의 은혜는 우리의 칭의
에서 하나님의 의는 배제하지 않고, 오직 인간의 의 즉 우리의 행위에 의
한 의만 배제한다."[73] 하나님은 자비와 은혜를 주시고, 그리스도는 십자가
에서 자신의 몸과 피를 드려 하나님의 의를 만족시키시며, 신자는 이 모두
를 믿음으로 받아들인다. 우리는 무엇을 드리는가? 그리스도의 공로를 통
한 하나님의 약속을 전적으로 신뢰하는 것뿐이다. 이것이 사도의 가르침
이 "인간 편에서는 오직 참되고 살아있는 믿음 외에는 어떤 것도 요구하지
않는" 이유다.[74] 오직 하나님의 자비를 신뢰하는 것 외에는 우리의 어떤 행
위도 우리를 하나님 앞에서 의롭게 하지 못한다.

우리가 의롭게 되는 기초로서 인간의 행위가 배제된다면 윤리는 어떻
게 작용할 수 있는가? 이것은 인간의 행위를 칭의에서 전적으로 배제하는
가? 그렇다. 칭의는 하나님께서 우리를 위해 하시는 일이다. 그러나 그것
이 우리는 아무것도 하지 않는다는 의미인가? 그렇지는 않다. 우리는 하나
님의 자비를 믿음으로 받아들인다.

---

72 "The Principles of a Methodist," B 9:49, J VIII:361-62, sec. 1. 3.
73 같은 곳.
74 "The Principles of a Methodist," B 9:49-50, J VIII:362, sec. 1. 4.

이것이 복음적 윤리를 다른 모든 윤리 체계와 구분 짓는 놀라운 출발점이다. "이 믿음은 의롭다 하심을 받는 모든 사람 속에서 믿음과 연결되어 있는 회개와 소망과 사랑을 배제하지 않는다. 그 모든 것은 의롭게 하는 역할에서만 제외될 뿐이다."[75] 회개와 소망과 사랑은 의롭다 하심을 받은 사람 속에서 믿음의 열매로 존재하지만, 그중 어떤 것도 하나님의 자비를 받는 조건이 될 수 없다. 하나님의 자비를 받는 조건은 오직 믿음뿐이다. 모든 전통적 개신교 신앙고백은 오직 믿음만이 조건이라는 데 동의한다. 하나님의 은혜를 받아들이는 사람에게는 오직 믿음만 필요하다. 회개와 소망과 사랑은 그 믿음에서 솟아난다.[76]

b. 공로 없이 의롭게 됨이 어떻게 선행을 일으키는가?

믿음은 "선행을 배제"하지 않는다. 선행은 믿음으로 인한 감사에서 비롯되기 때문이다. 만약 우리가 선행으로 의롭게 되고자 한다면, 선을 행하는 능력에 오히려 해를 입는다. "우리는 하나님의 전적 자비로 값없이 의롭다 하심을 얻는다. 온 세상은 자기 속전의 일부라도 지불할 능력이 없다. 그러나 하나님께서는 우리에게 아무 자격이 없음에도, 우리를 위해 그리스도의 몸과 피를 준비해 그것으로 우리의 속전을 대신 지불하셨고, 이로써 그분의 공의는 만족되었다. 따라서 그리스도는 그를 참되게 믿는 모든 사람의 의로움이 되신다."[77] "우리가 그리스도를 믿는 믿음만으로 의롭

---

75   같은 곳.
76   같은 곳. 웨슬리의 칭의에 관한 글은 *JWT*, 제2권에서 다루었다.
77   "The Principles of a Methodist," B 9:51, J VIII:362, sec 1.5. 웨슬리는 이 인용문 이후 많은 내용을, 오직 성경에 기초해 오직 믿음으로 오직 은혜에 의해 의롭게 된다는 종교개혁의 가르침을 담은 1547년 엘리자베스 1세 시대 영국 국교회 설교집에서 인용한다. 참고. *Certain Sermons or Homilies Appointed to Be Read in the Time of the Late Queen Elizabeth*, 1603; repr, Oxford, 1840. 웨슬리는 이 설교의 일부분을 "구원의 교리"(Doctrine of Salvation)라는 제목으로 출판했다. 그 출처는 200주년 기념판 전집 각주를 참고하라.

게 되었다"고 말하는 것은, 마치 믿음이 하나님의 은혜와 우리를 위한 그리스도의 사역, 우리 안에서 행하시는 성령의 도움 없이, 우리가 행한 행위라는 의미에서 믿음으로 의롭게 된다는 것이 아니다. 믿음으로 의롭다 하심을 받았다는 것은 "우리에게 있는 신앙이 우리를 의롭게 한다"는 뜻이 아니다. 그것은 우리가 "우리의 어떤 행위나 덕에 의해 우리 자신이 의롭다 하심을 받은 것으로 간주해야 한다"는 의미가 되기 때문이다.[78] "우리는 과거에 행했거나, 앞으로 행하려 하거나, 행할 수도 있는 믿음, 소망, 사랑 및 다른 모든 덕과 선행의 공로를, 우리를 의롭게 하기에는 너무나 무력한 것으로 여겨 그 모든 공로를 부인해야 한다."[79] 하나님의 용서는 "오직 하나님의 자비와 그리스도의 공로만을 신뢰할 수 있도록" 우리를 자유롭게 한다.[80] 우리 죄를 없애실 수 있는 분은 오직 하나님 한 분이시기 때문이다. 따라서 "하나님만이 자비하심으로 그분의 아들의 공로를 통해 우리를 의롭게 하신다"고 말하는 것이 더 정확하다.[81]

웨슬리는 이 주장에서 관료후원적 종교개혁에도 호소했으나, 그보다 직접적으로는 "행위 없는 믿음"과 "오직 믿음"이 우리를 의롭게 한다고 가르친 교부들에 호소했다.[82] 따라서 우리는 하나님의 의로우심을 믿는 신앙에서 자라나는 모든 덕을 중요하게 여기지만, 그 믿음을 마치 우리 자신의 덕인 것처럼 여기는 것에는 동의할 수 없다. 우리 안에 있는 죄의 역사 전체의 영향은 너무나 커 "우리의 어떤 믿음이나 자선, 말, 행위도 우리를 의롭게 하는 어떤 공로나 가치가 될 수 없다. 따라서 우리는 하나님 앞에

---

78 "The Principles of a Methodist," B 9:52, J VIII:362, sec. 1. 6.
79 같은 곳.
80 같은 곳.
81 "The Principles of a Methodist," B 9:52, J VIII:362-63, sec. 1. 7.
82 같은 곳.

서 자신을 낮추고 우리의 칭의에 관해 모든 영광을 그리스도께 돌린다."[83]

우리는 살아있는 믿음으로는 의롭다 하심을 받지만, 선행의 열매를 맺지 않는 죽은 믿음으로는 의롭다 하심을 받을 수 없다. "선행을 낳지 않는 믿음은 살아있는 믿음이 아닌" 죽은 믿음이다.[84] 사탄의 세력도 메시아가 오셨음은 믿었으나, 소망과 사랑을 낳는 산 믿음을 지니지는 못했다.[85]

참된 기독교 신앙은 성경과 신조가 참되다고 믿는 것뿐 아니라, 그 진리가 "나 개인을 위한" 것임을 믿는 "확고한 신뢰와 확신"이기도 하다.

"하나님의 명령에 순종하게 하는 사랑의 마음"[86]은 죄에서 우리를 구원하신 데 대한 감사에서 비롯된다.

그러므로 하나님의 용서하심은 기독교 윤리의 근본 전제를 형성한다. 도덕적 행위의 응답은 "그리스도의 공로로 죄를 용서받아 자신이 하나님의 사랑으로 회복되었다는 확고한 신뢰와 확신"에 의존한다.[87]

3. 하나님의 온전케 하시는 사랑의 윤리적 함의

모든 은혜는 하나님의 은혜다. 은혜라는 점에서는 같더라도 그 형태는 여러가지다. 전통적 기독교의 가르침에는 준비시키는 은혜에서 칭의의 은혜를 거쳐 성화의 은혜로의 흐름이 있다. 이 흐름은 하나님의 단일한 은혜 사역의 통일성을 드러낸다. 인간은 시간 속에 있는 존재이기에, 시간을 통해 움직이는 은혜의 사역을 분별하는 것은 도움이 된다.

칭의의 은혜가 회개하는 죄인을 용서한다면, 성화의 은혜는 성령의 사

---

83 같은 곳.
84 "The Principles of a Methodist," B 9:52-53, J VIII:363, sec. 1. 8.
85 같은 곳; J XIV:323-25; B 9:53ff.
86 "The Principles of a Methodist," B 9:53, J VIII:363, sec. 1. 9.
87 같은 곳; 참고. "Doctrine of Salvation," J I:14-15.

역을 통해 칭의의 은혜에 대한 온전한 반응으로 죄인을 이끈다. 성령께서
는 하나님의 구원의 행위에 온전히 반응할 수 있도록 역사하신다.[88] 웨슬
리의 표현을 사용하면, 구원의 과정에서 하나님께서 우리를 위해 행하시
는 일과 우리 안에서 행하시는 일은 구분된다. 웨슬리는, 우리의 신앙이
가장 온전하게 표현될 수 있도록 하기 위해 성령께서 하나님의 온전케 하
시는 사랑을 통해 일하신다는 사실을 일관되게 가르쳤다.

a. 무지와 실수, 유혹에서 벗어난다는 '죄 없는 완전' 주장 반대

웨슬리는 반복적으로 "우리의 부패하기 쉬운 육체는 다소 영혼을 억누
르기에, 구원에 비본질적인 것에서의 무지나 과오, 여러 가지 유혹, 또는
셀 수 없이 많은 연약성에서 완전히 구원받는 그런 완전이란 이 세상 삶에
서는 있을 수 없다"고 주장했다. "이 흙집 속에 살아가는 어떤 사람도 육체
의 연약함이나 많은 일에 대한 무지에서 전적으로 자유롭게 되거나, 실수
를 저지를 수 없게 되거나, 여러 가지 유혹에 빠지지 않게 된다는 주장은
성경에서 어떤 근거도 찾을 수 없다."[89]

조시아 터커(Josiah Tucker)는 하나님의 은혜 사역의 통일성을 오해
함으로, 웨슬리가 "죄 없는 완전"(sinless perfection)을 가르쳤다는 잘못
된 비난을 하게 되었다. "메소디스트의 원리"에서 이에 관한 부분은, 그
리스도인의 완전을 인간의 한계성이라는 일반적인 조건을 뛰어넘는 것
으로 잘못 해석한 '죄 없는 완전' 사상에 대한 웨슬리의 반대를 드러낸다.[90]

웨슬리는 그리스도인의 완전에 대한 과장된 가르침의 위험성을 분명

88　더 자세한 설명은 *JWT*, 제2권, 4장을 참고하라.
89　"The Principles of a Methodist," B 9:53-55, J VIII:363-65, sec. 2. 2.
90　"The Principles of a Methodist," B 9:53, J VIII:363, sec. 2. 1.

히 하기 위해 노력했다. "우리가 분명히 인정하며 계속 주장하는 것은, 선을 행하지 않거나 하나님의 규례를 지키지 않아도 되는 완전이나, 무지, 과오, 유혹, 육체와 필연적으로 연결된 무수한 결함에서 자유해진다는 의미의 완전은, 이 세상 삶에서 없다는 것이다."[91] 웨슬리가 이 짧은 표현에서 압축적으로 부인한 내용을 나누어 살펴보면 도움이 된다.

즉, 우리가 이 세상에 사는 동안 다음과 같은 완전은 있을 수 없다.

- 무지에서의 자유
- 실수에서의 자유
- 유혹에서의 자유
- 인간 존재의 조건인 혈과 육에서 비롯된 연약성과 유한성에서의 자유
- 예배 공동체를 떠나도 된다는 허가
- 선행을 하지 않아도 된다는 허가

이러한 잘못된 생각이 하나님의 온전케 하시는 사랑에 포함되어 있다고 상상하는 사람은 성경을 잘못 읽은 것이다. 웨슬리는 이런 내용을 자신이 가르쳤다며 비난하는 사람들에게, 그 내용 중 어떤 것도 자신이나 메소디스트들이 가르친 것으로 돌리지 말라고 경고했다.

성화의 은혜에 대한 온전한 성경적 가르침의 핵심은 "우리 각 사람에게 그리스도의 선물의 분량대로 은혜를 주셨나니"[92]라는 에베소서 말씀에서 발견된다. 그리스도께서 승천하신 것은 다음을 위한 것이다. "이는 성도를 온전하게 하여 봉사의 일을 하게 하며 그리스도의 몸을 세우려 하심이라 우리가 다 하나님의 아들을 믿는 것과 아는 일에 하나가 되어 온전한

---

91 "The Principles of a Methodist," B 9:53-55, J VIII:363-65, sec. 2. 2.
92 엡 4:7.

사람을 이루어 그리스도의 장성한 분량이 충만한 데까지 이르리니."[93] "이
는 우리가 이제부터 어린아이가 되지 아니하여 사람의 속임수와 간사한
유혹에 빠져 온갖 교훈의 풍조에 밀려 요동하지 않게 하려 함이라 오직 사
랑 안에서 참된 것을 하여 범사에 그에게까지 자랄지라 그는 머리니 곧 그
리스도라."[94] 여기서 "그리스도의 장성한 분량이 충만한 데까지 이른다"는
것이, 결코 유한한 인간이 하나님이 모든 것을 아시는 것처럼 모든 지식을
갖게 됨을 의미하지 않는다는 것은 분명하다.

b. 온전히 이룬 그리스도인의 삶

하나님의 온전케 하시는 사랑은 어떤 사람에게서 자라 열매를 맺는가?
"'그리스도 안에 있던 마음'을 품은 사람이다."[95] "누구든지 그의 말씀을 지
키는 자는 하나님의 사랑이 참으로 그 속에서 온전하게 되었나니 이로써
우리가 그의 안에 있는 줄을 아노라 그의 안에 산다고 하는 자는 그가 행
하시는 대로 자기도 행할지니라."[96] "참으로 온전케 되었다"는 말씀은 거
의 온전하게 되었음을 의미하는가, 아니면 원리는 그렇지만 실제로는 그
렇지 않음을 의미하는가? 만약 후자의 의미라면 말장난에 불과할 것이다.
"그런즉 사랑하는 자들아 이 약속을 가진 우리는 하나님을 두려워하는 가
운데서 거룩함을 온전히 이루어 육과 영의 온갖 더러운 것에서 자신을 깨
끗하게 하자."[97] 거룩함을 온전히 이룬다는 것은 거룩함에 가까워지는 것
을 의미하는가? "그가 빛 가운데 계신 것같이 우리도 빛 가운데 행하면 우

---

93 엡 4:12-13.
94 엡 4:14-15.
95 "The Principles of a Methodist," B 9:53-55, J VIII:363-65, sec. 2. 4; 참고. 빌립보서 2장.
96 요일 2:5-6.
97 고후 7:1.

리가 서로 사귐이 있고 그 아들 예수의 피가 우리를 모든 죄에서 깨끗하게 하실 것이요."[98] 여기서 "모든 죄"라는 말씀은 "대부분의 죄"를 완곡히 표현한 것에 불과한가? "오직 너희를 부르신 거룩한 이처럼 너희도 모든 행실에 거룩한 자가 되라 기록되었으되 내가 거룩하니 너희도 거룩할지어다 하셨느니라."[99] "모든 행실에 거룩하다"는 말씀은 "대부분의 행실에 거룩한 것"으로 축소될 수 없다.

"죄를 짓는 자는 마귀에게 속하나니 마귀는 처음부터 범죄함이라 하나님의 아들이 나타나신 것은 마귀의 일을 멸하려 하심이라 하나님께로부터 난 자마다 죄를 짓지 아니하나니 이는 하나님의 씨가 그의 속에 거함이요 그도 범죄하지 못하는 것은 하나님께로부터 났음이라."[100] 이 구절에서 "범죄하지 못한다"는 것은 세례의 목적이라는 틀에서는 죄를 지속할 수 없음을 의미한다.[101] "우리의 사귐은 아버지와 그의 아들 예수 그리스도와 더불어 누림이라 우리가 이것을 씀은 우리의 기쁨이 충만하게 하려 함이라."[102] 만약 누군가가 "'나는 그리스도와 함께 십자가에 못 박혔나니 그런 즉 이제는 내가 사는 것이 아니요 오직 내 안에 그리스도께서 사시는 것'이라고 모든 사람에게 증언한다면", 우리는 온전한 사랑을 그의 행동을 통해 보게 된다.[103] 이 말들은 웨슬리가 만들어낸 것이 아니라, 신약성경의 중심이 되는 구절들이다. 그 구절들은, 그리스도인의 삶의 목표와 기독교 윤리의 목표는 신자가 하나님의 뜻에 온전하게 반응하는 것임을 보여준다. 이

---

98   요일 1:7; "The Principles of a Methodist," B 9:53-55, J VIII:363-65, sec. 2. 4.
99   벧전 1:15-16, 관련 구약 본문은 레 11:44, 45; 19:2.
100 요일 3:8-9.
101 웨슬리의 의도를 더 명확히 이해하려면 "남아 있으나 다스리지 못하는 죄"에 관해 다루는 *JWT*, 제2권 10장의 "칭의 이후 남아 있는 죄" 부분을 참고하라.
102 요일 1:3-4.
103 "The Principles of a Methodist," B 9:53-55, J VIII:363-65, sec. 2. 5; 참고. 갈 2:20.

것은 환상에 불과한 약속이 아니다. 성경의 약속이다.

이러한 구절 어느 곳에서도 온전한 사랑으로 행하는 사람은 어떤 형태의 무지도 없다거나, 모든 유한성을 초월한다거나, 질병에 걸리지 않는다는 말씀을 찾을 수 없다. 앞에서도 지적했듯이 웨슬리는 '죄 없는 완전'이라는 비성경적 개념을 강하게 부인했다. 유한성이나 질병, 유혹, 모든 형태의 무지에서의 자유를 포함해, 성경은 유한성의 초월을 말씀하지 않기 때문이다.

하나님의 온전케 하시는 은혜는 신자에게 "'그리스도를 통해 모든 생각과 말과 행위를 끊임없이 하나님이 기뻐하시는 영적인 제물로 드리라.' 마음의 모든 생각, 혀의 모든 말, 손의 모든 행동을 통해 '우리를 어둠에서 그의 경이로운 빛으로 불러내신 이를 찬양하라'"고 요구한다.[104]

이 본문에 비성경적인 것이나, "거칠거나 지나친 것, 신앙의 유비나 성숙한 그리스도인의 경험과 모순된 것이 있다면, '우호적으로 매를 들어 나를 꾸짖어 달라.'" 그리고 "하나님께서 당신들에게 주신 더 분명한 빛"을 다른 사람들에게 비추어도 좋다.[105] "메소디스트 원리"의 나머지 부분은 대체로 웨슬리가 자신을 중상한 조시아 터커가 같은 주제로 쓴 논문에 대해 하나하나 반박하는 내용으로 되어 있다. 그 내용은 이 시리즈에서 이미 다루었다. 성령의 사역, 은혜, 예정, 성화, 칭의 이후 남아 있는 죄에 대한 웨슬리의 체계적 분석에 관심 있는 독자는, 이 시리즈 제2권 4-5, 6, 9-10장에서 좀 더 자세한 설명을 볼 수 있다.

---

104 "The Principles of a Methodist," B 9:53-55, J VIII:363-65, sec. 2. 13. 이 내용은 웨슬리가 제임스 어셔(James Ussher) 대주교의 글에서 인용한 것이지만, 그의 글에서 정확히 일치하는 내용은 찾을 수 없다. 아마도 웨슬리가 어셔의 A Body of Divinity, 5th ed. (London: Owsley and Lillicrap, 1658), 176의 문구를 수정한 것일 수 있다.
105 "The Principles of a Methodist," B 9:55, J VIII:365, sec. 2. 3.

D. 연합 신도회의 성격과 계획, 일반 규칙 (1743)

이 책의 출발점인 웨슬리의 윤리로 돌아가보자. 웨슬리가 기독교 윤리 역사에 끼친 주된 공헌은, 선한 삶을 훈련하기 위해 도덕적 책임성을 지닌 소규모 공동체를 세운 부단한 노력이었다. 그는 기독교적 삶을 최대한 실천할 수 있도록 서로 돕는 소그룹 모임을 촉진하는 일에 확고히 초점을 두었다. 그는 윤리 이론가나 전문 상담가가 아닌, 거룩한 삶을 추구하는 평신도 모임 지도자를 훈련하는 멘토였다. 인간과 사회는 어떻게 바뀔 수 있는가? 변화를 위해 친밀하게 서로를 대면하는 공동체 형성을 통해서다.

1. 초기의 복음적 신도회

신앙 공동체 양육에 관한 웨슬리의 대표적인 글을 시간적으로 나열하면 "반회 모임의 규칙"(1738), "메소디스트의 성격"(1742), "메소디스트의 규칙"(1742) 순으로 이어진다. 1743년까지 이러한 집중 집단 과정을 통한 변화가 성숙해지자, 더 신중한 노력은 웨슬리 설교의 제목이기도 한 "연합 신도회의 성격과 계획, 일반 규칙"의 실현에 집중되었다.

이 문서는 웨슬리안 전통 전체에 매우 중요한 것이 되었다. 그 내용은 많은 웨슬리안 전통 교회의 헌법에 통합되었고, 법적인 형태 외에도 성결과 성화를 이루기 위한 실천적 전통에서도 함축적으로 구현되어 왔다.

a. 메소디스트 신도회의 성격과 계획, 일반 규칙

1739년 말에 "런던에서 자기 죄를 깊이 회개하고 구원을 간절히 갈망하는 여덟아홉 명이 나를 찾아왔다. 그들은 (다음날 두세 사람이 더 그랬던 것처럼) 내가 그들과 함께 기도하는 시간을 갖고, 또 자신들이 어떻게 다가올 진노를 피할 수 있는지 조언해 주기를 원했다."[106]

메소디스트 신도회는 웨슬리의 주도로 만들어진 것이 아니라, 목회자의 돌봄을 원하는 요청으로 시작되었다. 웨슬리는 그들이 필요하다고 느낀 기도와 영적인 조언을 통해 그들에게 응답한 것이다. "우리가 이 중요한 일을 위한 시간을 더 갖기 위해, 나는 그들 모두가 함께 모일 수 있는 날을 정했다. 그때부터 그들은 매주 모였는데, 그 시간은 목요일 저녁이었다. 이들과 함께 모이기를 원하는 더 많은 사람에게(그들의 수가 날마다 늘어났기 때문이다), 나는 시시때때로 그들에게 가장 필요하다고 생각되는 조언을 해주었고, 우리는 언제나 그들의 다양한 필요에 따라 기도함으로 모임을 마쳤다."[107]

영국에서의 위대한 복음적 부흥은 양심의 가책을 느끼고, 무언가 필요를 깨닫고, 영적 지도에 목말라 하는 주로 가난하고 평범한 사람들과 함께 이렇게 작게 시작되었다. "이것이 연합 신도회의 시작으로, 이후 런던에서 다른 곳들로 뻗어나갔다."[108] 1743년에는 신도회 모임이 런던에서 브리스톨, 킹스우드, 그리고 훨씬 북쪽의 뉴카슬어폰타인에까지 퍼져 있었다. 그래서 웨슬리가 글의 제목을 "런던, 브리스톨, 킹스우드, 뉴카슬어폰타인에 있는 연합 신도회의 성격과 계획, 일반 규칙"으로 붙인 것이다.

b. 속회

'속회 모임'은 간단하게 설명되어 있다. 속회는 "경건의 모양을 가지고

---

106 "The Nature, Design, and General Rules of the United Societies," B 9:69, J VIII:269, sec. 1.
107 같은 곳.
108 "The Nature, Design, and General Rules of the United Societies," B 9:69, J VIII:269, sec. 2.

경건의 능력을 추구하면서, 구원을 위해 서로를 돕기 위한 목적으로 함께 기도하고, 권고의 말씀을 들으며, 서로를 사랑으로 돌보기 위해 연합된"[109] 한 무리의 사람들[110]이었다. 그들은 은혜의 삶을 구체적으로 표현하기 위해 노력하는 친밀한 기도 공동체였다. 그들은 성경 말씀을 듣고, 기도하며, 그들에게 찾아오는 유혹과 도전에 관해 서로의 조언을 들음으로, 자신들의 구원을 이루어가기 위해 서로를 도왔다.

나는 내 책 『집중 집단 경험』(*The Intensive Group Experience*)에서 현대의 집단치료(group therapy)와 실험집단 과정(experimental group process)의 시작을 추적하고자 노력했다. 그리고 그 시작이 최소한 1739년 말 런던에서 모인 그 모임만큼이나 일찍 시작되었다는 결론에 도달했다. 20세기 후반에 번창했던 집중 집단 과정의 모든 핵심 요소는, 웨슬리의 지도 아래 영적 훈련을 하던 신도회의 중요한 요소들을 반영한다. 이후 그 요소들은 공감, 진정한 자기 개방, 무조건적 수용 등의 용어로 정의된다.[111] 이 비종교적 그룹들은 회개와 구원의 은혜, 믿음, 소망, 사랑을 의도적으로 추구하지는 않으나, 어떤 의미에서는 그와 유사하게 비종교적인 삶의 변화, 자기 이해, 자기 개방, 삶의 의미 회복을 추구했다. 따라서 그들은 언어와 세계관에선 매우 달랐지만, 현실과 과정에서는 상당히 유사성을 지녔다. 집중적 집단 경험의 현대적 방식은 초기의 복음적 신도회 모임의 세속화된 형태라 할 수 있다. 나는 이 영적 훈련을 위한 신도회에서

---

109 "The Nature, Design, and General Rules of the United Societies," B 9:69, J VIII:269, sec. 2.

110 원문에는 "남성들"(men)로 되어 있으나 포괄적 의미로 여성과 남성 모두로 보아야 할 것이다. 속회와 신도회에서는 많은 수의 여성이 활발하게 활동했다. 이 사실은 웨슬리가 조언을 구하는 여성들과 교환한 많은 서신에서 분명히 드러난다. *LJW*를 참고하라.

111 Thomas C. Oden, *The Intensive Group Experience* (Philadelphia: Westminster, 1969); 참고. "The Nature, Design, and General Rules of the United Societies," B 9:69, J VIII:269, sec. 2.

사용된 개념, 수단, 기법, 방법론, 실천을 설명하기 위해 '집단 과정'이라는 현대적 용어를 사용할 것이다. 나는 메소디스트 신도회가 현대의 집중적 집단 경험보다 훨씬 광범위한 목표를 가지고 있었음을 인정한다. 그러나 집중적인 과정은 놀라울 정도로 유사하다.

속회는 웨슬리 자신의 돌봄 아래 있는 더 큰 지역 신도회와 연결된 소그룹 모임이었다. 그들은 자신의 구원을 이루어가기 위해 서로를 도왔다. 작은 마을들에는 속회가 형성되어 소도시의 신도회와 연결되었다.[112] 1743년에 메소디스트들은 재산이 거의 없었다. 예배당은 이후에나 생길 것이었다. 그들은 장소가 있든 없든, 또 그곳이 종교적인 장소든, 공장이든, 거주지든 어디서든 만났다.

"각 속회에는 대략 12명의 사람이 있었다. 그중 한 사람은 리더로 선정된다. 리더의 역할은 … 속회원 각 사람을 적어도 일주일에 한 번은 만나 그들의 영혼이 어떻게 은혜를 받고 있는지를 묻는 것이었다."[113] 속회는 상당한 시간의 헌신이 필요한 집중적인 집단 상호 작용이었다. 리더는 각 사람에게 그들의 영혼이 어떻게 은혜 안에서 성장하고 있는지 솔직하게 말해주기를 요청했다. 그 초점은 영혼을 돌보는 데 있었다.

웨슬리는 속회 리더가 각 참가자와 성경을 공부하고 함께 기도할 준비가 되어 있는지 확인하기 위해 가능한 한 대단히 주의를 기울였다. 그들은 속회원을 지도하기 위해 언제나 웨슬리의 교육적 설교를 가까이했다. 리더의 존재 이유가 그것이었다. 이 기초 위에서 참여한 각 사람은 마음을 터놓고 권고하고 또 권고받을 기회를 가질 수 있었다.

---

112 "The Nature, Design, and General Rules of the United Societies," B 9:70, J VIII:269-70, sec. 3.
113 "The Nature, Design, and General Rules of the United Societies," B 9:70, J VIII:269-70, sec. 3. 1.

c. 가난하고 병든 사람들

속회 모임은 가난하고 병든 사람을 잊지 않았다. 각 속회원은 은혜 안에서의 성장에 없어서는 안 될 규율로 매주 "가난한 사람을 도울 구제비를 내도록" 격려했다.[114] 참가자들은 "아픈 사람이 있으면 목회자에게 보고하기 위해" 매주 목회자와 청지기를 만났다.[115] 계속되는 죄를 적절히 회개하기 위해 참가자들은 솔직히 자신에 대해 고백하고 기꺼이 권고를 받기로 동의했다. 참가자의 중요한 의무는 "마음에서 짓는 죄"에 대해 서로에게 경고해 유혹을 피하도록 돕는 것이었다. "무질서하게 행동하거나 훈계를 받지 않는" 사람은 속회 리더의 지도를 받거나 속회에서 배제되었다.[116]

초기 메소디스트는 가난한 사람 구제의 의무를 확고히 지켰기에, 구제비의 잘못된 사용을 피하고 곤궁한 사람에게 정확히 전달하기 위해 기부금을 주의 깊게 기록했다. 속회원 대부분의 재정은 매우 제한되어 있었기에 기부금 대부분은 소액인 몇 실링으로 이루어졌다.[117]

d. 단 한 가지 입회 조건

"메소디스트 신도회에 가입하기 원하는 사람에게는 단 한 가지의 조건이 있었는데, 그것은 '앞으로 다가올 진노를 피해 죄에서 구원받고자 하는' 소원을 갖는 것이었다."[118] 기회는 자기 삶을 그리스도 안에서 살아가는 삶으로 바꾸기를 소망하는 모든 사람에게 열려 있었다.

복음을 받아들이는 첫 단계는 회개다. 구원의 과정은 회개와 믿음으로

114 같은 곳.
115 "The Nature, Design, and General Rules of the United Societies," B 9:70, J VIII:269-70, sec. 3. 2.
116 같은 곳.
117 같은 곳.
118 같은 곳; 참고. 마 1:21.

시작된다.[119] 진정한 회개가 "영혼에 참되게 새겨지면, 그것은 그 열매를 통해 드러날 것이다. 따라서 속회에 지속적으로 참여하는 모든 사람은 구원에 대한 열망을 지속적으로 나타낼 필요가 있었다."[120] 신도회 참여는 전적으로 자발적인 것이었다.

2. 진정한 회개의 증거 나타내기

a. 타인에게 해를 끼치지 않음

참된 회개의 길로 들어섰다면, 다음 단계는 회개의 열매를 나타내는 것이다. 그 방법은 "첫째, 해를 끼치지 않음으로써다." 영혼을 돌보는 첫 번째 규칙은 의사가 몸을 돌보는 것과도 유사하다. 그것은 바로 서로에게 해를 끼칠 가능성이 있는 어떤 행동도 하지 않는 것이다.

어떤 종류의 해로운 행동을 피해야 하는가? "모든 종류의 악, 특히 가장 일반적으로 저지르는 악"을 피해야 한다.[121] 양심에 귀를 기울이는 사람에게는 모든 상세한 부분까지 알려줄 필요는 없다. 그러나 어린아이가 자신의 안전과 유익을 위해 행동의 경계를 배워야 하듯, "그리스도 안에서 어린아이"에게는 가장 기본적인 지도와 지시가 필요하다.

다음과 같은 악은 명백히 용납될 수 없는 것들이다.

- 하나님의 이름을 망령되게 사용하는 것
- 주일을 더럽히는 것(여기에는 일하거나 사고 파는 것도 포함됨)
- 술 취함, 즉 반드시 필요하지 않음에도 증류주를 사고팔거나 마시는 행위[122]

---

119 "The Nature, Design, and General Rules of the United Societies," B 9:70-71, J VIII:270, sec. 4.
120 같은 곳.
121 같은 곳.
122 "The Nature, Design, and General Rules of the United Societies," B 9:70, J VIII:269-70, sec. 3.2.

다음의 잘못된 행동을 피해야 했다.

- 싸움, 다툼, 몸싸움
- 형제끼리 분쟁으로 법정에 가는 일
- 악을 악으로 갚는 일
- 불법으로 사고파는 행위
- 과도한 이자율로 주거나 받는 행위
- 무익하거나 자비롭지 못한 말
- 자신이 원하지 않는 것을 남에게 행하는 일[123]

하나님께 영광이 되지 못하는 다음의 일을 삼가야 했다.

- 세상에 돈을 쌓아두는 행위
- 다시 갚을 가능성 없이 빌리는 행위
- 방종에 얽매임
- 부적절한 복장 착용[124]
- 주님 안에서 할 수 없는 오락 추구[125]

b. 적극적으로 선을 행함

신도회에 계속 참여하려는 사람은 회개와 믿음의 열매로서 선을 행해야 했다.[126] 그들은 기회 있을 때마다 자비를 베풀고 선을 행하며, 사람의 몸과 영혼 모두를 돌보면서 모든 사람에게 모든 선을 행해야 했다.[127]

그들은 다음을 행함으로 곤궁한 자의 육체적 필요를 채워주어야 했다.

123　"The Nature, Design, and General Rules of the United Societies," B 9:70, J VIII:269-70, sec. 3. 3-4.
124　특히 과도한 지출로 가난한 자에게 주지 못하게 막는 경우.
125　"The Nature, Design, and General Rules of the United Societies," B 9:70, J VIII:269-70, sec. 3. 2.
126　"The Nature, Design, and General Rules of the United Societies," B 9:72, J VIII:270-71, sec. 5.
127　같은 곳.

- 배고픈 자에게 먹을 것을 줌
- 헐벗은 자에게 입을 것을 줌
- 병들거나 감옥에 있는 자를 돌아보고 도와줌[128]

그리고 그들은 다음을 행해 그들의 영혼을 돌보아야 했다.
- 지도
- 권고
- 격려[129]

웨슬리는 원할 때만 선을 행하고, 원치 않을 때는 하지 않는 것을 경고했다. 그런 태도는 주관적 감정의 덧없는 것이 선행을 좌우하게 할 뿐 아니라, 선을 행하지 않은 것에 대한 주관적 기피와 자기 합리화를 일으킨다.[130]

c. 더욱 믿음의 가정들에게 할지니라

신도회에 계속 참여하고자 하는 사람은 "그러므로 우리는 기회 있는 대로 모든 이에게 착한 일을 하되 더욱 믿음의 가정들에게 할지니라"[131]라는 성경 말씀에 순종하도록 주의를 기울여야 했다. 신자들은 그리스도 안에서 새로운 삶을 구하는 정직한 사람들에게 특히 관심을 기울여야 한다.

믿음의 가정에 선을 행하는 것은 직업 알선, "업무에서 서로를 돕는 일,"[132] 서로의 관심을 보살펴 주는 일 같은 현실적인 도움을 포함한다. 하나님의 가족을 자신의 가족의 확장으로 여기는 것이다.

신자들은 다음의 방법으로 믿음의 가정에 선을 행해야 했다.

---

128 같은 곳.
129 같은 곳.
130 같은 곳.
131 갈 6:10.
132 "The Nature, Design, and General Rules of the United Societies," B 9:72, J VIII:270-71, sec. 5.

- 자신의 일로 하나님의 가족이 비난받지 않게 주의함
- 자기를 부인하고 매일 자기 십자가를 짐
- 인내로 자기 앞에 당한 경주를 함
- 그리스도로 인한 비난을 기꺼이 감당함
- 기도와 말씀 듣기, 성찬 참여 등 하나님의 모든 규례를 지킴
- 개인 기도와 성경 연구로 가족에게 모범이 됨
- 개인의 행동으로 신앙 공동체의 위신을 떨어뜨리지 않음[133]

d. 모임에 계속 참여하기 위한 자발적 조건

신도회 가입은 언급된 목적 내에서 자발적으로 이루어지므로, 입회 조건이 오용되거나 지켜지지 않을 시 자발적으로 모임을 그만둘 수 있었다.

"이러한 것이 우리 신도회의 일반 규칙이며, 그 모든 것을 지켜야 함을 우리는 하나님과, 우리의 신앙과 실천의 유일하고 충분한 기준인 하나님의 말씀을 통해 배웠다. 우리가 알 듯이 하나님의 성령은 이 모든 것을 참되게 각성된 모든 사람의 마음에 기록하셨다."[134]

"이 규칙 중 어느 것이라도 습관적으로 깨뜨리는 이들은, 그들의 영혼을 위해 경성하기를 자신들이 청산할 자인 것같이 하는 사람들에게 알려야 한다. 우리는 그의 잘못된 행실에 대해 훈계하고 한 기간 동안 그를 감당할 것이지만, 그 후에도 그가 회개하지 않으면, 그는 더는 우리와 함께할 수 없다. 이로써 우리는 우리의 영혼을 구원한 것이다."[135]

이것이 속회와 신도회에 가입하기를 원하는 모든 사람의 손에 주어진 짧지만 강력한 문서였다.

---

133 "The Nature, Design, and General Rules of the United Societies," B 9:73, J VIII:271, sec. 6.
134 "The Nature, Design, and General Rules of the United Societies," B 9:73, J VIII:271, sec. 7.
135 같은 곳; 참고. 히 13:17.

3. "반회를 위한 지침"(1744) 요약

반회의 규칙을 압축한 또 하나의 모임의 토대가 되는 문서가 있다. 1744년 크리스마스에 웨슬리는 신도회 지침의 요약본을 마련했다. 이것은 기존 지침을 대체하는 것이 아니라 요약한 것이다. 그는 분명한 표현으로 기존의 일반 규칙을 세 개의 간결한 범주로 나누어 열여덟 줄로 압축했다. 그 내용은 다음의 개요에서 가장 잘 드러난다.

I. 악을 그치라
    A. 주일에는 사고팔지 말라.

    B. "의사의 처방 없이는 어떤 종류의 증류주나 독주"도 마시지 말라.

    C. 사업상 거래로 옥신각신하지 말라.

    D. 물건을 전당 잡히지 말라.[136]

    E. 타인의 잘못에 대해 험담하지 말고, 험담하는 사람은 중단시키라.[137]

    F. 불필요한 장신구를 착용하지 말라.

    G. 방종에 얽매이지 말라.[138]

II. 열심으로 선을 행하라
    A. "당신의 능력껏 최선"을 다하라.

    B. "당신이 눈으로 보는 모든 죄"를 꾸짖되, "사랑과 지혜의 온유함으로 하라."

    C. "근면과 검소, 자기 부인과 날마다 자기 십자가를 지는 본보기가 되라."[139]

III. 하나님의 모든 규례를 행하라
    A. "매주 교회와 성찬, 반회의 모든 공적 모임에" 참여하라.[140]

---

136 "Directions Given to the Band-Societies," J VIII:273, sec. 1. 1-2.
137 "Directions Given to the Band-Societies," J VIII:273, sec. 1. 2-5.
138 "Directions Given to the Band-Societies," J VIII:274, sec. 1. 6-7.
139 "Directions Given to the Band-Societies," J VIII:274, sec. 2. 1-3.
140 "Directions Given to the Band-Societies," J VIII:274, sec. 3. 1.

B. "거리가 멀거나 피치 못할 상황, 아플 때 외에는 주일 말씀 사역에 참여하라."

C. "가장은 매일 개인 기도를 드리고 가족 기도 시간을 인도하라."

D. "시간이 나는 대로 성경을 읽고 그 말씀을 묵상하라."

E. "모든 금요일을 금식이나 금욕의 날로 지키라."[141]

이 분명한 요약을 통해 웨슬리는 자신이 기독교 윤리를 가르치는 일에 얼마나 깊이 헌신했는지를 보여주었다. 이 가르침 중 어떤 것도 이해하기 어렵지 않다. 그 의미를 이해하지 못할 사람은 아무도 없다.

4. 성품에 대한 강조

존 웨슬리는 공식적으로 성품 윤리로 분류되는 윤리의 교사였다. 그의 윤리는 (의도, 책임, 덕, 결과 등에 대한) 다른 종류의 윤리적 숙고를 복음과의 관련성이라는 틀에서 결합시킨다. 그것은 이 모든 윤리적 접근의 초점을 "메소디스트의 성격"에서 묘사된 성품을 형성하는 데 둔다.

이 논문은 기본적으로 알렉산드리아의 클레멘트의 『스트로마타』 제7장을 요약한 것이기 때문에, 웨슬리가 자신의 윤리의 기초를 가장 초기의 전통적이고 보편적인 기독교의 가르침에 둔 것이 분명하다. 나아가 클레멘트가 아프리카 대륙에 살고 있었다는 사실도 주목할 가치가 있다. 웨슬리의 윤리의 정수는 클레멘트뿐 아니라 시프리안, 어거스틴, 마카리우스의 경우에서도 볼 수 있듯, 초기 아프리카 기독교에서 유래된 것이다. 그들은 모두 기독교적 성품 형성에 전념했다.

---

141 "Directions Given to the Band-Societies," J VIII:274, sec. 3. 2-5.

더 깊은 이해를 위한 독서 자료

Armistead, M. Kathryn. *Wesleyan Theology and Social Science: The Dance of Practical Divinity and Discovery*. Newcastle, UK: Cambridge Scholars, 2010.

Baker, Frank. *John Wesley and the Church of England*. Nashville: Abingdon, 1970.

Berg, Daniel. "The Marks of the Church in the Theology of John Wesley." In *The Church*. Edited by Melvin Dieter and Daniel Berg, 319-31. Anderson, IN: Warner, 1984.

Brantley, Richard E. Locke, *Wesley and the Method of English Romanticism*. Gainsville: Univ. of Florida Press, 1984.

Brown, Robert. *John Wesley's Theology: The Principle of Its Vitality and Its Progressive Stages of Development*. London: E. Stock, 1965.

Burwash, Nathaniel. *Manual of Christian Theology*. 2 vols. London: Horace Marshall, 1900.

Byrne, Herbert W. *John Wesley and Learning*. Salem, OH: Schmul, 1997.

Cahn, Ernst. "John Wesley als Vorkämpfer einer christlichen Sozialethik." *Die Christliche Welt* 46 (1932): 208-12.

Cannon, William R. "Methodism in a Philosophy of History." *MH* 12, no. 4 (1974): 27-43.

Cheek, H. Lee. *Confronting Modernity: Towards a Theology of Ministry in the Wesleyan Tradition*. Lake Junaluska, NC: Wesley Studies Society, 2010.

Clapper, Gregory S. *As If the Heart Mattered: A Wesleyan Spirituality*. Nashville: Upper Room, 1997.

_____. *John Wesley on Religious Affections: His Views on Experience and Emotion and Their Role in the Christian Life and Theology*. Metuchen, NJ: Scarecrow, 1989.

Coleman, Robert E. *Nothing to Do but Save Souls. John Wesley: John Wesley's Charge to His Preachers*. Grand Rapids: Zondervan, 1990.

Coleson, Joseph E. *Be Holy: God's Invitation to Understand, Declare, and Experience Holiness*. Indianapolis: Wesleyan Publishing House, 2008.

Collins, Kenneth J. "The Conversion of John Wesley: A Transformation to Power." In *Conversion*. Edited by John S. Hong. Bucheon City, Kyungki-Do, South Korea: Seoul Theological Univ., 1993. Published in Korean.

_____. *John Wesley: A Theological Journey*. Nashville: Abingdon, 2003.

Cushman, Robert E. *John Wesley's Experimental Divinity: Studies in Methodist Doctrinal Standards*. Nashville: Kingswood, Abingdon, 1989.

Davies, Rupert E. "The People of God." *LQHR* 184 (1959): 223-30. On Methodist doctrines.

Dieter, Melvin. "John Wesley and Creative Synthesis." *AS* 39, no. 3 (1984): 3-7.

Dreyer, Frederick. "Faith and Experience in the Thought of John Wesley." *AHR* 88, no. 1 (1983): 12-30.

Dunnam, Maxie D. *Going On to Salvation: A Study of Wesleyan Beliefs*. Nashville: Abingdon, 2008.

Eckhart, Ruth Alma. "Wesley and the Philosophers." *MR* 112 (1929): 330-45.

Edwards, Maldwyn. *John Wesley and the Eighteenth Century: A Study of His Social and Political Influence*. New York: Abingdon, 1933.

Ferguson, Duncan S. "John Wesley on Scripture: The Hermeneutics of Pietism." *MH* 22, no. 4 (1984): 234-45.

Flew, R. Newton. *The Idea of Perfection in Christian Theology*, 313-34. Oxford: Oxford Univ. Press, 1934.

Glasson, T. Francis. "Jeremy Taylor's Place in John Wesley's Life." *PWHS*

36 (1968): 105-7.

Glick, Dan. "The Pastoral Counseling of John Wesley through Written Correspondence: The Years 1777-1782." Dan Glick Wordpress. http://danglick.wordpress.com.

Green, John Brazier. *John Wesley and William Law*. London, Epworth, 1945.

Gunter, W. Stephen. *Considering the Great Commission: Evangelism and Mission in the Wesleyan Spirit*. Nashville: Abingdon, 2005.

Hagen, Odd. *Litt om Wesleys Laere om Kristleig Fullkommenheit* (Light on Wesley's Teaching on Christian Perfection). Oslo: Methodismen, 1938.

Harding, F. A. J. *The Social Impact of the Evangelical Revival*. London: Epworth, 1947.

Harper, Steve. *John Wesley's Theology Today*. Grand Rapids: Zondervan, 1983. Chap. 4 on converting grace.

Headley, Anthony J. *Family Crucible: The Influence of Family Dynamics in the Life and Ministry of John Wesley*. Eugene: Wipf & Stock, 2010.

Heitzenrater, Richard P. *The Elusive Mr. Wesley*. 2 vols. Abingdon, 1984.

Herbert, T. W. *John Wesley as Editor and Author*. Princeton: Princeton Univ. Press, 1940.

Hong, John Sungschul. *John Wesley the Evangelist*. Lexington, KY: Emeth, 2006.

Howard, Ivan. "The Doctrine of Assurance." In *Further Insights into Holiness*. Edited by K. Geiger. Kansas City: Beacon Hill, 1963.

Hughes, H. Trevor. "Jeremy Taylor and John Wesley." *LQHR* 174 (1949): 296-404.

Hulley, Leonard D. *Wesley: A Plain Man for Plain People*. Westville, South Africa: Methodist Church of South Africa, 1987.

Hurst, John Fletcher. *John Wesley the Methodist: A Plain Account of His Life and Work*. New York: Eaton & Mains, 1903. Authorship credited as "By a Methodist Preacher."

Hutchinson, F. E. "John Wesley and George Herbert." *LQHR* 161 (1936): 439-55.

Johnson, Susanne. *Christian Spiritual Formation in the Church and Classroom*. Nashville: Abingdon, 1989.

Jones, Charles E. *A Guide to the Study of the Holiness Movement*. Metuchen, NJ: Scarecrow, 1974.

Jones, Scott J. *Staying at the Table: The Gift of Unity for United Methodists*. Nashville: Abingdon, 2008.

Joy, James R. "Wesley: A Man of a Thousand Books and a Book." *RL* 8 (1939): 71-84.

Källstad, Thorvald. *John Wesley and the Bible: A Psychological Study*. Stockholm: Bokförlaget Nya Doxa, 1974.

Kissack, Reginald. *Church or No Church? A Study of the Development of the Concept of Church in British Methodism*. London: Epworth, 1964.

Knight, Henry H., and F. Powe. *Transforming Evangelism: The Wesleyan Way of Sharing Faith*. Nashville: Discipleship Resources, 2006.

Knight, Henry H., and Don E. Saliers. *The Conversation Matters: Why United Methodists Should Talk with One Another*. Nashville: Abingdon, 1999.

Koerber, Carolo. *The Theology of Conversion according to John Wesley*. Rome: Neo-Eboraci, 1967.

Langford, Thomas. *Practical Divinity: Theology in the Wesleyan Tradition*. Nashville: Abingdon, 1982. Chap. 6, "Holiness Theology."

Leach, Elsie A. "Wesley's Use of Geo. Herbert." *HLQ* 16 (1953): 183-202.

Lindström, Harald G. A. *Wesley and Sanctification*. Nashville: Abingdon, 1946.

Lloyd, A. K. "Doddridge and Wesley." *PWHS* 28 (1951): 50-52.

Luby, Daniel Joseph. *The Perceptibility of Grace in the Theology of John Wesley: A Roman Catholic Consideration.* Rome: Pontificia Studiorum Universitas A. S. Thomas Aquinas in Urbe, 1994.

Mathews, Horace F. *Methodism and the Education of the People, 1791-1851.* London: Epworth, 1949.

McIntosh, Lawrence. "The Nature and Design of Christianity in John Wesley's Early Theology." PhD diss., Drew Univ., 1966.

Moore, Sydney H. "Wesley and Fenelon." *LQHR* 169 (1944): 155-57.

Oden, Thomas C. *Doctrinal Standards in the Wesleyan Tradition.* Grand Rapids: Zondervan, 1988. Rev. ed., Nashville: Abingdon, 2008.

Outler, Albert C. "Pastoral Care in the Wesleyan Spirit." In *The Wesleyan Theological Heritage: Essays of Albert C. Outler.* Edited by Thomas C. Oden and Leicester R. Longden, 175-88. Grand Rapids: Zondervan, 1991.

_____. *Theology in the Wesleyan Spirit.* Nashville: Discipleship Resources, 1975. Chap. 2, " 'Offering Christ,' The Gist of the Gospel."

Pope, William Burt. *A Compendium of Christian Theology.* 3 vols. London: Wesleyan Methodist Book-Room, 1880.

Rack, Henry. "Aldersgate and Revival." In *RE*, 137-81.

Rogal, Samuel J. "A Journal and Diary Checklist of John Wesley's Reading." *Serif* 11, no. 1 (1974): 11-33.

_____. "Pills for the Poor: Wesley's Primitive Physick." *Yale Journal of Biology and Medicine* 51 (1978): 81-90.

Rowe, Kenneth, ed. *The Place of Wesley in the Christian Tradition.* Metuchen, NJ: Scarecrow, 1976.

Rupp, E. Gordon. "Son to Samuel: John Wesley, Church of England Man." In *The Place of Wesley in the Christian Tradition.* Edited by Kenneth E. Rowe, 39-66. Metuchen, NJ: Scarecrow, 1976.

Schmidt, Martin. *John Wesley: A Theological Biography.* Translated by

Norman Goldhawk. 2 vols. Nashville: Abingdon, 1963.

Sermons and Homilies Appointed to Be Read in Church in the Time of Queen Elizabeth of Famous Memory (1547–71). Oxford: Clarendon, 1802.

Sherwin, Oscar. *John Wesley: Friend of the People.* Farmington Hills, MI: Twayne, 1961.

Shipley, David C. "The Ministry in Methodism in the Eighteenth Century." In *The Ministry in the Methodist Heritage.* Edited by Gerald McCulloh, 11-31. Nashville: Department of Ministerial Education, 1960.

Simon, John S. *John Wesley and the Methodist Societies.* London: Epworth. 1923.

_____. *Wesley or Voltaire.* London: C. H. Kelly, 1904.

Smith, Timothy L. "John Wesley and the Wholeness of Scripture." *Interpretation* 39 (1985): 246-62.

_____. *Whitefield and Wesley on the New Birth.* Grand Rapids: Zondervan, 1986.

Stoeffler, Fred Earnest. *The Rise of Evangelical Pietism.* Leiden: E. J. Brill, 1965.

_____. "Tradition and Renewal in the Ecclesiology of John Wesley." In *Traditio-Krisis-Renovatio aus theologische Sicht.* Edited by B. Jaspert and R. Mohr, 298-316. Marburg, Germany: Elwert, 1976.

Sturm, Roy. *Sociological Reflections on John Wesley and Methodism.* Indianapolis: Central Publishing, 1982.

Sugden, Edward H. *The Standard Sermons of John Wesley.* Edited by Edward H. Sugden. 2 vols. London: Epworth, 1921, 3rd. ed., 1951.

Summers, Thomas O. *Systematic Theology.* 2 vols. Edited by J. J. Tigert. Nashville: Methodist Publishing House South, 1888.

Telford, John, ed. *Letters of John Wesley.* 8 vols. London: Epworth, 1931.

Thomas, Gilbert. "George Fox and John Wesley." *Methodist Recorder*

(1924): 11.

Tyerman, Luke. *The Life and Times of the Rev. John Wesley, M.A., Founder of the Methodists*. 3 vols. New York: Harper and Brothers, 1872.

Tyson, John R. "John Wesley and William Law: A Reappraisal." *WTJ* 17 no. 2 (1982): 58-78.

Verhalen, Philippo A. *The Proclamation of the Word in the Writings of John Wesley*. Rome: Pontificia Universitas Gregoriana, 1969.

Vogel, John Richard. "Faith and the Image of God." Master's thesis, DePauw Univ., 1967.

Watson, Richard. *Theological Institutes*. 2 vols. New York: Mason and Lane, 1836, 1840; ed. John M'Clintock, New York: Carlton & Porter, 1850.

Wedgwood, Julia. *John Wesley and the Evangelical Reaction of the Eighteenth Century*. London: Macmillan, 1870.

Wesley, John. "A Scheme of Self-Examination Used by the First Methodists in Oxford." http://imarc.cc/one_meth/vol-01-no-12.html.

Yates, Arthur S. *The Doctrine of Assurance, with Special Reference to John Wesley*. London: Epworth, 1952.

Young, Frances. "The Significance of John Wesley's Conversion Experience." In *John Wesley: Contemporary Perspectives*. Edited by John Stacy, 37-46. London: Epworth, 1988.

2부

경제 윤리

2장

복음적 경제 윤리

2장 복음적 경제 윤리

우리는 웨슬리가 윤리학에 끼친 더 중요한 기여는 상호 책임성을 지닌 공동체를 통한 성품 훈련임을 이미 논의했기에, 이제는 어떻게 그것이 경제 질서에서의 책임성에 영향을 끼치는지 살펴볼 것이다.

복음적 경제 윤리 서론

경제적 책임성이 가장 개인적으로 표현되는 것은 재정 문제, 즉 어떻게 재화를 획득하고 사용하는지에서다. 복음주의 윤리학은 경제 질서에 대한 사변적 이론보다는 우리가 얻고 벌어들이는 자원을 지혜롭게 사용하는 방법에 더 관심을 갖는다. 우리는 이 자원을 창조주께 받았으며, 우리의 상상력과 이성과 노력을 통해 그것을 더 발전시키라는 명령을 받았다. 복음주의 윤리학에서 우리가 어떻게 세상의 자원을 얻고 사용해야 하는지에 대해 개인적으로 숙고하는 일은 지엽적인 문제가 아니다.

사람이 돈을 벌고 사용하는 것과 관련해 웨슬리의 초점은, 앞서 1장에서 살펴본 대로 신앙 공동체 양육에서 실천적 정신을 강조하는 것과도 유사점이 있다. 웨슬리는 경제가 어떻게 돌아가는지에 관한 이론보다 하나님께서 선물로 주신 시간과 소유에 대한 청지기 직분의 실천 습관을 훈련하는 데 더 관심이 있었다. 윤리학 교사로서 웨슬리의 재능은 상습적으로 죄를 지어온 죄인들에게 선행을 가르치는 데 초점이 맞춰져 있었다.

경제 생활의 올바른 질서

웨슬리는 메소디스트라 불린 지극히 평범한 사람들로 이루어진 신도회의 영적 인도자로서 그들이 살아가는 곳에서 그들을 인도해야 했다. 그들은 대부분 가난했지만 부지런했고, 책임 있게 일하는 습관과 합리적으로 돈을 벌고 사용하는 방법을 배우고 싶어 했다. 웨슬리가 섬겼던 사람들은 대학에서 경제 윤리학을 배운 것이 아니다. 그들은 일상적 노동이라는 방법과 공정이라는 상식적인 규칙에 따라 자기 가족을 부양하고 있었다.

웨슬리는 그들의 영성 훈련을 위해 모든 면에서 영적으로 지도해달라는 부탁을 받았다. 거기에는 이성과 양심, 성경을 통해 알 수 있는 경제적 책임성에 대한 실질적인 안내도 포함되어 있었다. 성경을 통해 삶의 질서를 세우기 위해 모인 소그룹 내의 각 사람은, 어떻게 자기 가족의 필요를 공급하고 제한된 자원을 지혜롭게 사용해야 할지 결정해야 했다.

웨슬리의 경제적 가르침에 관한 가장 중요한 자료는 어떻게 돈을 벌고 저축하며 써야 하는지에 관한 설교다. 가장 중요한 세 설교는 "돈의 사용" "부(富)의 위험성" "재물 축적의 위험성에 대하여"다. 이 설교들은 지극히 작은 것에 충성된 자는 큰 것에도 충성되고, 재물은 어리석은 욕망을 부추기며, 부를 쌓는 데 마음을 두는 사람은 그것의 지배를 받게 된다는 사실을 보여준다. 이 세 설교 외에 "자기 부인"과 "선한 청지기"라는 설교까지 더하면 우리는 웨슬리 경제 윤리의 정수를 접하게 된다. 이 중 가장 유명한 설교는 "돈의 사용"이다.

A. 돈의 사용

예수님은 불의한 청지기 비유에서 다음과 같이 말씀하셨다. "이 세대의 아들들이 자기 시대에 있어서는 빛의 아들들보다 더 지혜로움이니라 내가 너희에게 말하노니 불의의 재물로 친구를 사귀라 그리하면 그 재물이 없어질 때에 그들이 너희를 영주할 처소로 영접하리라 지극히 작은 것에 충성된 자는 큰 것에도 충성되고 지극히 작은 것에 불의한 자는 큰 것에도 불의하니라" [눅 16:8-10; 설교 #50, "돈의 사용"(The Use of Money), B 2:266-80, J VI:124-35 (1760)]. 영원히 거할 처소만이 참된 가치가 있다. 작은 것에 충성하는 것과 관련해 배운 모든 것은 큰 것에 충성하는 데 도움이 된다.

1. 세상적 사용과 신앙적 사용

모든 시대의 시인은 돈에 반대해 "세상을 최고로 타락시키는 것, 덕을 파멸시키는 것, 인간 세상의 역병" 등으로 나쁘게 표현했다.[1] 웨슬리는 돈에 반대해 나쁘게 말하지 않고 영원을 준비하기 위한 훈련의 영역으로 여겼다. 호라티우스(Horace)는 돈이 세상의 일에서 하나님의 섭리적 도구가 됨을 생각하지 못한 채 국민들에게 "모든 돈을 바다에 던져버리라"고 권고했다.[2] 웨슬리는 절대 그렇게 말하지 않았을 것이다. 그는 디모데를 향한 바울의 경고는 "'돈을 사랑함이 일만 악의 뿌리가 되지' 돈 자체가 악이라고 한 것이 아님"을 알았다. "돈이 문제가 아니라 돈을 사용하는 사람이 문제라는 것이다."[3] 도덕적 상상력과 추론을 훈련하면, 곤궁한 사람

---

1   "The Use of Money," B 2:267-68, J VI:125-26, 서문, sec. 2.
2   Horace, Odes 3. 24. 49, LCL 33:257; "The Use of Money," B 2:267-68, J VI:125-26, 서문, sec. 2.
3   딤전 6:10; "The Use of Money," B 2:267-68, J VI:125-26, 서문, sec. 2.

을 돕는 자비와 구제 행위를 통해 하나님의 사랑을 나누기 위해 돈을 사용하도록 인격을 함양할 수 있다. 복음적 윤리학은 돈을 선을 행할 기회이자, 그 일시적이고 제한된 가치에 적합한 방식으로 하나님의 선물에 반응할 기회로 여긴다.

돈을 사용하는 것은 물물교환에 엄격히 의존하지 않는 모든 사회의 경제적 특징이다. 물물교환은 돈의 편리성 없이 이루어지므로, 인간의 생계와 편의에 필요한 것들을 맞바꾸기 위한 적절한 환경을 만들어야 하는 부담이 생긴다. 화폐 경제는 상품과 서비스를 교환하는 합리적인 수단을 제공한다. 예수님은 세상의 아들들이 세상 일에서는 빛의 아들들보다 더 지혜롭다고 말씀하셨다. 그들은 자신의 세상적 유익을 위해 돈을 영리하게 사용하기 때문이다.[4] 그리스도인은 돈을 사용하면서도 그것에 매이지 않는 또 하나의 가치 체계를 가지고 있다.

빛의 자녀는 "예수 그리스도의 얼굴에서 하나님의 영광의 빛"을 보는 사람이다.[5] 예수님은 제자들에게 세상의 지혜에서도 배울 것을 배워, 영원한 유익을 위해 "세상의 재물을 사용"할 줄 알아야 한다고 말씀하셨다. 돈을 정직하고 지혜롭게 사용한다면 "그 재물이 없어질 때 너희는 영주할 처소로 영접받을 것이다."[6]

만약 돈을 이 세상의 현세적 가치 속에서 자기 만족을 위해서만 사용한다면, 그것은 "불의의 재물"로 불리는 것이 옳다.[7] 웨슬리는 "이 세상만 추구하는 사람들은 어떤 의미에서 '더 지혜롭다'(절대적 의미에서는 그렇지 않다. 그들은 하늘 아래 모든 사람 중에 가장 어리석은 자들, 가장 지독

---

4   눅 16:8-9.
5   고후 4:6; "The Use of Money," B 2:266, J VI:124, 서문, sec. 1.
6   눅 16:9.
7   "The Use of Money," B 2:266, J VI:124, 서문, sec. 1.

하게 미쳐 있는 사람이기 때문이다)"고 말한다. "그들은 '자기 시대에 있어서는' 즉 그들 나름의 방식에서는" 자신들이 정한 원리에 더 충실하면서 "빛의 자녀들보다 더 꾸준히 자기 목적을 추구한다"는 점에서 더 일관성이 있기 때문이다.[8] 그들은 "자기 시대에 있어서는" 지혜롭지만, 영원과 관련해서는 어리석다.

2. 마지막 결산

예수님은 하나님의 백성에게 이 세상 세대처럼 돈의 사용에서 지혜롭되 오직 믿음, 소망, 사랑을 더하려는 목적으로 그렇게 하라고 권고하셨다. "가능한 모든 선을 행하되 특별히 하나님의 자녀에게 그렇게 함으로" 재물로 친구를 사귀라. "그러면 '그 재물이 없어질 때', 즉 당신이 티끌로 돌아가 더 이상 해 아래 있지 않게 될 때, 당신보다 먼저 간 사람들이 '당신을 영주할 처소로 영접할 것이다.' 다시 말해, 그들이 당신을 환영할 것이다."[9] 우리는 영원과의 관계에서 돈의 가치를 볼 수 있어야 한다.

모든 사람은 궁극적으로 월별 재정 잔액만이 아니라, 우리에게 생명을 주신 분 앞에서 인생 전체를 통해 얼마나 책임성 있게 살았는지에 대해서도 결산을 해야 한다.[10] 이 세상과 우리 자신, 우리가 가진 재능 등 우리가 가진 모든 것을 본래 우리에게 주신 분께는, 그 선물들을 어떻게 사용해야 하는지에 관해 책임성을 요구할 권리가 있다고 생각하는 것이 합리적이지 않겠는가? 그래서 각 사람이 "'청지기로서의 시간이 끝나면' '자신이

---

8   "The Use of Money," B 2:266, J VI:124, 서문, sec. 1.

9   Ibid.

10   Ibid.

어떻게 청지기직을 수행했는지에 관해 결산'해야 한다."[11] 영원에서는 돈이 가치를 잃는다.

이 세상 사람들은 돈의 올바른 사용에 대해 자주 논의하지만, "하나님께서 세상에서 택하신 사람들은 그것에 대해 충분히 숙고하지 않는다." 웨슬리는, 사람 스스로도 두뇌와 힘의 바른 사용에 노력을 기울인다고 가정한다면 돈의 사용은 "기독교 지혜의 탁월한 가지"로서 청지기 직분, 곤궁한 자들에 대한 돌봄, 그리고 무엇보다 필요한 모든 것을 신자에게 공급하시는 하나님에 관해 배울 기회를 제공해주는 것이라고 보았다.[12]

돈을 올바르게 사용하는 것과 "그 탁월한 재능"을 신중하게 연습하는 것은 도덕적으로 매우 중요하다. 많은 사람이 "가장 유익한 것을" 신중하게 사용하는 방법, 즉 이웃 사랑을 위해 사용하는 방법을 배우지 못했다.[13] 웨슬리의 목적은 믿음의 사람들에게 어떻게 하면 돈을 영원히 유익한 방법으로 지혜롭고 정직하게 사용할 수 있는지 가르치는 것이었다.

3. 타락한 세상에서 돈의 신중한 사용법

돈은 가장 좋은 일에도, 가장 나쁜 일에도 사용될 수 있다. "돈은 모든 문명화된 나라에서 삶의 일상적인 일에 말할 수 없이 도움을 준다. 그것은 모든 방식의 거래와 (우리가 기독교의 지혜에 따라 사용한다면) 모든 선을 행하는 일의 가장 간편한 도구다."[14] 인류가 타락한 현재 상태에서 돈은 "가장 고귀한 목적을 이룰" 기회를 주는 하나님의 탁월한 선물이다.[15]

---

11 Ibid.; 참고. 눅 16:2.
12 "The Use of Money," B 2:267-68, J VI:125-26, 서문, sec. 2.
13 Ibid.
14 Ibid.
15 Ibid.

오순절 사건 때 교회는 돈을 거부하거나 던져버리지 않고 하나님의 뜻에 따라 사용했다. 오늘날의 신앙 공동체가 오순절 사건 때의 교회같이 행한다면 지금과는 매우 달라졌을 것이다. 예루살렘에 있던 최초의 교회는 모든 신자가 "다 성령이 충만하여 … '자기 재물을 조금이라도 자기 것이라 하는 이가 하나도 없었다.'"[16] 이것은 자산이나 정직한 노력, 개인의 주도성, 수고의 가치를 떨어뜨리는 것이 아니라, 하나님께서 주신 자원 사용에서의 비례 추론(proportional reasoning)의 행위다. 성령은 그들의 마음을 움직여 "곤궁한 자들과 나누기 위해 사도들에게 돈을 드리게" 했다.[17] 내가 얻은 것이라도 나를 위한 것이 아닌 곤궁한 자를 위한 것이기 때문이다. 오순절에 교회는 예수님의 죽음과 부활, 성령 강림에서 비롯된 새 창조를 느끼면서 성령으로 말미암는 신생을 경험한 것이다.

빛의 자녀의 수중에 있는 돈은 "배고픈 자에게 먹을 것을, 목마른 자에게 마실 것을, 헐벗은 자에게 입을 것을", 나그네에게 쉴 자리를 제공하기에 합당한 도구이다. 돈의 올바른 사용으로 "우리는 과부에게는 남편의 빈자리, 고아에게는 아버지의 빈자리를 채워줄 수 있다. 우리는 억눌린 자를 보호하고, 병든 자의 건강을 회복시키는 통로가 될 수 있다."[18]

웨슬리는 올바른 돈 사용에 관해 누구나 이해할 수 있도록 세 가지 간단한 지침을 제시했다. 우리에게 주신 은사로서 돈을 어떻게 사용할 것인지에 관해 배우는 데 "필요한 모든 가르침"은 세 가지 규칙, 즉 최대한 벌라, 최대한 저축하라, 최대한 나누어주라로 "요약할 수 있다."[19]

---

16   Ibid; 참고. 행 4:31-32.
17   행 4:35.
18   "The Use of Money," B 2:267-68, J VI:125-26, 서문, sec. 2.
19   "The Use of Money," B 2:268, J VI:126, 서문, sec. 3.

4. 할 수 있는 한 많이 벌라

돈을 버는 데는 도덕적 제한사항이 있다.

a. 도덕적 제한사항을 준수하라

삶에 필요한 것을 얻는 일에 왜 우리의 상상력과 이성을 사용하는 것이 의무인가? "이 질문에 우리는 세상의 자녀들처럼 답할 수도 있다. 우리는 그들에게 익숙한 영역에서 그들을 대면하기 때문이다."[20] 우리는 세상의 가장 유능한 경영자들처럼 우리의 은사를 사용하는 일에 능숙해야 하지만, 그 목적이 다를 뿐이다. 즉 우리는 하나님과 사람을 사랑하기 위해 그렇게 하는 것이다. 따라서 돈을 바르게 버는 데는 제한사항이 있다.

"우리는 물건을 너무 비싼 값에 사지 말고, 가치 이상의 돈을 지불하지 않는 방법으로 벌 수 있는 한 돈을 벌어야 한다." 낭비하지 말라. 과소비하지 말라. 빚을 지지 말라. 가족에게는 필요한 것을 제공하고, 빚도 갚아야 하는가? 당연히 그렇다. 상식 있는 사람은 누구나 그렇게 생각할 것이다. 그러나 그것도 이치에 맞게 해야 한다. 어리석게 건강을 해치면서 돈을 벌려고 하지 말라. 우리는 "생명과 건강을 희생하거나", 비소나 녹인 납물을 다루는 것같이 "신체에 손상을 주어" 몸을 상하게 하면서까지 "돈을 벌지는 말아야 한다."[21] 그것은 하나님께서 당신과 이웃의 유익을 위해 주신 몸을 망가뜨리기 때문이다. 우리는 "제때 우리 몸에 필요한 음식과 잠을 취하지 못하게 하는" 어떤 일도 지속해서는 안 된다.[22] 예수님은 "목숨이 음식보다 중하고 몸이 의복보다 중하니라"라고 가르치셨다.[23]

---

20 "The Use of Money," B 2:268-69, J VI:126-27, sec. 1. 1.
21 Ibid.
22 Ibid.
23 Ibid.; 참고. 눅 12:23.

우리는 또 건강한 정신을 해치지 않도록 할 수 있는 한 바르게 돈을 벌어야 한다.[24] 당신의 가치 있는 시간을 우울증이나 분노를 일으킬 위험이 있는 방법으로 사용하지 말라. 그것은 이치에 맞지 않는 일이다. 이러한 것이 합리적인 생각과 도덕적 분별에 기초한 간단한 제한사항이다.

불법으로 이득을 취하지 말라. 시장의 규칙과 공정무역에 관한 법을 지키라. "우리는 하나님의 율법과 국가의 법에 반하는 어떤 죄 된 거래에도 관여하거나 지속해서는 안 된다."[25] 어떤 직장은 부정행위나 거짓말, 도둑질을 요구한다. 어떤 직장은 "선한 양심에 위배되는 관례에 순응"할 것을 요구한다. 그러나 당신의 영혼을 희생하면서까지 돈을 벌지는 말아야 한다.[26] "당신의 영혼을 파괴할 수 있는 기업"이나 어떤 약속에 스스로를 옭아매지 말라.[27] "모든 사람은 자신에게 유익한 판단을 내려, 특히 영혼에 해로운 것은 무엇이든 삼가야 한다."[28] 분별력 있는 사람이라면 이성적으로 생각해 "선한 결과를 바라면서 그것을 위해 악한 일을 하지는" 않을 것이다.[29]

b. 타인에게 해를 끼치지 말라

우리는 "이웃에게 해를 끼치지 않는 범위에서" 할 수 있는 한 돈을 벌어야 한다. 우리가 타인을 자신처럼 사랑한다면 해를 끼칠 수 없다. 우리는 마땅히 지불해야 할 돈을 지불하지 않거나, 과도한 이자를 요구하거나, 불

---

24   "The Use of Money," B 2:269-70, J VI:127-28, sec. 1. 2.
25   Ibid.
26   Ibid.
27   Ibid.
28   Ibid.
29   롬 3:8; "The Use of Money," B 2:270-71, J VI:128, sec. 1. 3.

법적인 거래에 관계하거나, 부당하게 이웃의 땅이나 집을 빼앗아, 우리가 만나는 사람에게 해를 끼쳐서는 안 된다. 예를 들어, 공정무역에서 "우리는 형제 사랑과 일치하도록 물건을 시장 가격 이하로 팔아서는 안 된다. 나 자신의 유익을 위해 이웃의 거래를 망치는 방법을 연구해서는 안 된다."[30]

첫째로, 우리는 "이웃의 육체에 해를 끼치면서" 돈을 벌어서는 안 된다. "그러므로 우리는 건강을 손상시키는 어떤 것도 팔아서는 안 된다."[31] 증류주는 "약으로 쓰일 때가 있다." 그러나 그것은 해를 끼칠 수도 있다. 따라서 오직 약으로 쓰기 위한 목적으로만 그것을 제조하고 파는 사람만이 자신의 양심을 깨끗하게 지킬 수 있다.[32] "그러나 사고 싶어 하는 모든 사람에게 일반적인 방식으로 증류주를 파는 사람은 사람들을 독살하는 것이다." 사람들의 건강을 해칠 수 있기 때문이다.[33] 웨슬리는 알코올 중독은 3대까지 영향을 끼칠 수 있다고 생각했다.

몸은 하나님의 선물이다. 그러므로 "환자의 돈을 빼앗기 위해" 일부러 치료 기간을 오래 끌면서 환자의 고통을 배가시키는 등 "수입을 늘리려 환자의 생명이나 건강을 가지고 장난치는 의사와 약사들은" 똑같이 악하다. "그런 것이 부당하게 돈을 버는 것이다."[34]

둘째, 그보다 더 심각한 것으로, 우리는 이웃의 영혼에 해를 끼치는 방식으로 돈을 벌어서는 안 된다. 예를 들어, 음란이나 거짓으로 사람을 유혹하는 것이다. 웨슬리는 "술집, 음식점, 오페라 극장, 소극장, 그외의 다른 대중적으로 인기가 많은 오락장들"에서 돈을 버는 사람들의 도덕적 모

30 "The Use of Money," B 2:270-71, J VI:128, sec. 1. 3.
31 "The Use of Money," B 2:271-72, J VI:128-29, sec. 1. 4.
32 Ibid.
33 Ibid.
34 "The Use of Money," B 2:272, J VI:129, sec. 1. 5.

호성에 대해서도 의문을 제기한다. "만약 이것이 사람들의 영혼에 유익을 준다면 당신은 깨끗하다. 당신의 사업은 선한 것이고, 당신이 버는 돈도 결백하다. 그러나 그것이 그 자체로 죄가 되거나 다양한 죄로 자연스럽게 이어지는 통로가 된다면, 당신은 두려워해야 한다. 당신은 통탄할 만한 결산을 하게 될 것이기 때문이다."[35]

c. 건전한 관행을 따르라

웨슬리는 열심히 일하는 것, 건전한 사업 관행, 시간 엄수, 돈을 다룸에서의 엄격한 책임을 매우 강조했다. "정직하게 일해 할 수 있는 한 돈을 벌라. 당신의 직업에 최대한 성실하라. 시간을 낭비하지 말라. 만약 당신이 당신 자신은 물론, 당신과 하나님 또는 사람 사이의 관계를 이해한다면, 당신이 여분으로 남길 돈이 없음을 알 것이다. 만약 당신이 감당해야 할 특별한 소명을 이해한다면 당신에겐 남는 시간이 없을 것이다."[36]

그러므로 "어떤 일을 하든 온 힘을 다해 하라. … 최대한 신속히 하라. 지체하지 말라! 하루하루 시시각각 미루지 말라! 오늘 할 수 있는 일을 내일까지 남겨두지 말라. 최대한 잘 하라. 일을 남겨둔 채 자거나 하품 하지 말라. 최대한 힘을 집중하라. 수고를 아끼지 말라. 어떤 일도 반만 하고 끝내거나, 가볍고 경솔한 태도로 하지 말라. 근면과 인내로 일하면 끝낼 수 있는데도 그렇게 하지 않음으로 일을 남겨두지 말라."[37]

신자는 부지런하고 정직한 실천으로 그런 실천을 무시하는 자들과 경쟁하고자 해야 한다. "하나님께서 주신 모든 지식을 당신의 사업에" 적용

---

35   "The Use of Money," B 2:272, J VI:129-30, sec. 1. 6.
36   "The Use of Money," B 2:272-73, J VI:130, sec. 1. 7; 참고. 전 9:10.
37   Ibid.

하라.[38] "당신은 타인이나 자신의 경험과 독서와 숙고를 통해 끊임없이 배워 당신이 하는 일을 어제보다 오늘 더 잘해야 한다. … 당신에게 맡겨진 것에 최선을 다하라."[39]

당신이 돈을 빌려준 사람을 부당하게 대할까 봐 염려하는 것은 올바른 태도다. 그러나 그 염려가 가난한 자를 돕지 않은 것에 대한 핑계가 될 수 있다.[40] 그러므로 계획적으로 당신의 빚을 줄이고, 청구서는 때에 맞춰 지불하라. 정확하고 정직하게 기록해 두라. "사업을 하든 그렇지 않든 모든 사람은 재산이 증가하는지 감소하는지 알아야 한다."[41] 만약 돈을 빌려놓고도 기억하지 못하거나, 청구서 대금을 지불할 수 있는지 없는지 알지 못하면, 당신은 하나님께서 주신 재정의 충실한 청지기가 되지 못한 것이다.

5. 할 수 있는 한 많이 저축하라

돈의 사용에 대한 두 번째 간단한 격언은, "정직한 지혜와 끈기 있는 성실함으로" 할 수 있는 한 많이 번 뒤에는 "할 수 있는 한 많이 저축하라. … 귀중한 달란트를 바다에 던져버리지 말라"는 것이다.[42] 하나님께서는 일반 섭리를 통해 우리에게 가족의 필요를 채울 수 있는 충분한 지적 능력과 상상력을 부여하신다. 그러나 당신은 "그중 어떤 것도 단지 육신의 정욕이나 안목의 정욕, 이생의 자랑을 만족시키기 위해 사용해서는 안 된다."[43] 절

---

38 "The Use of Money," B 2:273, J VI:130, sec. 1. 8.
39 Ibid.
40 "The Danger of Increasing Riches," B 4:179, J III:356, sec. 1. 2.
41 "The Danger of Increasing Riches," B 4:180, J III:357, sec. 1. 4.
42 "The Use of Money," B 2:273-74, J VI:130-31, sec. 2. 1.
43 Ibid.

약을 잘 하려면 세 가지 형태의 우상숭배를 피해야 한다.[44]

첫째, 육신의 정욕을 만족시키려는 유혹을 피하라. "너무나도 귀중한 달란트의 일부라도 육신의 정욕을 만족시키기 위해, 즉 감각적 쾌락을 얻기 위해 낭비하지 말라." "우아한 쾌락주의"에 갇히지 말라. "단순한 본성적 필요에 만족하라."[45]

둘째, "너무나도 귀중한 달란트의 일부라도 단지 안목의 정욕을 만족시키는 데 낭비하지 말라."[46] "당신은 정말 호화로운 의복이나 불필요한 장신구, 값비싼 가구, 고가의 사진이나 그림, 금도금이 필요한가?"[47]

셋째, "이생의 자랑을 만족시키기 위해, 즉 사람들의 존경과 칭찬을 얻기 위해서라면 한푼도 쓰지 말라."[48] 존경과 인정을 바라는 헛된 상상을 멀리하라.[49] "그들의 박수갈채를 얻기 위해 값비싼 대가를 지불하지 말라. 대신 하나님에게서 오는 영광으로 만족하라."[50] 웨슬리는 시편 49:16-19의 지혜로운 가르침을 강조했다.

> 사람이 치부하여 그의 집의 영광이 더할 때에 너는 두려워하지 말지어다 그가 죽으매 가져가는 것이 없고 그의 영광이 그를 따라 내려가지 못함이로다 그가 비록 생시에 자기를 축하하며 스스로 좋게 함으로 사람들에게 칭찬을 받을지라도 그들은 그들의 역대 조상들에게로 돌아가리니 영원히 빛을 보지 못하리로다[51]

---

44   웨슬리는 "돈의 사용", "부의 위험성", "재물 축적의 위험성에 대하여" 이 세 설교 모두에서 요한일서 2:16의 불행을 가져오는 세 가지 욕망을 다룬다.

45   "The Use of Money," B 2:274, J VI:131, sec. 2. 2.

46   "The Use of Money," B 2:274, J VI:131, sec. 2. 3.

47   Ibid.

48   "The Use of Money," B 2:274-75, J VI:131, sec. 2. 4.

49   Ibid.

50   Ibid.

51   Ibid.

당신이 육신의 정욕과 안목의 정욕, 이생의 자랑을 만족시키지 않으면, 하나님께서는 충분한 은혜로 당신의 필요를 채우고 위로해주실 것이다. "욕구에 빠져들수록 욕구는 더 증가한다는 것은 일상의 경험으로 알 수 있다. 그러므로 당신이 미각이나 다른 감각을 즐겁게 하기 위해 무엇을 소비할 때마다", 그것은 마치 육욕을 채우기 위해 돈을 지불하는 것과 같다. "당신이 눈을 즐겁게 하기 위해 돈을 쓸 때는, 점차 사라질 즐거움에 더 많은 애착을 느끼면서 호기심을 더하는 일에 너무나 많은 비용을 지불하는 것이다."[52] 당신이 사람들의 박수갈채를 위해 무엇을 살 때는, 더 큰 허영심을 위해 돈을 지불하는 것이다. 당신에게는 이미 "허영심과 육욕과 호기심"이 충분하지 않은가? 당신은 더는 그런 것에 돈을 지불할 필요가 없다.[53] 이제는 그런 것들로 인한 문제에서 벗어나라.

a. 자녀 재산 상속에 대한 경고

유언서 작성에 관한 웨슬리의 규칙은 다음과 같다. "각 자녀에게 곤궁을 면할 정도로 남겨주고 … 나머지는 하나님께 가장 영광이 되는 방식으로 사용하라."[54] "당신의 모든 자녀가 하나같이 돈을 바르게 사용하는 방법을 알지 못한다"고 해보자.[55] "당신은 왜 맛있는 음식과 화려하고 값비싼 의류, 각종 사치품으로 자신뿐만 아니라 자식들에게까지 낭비하는가? 당신은 왜 그들이 더 큰 교만과 육욕, 허영심, 어리석고 해로운 욕망에 빠지게 하는 일에 돈을 지불하는가?"[56] 이미 충분하다! 조물주는 이성과 양심

---

52 "The Use of Money," B 2:275, J VI:131-32, sec. 2. 5.
53 Ibid.
54 "The Use of Money," B 2:276, J VI:132-33, sec. 2. 8.
55 "The Use of Money," B 2:275-76, J VI:132, sec. 2. 7.
56 Ibid.

과 상상력 등 "그들에게 필요한 것을 이미 충분히 주셨다."[57] "그들이 그런 것을 내던져버리게 만들지 말라. 만약 그들이 자신과 당신의 영혼을 위험에 처하게 하면서 육신의 정욕과 안목의 정욕, 이생의 자랑을 만족시키고 증가시키는 일에 당신이 현재 소유한 것들을 낭비할 것이라고 믿을 충분한 이유가 있다면, 그들의 인생에 그런 덫을 놓지 말라."[58]

"자녀에게 아무리 많이 물려주어도 충분치 않다고 생각하는 부모의 열심은 얼마나 놀라운가! 도대체 무엇을 물려주는 것인가! … 어리석고 해로운 욕망의 화살을 물려주지 않을 수는 없는가? 그들에겐 교만, 육욕, 야망, 허영이 이미 충분하지 않은가?"[59] 당신이 죽는 날에는 곤궁한 사람을 돌보느라 자녀에게 물려줄 것이 하나도 없는 편이 더 나을 것이다.

한편으로는 자녀 각각에 대한 분별이 필요하다. 웨슬리는 다음과 같이 말한다. "만약 나이가 더 많든 적든 돈의 가치를 알고 바르게 사용할 것이라 믿는 자식이 한 명이라도 있다면, 나는 그에게 내 재산 대부분을 물려주고, 나머지 자녀에게는 그들이 살아오던 대로 살 수 있는 만큼만 물려주는 것이 나의 필수 불가결한 의무라고 여길 것이다."[60] 당신이 무책임한 사람에게 돈을 주는 것은 그들의 무책임함에 동참하는 것이다.

6. 할 수 있는 한 많이 나누어주라

a. 돈을 벌고 저축하는 것은 선한 목적을 위한 것

돈 사용에 관한 마지막 간단한 규칙은, 만약 충분히 벌고 저축하는 처

---

57   "The Use of Money," B 2:275, J VI:132, sec. 2. 6.

58   "The Use of Money," B 2:275-76, J VI:132, sec. 2. 7.

59   Ibid.

60   Ibid.

음 두 가지 규칙을 실천했다면, 반드시 세 번째 규칙을 실천해야 한다는 것이다. 즉, "첫 번째로 할 수 있는 한 많이 벌었고, 두 번째로 할 수 있는 한 많이 저축했다면, 다음으로 할 수 있는 한 많이 나누어주라."[61] 만약 당신이 하나님께서 주신 것을 관리하는 선한 청지기라면 사심 없이 돌려드리라.

단지 벌 수 있는 만큼 많이 벌고, 저축할 수 있는 만큼 많이 저축했다고 당신의 달란트를 잘 사용했다고 상상하지 말라. 그것은 구두쇠들이 하는 일이다. 그들은 영생으로 인도하는 좁은 문을 통과하기 어려울 것이다. 그 문은 그들에게 바늘귀와 같이 작을 것이다.

벌고 저축하는 것은 그 자체가 끝이 아니라 선한 목적, 즉 하나님의 영광과 이웃의 필요를 위해 더 많이 나누려는 것이다.[62] 단지 쌓아놓기만 한다면 바르게 저축한 것이 아니다.[63]

당신의 자원을 당신이 인간으로 지음받은 목적과 연관 지어 생각하라. 돈의 목적을 바른 맥락에 두라. "하늘과 땅의 주인께서 당신을 창조해 이 세상에 두셨을 때 그분은 당신을 주인이 아닌 청지기로 이곳에 두신 것이다. 그분은 일정 기간 당신에게 여러 종류의 물건을 맡기셨다. 그러나 그 모든 것의 독점적 소유권은 여전히 그에게 있고, 그것은 빼앗길 수 없는 것이다."[64] 당신 자신도 당신이 아닌 그분의 것이다. 그렇다면 당신이 당신 것이라고 상상한 모든 것이 사실은 하나님이 주신 것이다. "당신의 몸과 영혼도 당신이 아닌 하나님의 것이다. 특별히 당신의 재산도 그렇다."[65]

---

61   "The Use of Money," B 2:276-77, J VI:133, sec. 3. 1.

62   Ibid.

63   Ibid.

64   "The Use of Money," B 2:277, J VI:133, sec. 3. 2.

65   Ibid.

b. 필수품 이상을 주라

예수님은 "당신에게 어떻게 주님을 위해 재산을 사용해야 하는지 가장 분명하고 명백하게 말씀해주셨다."[66] 나눔을 위한 성경적 규칙을 간단히 표현하면 다음과 같다. 좋은 청지기가 되고자 한다면, 먼저 가족과 자신의 건강과 힘을 보존할 수 있도록 필요한 것을 충분히 공급하라. 만약 그러고도 남는 것이 있다면 "믿음의 가정들에게 착한 일을 하고", 그래도 남는다면 "기회 있는 대로 모든 이에게 착한 일을 하라."[67] 갈라디아서 6:10은 나누는 순서에 관한 규칙을 말씀한다. "그러므로 우리는 기회 있는 대로 모든 이에게 착한 일을 하되 더욱 믿음의 가정들에게 할지니라."

당신의 가족의 필요를 채워주라. 당신이 다른 사람의 유익을 위해 베푸는 모든 것은 "사실상 하나님께 드려지는 것이다. 당신은 가난한 자들과 나누는 것뿐 아니라, 당신과 가족의 필요를 공급하는 것을 통해서도 하나님의 것을 하나님께 드리는 것이다."[68]

나눔을 위해 기도하며 자문해 보라. "이것을 지출함으로 나는 내 위치에 부합하도록 행하고 있는가? 즉, 주인이 아닌 주인의 것을 관리하는 청지기로 행하고 있는가? 나는 그분의 말씀에 순종하면서 이것을 하고 있는가? 주님께서는 성경 어느 곳에서 내게 이것을 하라고 요구하시는가? 나는 나의 이 행동과 지출을 예수 그리스도를 통해 하나님께서 받으실 만한 제물로 올려드릴 수 있는가? 나는 의인들이 부활할 때 이 일로 상급을 받을 것이라 믿을 근거가 있는가?"[69] 당신이 일시적인 것을 나눌 때 하나님은

---

66   Ibid.
67   "The Use of Money," B 2:277, J VI:133-34, sec. 3. 3; 참고. 갈 6:10.
68   "The Use of Money," B 2:277, J VI:133-34, sec. 3. 3; 참고. 마 22:21.
69   "The Use of Money," B 2:278, J VI:134, sec. 3. 4.

영원히 유익한 것으로 당신에게 복 주시는 것이 하나님의 경제다.

이러한 지침을 알았다면 당신은 의심을 떨쳐내기 위해 다른 것이 필요하지 않을 것이다. 당신은 어떻게 행해야 하는지에 대해 분명한 통찰을 얻었을 것이다.[70] "만약 성령 안에서 당신의 양심이 하나님께서 이러한 기도를 기뻐하신다고 증언한다면, 당신은 그 지출이 옳고 선하다는 것을 의심할 필요가 없고, 그로 인해 당신은 결코 부끄러움을 당하지 않을 것이다."[71]

c. 요약

이것이 "돈이라는 그 훌륭한 달란트의 사용" 방법이다. 요약하면 다음과 같다. "당신과 이웃의 몸과 영혼에 해가 되지 않는 범위에서 할 수 있는 한 많이 벌라. … 어리석은 욕망에 빠져 육체의 정욕, 안목의 정욕, 이생의 자랑을 만족시키기 위한 모든 지출을 끊어냄으로 할 수 있는 한 많이 저축하라. … 그 후에는 할 수 있는 한 많이 나누어주라. 다시 말해, 당신의 모든 것을 하나님께 드리라."[72]

이것이 "재물이 없어질 때 우리가 영주할 처소로 영접받을 수 있도록 세상 재물로 친구를 사귀는" 방법이다.[73] "당신 자신과 당신이 가진 모든 것을, 자기 아들을 아끼지 않고 당신을 위해 내어주신 분께 영적 희생제물로 드리라." 그러면 당신은 "앞으로 다가올 시간을 대비해 영생을 얻도록 당신을 위해 훌륭한 기초를 쌓게 될 것이다."[74]

70 Ibid.
71 "The Use of Money," B 2:278, J VI:134, sec. 3. 5.
72 "The Use of Money," B 2:278-79, J VI:135, sec. 3. 6.
73 눅 16:9; "The Use of Money," B 2:278-79, J VI:135, sec. 3. 6.
74 "The Use of Money," B 2:279-80, J VI:135-36, sec. 3. 7; 참고. 딤전 6:19.

7. 하나님 앞에서의 결산

a. 하나님의 뜻에 따라 사용하라

어떤 사람은 돈 사용에 대한 설교의 성경 본문에 어리둥절해할지도 모른다. 영리한 청지기 비유를 말씀하신 후에 예수님께서는 돈의 영원한 가치와 하나님 앞에서 책임 있는 방식으로 돈을 관리할 것을 말씀하시기 때문이다. 웨슬리는 비유 그 자체가 아니라 그 교훈에 초점을 두었다.

> 주인이 이 옳지 않은 청지기가 일을 지혜 있게 하였으므로 칭찬하였으니 이 세대의 아들들이 자기 시대에 있어서는 빛의 아들들보다 더 지혜로움이니라 내가 너희에게 말하노니 불의의 재물로 친구를 사귀라 그리하면 그 재물이 없어질 때에 그들이 너희를 영주할 처소로 영접하리라 지극히 작은 것에 충성된 자는 큰 것에도 충성되고 지극히 작은 것에 불의한 자는 큰 것에도 불의하니라 너희가 만일 불의한 재물에도 충성하지 아니하면 누가 참된 것으로 너희에게 맡기겠느냐 너희가 만일 남의 것에 충성하지 아니하면 누가 너희의 것을 너희에게 주겠느냐.[75]

주인은 왜 영리한 청지기를 칭찬했는가? 그가 주인의 계획을 알고 어느 면에서 지혜롭게 대처했기 때문이다. 빛의 사람들은 주인의 계획에 맞게 자신의 자원을 지혜롭게 사용하는 법을 배워야 한다. 여기서 지혜롭다는 말은 영생과 관계된 의미다. 그 계획은 시간 속에서의 물질적 부요함이 아닌 영원 속에서의 영적 부요함에 초점을 둔다.

청지기는 미래를 준비하기 위해 뜻밖의 영리한 판단을 내렸다. 여기서 미래는 영원을 말한다. 주인은 우리 주님이시다. 돈은 인간의 모든 달란트를 상징한다. 이 이야기는 주인과 그의 것을 맡은 종의 관계에 관한 것이

---

75 눅 16:8-12.

다. 모든 사람은 주인의 계획에 따라 사용할 수 있는 은사를 받았다. 이에 따르는 의무는, 당신이 받은 자원을 이 세상 환경의 영향을 받는 현재만이 아니라 영원에 합당한 방식으로 사용하는 것이다.

b. 세상에서 지혜로운 자같이 지혜롭게 되라

예수님은 "이 세대의 아들들이 자기 시대에 있어서는 빛의 아들들보다 더 지혜로움이니라"[76]라는 역설적인 말씀을 덧붙이셨다. 그들은 세상의 방법에는 지혜롭지만 하나님의 방법에는 그렇지 않다. 이 차이는 영원한 빛을 향해 나아가는 언약 공동체에서 살아가는 사람과, 타락으로 뒤덮여 때가 되면 사라질 이 세상만을 위해 살아가는 사람 사이의 근본적 차이다. 이 세상만 바라보며 사는 사람들은 세상적 가치에 빈틈 없이 고정되어 있다. 영생을 향해 살아가는 사람들은 참된 영적 미래를 준비하면서 이웃을 섬기는 일에 지혜로울 것을 요청받는 새롭고 매우 창조적인 공동체다.

영리한 세상적 돈 관리자에게서 그렇게 "지혜로웠던" 것은 무엇인가? 그는 "그의 시대" 즉 세상 경제의 타락한 질서를 대하는 일에 영리했다. 예수님은 앞으로 다가올 왕국의 새로운 세대는 영리한 돈 관리자처럼 지혜로워야 하지만, 그것이 선한 목적을 위한 것이어야 한다고 말씀하신다. 이 타락한 세상에서 약삭빠른 사람들은 자기 유익을 위해 어떻게 자원을 사용해야 하는지를 안다. 예수님은 우리가 새로운 하나님의 다스리심을 위해 자원을 사용하는 일에서 그들처럼 영리하기를 원하신다. 그분은 우리가 타락한 세상에서 가장 지혜로운 자처럼 지혜롭기를 원하시지만, 그것은 믿음과 소망과 사랑을 위해서다. 즉, 본질적인 것에 초점을 두면서 하

---

76 눅 16:8.

나님 나라 자원을 창조적으로 관리하기 위해 모든 비용을 사용하는 것이다. 그러면 이 세상 경제 질서가 끝날 때, 우리는 영원한 처소로 향할 준비가 되어 있을 것이다.

B. 부(富)의 위험성

우리는 인간의 경제를 하나님의 경제와 연관 지은 웨슬리의 대표적인 글을 살펴보고 있다. 앞에서 다룬 설교 "돈의 사용"(1760) 이후 오랜 시간이 지난 뒤, 재산 취득의 위험성을 더 강하게 경고하는 두 편의 설교 "부의 위험성"(1781)과 "재물 축적의 위험성에 대하여"(1790)가 뒤를 이었다.

1. 부는 어리석은 욕망을 부추김

a. 덫

바울은 디모데에게 "부하려 하는 자들은 시험과 올무와 여러 가지 어리석고 해로운 욕심에 떨어지나니 곧 사람으로 파멸과 멸망에 빠지게 하는 것이라"라고 경고했다 [딤전 6:9; 설교 #87, "부의 위험성"(The Danger of Riches,), B 3:227-46, J III:1-15 (1781년 1-2월)]. 웨슬리는 이 말씀을 경시한 결과로 인류 역사가 큰 고통을 당하게 된 것이라고 생각했다. 사람들이 어리석고 파괴적인 욕망을 일으키는 부의 유혹에 저항할 때, 인간의 상태는 훨씬 행복하다. "사람들이 이 중요한 진리를 알지 못하거나 고려하지 않은 것에서 비롯된 나쁜 결과가 얼마나 셀 수 없이 많은가!"[77]

부는 많은 사람이 빠져들어 파멸로 끝나는 덫이다. 부는 눈부실 만큼

---

77 "The Danger of Riches," B 3:228, J III:1, 서문, sec. 1.

매혹적으로 보인다. 그러나 그것은 이 세상 삶과 영원한 삶 모두를 파괴하는 해로운 내적 욕망을 일으킨다. 애석하게도 이 유혹에 저항하는 사람은 매우 드물다. 바울의 경고를 "마음에 새길" 정도로 진지하게 받아들이는 사람은 그보다 훨씬 적다.[78] 경고를 진지하게 받아들인 사람도 쉽게 잊어버리곤 한다. 그리고 이 구절을 연구하는 사람들이 별로 중요하지 않아 보이게 그 내용을 왜곡하기도 한다.[79] 그러나 그 결과는 대대로 지속된다. 웨슬리는 그의 청중에게 이 경고를 듣는 것이 마지막 기회일 수 있다고 충고했다. 언제든 우리는 부르심을 받으면 모든 것을 결산해야 한다.

b. 경고에 대한 무관심

이 가르침을 "부정하게 재물을 얻는 것"에 대한 온화한 경고 정도로 가볍게 여겨서는 안 된다. 그것은 그보다 중대한 우상숭배의 유혹, 즉 돈과 돈으로 살 수 있는 것을 우상으로 섬기는 것과 관계된다. 이 우상숭배는 삶을 지배해 궁극적으로는 몸과 영혼을 파멸시킬 수 있는, 자발적으로 선택한 불행한 정욕으로 이끄는 경향이 있다.[80] 웨슬리가 세상을 사랑하지 말라는 경고로 세상에 있는 선하고 아름다운 것까지 폄하하려 한 것은 아니다. 그는 우리가 하나님의 세상에서 사라져 없어질 것에 애착을 가진 나머지 영혼의 유익을 경시하지 말아야 한다고 항변한 것이다. 그는 각 사람이 "자기 영혼의 문제를 성실히 다루어야" 함을 강조한다.[81]

이런 내용은 교회 강단에서 잘 선포되지 않는 "인기 없는 진리"다. 웨슬리는 "나는 육십 년 동안 이 주제에 대해 한 번도 설교를 들은 기억이 없

---

78 Ibid.
79 Ibid.
80 "The Danger of Riches," B 3:228-29, J III:1, 서문, sec. 2.
81 "The Danger of Increasing Riches," B 4:182-83, J III:359, sec. 1. 10; 참고. 요일 2:16.

다"고 말했다.[82] 1791년에 그는 "이 주제를 전문적으로 다루는" 저술가나 책을 전혀 발견하지 못했다고 적었다. 그는 아홉 번째 산상설교[83]에서 비록 "'불의한 재물'에 관해 짧게 다루기는 했으나, 그 주제에 대해 특별히 책을 출판하거나 설교를 한 적이 없음"을 생각해냈다.[84] 그래서 그는 "이제 그 일을 해야 할 때다. 하나님께서 언제 나를 부르시든 온전하고 명확한 진술을 남길 수 있도록 나는 할 수 있는 한 강하고 분명하게 말할 때가 되었다"고 적었다.[85]

웨슬리는 이 문제에 관해 강한 확신을 가지고 "오 하나님, 저로 하여금 바르고 강하게 말씀을 전하게 하여주옵소서"라고 간구했다.[86] 그는 에스겔 33:31-32에서처럼 하나님의 강력한 심판을 느꼈다: "백성이 모이는 것 같이 네게 나아오며 내 백성처럼 네 앞에 앉아서 네 말을 들으나 그대로 행하지 아니하니 이는 그 입으로는 사랑을 나타내어도 마음으로는 이익을 따름이라 그들은 네가 고운 음성으로 사랑의 노래를 하며 음악을 잘하는 자같이 여겼나니 네 말을 듣고도 행하지 아니하거니와."

이 설교를 통해 웨슬리는 청중이 단지 수동적으로 듣기만 하는 것이 아니라 그들이 자신의 행동을 실제로 바꾸는 데까지 이끌기를 바랐다. 그는 청중에게 "자유롭게 하는 온전한 율법을 들여다보고 있는 자는 듣고 잊어버리는 자가 아니요 실천하는 자니 이 사람은 그 행하는 일에 복을 받으리라"는 사도 야고보의 약속을 상기시켰다.[87]

---

82 "The Danger of Riches," B 3:229, J III:2, 서문, sec. 3.
83 참고. 마 6:19-23.
84 "The Danger of Riches," B 3:229, J III:2, 서문, sec. 3.
85 Ibid.
86 "The Danger of Riches," B 3:230, J III:2, 서문, sec. 4.
87 James 1:25; "The Danger of Riches," B 3:230, J III:2, 서문, sec. 4.

2. 부자가 되고 싶은 욕망

a. 음식과 옷 이상의 것에 대한 욕망

웨슬리는 부유함을 "'음식과 의복[문자 그대로는 '덮는 것'(coverings)이라는 표현을 사용했는데, 여기에는 옷뿐 아니라 집도 포함될 수 있다]을 가진 것"으로 정의한다.[88] 우리가 기본적인 음식과 집과 옷만 있다면 우리는 만족할 충분한 이유를 지니고 있다는 것이다. 세상의 많은 사람이 기본적인 것만 가지게 돼도 감사의 눈물을 흘리며 기뻐할 것이다. 그러나 우리는 만족하지 않는다. 이 모든 것을 가진 사람은 이보다 더 많은 것을 원한다. 그리고 점점 더 많이 가지려 한다. 결국 그들은 모든 것을 갖길 원한다. 어떻게 하면 눈으로 보는 모든 것을 가질 수 있을지 생각하면서 상상의 나래를 편다. 부자가 되고 싶은 바람이 의지의 문제라면, 의지는 자발적인 것 곧 그 행위자에게 책임이 있는 자유로운 행위다.

b. 필수품과 편의 이상의 것

웨슬리는 "부하려 하는"(딤전 6:9)이라는 표현으로 사도는 "삶을 위해 명백히 필요한 것과 가장 기본적인 편의 시설 이외의 모든 것"을 의미했다고 말한다. 즉 "충분히 먹을 음식과 입을 옷, 머리를 누일 처소 그 이상이 있는 사람은 누구나 부자다."[89] 부하고자 하는 사람은 "삶을 위해 반드시 필요한 것과 기본적 편의 시설 이상"을 바라는 사람이다.[90]

이 욕망은 익숙해져 강력한 열정이 되어버린 의지적 태도다. "그것이

---

88 "The Danger of Riches," B 3:230, J III:3, sec. 1.1.

89 Ibid.

90 Ibid.

어떤 해를 끼치는지 알지 못해 자신 속에 이 욕망을 받아들인" 모든 사람은 "부자가 되기를 바란다."[91] 그들은 자신의 선택에 책임을 져야 한다. 그들은 생활에 필수적인 것과 편의 시설뿐 아니라 점점 더 많은 것을 열망한다. 정당하고 타당한 정도 이상으로 "음식과 덮는 것 이상을 목적 삼아 차분하게 계획적으로 추구하는 모든 사람"은, 의지적인 행동을 통해 부하고자 하는 욕망을 스스로 입증한다.[92] 부유함의 정의는 문화마다 다를 수 있지만, 어떤 문화에서든 그 정의는 필수적인 것과 그 이상의 것 사이의 차이로 요약할 수 있다.

c. 적법한 방법에 의한 정당한 이익 창출

부모는 자신과 자녀를 위해 기본적으로 음식과 옷, 집을 제공할 의무가 있다. 이것이 "세상에 보물을 쌓는" 것은 아니다. 돈을 벌고 저축하는 것은 비난받을 일이 아닌, 반드시 해야 할 일이다. 비난받을 일은, 돈을 벌고 저축하는 데 하나님께서 주신 지성과 창의력을 활용하지 않는 것이다.

성경은 다음 네 가지를 위해서는 필요한 재원의 저축을 허락한다.

- 가족을 보호하기 위해
- 가족의 필요를 공급하기 위한 계획과 수단, 노력의 실천을 위해
- "자녀의 필수품과 기본적 편의를 위해 사후" 어느 정도 유산을 남기기 위해[93]
- "빚을 조금도 남기지 않고" 모두 갚기 위해[94]

---

91   "The Danger of Riches," B 3:230-31, J III:3, sec. 1. 2.
92   "The Danger of Riches," B 3:231, J III:3, sec. 1. 3.
93   "The Danger of Riches," B 3:231, J III:3, sec. 1. 4.
94   Ibid.

그러나 "삶의 기본적인 필수품과 편의" 이상을 쌓아두는 것은, 영혼이 이 세상의 것을 지나치게 사랑하는 유혹에 빠지게 만든다. "의도적으로 그렇게 한다면 그것은 부유해지려는 욕망의 분명한 증거다. 그렇게 돈을 쌓는 것은 돈을 바다에 던지는 것 못지 않게 선한 양심에 어긋나는 것이다."[95]

우리에게 소유가 가능한 모든 것은 하나님께서 만드신 것이다. 하나님은 처음부터 당연히, 그리고 최종적으로 "하늘과 땅의 주인"이시다.[96] 우리 손에 맡기신 것을 되찾으실 수 있는 것이 하나님의 "양도할 수 없는 권리"임을 기억하라. 그가 우리에게 생명을 주신 분이라는 것은, 그가 모든 것의 합법적 소유주라는 말씀이기도 하다. 모든 것을 하나님께 받은 우리는 창조세계의 부를 일시적으로 관리하는 청지기다. 필요한 것 이상을 쌓아두는 사람은 여분의 자원을 자기 것으로 챙기는 불충한 청지기와도 같다.[97] 필수품과 합리적인 편의 "이상"을 쌓아둠으로 "우리는 주님의 달란트를 땅에 묻어두는 죄를 짓게 되고, 그로 인해" 무익한 종이 될 수 있다.[98]

d. 돈을 사랑함의 어리석음

"돈을 사랑하는 자"[99]란 성경적 의미로 "돈을 기뻐하고 즐거워하며 돈에서 행복을 찾는 사람"이다.[100] 돈은 거래하는 일에 유용하지만, "돈 그 자체"는 유혹을 가져온다. "돈 그 자체는 인간의 마음의 자연적 욕구나 갈망을 만족시키지 못한다." "돈 그 자체"는 "사람에게 자연스럽지 않은 악습"

---

95 Ibid. 이것이 노년을 위한 저축을 배제하지 않는다. 노년을 위한 저축은 "생활의 필수품과 편의"라는 전제에 포함되기 때문이다.
96 "The Danger of Riches," B 3:231-32, J III:4, sec. 1. 5.
97 Ibid.
98 Ibid; 참고. 마 25:24-30.
99 딤후 3:2.
100 딤후 3:2; "The Danger of Riches," B 3:232, J III:4, sec. 1. 6.

같은 것이다.[101] 돈을 사랑함은 일종의 탐욕이다. 그것은 우상숭배로서 하나님께서 모든 사람을 위해 주신 자원을 자신을 위해 쌓아두게 한다.

돈에서 즐거움을 얻는 것에는 일종의 광적인 측면이 있어서 우리는 돈으로 구입하는 자원보다 돈 자체를 더 사랑한다. "적절한 규제 아래에서 꼭 필요한 것을 소유하는 것은 잘못이 없고 오히려 권장할 만하다. 그러나 그 선을 넘어가면 (그 선을 넘지 않는 것은 얼마나 어려운 일인가!) 책망받을 일이 된다."[102] "적절한 규제 아래"라는 것은 앞에서 말한 네 가지 요점을 말하는 것이다.

예수님은 산상수훈에서 "너희를 위하여 보물을 땅에 쌓아두지 말라 거기는 좀과 동록이 해하며 도둑이 구멍을 뚫고 도둑질하느니라"[103]라고 분명히 가르치셨다. 자신이 보물을 땅에 쌓아두고 있는지 아닌지는 누구나 경험으로 알 수 있다. 이 판단에는 주님께서 요한복음 7:17에서 하신 말씀을 적용할 수 있다. "사람이 하나님의 뜻을 행하려 하면 이 교훈이 하나님께로부터 왔는지 내가 스스로 말함인지 알리라."[104] "하나님께 가르침을 받은" 사람은 이 유혹을 이해할 것이다. 이미 돈의 끝없는 유혹에 걸려든 사람은 자신이 점점 빠져드는 함정을 보지 못한다. "하나님의 진리를 깨닫는 일에서 우리의 자연적 이해력은 얼마나 눈이 멀어 있는가!"[105]

"최고의 부자는 대체로 가장 만족하지 못하고 가장 불행하다. 그중 많은 사람이 적게 가졌을 때 더 많이 만족하지 않았는가? … 부유해짐으로

---

101 "The Danger of Riches," B 3:232, J III:4, sec. 1. 6.
102 "The Danger of Riches," B 3:232-33, J III:4-5, sec. 1. 7.
103 마 6:19.
104 "The Danger of Riches," B 3:233, J III:5, sec. 1. 8; 참고. 요 7:17.
105 "The Danger of Riches," B 3:233, J III:5, sec. 1. 8.

행복하고자 하는 것은 빈컵에서 물을 마시려는 것과 다를 바 없다."[106]

"그래야 할 필연성은 없다. 그것은 당신 스스로 자발적으로 행동하고 실행하는 것이다." 당신이 부에 목말라 하기로 결정했고, 그것은 "당신이 '의에 주리고 목말라 하던 것'을 완전히 파괴하거나 약화시킴으로 당신의 가장 연약한 부분에 상처를 입혔다."[107]

3. 육신의 정욕, 안목의 정욕, 이생의 자랑

a. 어리석고 해로운 정욕

돈만 관련되면 유혹에 빠지는 것은, 감지하기도 힘들고 그 정도도 깊어진다. 사람들은 "거기에 수직으로 빠져버린다. 유혹의 파도는 그들을 에워싸 완전히 뒤덮어버린다." 그들은 휘황찬란한 새로운 세계로 "들어간다." 빠져 죽지 않고 도망쳐 나오는 사람은 거의 없다.[108]

어리석은 정욕은 인간 타락의 한 형태다. 돈은 그 스스로가 약속하는 행복의 덫이 된다. "덫"에 해당하는 헬라어는 본래 "겉으로 보기에는 전혀 위험하지 않은 덫이나 철로 된 함정을 말한다. 그러나 그 어떤 짐승이라도 줄을 건드리면 그것은 갑작스럽게 닫히고 만다."[109] 덫을 놓은 자는 우리가 가진 최고의 포부로 우리를 유혹하는 고대의 유혹자 마귀다.

부를 추구하는 사람은 어떤 함정에 빠지는가? 종교뿐 아니라 이성에도 반하는 "수많은 어리석고 해로운 정욕"에 빠진다.[110] 그런 정욕은 영혼의

106 "The Danger of Riches," B 3:240, J III:10-11, sec. 2. 10.
107 "The Danger of Riches," B 3:241, J III:11, sec. 2. 11.
108 "The Danger of Riches," B 3:233, J III:5, sec. 1. 9.
109 "The Danger of Riches," B 3:233-34, J III:5, sec. 1. 10.
110 "The Danger of Riches," B 3:234, J III:6, sec. 1. 11.

에너지를 고갈시키기에 해롭다. 그리고 믿음, 소망, 사랑을 파괴한다.[111] 그런 정욕의 근본 원인은 마치 하나님 없는 행복이 참된 행복인 양 "하나님 밖에서 행복을 바라는 것"이다.[112] 그들은 창조주보다 피조물을 더 사랑한다. "부유해지려는 욕망은 자연히 생겨나 점점 더 강해지는 경향이 있다."[113]

b. 세 가지 대표적인 정욕

너무나 해로워 결국 멸망을 가져오는 정욕의 종류를 어떻게 분류할 수 있는가? 사도 요한은 우리를 위해 그것을 정확히 알려주었다. 웨슬리는 이 설교와 "재물 축적의 위험성에 대하여"라는 설교 모두에서 요한일서 2:15-17 말씀에 주목했다. "이 세상이나 세상에 있는 것들을 사랑하지 말라 누구든지 세상을 사랑하면 아버지의 사랑이 그 안에 있지 아니하니 이는 세상에 있는 모든 것이 육신의 정욕과 안목의 정욕과 이생의 자랑이니 다 아버지께로부터 온 것이 아니요 세상으로부터 온 것이라 이 세상도, 그 정욕도 지나가되 오직 하나님의 뜻을 행하는 자는 영원히 거하느니라."

모든 악한 정욕은 "세상"이라는 총괄적인 이름에 포함된다. 세상의 것에서 행복을 찾는 것은, 하나님보다 세상적인 것을 무절제하게 사랑함을 말한다. 세상의 것에 대한 지나친 사랑은 "'육신의 정욕, 안목의 정욕, 이생의 자랑', 세 가지로 나뉜다."[114]

---

111 Ibid.

112 "The Danger of Riches," B 3:234, J III:6, sec. 1. 12.

113 Ibid.

114 "The Danger of Increasing Riches," B 4:182-83, J III:359, sec. 1. 10; 참고. 요일 2:16. "부의 위험성" 1.12와 "재물 축적의 위험성에 대하여" 1.10이 이 구절에 대한 해석을 다루므로 나는 반복을 줄이기 위해 두 설명을 하나로 합쳤다.

c. 육신의 정욕

세상에 대한 지나친 사랑의 첫 번째 가지는, 이웃의 고통을 외면한 채 "감각을 만족시키는 데서 행복을 구하는 육신의 정욕"이다.[115] "육신의 정욕"은 단지 하나의 감각만이 아니라 "모든 감각적 즐거움을 즐기고, 모든 외적 감각에서 만족을 얻는" 것을 말한다.[116] 창조된 것에 대한 어떤 지나친 욕망도 불행을 증가시키는 우상이 될 수 있다.

육신의 정욕은 단지 무절제나 탐식뿐 아니라, 더 근본적으로는 "몸에는 해를 끼치지 않으나 영혼을 파멸시키는 고상하고 일상적인 육욕, 품위 있는 쾌락" 속에 살아가는 것을 포함한다.[117]

d. 안목의 정욕

세상에 대한 지나친 사랑의 두 번째 가지는 "안목의 정욕"이다. "'안목의 정욕'의 자연스런 의미는 상상력을 만족시킴으로 행복을 갈망하고 추구하는 것이다."[118] "우리는 상상력이 주로 눈을 통해 만족을 얻는다는 것을 경험으로 안다."[119]

상상력이 안목의 정욕으로 만족을 얻는 세 가지 일반적인 방식은 웅장함, 아름다움, 신기함이다.[120] 이 중 가장 강력한 것은 신기함, 즉 새로운 것을 숭상하는 것이다. 신기함은 웅장함과 아름다움에 대한 욕구까지

115 "The Danger of Increasing Riches," B 4:182-83, J III:359, sec. 1. 10.
116 "The Danger of Riches," B 3:234-35, J III:6, sec. 1. 13.
117 Ibid.
118 "The Danger of Riches," B 3:235, J III:6, sec. 1. 14.
119 Ibid.
120 "The Danger of Increasing Riches," B 4:183, J III:359-60, sec. 10. 이 설교의 구분 번호는 판마다 다르다. 어떤 판은 구분 번호만 사용하고, 어떤 판은 로마 숫자로 파트를 나눈 후 구분 번호를 사용하기도 한다. 여기서는 200주년 기념판 구분 번호를 따른다.

강화하기 때문이다. 안목의 정욕은 특히 사람의 상상력과 연결되어 언제 발동이 걸릴지 모른다. 신기함에 대한 마귀적 욕구는 특히 웅장하거나 아름다운 것에 작용할 수 있다. 또 이 욕구는 사소하거나 추해 보이는 것에도 작용할 수 있다. 별로 매력적이지 않은 것도 신기함에 대한 갈망의 대상이 될 수 있다.[121]

아무리 웅장하고 매력적인 것도 한때는 간절히 원했을지라도 차차 질리게 된다. 그것들은 더는 새로움에 대한 갈망을 채워주지 못하기 때문에 점점 지루해진다. 이는 새로운 것에 점점 무뎌져가는 식의 불행이다.[122]

새로운 것을 찾아다니는 안목의 정욕은 배움, 특히 배움의 대상이 가장 새로운 것일 때 행복해하는 학문적인 방식으로도 표출된다.[123] 새로움을 향한 지적 갈망은 "역사, 언어, 시, 그외의 자연적이거나 실험적인 모든 사상"에서도 발견된다.[124] 유행하는 옷은 새로운 것에 대한 갈망에 일종의 권태감이 뒤따름을 보여주는 좋은 사례가 된다. 사람들은 아무리 사소한 차이에 불과하더라도 새로운 옷을 입는 데서 즐거움을 느낀다.[125]

e. 이생의 자랑

세 번째, "이생의 자랑"은 "사람들에게서 명예와 존경, 감탄, 칭찬"을 바라는 갈망이다. 부유함은 큰 부러움을 일으켜 이생의 자랑에 빠지도록

---

121 "The Danger of Riches," B 3:235, J III:6, sec. 1. 14.
122 Ibid.
123 "The Danger of Riches," B 3:235, J III:6-7, sec. 1. 15.
124 Ibid. 지루함에 관한 나의 분석은 Thomas C. Oden, *The Structure of Awareness* (Nashville: Abingdon, 1968)를 참고하라.
125 "The Danger of Increasing Riches," B 4:183, J III:359-60, sec. 11.

부추긴다.[126] "부는 먼저 안일함에 대한 욕구를 낳고 점점 증가시켜"[127] 모든 불편하고 부자유한 것을 피하는 데까지 나아가게 만든다. 이생의 자랑은 하나님께 받은 삶을 편하게 보내려는 욕구로 사람들을 사로잡는다. 그들은 "깃털 침대에 누워" 천국으로 올라가기를 꿈꾼다. 그것이 사람들로 "'매일 자신의 십자가를 지는 일'에 점점 더 나약해지게 만들어 차츰 그것을 꺼리고 할 수 없게 한다."[128]

f. 거룩하지 않은 욕망

모든 거룩하지 않은 열정이나 기질은 거룩하지 않은 욕망의 결과다. 이런 욕망은 쉽게 "교만, 분노, 신랄함, 질투, 악의, 복수심, 완고해 조언도 비난도 받아들이지 않는 마음"으로 이어진다.[129] 욕망은 바라던 것을 얻었든 못 얻었든 사람의 태도를 형성한다. 부를 바라는 욕구는 결국 "어리석고 해로운 욕망을 만족시킬 방법을 마련함으로 자연스럽게 정욕을 더 강화한다."[130]

거룩하지 않은 욕망을 가진 사람은, 행복을 찾음에도 실제로는 스스로 행복을 느낄 능력을 축소시킨다. 아무리 매력적으로 보이더라도 거룩하지 못한 정욕은 아쉬움을 가져온다. 세상의 것은 만족을 주지 못하기 때문이다. "욕망은 널리 퍼진 정도만큼 '많은 슬픔으로 사람들을 찌른다.'"[131] 정욕에는 중독성이 있다.

---

126 "The Danger of Riches," B 3:235, J III:7, sec. 1. 16.
127 "The Danger of Riches," B 3:235, J III:7, sec. 1. 17.
128 Ibid.
129 "The Danger of Riches," B 3:236, J III:7, sec. 1. 18.
130 Ibid.
131 "The Danger of Riches," B 3:236, J III:7, sec. 1. 19.

거룩하지 못한 욕구의 토대는 우상숭배로, 그것은 죄의식 속에서 양심으로 반항하게 만든다. 슬픔은 욕망이 고취하거나 강화한 모든 악한 성품에서 흘러나온다.[132] 욕망이 점점 강화되어 강박적인 단계까지 가더라도 그것은 의지적인 행위다. "모든 거룩하지 않은 욕망"은 비참함을 일으키는 상황을 심화시킨다는 점에서 "불안한 욕망"이다.[133]

하나의 거룩하지 못한 정욕이 다른 거룩하지 못한 정욕과 충돌을 일으키면, 영혼은 나뉘고 상반된 감정과 죄책감이 생겨난다. 웨슬리는 이런 결과를 물에 빠져 죽는 비유로 설명한다. 정욕은 "사람을 파멸에 빠져 죽게 만든다."[134] 정욕은 고통, 질병, 파멸로 사람의 몸과 영혼을 삼키는 것으로 끝난다.

"나는 그 비용을 감당할 수 있다"며 반박하는 사람은 스스로 자문해 보라. 누가 당신에게 재능과 자원 모두를 주셨는가? 당신은 그것을 당신의 소유가 아닌 하나님께 빌려 쓰는 것으로 보아야 한다.[135] "어떤 목적으로 당신에게 맡기는지 알려주시면서, 청지기인 당신에게 잠깐 그것을 맡기신 분은 누구신가? … 당신은 주인의 것을 마음대로 낭비해도 된다는 말인가?"[136] 당신은 "하나님께서 (가족에게 꼭 필요한 것을 구입하는 것 외에도) 가난한 자를 먹이고, 헐벗은 자를 입히며, 나그네와 고아와 과부를 돕도록 자신의 돈을 당신에게 맡기셨다"는 사실을 알지 못하는가? "어떻게 당신은 주인의 것을 다른 목적으로 사용해 주인을 속일 수 있는가?"[137]

---

132 Ibid.

133 Ibid.

134 딤전 6:9.

135 "The Danger of Increasing Riches," B 4:183-84, J III:360, sec. 12.

136 Ibid.

137 Ibid.

g. 웨슬리의 간절한 탄원

78세의 나이에 웨슬리는 메소디스트들에게 부를 갈망하는 것이 영혼에 끼치는 파괴적인 위험을 충분히 가르치지 않은 것에 책임감을 느꼈다. 그는 들을 귀 있는 사람에게 마치 그들의 생명이 달린 것같이, "부하려 하는 자들은 시험과 올무와 여러 가지 어리석고 해로운 욕심에 떨어지나니 곧 사람으로 파멸과 멸망에 빠지게 하는 것이라"라고 외쳤다.[138] "오, 하나님, 제가 바라는 것을 주시옵소서. 그것은 내가 죽어 사라지기 전에 몸과 영혼과 물질에서 하나님께 온전히 헌신된 사람들을 보는 것입니다!"[139]

웨슬리는 진지한 자기 반성을 촉구했다. 모든 신자는 자신이 부하려고 하지 않는지, 필요한 이상의 음식과 과도한 옷과 가구를 바라지 않는지 자문해 보아야 한다. "여러분 중에 생활에 꼭 필요한 필수품과 편의 이상을 바라는 사람이 있는가? 이제는 멈추라! 그리고 생각해 보라! 당신은 무엇을 하고 있는가? 죄가 당신 앞에 있다. 그 칼끝을 향해 돌진하려는가? 하나님의 은혜로 방향을 바꾸고 생명을 구하라!"[140] 당신은 왜 계속해서 "가옥에 가옥을 이으며 전토에 전토를 더하려" 하는가?[141] 하나님께서는 풍성한 소출을 얻은 후 곳간을 헐고 더 크게 지으려는 부자에게 하신 말씀을 언제든 당신에게도 하실 수 있음을 기억하라. "어리석은 자여 오늘 밤에 네 영혼을 도로 찾으리니 그러면 네 준비한 것이 누구의 것이 되겠느냐? … 자기를 위하여 재물을 쌓아두고 하나님께 대하여 부요하지 못한 자가 이와 같으니라."[142]

---

138 딤전 6:9; "The Danger of Riches," B 3:236, J III:8, sec. 2. 1.
139 Ibid.
140 "The Danger of Riches," B 3:236, J III:8, sec. 2. 2.
141 참고. 사 5:8.
142 눅 12:20-21; "The Danger of Riches," B 3:237, J III:8, sec. 2. 4.

총명한 사람은 "부하고자 하는" 욕망의 압제 아래 자신을 굴복시키지 않고도 정직한 방법으로 기본적 생필품과 일상의 편의를 얻을 수 있다.[143] "당신은 스스로의 몸이나 영혼을 해치지 않고도 할 수 있는 한 많이 돈을 벌 수 있다. 당신은 불필요한 소비를 피함으로 할 수 있는 한 많이 저축할 수 있다. 그러면서도 이 땅에 보물을 쌓지 않을 수 있고, 그것을 바라거나 추구하지 않을 수 있다."[144] "올바른 방법으로 할 수 있는 한 많이 벌고, 할 수 있는 한 많이 저축했다면, 본성과 관습과 세상적 판단에 굴하지 말고 할 수 있는 한 많이 나누어주라."[145]

웨슬리는 자신의 영적 훈련 연합체에 자신의 일생의 습관에 대해 다음과 같이 상기시켜 주었는데, 그 내용은 그를 따랐던 사람들 대부분이 이미 알고 있던 것이다. "나는 어떤 것도 의도적으로 낭비하지 않고 종이 한 장, 물 한 컵도 아낄 수 있는 만큼 아낍니다. 나는 하나님을 위한 일이 아니라면 1실링도 낭비하지 않습니다. 할 수 있는 한 많이 나누어줌으로 나는 '땅에 보물을 쌓는 것'에서 효과적으로 보호를 받습니다."[146] 웨슬리는 더 나아가 자신의 선택에 관한 개인적 기록을 제공해주었다. "42년 전 나는 지금까지 봐오던 것보다 싸고 짧고 쉬운 책을 가난한 사람들에게 공급해주고 싶은 마음으로 많은 짧은 소책자를 썼는데, 그 대부분은 한 권에 1페니에 불과했습니다. 그리고 그 후에 몇 권의 그보다 큰 책을 쓰기도 했습니다. 이 중 어떤 것은 내가 상상하지도 못했을 만큼 많이 팔렸고, 나는 뜻밖으로 부유하게 되었습니다. 그러나 나는 부하게 되기를 바라지도, 그것을 위해 노력하지도 않았습니다. 그런 일이 예상치 못하게 일어났을 때 나는

---

143 "The Danger of Riches," B 3:237, J III:8-9, sec. 2. 5.
144 Ibid.
145 "The Danger of Riches," B 3:239, J III:9-10, sec. 2. 8.
146 "The Danger of Riches," B 3:237-38, J III:9, sec. 2. 6.

땅에 보물을 쌓아두지 않았습니다. 아무것도 쌓아두지 않았습니다. … 하나님께서 언제라도 나를 부르시면 내가 남겨둘 것은 책밖에 없습니다. 그 외에 내가 남길 것은 빈손밖에 없습니다."[147] 웨슬리는 매년 그리고 인생의 마지막까지 어떤 것도 남기지 않도록 노력했다.

h. 가족을 부양하고 남는 것은 가난한 자에게 주라

지혜롭고 충성된 청지기가 되고자 하는 사람은 자신이 직접적 책임을 맡은 가족을 위해 필요한 것을 제공해야 한다. 규칙은 다음과 같다. "만약 그 후에도 남는 것이 있다면 '믿음의 가정들'에게 선을 베풀라. 그래도 남는 것이 있다면 '기회가 있는 대로 모든 이에게 착한 일을 하라.' … 당신이 하나님의 것을 하나님께 드리는 방법은 가난한 사람에게 주는 것뿐 아니라, 당신과 당신의 가족에게 필요한 것을 제공하는 것이기도 하다."[148]

이 시기의 웨슬리는 자신이 가르친 엄격한 직업윤리로 인해 많은 사람이 부유하게 된 메소디스트 신도회에 특별히 비통한 마음으로 다음과 같이 말했다. "아, 메소디스트 여러분, 주님의 말씀을 들으십시오! 나는 하나님께서 모든 사람에게 주시는 메시지, 특별히 여러분에게 주시는 메시지를 전하고자 합니다. 지난 40여 년간 나는 여러분과 여러분의 부모님을 섬겨왔습니다. 나는 바람에 흔들리는 갈대처럼 살지 않았습니다. 나는 여러 다른 말을 하지 않고 처음부터 지금까지 일관되게 말씀을 증거해 왔습니다. 그러나 '우리가 전한 것을 누가 믿었습니까?' 두렵게도 많은 부자가 믿지 않았습니다."[149]

---

147 "The Danger of Riches," B 3:238-39, J III:9, sec. 2. 7.
148 "The Danger of Riches," B 3:239, J III:9-10, sec. 2. 8.
149 "The Danger of Riches," B 3:237, J III:8, sec. 2. 9.

그는 야고보가 부자들에게 선포한 준엄한 경고를 상기시켜 주었다. "들으라 부한 자들아 너희에게 임할 고생으로 말미암아 울고 통곡하라 너희 재물은 썩었고 너희 옷은 좀먹었으며 너희 금과 은은 녹이 슬었으니 이 녹이 너희에게 증거가 되며 불같이 너희 살을 먹으리라 너희가 말세에 재물을 쌓았도다 보라 너희 밭에서 추수한 품꾼에게 주지 아니한 삯이 소리 지르며 그 추수한 자의 우는 소리가 만군의 주의 귀에 들렸느니라 너희가 땅에서 사치하고 방종하여 살륙의 날에 너희 마음을 살찌게 하였도다."[150]

당신의 영혼이 겸손과 인내를 상실함으로 해를 입지 않았는지 자문해 보라. "전에는 한 가닥 가는 줄로도 당신을 지도할 수 있었으나 이제는 수레를 끄는 밧줄로도 당신을 돌아서게 할 수 없을 것이다."[151] 당신이 부유하다면 당신의 온유함도 해를 입었을 것이다. "당신은 어떤 것도 견디지 못한다. 작은 상처도, 작은 모욕도 참지 못한다. 당신은 얼마나 빨리 화를 내는가! 그런 일이 얼마나 쉽사리 일어나는가!"[152] 부유함은 인내할 수 있는 능력을 앗아간다. "당신은 아직도 '인내로 당신의 영혼을 얻고' 있는가?"[153]

웨슬리는 슬픈 마음으로 기억을 떠올렸다. "한때 당신은 가난하고 병들고 괴로워하는 사람들을 돌보기 위해, 춥거나 비가 오거나 어떤 십자가가 앞에 있어도 그것을 뚫고 찾아갔다. 당신은 선을 행하기 위해 다녔고, 당신을 찾아올 수 없는 사람들을 찾아가 만났다. 당신은 즐겁게 그들이 사는 지하실로 기어서 들어가기도 했고, 그들의 다락방으로 기어 올라가기도 했다."[154] 그때 그들은 하나님의 풍성한 용서에 기뻐하는 부드럽고 온유한 그리스도인들이었다. 그러나 세상의 부유함이 그들을 현혹했다.

150 약 5:1-5; "The Danger of Riches," B 3:2, J III:8, sec. 2. 9.
151 "The Danger of Riches," B 3:242, J III:12, sec. 2. 14.
152 "The Danger of Riches," B 3:242-43, J III:12, sec. 2. 15.
153 "The Danger of Riches," B 3:243, J III:13, sec. 2. 16.
154 "The Danger of Riches," B 3:244, J III:13-14, sec. 2. 18.

C. 재물 축적의 위험성에 대하여

설교 131번 "재물 축적의 위험성에 대하여"는 설교 87 "부의 위험성"
의 내용을 충실히 이어간다.

1. 재물에 마음을 두지 말라

설교 "재물 축적의 위험성에 대하여"의 성경 본문은 시편 62:10, "재물
이 늘어도 거기에 마음을 두지 말지어다"라는 말씀이다 [설교 #131, "재물
축적의 위험성에 대하여"(The Danger of Increasing Riches), B 4:178-86,
J VII:355-62 (1790년 9월 21일)].

할 수 있는 한 많이 벌고, 많이 저축하고, 많이 나누어준 사람은 그럼에
도 점점 불어나는 재산에서 더 커져가는 영적 도전을 발견하게 될지도 모
른다. 불어나는 부는 늘어나는 걱정을 의미할 수도 있다. 웨슬리는 그들에
게 "재물이 늘어도 거기에 마음을 두지 말라"고 엄중히 경고했다.

a. 위험 없이 부유할 수 없음

부유한 자도 순수한 믿음으로 되돌아갈 수는 있으나 그것은 어려운 일
이다. "비록 '낙타가 바늘귀로 들어가는 것이 부자가 하나님의 나라에 들
어가는 것보다 쉬우나', 사람이 할 수 없는 것을 하나님은 하실 수 있다."[155]
"누구도 큰 위험에 처하지 않고 부를 가질 수는 없다."[156]

늘어가는 재물에 대한 설교를 통해 웨슬리는 점점 부유해져가는 메소
디스트들에게 또다시 경고하고자 했다. "만약 부를 갖는 것만으로도 이토

---

155 "The Danger of Riches," B 3:245-46, J III:14-15, sec. 2. 20.
156 "The Danger of Increasing Riches," B 4:178, J III:355, sec. 1.

록 위험하다면, 부를 늘리는 것은 얼마나 더 위험하겠는가!"[157]

부를 추구하는 것은 영혼에 시험이 된다. 부를 증가시키는 것은 더 큰 시험이 된다. 최악의 경우 부를 한없이 늘리려는 집착에 빠진다. "이 위험은 조상에게서 부를 물려받은 이들에게도 크다. 그러나 자신의 실력과 부지런함으로 부를 획득한 사람에게는 훨씬 더 크다."[158] "축복이 되어야 할 것이 저주가 되지 않으려면 매우 조심해야 한다."[159]

가난한 사람에게 주어야 할 것을 쌓아놓는, 돈을 사랑하는 자들은 곧 영혼에 괴로움이 찾아올 것이다. 수전노는 수십억을 가지고 있어도 여전히 가난하다. "사람은 가족을 위한 필수품과 편의 이상을 가지고 있어도 부유하지 않을 수 있다." 예를 들어, 사업하는 사람은 "자신의 빚이 자산보다 더 큰" 것을 염려할 수도 있다.[160]

b. 전토에 전토를 더하여

누구도 하나님을 속일 수는 없다. 잠시 주어진 시간 동안 사람이 벌었거나 저축한 것이 무엇이든 영원이 앗아갈 것이다. 하나님께서 갑자기 오셔서 "어리석은 자여"라고 말씀하실 그날을 대비해 반드시 준비하고 있으라.[161] 만약 당신이 가난한 자에게 십 분의 일도 주지 않으면서 "가옥에 가옥을 이으며 전토에 전토를 더하는" 일에 집착한다면, "어리석은 자여"라는 책망을 듣고 아연실색하게 될지도 모른다.[162] 당신의 부가 늘어나는 것

---

157 "The Danger of Increasing Riches," B 4:178, J III:355, 서문, sec. 1.
158 Ibid.
159 "The Danger of Increasing Riches," B 4:178, J III:355, 서문, sec. 2.
160 "The Danger of Increasing Riches," B 4:179, J III:356, sec. 1.2.
161 눅 12:20; "The Danger of Increasing Riches," B 4:181, J III:357-58, sec. 1. 6.
162 "The Danger of Increasing Riches," B 4:181, J III:358, sec. 1. 7; 참고. 사 5:8.

이 "노동을 해서든 아니든, 사업이나 유산이나" 그 어떤 방법을 통해서든, 자선이 부의 증가와 비례해 늘어나지 않으면, 당신은 사라져 없어질 세상에 마음을 두고 있는 것이다.[163]

"다른 사람의 부에 관해서는 경솔히 판단하지 않도록 주의하라. 사람에게는 하나님 외에는 아무도 모르는 비밀이 있을 수 있기 때문이다."[164]

c. 죄의 맹렬한 저항

웨슬리는 반세기 동안 부의 지나친 갈망에 대해 "할 수 있는 한 쉽게" 열심히 가르쳤음에도 그 효과가 얼마나 적은지에 놀라워 했다. "나는 그 긴 시간 동안 탐욕스런 수전노들 중 오십 명이라도 설득했는지 확신할 수 없다. 당신의 귀를 막지 말라! 대신 삭개오와 함께 이렇게 말하라. '주여 보시옵소서 내 소유의 절반을 가난한 자들에게 주겠사오며 만일 누구의 것을 속여 빼앗은 일이 있으면 네 갑절이나 갚겠나이다.'"[165]

웨슬리는 부유한 사람들에게 직접적으로 말했다. "부자여! 당신이 듣든 듣지 않든, 참든 그렇지 않든 나는 부자인 당신을 향한 하나님의 말씀을 가지고 있다. 당신은 재산이 증가했다. 영혼의 위험을 무릅쓴 채 '그것에 마음을 두지 말라!'"[166] 대신 하나님께서 당신에게 "선을 행할 많은 능력"을 주신 것에 감사하라. 당신이 벌어들인 모든 것은 그 양과 비례해 선을 행할 기회를 부여한다. "무릇 많이 받은 자에게는 많이 요구할 것이요 많이 맡은 자에게는 많이 달라 할 것이니라."[167]

---

163 "The Danger of Increasing Riches," B 4:181, J III:358, sec. 1. 7.

164 "The Danger of Increasing Riches," B 4:179-80, J III:356-57, sec. 1. 3.

165 "The Danger of Increasing Riches," B 4:181-82, J III:358, sec. 1. 8; 참고. 눅 19:8.

166 "The Danger of Increasing Riches," B 4:182, J III:358-59, sec. 1. 9.

167 눅 12:48.

d. 많이 받을수록 많이 주라

만약 하나님의 섭리가 당신에게 더 많은 것을 맡겼다면, 그것은 "그만큼 더 많은 선을 행하게 하기 위한 것이다. 이는 당신에게 더 많은 능력이 있기 때문이다. … 그러므로 당신의 선하신 주님께 너무나 빈약한 것만 돌려드려서는 안 된다."[168] 주님은 그 종들에게 "금과 은보다 더 귀한 달란트를 주셔서 각자의 자리에서 구원의 상속자들을 섬기게 하셨다. … 하나님의 것을 하나님께 드리자. 우리의 전 존재와 우리가 가진 모든 것을!"[169]

어떤 사람은 어리석게도 부가 "가져오는 것 때문이 아니라 부 자체를" 사랑한다.[170] 다른 사람은 돈이 가져오는 것들로 인해 돈을 사랑하면서도, 그것이 우상숭배를 합리화하도록 유혹한다는 사실을 깨닫지 못한다.

웨슬리는 이런 악이 "아이들에게서는 매우 드물게 발견된다"는 점에 주목했다. 그것은 부자와 나사로의 이야기에서처럼, "돈을 가장 적게 필요로 하고, 그것을 사용할 시간도 가장 적은" 노인들에게서 더 자주 발견된다.[171] 이것은 돈 그 자체를 사랑하는 비정상적인 상태를 입증하는 증거가 된다. 돈 자체를 사랑하는 사람은 "부를 향한 저급한 갈망"의 노예가 되도록 유혹을 받는다.[172] 유베날리스(Juvenal, 고대 로마의 풍자 시인-역주)는 『풍자』(Satires)에서 "'돈이 많아질수록 돈에 대한 사랑도 더 커진다. 둘은 비례한다.' 마시면 마실수록 더 목마르다"라고 바르게 주장했다.[173]

---

168 "The Danger of Increasing Riches," B 4:183-84, J III:360, sec. 12.
169 "The Danger of Increasing Riches," B 4:184, J III:360-61, sec. 13.
170 "The Danger of Increasing Riches," B 4:184-85, J III:361, sec. 14; 참고. *ENNT*, 딤전 6:9.
171 눅 16:19-31.
172 "The Danger of Increasing Riches," B 4:184-85, J III:361, sec. 14.
173 Juvenal, *Satires* 21.139; "The Danger of Increasing Riches," B 4:184-85, J III:361, sec. 14.

이 병의 예방제는 동시에 치료제이기도 하다. 먼저는 당신이 책임진 사람들에게 적절히 공급하면서 할 수 있는 한 많이 벌고, 다음으로 "어떤 것도 더 바라지 말고 육체의 정욕, 안목의 정욕, 이생의 자랑을 만족시키는 일에는 1파운드, 1실링, 1페니도 쓰지 않으며 할 수 있는 한 많이 저축하라." 그리고 돈을 "오직 하나님을 기쁘시게 하고 영광스럽게 하기 위해서만" 사용하라.[174] 하나님의 것을 도둑질하지 말라. "부의 위험성에서 독소를 빼내는" 유일한 방법은, "이 땅에 조금도 부를 쌓지 않고 할 수 있는 한 많이, 즉 당신이 가진 모든 것을 나누어주는 것이다."[175]

e. 절박한 호소

웨슬리는 다음의 열정적 호소로 결단을 요구함으로 설교를 마무리한다. "60-70년간 여러분을 섬긴 나는 티끌로 돌아가기 전 침침한 눈과 떨리는 손, 휘청거리는 걸음으로 다시 한 번 조언하고자 한다."[176]

그는 디모데전서 6:9-10의 경고를 다시 한 번 강조했다. "부하려 하는 자들은 시험과 올무와 여러 가지 어리석고 해로운 욕심에 떨어지나니 곧 사람으로 파멸과 멸망에 빠지게 하는 것이라 돈을 사랑함이 일만 악의 뿌리가 되나니 이것을 탐내는 자들은 미혹을 받아 믿음에서 떠나 많은 근심으로써 자기를 찔렀도다."[177] 그들은 거룩하지 못한 욕망으로 인해 스스로 유혹에 빠진다. 오직 은혜만이 그들을 구할 수 있다.

부를 늘리는 데 마음을 두는 것은 행복한 삶을 "즉시 산산조각 내버리

174 "The Danger of Increasing Riches," B 4:185, J III:361, sec. 15.
175 Ibid.
176 "The Danger of Increasing Riches," B 4:185-86, J III:361-62, sec. 16.
177 Ibid.

는 강한 덫"이다.[178] "지금 세상에서 번창하고 있는 모든 사람, 그 누구보다 여러분은 이 두려운 말을 결코 잊어서는 안 된다! 여러분의 길은 얼마나 말할 수 없이 미끄러운가! 한 발자국 한 발자국이 얼마나 위태로운가! 주 하나님께서 여러분이 처한 그 위험을 볼 수 있게 해주시기를."[179]

웨슬리는 이어서 말한다. "나는 여러분으로 인해 괴로워하고 있기에 좀 더 자세히 말하고자 한다." 그는 마치 메소디스트 연합체를 향해 절절히 마음에 담아둔 말을 하는 것 같다. "당신이 1년에 2백 파운드를 벌어 백 파운드를 썼다면, 나머지 백 파운드를 하나님께 돌려드리는가? 그렇게 하지 않는다면 당신은 하나님의 것을 강탈한 것이다." 당신의 실수는, 당신의 것이라고 생각한 것이 "당신의 것이 아니라는 데 있다. 당신이 하늘과 땅의 주가 아닌 이상 당신의 것일 수 없다." 그러므로 "주님, 저들의 마음에 말씀하여 주옵소서! … 저들이 게으름과 사치 속에서가 아니라 정직한 근면을 통해 충분히 살아갈 수 있을 만큼 주시옵소서. 만약 당신에게 자녀가 없다면 당신은 어떤 성경적 또는 이성적 원리에 근거해 장례에 드는 비용 이상의 돈을 남기겠는가? … 주님께서 당신을 부르시기 전에 서두르라, 서두르라, 나의 형제들이여, 서두르라! … 그렇게 했을 때라야 당신은 담대하게 '이제 남은 일은 죽는 것 외에 아무것도 없습니다! 아버지, 저의 영혼을 아버지 손에 의탁하나이다!'라고 담대히 말할 수 있다."[180]

178 Ibid.
179 Ibid.
180 "The Danger of Increasing Riches," B 4:186, J III:3 62, sec. 17.

D. 의복에 대하여

옷을 어떻게 입느냐는 단지 미적 감각이나 비교 의식만이 아니라, 하나님 앞에서 가난한 이웃에 대한 책임의 문제다. 웨슬리의 설교 88번 "의복에 대하여"의 성경 본문은 아름다움에 관해 말씀한다. "너희의 단장은 머리를 꾸미고 금을 차고 아름다운 옷을 입는 외모로 하지 말고 오직 마음에 숨은 사람을 온유하고 안정한 심령의 썩지 아니할 것으로 하라 이는 하나님 앞에 값진 것이니라" [벧전 3:3-4; 설교 #88, "의복에 대하여"(On Dress), B 3:248-61, J VII:15-25 (1786년 12월 30일)].

이 설교는 "부의 위험성", "재물 축적의 위험성에 대하여"의 속편으로, 과도한 자만이나 자랑 없이 겸손한 섬김의 삶을 살아갈 것을 강조한다.[181] 옷은 마음의 순수함, 기능적 실용성, 유용성, 그리고 위생적이고 깔끔하게 보이는 것을 목표로 한다. 현대인이 생각하기에 의복을 도덕적 문제와 연결 짓는 것이 지나치게 여겨질지 모르지만, 웨슬리는 그렇게 생각하지 않았다. 이런 가르침은 형식주의가 아니라, 매일의 경제적 삶의 질서에서 복음이 어떻게 율법을 성취하는지의 표현이다. 우리는 매일 옷을 입는다. 옷을 어떻게 입는지에는 어떤 도덕적 함의가 있는가?

1. 내면의 영혼이 외양에 끼치는 영향

a. 마음을 새롭게 함으로 변화를 받음

예수님의 제자는 의복과 관련해 어떤 자세로 그리스도의 몸에 참여해

---

181 웨슬리는 겸손을 설명할 때 리처드 백스터(Richard Baxter, 1615-91)와 같은 저술가의 자료를 부분적으로 활용했다. 참고. *The Practical Works of the Rev. Richard Baxter*, 23 vols., ed. William Orme (1830).

야 하는가? "외모로 하지 말고 오직 마음에 숨은 사람 … 심령"을 아름답게 해야 한다. 예수님의 제자들은 "썩지 않을 것"으로 장식하게 하라.[182] 다른 사람들이 신자에게서 "하나님 보시기에 매우 가치 있는 온유하고 안정된 심령의 단장"을 볼 수 있게 하라.[183]

사도 바울은, 신자는 마음을 새롭게 함으로 변화를 받아야 한다고 가르친다. "그러므로 형제들아 내가 하나님의 모든 자비하심으로 너희를 권하노니 너희 몸을 하나님이 기뻐하시는 거룩한 산 제물로 드리라 이는 너희가 드릴 영적 예배니라 너희는 이 세대를 본받지 말고 오직 마음을 새롭게 함으로 변화를 받아 하나님의 선하시고 기뻐하시고 온전하신 뜻이 무엇인지 분별하도록 하라."[184] 내적 변화를 나타낼 가시적인 방법이 있는가?

새 생명의 본성은 이 세상에 순응하는 것과 정반대다. 세상의 지혜에 순응하지 말라. 그것은 하나님 앞에서 어리석은 것이다.

웨슬리는 신자에게 옷의 기능적 역할을 바르게 가르치는 것이 "하나님의 지혜와 상관없지 않음"을 가르쳤다. 전능하신 하나님께서 "자신을 낮추어 그런 사소한 것까지 알려주기를" 주저하지 않으시기 때문이다.[185]

b. 하나님께서 창조하신 모든 것은 선함

음식과 성에 관해 논쟁이 일어나자 바울은 디모데에게 보낸 편지에서 다음과 같이 본질적인 문제를 다루었다. "하나님께서 지으신 모든 것이 선하매 감사함으로 받으면 버릴 것이 없나니." 외양이 "하나님의 말씀

---

182 "On Dress," B 3:248, J VII:15, sec. 1.
183 Ibid.
184 롬 12:1-2.
185 "On Dress," B 3:248, J VII:15, secs. 1-2.

과 기도로 거룩"해지는 것이라면 우리는 당연히 외양에 신경을 쓰는 것이 마땅하다.[186]

하나님을 참되게 예배하는 많은 사람이 옷 선택은 아디아포라, 즉 구원과 상관없는 문제라고 생각한다. 즉 그런 선택은 "신앙적 자유에 해당되는 분야"라고 여긴다.[187] 어떤 사람은 옷에 대한 문제 제기에 더 강하게 반발하면서 "나는 '복장에 신경 쓰지 않는' 사람이 우리 중에 없기를 바란다"고 말하기도 한다.[188] 메소디스트 신도회에는 율법무용론자들도 있었고 엘리트주의자들도 있었다. 웨슬리는 단정치 않은 것은 거부했다. 그는 마음의 순결함이 모든 외적 행실에까지 확장되기를 바라시는 하나님의 뜻에 관해, 시인이자 목사인 조지 허버트(George Herbert)의 가르침을 인용했다.

> 그대 마음의 아름다움이
> 그대의 성품과 옷, 집에까지
> 영향을 미치게 하라.[189]

"마음의 아름다움"은 하나님의 은혜로 주어지는 내적 평화다. 마음의 평화와 의도의 순수함은 당신의 집과 외양에서도 나타난다.

그리스도인과 세상 사람들의 복장에는 아무런 차이가 없어야 하는가? "틀림없이 서로 다른 신분을 지닌 사람 간에는 의복에서 적당한 차이가 있기 마련이다. 바른 눈을 가진 사람이라면 그리스도인의 신중한 규율에 쉽

---

186 딤전 4:4-5; "On Dress," B 3:248, J VII:15-16, sec. 3.
187 "On Dress," B 3:249, J VII:16, sec. 4.
188 Ibid.
189 George Herbert, *The Temple, the Church Porch*, Day 32, stanza 18 (Oxford, 1633); http://www.winwisdom.com/quotes/topic/cleanliness.aspx; "On Dress," B 3:249, J VII:16, sec. 5.

게 적응할 것이다."[190] 경찰은 일반 시민과 다른 복장을 착용할 합당한 이유
가 있다. 그들은 시민을 보호하기 위해 거기에 있기 때문이다.

2. 교만, 허영심, 정욕, 선행 파괴로의 유혹

화려한 복장에 대한 웨슬리의 가르침의 핵심은, 그것이 교만과 허영
심, 무책임함 같은 더 심각한 유혹을 부추긴다는 것이다. 영적인 장신구는
마음의 순수함이다. 의복은 그런 마음을 적절히 반영할 수 있다.

a. 교만

그렇다면 성경은 어떤 옷 입는 것을 금하는가? 분명히 "금이나 진주,
값비싼 의복으로 치장하는 것을 금한다. 그러나 왜 금해야 하는가? 거기
에 무슨 해가 있단 말인가?"[191]

"그것이 주는 첫 번째 해로움은 교만을 낳는다는 것이다."[192] 교만은 한
번 들어오면 스스로를 점점 증가시키기 위해 노력한다. 교만을 바르게 분
별하는 것은 교만한 자에게 어려운 일이다. "더 나은 옷을 입고 있기 때문
에 내가 남보다 더 낫다고 생각하는 것처럼 우리에게 자연스러운 것이 없
다. 그리고 사람이 값비싼 옷을 입으면서 자신은 그럴 자격이 있다고 생각
하지 않을 가능성은 거의 없다."[193] 자신의 가치가 당신이 무엇을 입고 있
느냐에 달려 있다고 생각하는가? 만약 그렇다면 당신은 무엇이 더 중요한
지 상대적 가치에 대한 감각을 잃어버린 것이다.[194] 아이러니하게도 그 반

---

190 "On Dress," B 3:250, J VII:16-17, sec. 6.

191 "On Dress," B 3:250, J VII:17, sec. 8.

192 "On Dress," B 3:251, J VII:17-18, sec. 9.

193 Ibid.

194 Ibid.

대 역시 사실이다. 즉, 사람은 삼베옷을 입고도 "마치 금으로 된 옷을 입은 사람처럼 교만할 수 있다."[195]

"서로 겸손으로 허리를 동이라 하나님은 교만한 자를 대적하시되 겸손한 자들에게는 은혜를 주시느니라."[196] 외양으로 사람들의 인정을 갈구하는 교만은 타락을 준비하는 것일 뿐이다.

b. 허영심

웨슬리는 값비싼 옷을 입는 것은 "자연히 허영심을 낳고 증가시킨다"고 말한다. "여기서 내가 말하는 허영심은 존경받고 칭찬받는 것에 대한 사랑과 욕구다."[197] 옷을 지나치게 좋아하는 것은 깊은 내면에서 비롯된다. "당신은 그렇게 꾸미는 이유가 다른 사람에게 존경받기 위해서라는 것을 마음으로 알고 있다."[198] 만약 하나님 외에 다른 사람이 없다면, 그런 수고를 들였을 것인지 자신에게 물어보라. "당신이 이 어리석은 정욕에 빠지면 빠질수록, 그것은 당신 안에서 더 크게 자라난다. 당신은 본래 이미 충분한 허영심이 있지만, 그것에 더욱 더 탐닉함으로 그 정도가 백 배나 더하게 된다."[199] 더 나은 방법은 이것이다. "오직 하나님을 기쁘게 해드리는 것에 초점을 맞추라."[200] 그리고 그 목적에 부합하도록 옷을 입으라.

c. 불안한 격정

웨슬리는 베드로전서 3:3-4 말씀에서 '외적 단장'과 '내적 자아'의 대조

---

195 "On Dress," B 3:251-52, J VII:18, sec. 10.
196 벧전 5:5.
197 "On Dress," B 3:252, J VII:18, sec. 11.
198 Ibid.
199 Ibid.
200 Ibid.

에 주목한다. 여기서 사도 베드로가 말씀하는 아름다움은, 단지 아름다움의 개념이 아니라 "너희의 단장", 즉 신자의 인격적 아름다움이다. 무엇이 당신을 아름답게 만드는가? 그것은 "머리를 꾸미고 금을 차고 아름다운 옷을 입는 외모"가 아니다. "마음에 숨은 사람을 온유하고 안정한 심령의 썩지 아니할 것으로 하라 이는 하나님 앞에 값진 것이니라."

당신의 인격을 아름답게 만드는 것은 무엇인가? 내면에서 나오는 빛이다. 만약 그 빛이 내면에서 빛나지 않으면, 당신은 무엇을 입는지와 무관하게 저속하게 보일 것이다. 외적 단장은 내면의 빛이 없다면 사람의 눈에서 노출되는 부족함을 메울 수 없다. 눈이 영혼을 드러내기 때문이다.

"화려하고 값비싼 옷을 입는 것은 자연히 … 거칠고 불안한 격정을 유발하는 경향이 있다."[201] 왜 그런가? 그 목적 자체가 흥미를 유발하고 자극하는 데 있기 때문이다. 그 일시적 흥분제 이후에 남는 것은 무엇인가? 더 큰 자극을 얻기 위한 노력이다. 이것이 바로 이런 일시적 열정이 항상 "불안정"할 수밖에 없는 이유다.[202] 하나님은 '내적 자아'의 변화를 매우 귀하게 여기신다. 사람의 내면에서부터 형성되는 거룩한 삶은 내적 자아가 외적인 형태로 표현되게 만들 것이다.

당신이 하나님과 맘몬을 동시에 섬길 수 없듯, 당신이 안정된 심령에 신경을 쓰면 외양을 "온전히 즐거워할" 수 없게 된다. "당신이 '외적 단장'에 소홀해질 때 '너희의 인내로 너희 영혼을 얻으리라'는 말씀대로 된다."[203]

---

201 "On Dress," B 3:252, J VII:19, sec. 12.
202 Ibid.
203 Ibid; 눅 21:19.

d. 자멸적 욕망

무엇인가를 바라는 욕망에 불이 붙으면, 그 대가가 예상 밖으로 클 수 있다. 웨슬리는 화이트홀(Whitehall)에서 말씀을 증거한 한 사제 이야기를 전하는데, 그는 다음과 같은 말로 회개를 촉구했다. "만약 여러분이 회개하지 않는다면 내가 너무 예의가 바르다 보니 차마 이 많은 사람 앞에서 거명할 수 없는 곳으로 갈 것입니다."[204] 83세의 나이에도 웨슬리는 유머를 잃지 않았다. 그러나 베드로는 분명히 말했다. "근신하라 깨어라 너희 대적 마귀가 우는 사자같이 두루 다니며 삼킬 자를 찾나니 너희는 믿음을 굳건하게 하여 그를 대적하라."[205]

자기 단장은 에이브러햄 카울리(Abraham Cowley)가 쓴 것처럼 많은 시간과 노력을 빼앗는 "어리석은 재주"가 될 수 있다. "그것은 죽이기 위해 잘 준비된 활의 독과 같다."[206] 웨슬리는 "당신은 당신을 쳐다본 사람에게 그가 깨닫는 것보다 훨씬 더 천한 욕망을 주입해 그를 독살한다. 당신의 우아한 치장의 결과가 그것일 줄 몰랐는가?"라고 질문한다.[207] 그 대가는 더 교만해지고 덜 겸손해지는 것이다.

외적인 것으로 끊임없이 존경받고자 갈망하는 욕구에는 자멸적 결과가 따른다. 당신이 "공적인 시선 앞에서 그럴 듯하게 순수하고 덕스런 모습을 보여준다면",[208] 그것은 어떻게 번질지 쉽게 예상하거나 통제할 수 없고 결과를 미리 예측할 수도 없는 불을 지르는 것일 수 있다. "동시에 당신

---

204 "On Dress," B 3:252-53, J VII:19-20, sec. 13. 이 일화의 출처는 18세기 문헌인 Alexander Pope의 *Moral Essays, Complete Poetical Works* (n.p., 1731), 4:49-50이다.

205 벧전 5:8-9.

206 Abraham Cowley, *The Mistress*, "The Waiting-Maid" (1647), v. 4.

207 "On Dress," B 3:252-53, J VII:19-20, sec. 13.

208 Nicholas Rowe, *The Fair Penitent* (1703; repr., Lincoln: Univ. of Nebraska Press, 1992), act 2, sc. 1.

은 남에게 놓은 함정에 자기 스스로가 빠지게 된다. 화살이 튕겨 다른 사람을 감염시킨 그 독에 자신도 감염된다. 당신은 자신과 당신을 부러워하던 사람들 모두를 동시에 소멸시킬 불을 붙이고 있는 것이다.”[209]

e. 곤궁한 사람을 외면함

'외적 단장'은 “‘선한 행실로 단장'하는 것”과 직접적으로 반대되는 일이다.[210] 이 설교는 돈에 대한 이전 설교인 “부의 위험성”, “재물 축적의 위험성에 대하여”와 절묘하게 연결된다. 자기 치장에 들이는 돈은 가난한 자들을 보살피는 일을 외면함으로 쓸 수 있는 돈이다. 그것은 춥고 헐벗은 곤궁한 사람을 위해 쓰는 대신 자신에게 낭비하는 것이다. “당신의 옷에 더 많은 돈을 낭비할수록 배고픈 자를 먹이고, 나그네에게 숙소를 제공하며, 병들거나 옥에 갇힌 자를 위로할 돈은 점점 줄어든다.”[211]

웨슬리는 자신의 옷에 신경 쓰는 것과 가난한 사람을 입히는 것에 대한 윤리적 상관관계를, “당신이 불필요하게 당신의 옷을 위해 쓰는 모든 돈은 사실상 하나님과 가난한 자들의 것을 훔친 것이다”라는 말로 강조했다.[212] 당신은 스스로 “선한 일을 할 수 있는 많은 소중한 기회를 없애버린 것이다. … 당신은 얼마나 자주 별로 원하지도 않는 것에 돈을 낭비해 선한 일을 못하게 되었는가? … 그 돈으로 얼마나 많은 선한 일을 할 수 있었겠는가! 당신이 가난한 사람을 위해 아껴도 되는 돈을 값비싼 옷에 쓰면, 모든 것의 주인이신 하나님께서 그들을 위해 사용하라고 당신 손에 맡기신 것

---

209 “On Dress,” B 3:252-53, J VII:19-20, sec. 13.
210 “On Dress,” B 3:254, J VII:20, sec. 14.
211 Ibid.
212 Ibid.

을 그들에게서 빼앗는 것이다. 만약 그렇다면, 당신이 입고 있는 값비싼 옷은 헐벗은 사람의 등에서 찢어낸 것이고, 당신이 먹는 값비싼 음식은 굶주린 사람의 입에서 낚아챈 것이다."[213]

웨슬리는 한 사례를 들어 설명했다. "오래전 내가 옥스퍼드에 있었을 때 한 추운 겨울날 (학교에서 고용한) 한 어린 하녀가 나를 찾아왔습니다. 나는 '많이 배고파 보이는구나. 그 얇은 리넨 겉옷밖에 입을 것이 없니?' 하고 물었습니다. 그 아이는 '선생님, 제가 가진 옷은 이것뿐입니다!'라고 대답했습니다. 나는 주머니에 손을 넣어 보았지만 손에 들고 있던 것을 막 구입한 후라 아무것도 없었습니다." 웨슬리는 그때 깊은 자책에 사로잡혔고, 그날 자신이 산 것 때문에 즉각적인 도움이 필요한 사람을 돕지 못한 것에 대해 마지막 심판 때 해명해야 할 것이라고 생각했다. 이 일로 그는 "그리스도인으로서 마땅히 소비해도 되는 것 이상으로 값을 치른 모든 것은 가난한 사람들의 피"라는 사실을 깨달았다.[214] 이 설교를 쓴 1786년 노년의 웨슬리는 자신의 영적 돌봄 아래 있는 너무나 많은 사람이 이 단순한 요점을 받아들이지 않는 것을 슬퍼했다.

요점을 벗어나 "그렇지만 나에게 그 정도 여유는 있습니다"라고 말하는 사람에게 웨슬리는, "그리스도인이라면 누구나 하나님께서 맡기신 물질을 조금이라도 낭비할 여력이 있어서는 안 됩니다"라고 답했다.[215] "당신이 '외적 치장'에 공을 들이는 모든 시간 동안, 성령님의 모든 내적인 역사는 멈추고 만다."[216]

이런 부조리를 이해하기 위해 굳이 오페라 극장에까지 가볼 필요는 없

213 "On Dress," B 3:254, J VII:20, sec. 15.
214 "On Dress," B 3:255, J VII:21, sec. 16.
215 "On Dress," B 3:255-56, J VII:21-22, sec. 17.
216 "On Dress," B 3:256-57, J VII:22, sec. 19.

다. "극장이 아닌 교회, 아니 (오래된 퀘이커 교도나 모라비아 교도를 제외한) 모든 교단의 모임에 가보라. 런던의 회중과 소위 '복음 사역자'(gospel minister)라는 사람들의 회중, 노샘프튼(Northampton) 예배당과 태버내클(Tabernacle) 예배당, 토트넘 코트 로드(Tottenham Court Road)에 있는 예배당, 웨스트 스트리트(West Street)나 시티 로드(City Road)에 있는 예배당에 가보라. 그리고 설교단 아래에 앉아 있는 바로 그 사람들을 보라."[217]

f. 메소디스트들을 향한 경고

웨슬리는 일반적 관행에 따라 살려는 사람들에게 성경적 기준을 가르쳤다. 즉 "다수를 따라 악을 행하지 말라"는 것이다.[218] "수많은 사람이 당신을 비난해도 하나님과 당신의 양심으로 사면을 받으면 그것으로 충분할 것이다."[219]

다른 사람의 비난에 맞설 능력이 없다고 말하는 사람에게는 다음과 같이 답했다. "그렇다. 당신의 힘으로는 할 수 없다. 분명히 당신은 그럴 힘을 가지고 있지 않다. 그러나 '전능하신 하나님께는 당신을 도울 능력이 있으시다!' 하나님의 은혜는 당신에게 족하다."[220]

한때 당신은 세상을 따르기를 거절했다. 당신은 "모든 점에서 단정하고 검소하게, 당신의 신앙에 부합하도록" 옷을 입었다. 그러나 왜 인내하지 않았는가? "지금, 오늘, 죄의 속임수로 마음이 강퍅해지기 전에 불경건

---

217 "On Dress," B 3:257-58, J VII:23, sec. 21.
218 출 23:2.
219 "On Dress," B 3:258, J VII:23, sec. 23.
220 "On Dress," B 3:258-59, J VII:23-24, sec. 24.

한 자들과의 잘못된 사귐과 세상에 대한 악한 순응을 단번에 잘라버리라! 오늘 결단하라! 영원히 미루게 되지 않도록, 내일로 미루지 말라. 하나님과 당신 자신의 영혼을 위해 바로 지금 결단하라!"[221]

"이 세상 누구에게도 하나님께서 맡기신 것을 낭비할 '여유'는 있을 수 없다. 누구도 배고픈 자를 먹이고 헐벗은 자를 입히라고 자신에게 맡기신 음식과 옷을 바다에 던질 '여유'가 있어서는 안 된다."[222] "나쁜 사례를 퍼뜨려 교만과 허영심, 분노, 정욕, 세상에 대한 사랑, 수없이 많은 '어리석고 해로운 정욕'으로 자신과 다른 사람들을 죽이지" 말라.[223] "이제 잠시 후면 우리는 이런 빈약한 옷이 필요 없게 될 것이다. 이 썩어질 몸이 썩지 않을 몸을 입을 것이기 때문이다. … 그때까지 '옛사람' 즉 전적으로 악한 타락한 옛 본성을 '벗어버리고', '하나님을 따라 의와 진리의 거룩함으로 지으심을 받은 새 사람을 입는' 것만이 우리의 유일한 관심이어야 한다."[224]

E. 자기 부인

자기 부인에 대한 예수님의 가르침은 복음에 매우 중요하다. 예수님은 무리에게 "아무든지 나를 따라오려거든 자기를 부인하고 날마다 제 십자가를 지고 나를 따를 것이니라"라고 말씀하셨다 [눅 9:23; 설교 #48, "자기 부인"(Self-Denial), B 2:236-50, J VI:103-14 (1760)].

---

221 "On Dress," B 3:259, J VII:24, sec. 25.
222 "On Dress," B 3:260, J VII:25, sec. 27.
223 Ibid.
224 "On Dress," B 3:260-61, J VII:25-26, sec. 28.

1. 자기 부인의 중요성, 정도, 필연성

예수님께서 오천 명을 먹이시고 베드로가 예수님을 메시아로 고백한 뒤, 예수님은 제자들에게 자신의 죽음과 부활을 미리 알리셨다. 그리고 모든 제자에게 말씀하셨다. "아무든지 나를 따라오려거든 자기를 부인하고 날마다 제 십자가를 지고 나를 따를 것이니라 누구든지 제 목숨을 구원하고자 하면 잃을 것이요 누구든지 나를 위하여 제 목숨을 잃으면 구원하리라 사람이 만일 온 천하를 얻고도 자기를 잃든지 빼앗기든지 하면 무엇이 유익하리요."[225]

모든 사람은 자신의 유익을 위해 이 복음의 명령을 들어야 한다. 웨슬리는 "주님의 이 명령은 모든 시대, 모든 사람에게 주신 것이다. … 이 명령은 모든 시대, 모든 사람과 관련된 가장 보편적인 명령이다"[226]라고 말한다. 주님은 이 말씀을 "어떤 신분이나 계층, 나라, 상황, 연령대인지 관계없이 세상 '모든 사람'"에게 주셨다. 누구든지 "'나를' 온전히 따르고자 하는 '의지를 지닌' 사람이라면 모든 것에서 '자기를 부인하고', 그것이 어떤 종류든 '자기 십자가를 지고 나를 따르라'는 것이다."[227] 이것이 제자가 되는 가장 근본적인 조건이다. 주님께 순종하는 모든 사람은 섬기는 종으로서 메시아의 사명에 동참하라는 지시를 받는다.

예수님의 명령을 따르기 위해 자신의 의지를 복종시킬 수 없는 사람은 그분의 제자가 될 수 없다. 웨슬리는 다음과 같이 말한다. "우리가 계속해서 자신을 부인하지 않는다면, 우리는 주님이 아니라 다른 주인에게 배우는 것이다. 만약 우리가 날마다 자기 십자가를 지지 않는다면, 우리는 주

---

225 눅 9:23-25.
226 "Self-Denial," B 2:238, J VI:103, 서문, sec. 1.
227 Ibid.

님이 아니라, 이 세상이나 세상의 임금, 또는 우리의 육적인 마음을 따르는 것이다."²²⁸ 우리의 반응이 우리가 그분의 부르심에 순종했는지 거절했는지를 결정한다. "만약 우리가 십자가의 길로 걷고 있지 않다면, 우리는 그를 따르는 것이 아니라" 그에게서 벗어나고 있는 것이다.²²⁹ 명령은 결단을 요구한다.

이 주제는 아주 많이 다루어져 왔다. 어떤 할 말이 더 남아 있겠는가? 자기 부인은 모든 그리스도인에게 익숙한 주제면서도, 웨슬리는 많은 사람이 그것에 관해 상세히 들을 기회가 없었다고 생각했다. 더 심각한 것은, 그 주제로 길게 글을 쓴 사람 중에도 많은 사람이 그 스스로 충분한 이해를 갖지 못했다는 것이다.²³⁰ "그들은 이 명령의 범위가 얼마나 넓은지 깨닫지 못하거나, 그 명령을 따르는 것이 얼마나 절대적이고 필수불가결한지 이해하지 못했다."²³¹ 웨슬리는 "영어로 글을 쓰는 작가 중에 자기 부인의 성격을 쉽게 일반적인 수준에서 이지적인 용어로 잘 설명하고, 이를 일상생활에서 일어나는 몇 가지 사례에 적용해 설명하는" 사람을 본 적이 없다고 말한다.²³²

a. 자기 부인의 명백한 의미

틀림없이 우리의 자연적 본성은 자기 부인이라는 생각 자체에 반항하고자 한다. 은혜가 아니라 자신을 주장하는 타락한 생각으로 삶을 살아가는 사람은 자기 부인이라는 말 자체를 싫어한다. 마귀는 그 가르침을 받아

228 "Self-Denial," B 2:238, J VI:104, 서문, sec. 2.
229 Ibid.
230 "Self-Denial," B 2:238, J VI:104-5, 서문, sec. 4.
231 "Self-Denial," B 2:239-40, J VI:105, 서문, sec. 4.
232 "Self-Denial," B 2:239-40, J VI:104-5, 서문, sec. 4.

들이지 못하도록 모든 수단을 동원한다.[233]

스스로를 그리스도인이라고 말하는 많은 사람이 자기 부인 자체를 경시한다. "주님께서 자기 부인을 특별히 강조하셨음에도, 심지어 마귀의 멍에를 어느 정도 벗어버리고 특히 최근 마음에 은혜의 참된 역사를 경험한 사람들조차도 이 중요한 기독교 교리에 동조하지 않는다."[234] 그들은 "마치 성경이 그것에 대해 아무 말씀도 하지 않았다는 듯" 즐겁게만 살아간다.[235] 디모데는 "사람들이 자기를 사랑하며 돈을 사랑하며 … 쾌락을 사랑하기를 하나님 사랑하는 것보다 더하며 경건의 모양은 있으나 경건의 능력은 부인하는" 시대에 대해 경고했다.[236] 자기 부인을 모면하는 수준은 거의 완벽하다. 우리는 자기 부인에 대한 생각 자체를 부인한다.

b. 은혜 없이는 불가능함

율법적 도덕주의자와 방탕한 율법무용론자 모두는 자기를 부인하고 하나님의 사랑으로 살아가는 은혜로운 삶의 방식을 오해한다. 만약 당신이 하나님의 은혜에 깊이 뿌리 내리고 있지 않으면, "당신은 언제나 (복음의 단순성으로 인해 어느 정도 미혹을 당한) 거짓 선생이나 형제에 의해 이 중요한 복음적 교리에 관한 속임이나 괴로움, 또는 조롱을 당할 위험에 처한다."[237] 너무나 많은 반대가 있기 때문에 신자는 자기 부인 명령이 "결코 지워지지 않도록 하나님의 손에 의해 마음에 새겨지게" 해야 한다.[238]

---

233 "Self-Denial," B 2:240-41, J VI:105, sec. 1. 1.
234 Ibid.
235 Ibid.
236 딤후 3:1-5.
237 "Self-Denial," B 2:240-41, J VI:105, sec. 1. 1.
238 Ibid.

자기 부인을 실천하기 위해서는 간단한 논리적 전제가 있다. 만약 하나님의 뜻이 우리의 뜻이 되면, 우리는 본래 자기 주장이 강한 우리 자신의 의지를 하나님의 뜻보다 앞세우지 않고 그저 하나님의 뜻에 동의할 수 있다는 것이다.[239] 하나님의 은혜를 믿는 믿음은, 하나님의 뜻만이 우리를 행복하게 하고 우리 삶을 복되게 하는 행동의 유일한 법칙임을 깊이 확신한다. 하나님의 뜻은 정확히 옳다. "우리를 만드신 분은 우리 자신이 아닌 그분이시기 때문이다."[240] 하나님은 우리의 직관에 어긋나는 이러한 명령을 따를 수 있도록 합리적인 의지를 부여하셨지만, 그 일은 하나님께서 주시는 풍성한 은혜로만 가능하다. 우리는 할 수 있되, 우리의 자연적 능력이 아닌 하나님의 능력으로 할 수 있다. 하나님께는 모든 것이 가능하기 때문이다.

자기 부인은 은혜를 떠나면 매우 힘든 일이 된다.[241] 은혜로 자기를 부인한다는 것은, 하나님께서 충분한 은혜로 우리의 의지를 변화시키시는 것을 허용함을 의미한다. 이 은혜는 우리 자신의 왜곡된 의지를 거부할 수 있게 해준다. 그 거부는 하나님의 뜻이 우리에게 궁극적으로 유익한 행동 규칙이라는 견고한 확신에서 비롯된다.

c. 자유의 철저한 타락

그러나 하나님께서 우리에게 주신 본래의 자유는 무너졌다. 죄의 역사는 우리 모두가 하나님께서 본래 창조하신 상태에서 벗어났음을 증명해준다. 인류의 일반적 역사에 깊이 새겨져있는 타락한 의지는 "전적으로

---

239 "Self-Denial," B 2:241-42, J VI:107, sec. 1. 2.
240 시 100:3; "Self-Denial," B 2:241-42, J VI:107, sec. 1. 2.
241 "Self-Denial," B 2:241-42, J VI:107, sec. 1. 2.

우리의 타락한 본성을 만족시키도록 굽어져 있다."[242] 타락 전, 창조된 인간의 본래의 의지는 하나님의 뜻에 일치해 있었다. 그러나 에덴 사건 이후 인간의 의지는 역사 전체를 통해 그와 반대되는 반역의 길에 서 있다.

우리 스스로의 선택으로 하나의 습관 위에 또 다른 습관이 만들어진다. 우리는 육신의 정욕, 안목의 정욕, 이생의 자랑을 만족시키는 것이 습관화된다. 그리고 이러한 습관화는 타락한 상태를 강화한다. "기회가 허락하는 대로 본성의 타락에 빠져 자기 뜻대로 행하는 것은 틀림없이 잠시 즐거움을 준다. 그러나 모든 것에서 그렇게 하다 보면 우리는 우리 의지를 더욱 악하게 만들고, 거기에 깊이 빠짐으로 우리 본성의 타락을 계속 심화시킨다."[243] 그것은 기분은 만족시킬지 모르나 무질서를 초래한다.[244]

우리가 "우리 의지"라고 부르는 것은 하나님께 상습적으로 반역하는 것이 되었다. 역사에 대한 사실적 관찰은 이를 증명할 것이다.[245] 우리에게 필요한 것은 부활의 복음이 우리에게 주는 회복된 의지다. 구원의 역사는 우리에게 깨어 빛 가운데 살 것을 요구한다.

하나의 길을 걷는 것은 다른 길을 포기하는 것이다.[246] 우리는 한 번에 두 길을 같이 걸을 수 없다. 우리는 "둘 중 하나의 길을 선택해야 한다. 즉, 자기 뜻을 따르기 위해 하나님의 뜻을 부인하든지, 하나님의 뜻을 따르기 위해 자기 뜻을 부인해야 한다."[247] 자기 부인은 "하나님에게서 비롯되지도 않고, 하나님께로 인도하지도 않는 모든 즐거움을 삼가는 것"이다.[248]

---

242 "Self-Denial," B 2:242, J VI:107, sec. 1. 3; 참고. 시 51:5 (BCP).
243 "Self-Denial," B 2:242, J VI:107, sec. 1. 4.
244 "Self-Denial," B 2:242, J VI:107, sec. 1. 5.
245 "Self-Denial," B 2:242, J VI:107, sec. 1. 3.
246 "Self-Denial," B 2:242, J VI:107, sec. 1. 4.
247 Ibid.
248 "Self-Denial," B 2:243, J VI:108, sec. 1. 6.

d. 자기 십자가를 지라

"십자가란 우리 뜻과 상반되는 모든 것, 우리 본성에 맞지 않은 모든 것이다."[249] 우리 앞에 놓인 경주는 길을 가로막는 십자가가 놓여 있을 때가 많다. 그것은 불편할 뿐 아니라 괴로운 것이다. 십자가는 우리의 반역적 의지에 반하고, 강한 자기 주장을 지닌 우리의 본성에는 불쾌한 것이다.

이 점에서 "선택은 명백하다. 즉, 우리가 우리의 십자가를 지든지, 하나님의 길에서 벗어나든지 둘 중 하나를 선택해야 한다."[250] 신자가 이 십자가를 견디면 "주님은 그의 영혼에 마치 제련사의 불처럼 함께하셔서 그 속에 있는 모든 불순물을 태워버리신다."[251] "죄로 병든 영혼을 고치고, 어리석은 욕망과 부적절한 애착을 치유하는 방법은 자주 고통스러운데", 이는 우리의 정욕의 원천이 되는 우상숭배 때문이다.[252]

우리가 선택하지 않은 짐을 지는 일이 이 세상에서 드문 일이라고 생각하지 말라. 예상하지 못한 짐을 지는 일은 모든 사람에게 흔히 일어나지만, 그 일이 누군가에게 개인적으로 일어나면 그것은 언제나 그 사람에게는 이상한 일로 다가온다. 그러나 그 장애물은 하나님께서 섭리적 은혜로 그 사람을 위해 특별히 예비하신 것이다. 모든 자연적 직관과는 달리 그 장애물은 "하나님께서 그를 사랑하신다는 표로 주신 것이다."[253] 길에서 여러 방해물을 만나고, 그럴 때마다 그것을 다루는 일은 인간의 운명에서 일반적인 것이다. 비록 장애물이 주어진 이유를 알 수 없더라도, 우리는 이러한 장애물이 장기적으로 우리에게 유익이 되게 하는 선택을 할 수 있다.

---

249 "Self-Denial," B 2:243, J VI:108, sec. 1. 7.
250 "Self-Denial," B 2:243, J VI:108, sec. 1. 8.
251 "Self-Denial," B 2:243, J VI:108, sec. 1. 9.
252 "Self-Denial," B 2:244, J VI:109, sec. 1. 10.
253 Ibid; 참고. 고전 10:13.

하나님의 은혜는 우리가 장애물을 만나더라도 굳게 걸어갈 수 있도록 대처하는 방법을 제공해준다.[254] 그렇게 하심으로 주님께서는 "우리 영혼을 고치는 의사로 일하신다. 이는 단지 '그분의 즐거움만이 아니라 우리의 유익, 즉 우리가 그의 거룩함에 참예하는 자가 되게 하시기 위함이기도 하다.' ⋯ 그분은 건강한 부분을 보존하기 위해 썩었거나 건강하지 못한 부분을 잘라내시는 것이다."[255] 십자가를 져야 하는 모든 상황은, "우리 자신"의 타락한 자연적 의지와는 "반대되더라도 하나님의 뜻을 붙잡을" 기회를 줌으로 시험을 통해 우리의 영혼을 단련시킨다.[256] 우리가 스스로 택한 일은 아니더라도 우리 앞에 놓인 모든 것을 온유함으로 감수하며 견디면, 우리는 올바른 의미에서 십자가를 지는 것이다.[257]

하나님의 약속은 분명하다. "사람이 감당할 시험밖에는 너희가 당한 것이 없나니 오직 하나님은 미쁘사 너희가 감당하지 못할 시험 당함을 허락하지 아니하시고."[258] 하나님께서는 우리가 짐을 감당할 수 있도록 충분한 은혜로 힘을 공급해주실 것을 약속하셨다.

주님께서 "가서 네 소유를 팔아 가난한 자들에게 주라"고 말씀하신 청년이 슬퍼하며 떠나간 것은 놀라울 것이 없다.[259] 주님의 말씀은 그의 탐욕을 치료할 유일한 방법이었다.[260] 그의 탐욕은 세상의 물질을 섬기는 우상숭배에 뿌리를 두고 있었기 때문이다. 당신은 하나님과 맘몬을 동시에 섬길 수 없다. 하나가 다른 하나를 무효로 만든다.

---

254 "Self-Denial," B 2:245, J VI:109, sec. 1. 12.
255 B 2:245, J VI:110, sec. 1. 13.
256 "Self-Denial," B 2:245, J VI:110, sec. 1. 14.
257 "Self-Denial," B 2:244, J VI:109, sec. 1. 11.
258 고전 10:13.
259 마 19:21-22.
260 "Self-Denial," B 2:244, J VI:109, sec. 1. 10.

e. 자기 부인 부족의 결과에 대한 사례 연구

자기 부인의 부족은 사람으로 그리스도 안에서의 삶을 온전히 살지 못하게 방해한다. "우리가 하나님의 은혜를 받거나 그 안에서 성장하는 데 큰 걸림돌이 되는 것은 언제나 자기 부인과 자기 십자가를 지는 일에서의 부족함이다."[261] 우리가 하나님의 말씀을 듣고 받아들이며 하나님의 은혜를 간구할 때는 십자가를 질 수 있는 힘이 고갈되지 않는다.

어떤 사람은 자기를 부인하라는 명령을 듣고 그것이 참된 진리임을 깨닫고도, 행동에는 영향을 받지 않은 상태에 머물러 있을 수 있다. "그는 아무런 감각 없이, 각성하지 못한 채 '허물과 죄로 죽어' 있을 수 있다. 왜 그런가?" 참된 이유는 이것이다. "그는 자신 속에 있는 죄를 버리려 하지 않는다." 그는 정서적으로 영향받지 않은 채로 남아 있다. "이는 그가 자신을 부인하지 않기 때문이다. … 그의 어리석은 마음은 더 완고해진다."[262]

웨슬리는 다음과 같이 물었다. "그가 잠에서 깨어나려 하고 조금 눈을 떴다고 해보자. 그는 왜 그리도 빨리 다시 눈을 감아버리는가? 왜 그는 다시 죽음의 잠에 빠져드는가? 그가 다시 자신의 마음속 죄에 굴복하기 때문이다. 그는 다시 한 번 즐거운 독약을 마신다. 그러므로 그의 마음에 어떤 지속적인 깨달음이 남아 있는 것은 불가능하다. 즉, 그는 자신을 부인하려 하지 않기 때문에 자신의 파멸적인 무감각함으로 되돌아간다."[263]

그 부르심이 닳아 없어지지 않을 때가 있다. 그것은 깊고 지속성이 있다. 그럴 때 사람은 애통해하더라도 위로받지는 못한다. 그런 일이 왜 그렇게 많은 사람에게 일어나는가? "그것은 그들이 '회개에 합당한 열매를

---

261 "Self-Denial," B 2:245-46, J VI:110, sec. 2. 1.
262 "Self-Denial," B 2:246, J VI:110, sec. 2. 2.
263 "Self-Denial," B 2:246, J VI:110-11, sec. 2.3.

맺지' 않기 때문이다. 즉, 자신들이 받은 은혜에 합당하도록 '악을 그치고 선을 행하지' 않기 때문이다."[264] 그들은 "자신을 둘러싼 죄"를 버리지 않는다. 요컨대, 그들은 "'자신을 부인'하거나 '자기 십자가를 지지' 않기 때문에" 믿음의 선물을 받지 못한다.[265]

한때 "내세의 능력을 맛본"[266] 한 사람이 있었다. 그는 "예수 그리스도의 얼굴에 있는 하나님의 영광을 아는 빛"을 보았고, "모든 지각에 뛰어난 … 평강"을 느꼈다.[267] 그러나 져야 할 십자가가 주어지자 "그는 자신 속에 있는 하나님의 은사를 다시 불일듯하게 하지 않고, 영적 태만에 빠졌다."[268] 그는 인내할 힘을 위해 기도하지 않았고, 자기 부인에 실패하고 날마다 자기 십자가를 지지 않음으로 믿음에서 파선하고 말았다.[269]

다른 한 사람은 "여전히 자신의 영과 더불어 자신이 하나님의 자녀임을 증언하시는 성령의 증거를 어느 정도" 가지고 있지만, 자신에게 주어진 은혜에 지속적이고 온전한 반응을 하지 않는다고 해보자. 그는 사랑 안에서 온전하게 되거나 "완전한 데로 나아갈" 마음이 없는 것이다.[270] 그는 "과거처럼 사슴이 시냇물을 찾기에 갈급함같이 의에 주리고 목말라 하지 않고, 하나님의 온전한 형상과 충만한 기쁨을 갈급해하지 않는다."[271]

그는 믿음이 선한 행실의 열매를 맺음으로 성숙한다는 사실을 잊어버렸다.[272] 그는 개인적이고 공적인 기도나 말씀을 듣고 성례 받는 것에 지속

---

264 "Self-Denial," B 2:246, J VI:111, sec. 2. 4.
265 Ibid.
266 히 6:5.
267 고후 4:6; 빌 4:7; "Self-Denial," B 2:247, J VI:111, sec. 2. 5.
268 "Self-Denial," B 2:247, J VI:111, sec. 2. 5.
269 Ibid.
270 참고. 히 6:2.
271 참고. 시 42:1.
272 "Self-Denial," B 2:248, J VI:111, sec. 2.1; 참고. 약 2:22.

적으로 참여하지 않는다. "특별 집회" 참여의 유익도 거부한다.[273] 자선 행위에도 열정적이지 않다. 왜 그런가? "은혜가 메마른 시기에는 그런 것이 아픔과 슬픔이 되기 때문이다. 그는 자신의 옷에 들이는 비용을 줄이거나 더 저렴하고 덜 맛있는 음식을 먹지 않으면, 배고픈 이를 먹이거나 헐벗은 자를 입힐 수 없다. 그 외에도 아픈 사람이나 옥에 갇힌 사람을 방문하는 일에는 많은 불편한 상황이 뒤따른다."[274] 왜 이유가 그렇게 많은가? "그가 자신을 부인하거나 날마다 십자가를 지려 하지 않기 때문이다."[275] 날마다 변함없이 십자가를 지는 것은 매일의 선물이자 임무다.

f. 십자가를 짐으로 배우는 것

"사람이 주님을 온전히 따르지 않는 이유는 항상 자기 부인과 자기 십자가를 지는 일에서 부족하기 때문이다."[276] 그런 태도는 그가 전적으로 그리스도의 제자가 되지 못했음을 보여준다. 십자가 지기를 거부하는 사람은 "성경도, 하나님의 능력도 알지 못한다. … 그들은 참되고 거짓 없는 그리스도의 경험에 대해 … 전혀 문외한이다."

그들은 "성령께서 사람의 영혼에 과거에 역사하셨고, 오늘도 역사하시며, 앞으로도 역사하실 방법"을 배우지 못했다.[277] 이것이 "한때 활활 타오르던 빛나는 불빛"이었던 많은 사람이 "이제는 그 빛을 잃고", 사랑으로써 역사하는 믿음의 활력도 잃게 된 참된 이유다. 그러나 하나님은 그분의

---

273 "Self-Denial," B 2:247-48, J VI:111-12, sec. 2. 6.
274 Ibid.
275 Ibid.
276 "Self-Denial," B 2:248, J VI:112, sec. 2. 7.
277 "Self-Denial," B 2:248, J VI:113, sec. 3. 1.

음성 듣기를 원하는 모든 영혼에게 자기 부인을 가르쳐주신다![278]

그러므로 "복음 사역자는 자기 부인의 교리를 반대하지 않는 것, 그것에 대해 아무 말도 하지 않는 것으로는 충분하지 않다. … 그는 그것의 필요성을 가장 명확하고 강력한 방식으로 되풀이해 가르쳐야 한다. 온 힘을 다해 모든 사람에게 언제나 강조해야 한다."[279] 웨슬리는 열심으로 권고했다. "여러분 각자는 자신의 영혼에 이 교훈을 적용하라. 골방에 있을 때 그것에 대해 숙고하라. 마음으로 그것을 깊이 묵상하라! 그것을 철저히 이해할 뿐 아니라 생의 마지막 순간까지 기억하도록 유의하라! 깨닫자마자 실행할 수 있도록 힘 주시기를 강하신 그분께 부르짖으라."[280]

F. 시간의 청지기 직분

1. 시간을 아끼라

시간 절약은 자원 절약과 유사하다. 둘 모두는 너무나 큰 가치가 있기에 웨슬리는 구체적인 지도와 가르침을 주었다. 시간은 돈과 유사하다.

시간의 청지기 직분은 매일 특정한 순간에 시작되는데, 그것은 잠에서 깨어나 침대에서 나오는 때이다.

a. 시간의 속량

웨슬리의 생애라는 순전한 결과물은 그가 시간을 어떻게 관리했는지에 대한 가장 확실한 증거가 된다. 즉, 그는 매일 일찍 일어나 이른 시간에 설교했고, 매일 기도와 성경 공부 시간을 엄격히 지켰으며, 매년 말을 타

---

278 "Self-Denial," B 2:248, J VI:113, sec. 3. 2.
279 "Self-Denial," B 2:249, J VI:113, sec. 3. 3.
280 "Self-Denial," B 2:250, J VI:113-14, sec. 3. 4.

고 수백 개 마을을 찾아다니며 설교하고 집필했고, 목회와 상담을 위해 엄청난 분량의 서신을 주고받았다.

시간 관리에 대한 그의 가르침을 압축한 설교는 "시간을 아끼라"(On Redeeming the Time)다 [설교 #93, B 3:323-32, J VII:67-75 (1782년 1월 20일)]. 성경 본문은 에베소서 5:16의 "세월을 아끼라"라는 말씀이다.

이 말씀은 그 구체적인 문맥에서 가장 잘 이해할 수 있다. 즉, 이 말씀은 빛 가운데 살라는 명령과 연결되어 있다.

> 너희는 열매 없는 어둠의 일에 참여하지 말고 도리어 책망하라. 그들이 은밀히 행하는 것들은 말하기도 부끄러운 것들이라 그러나 책망을 받는 모든 것은 빛으로 말미암아 드러나나니 드러나는 것마다 빛이니라 그러므로 이르시기를 잠자는 자여 깨어서 죽은 자들 가운데서 일어나라 그리스도께서 너에게 비추이시리라 하셨느니라 그런즉 너희가 어떻게 행할지를 자세히 주의하여 지혜 없는 자같이 하지 말고 오직 지혜 있는 자같이 하여 세월을 아끼라 때가 악하니라 그러므로 어리석은 자가 되지 말고 오직 주의 뜻이 무엇인가 이해하라[281]

우리 개인이 시간을 아껴야 한다는 말씀의 문맥은, 우리를 어둠에서 빛으로 부르시는 하나님의 구원 활동이다.

바울의 가르침은 "주의 깊게 행동하라"는 것이다. 그 의미는 어리석은 자같이 행동하는 것이 아니라, 자신의 시간을 아끼는 지혜로운 자같이 행동하라는 것이다.[282] 웨슬리는 그것이 "최고의 목적을 위해 아낄 수 있는 모든 시간을 아끼고, 순식간에 지나가버리는 매 순간을 죄와 사탄, 게으름, 안일함, 쾌락, 세상적인 일의 손아귀에서 사들이듯 하는 것"을 의미한다고 말한다. "'때가 악하여' 이 세상이 가장 흉악한 무지와 부도덕함, 저

---

281 엡 5:11-17.
282 "On Redeeming the Time," B 3:323, J VII:67, 서문, sec. 1.

속함으로 가득하기 때문이다."[283] 매일 당신에게 주어지는 온전한 하루는 하나님의 구원의 빛 가운데서 소중히 아껴야 할 시간이다.

이것이 성경 본문의 전반적인 의미지만, 웨슬리에게는 더 구체적인 목적이 있었다. "나는 여기서 '시간을 아끼는' 한 가지 특별한 방법으로 잠에서 시간을 아끼는 것에 관해 말하고자 한다."[284] 잠에서 시간을 아끼라는 것이 성경 본문이 말씀하는 단 하나의 의미는 아니다. 그럼에도 웨슬리의 초점은 "잠자는 자여 깨어서 죽은 자들 가운데서 일어나라 그리스도께서 너에게 비추이시리라"라는 말씀으로 충분히 정당화된다.[285] 성경이 "세월을 아끼라"라고 말씀하는 것은 바로 빛에서 살고 빛으로 깨어나야 한다는 더 큰 맥락에서다.

웨슬리는 구원과 종말에 관한 다른 설교들에서 우주적 구원에 관해 상세히 가르친다.[286] 그러나 이 설교에는 매일 분명한 목적을 가지고 잠에서 깨어나는 것으로 시작해 개인의 시간을 아끼는 것에 초점을 맞춘다.

많은 사람이 이것을 하찮은 문제로 여겨 "자신이 잠을 더 많이 자든 적게 자든 중요하지 않다"고 생각했다. 그들은 잠에 대한 청지기 직분을 "그리스도인의 절제의 중요한 부분"[287]으로 여기라는 도전을 받아본 적이 거의 없었다. 이 설교는 다음 세 가지에 관해 말씀한다.

1. 세월을 아끼는 것의 의미
2. 세월을 아끼지 않는 데서 오는 손해
3. 세월을 아끼는 방법[288]

---

283 Ibid.
284 "On Redeeming the Time," B 3:323, J VII:67, 서문, sec. 2.
285 엡 5:14.
286 참고. *JWT*, 제2권, 11장, "역사와 종말"; 12장, "미래의 심판과 새 창조".
287 "On Redeeming the Time," B 3:323, J VII:67, 서문, sec. 2.
288 "On Redeeming the Time," B 3:323, J VII:67, 서문, sec. 3.

2. 세월을 아끼는 것의 의미

웨슬리는 일찍이 설교 "노예의 영과 양자의 영"[289] "명목상의 그리스도인"[290] "보이는 것으로 행하는 것과 믿음으로 행하는 것"[291]에서 잠자는 상태에 대해 명쾌하게 설명했다. 우리가 잠들어 있을 때는 은혜의 빛에 대해 덜 민감하다. 은혜의 빛이 우리의 눈을 뜨게 할 때 우리는 새로운 하루를 맞이한다.

a. 충분히 그러나 과도하지 않게 자라

잠에서 세월을 아낀다는 것은 간단히 말해, "매일 밤 신체가 필요로 하는 만큼 잠을 자고 그 이상 자지 않는 것"을 의미한다.[292] 우리는 잠을 충분히 자야 하지만 너무 많이 자서는 안 된다.

웨슬리는 공간과 시간 모두를 실증적으로 연구하는 시대에 살았다. 시간 측정은 당시의 시대정신과 일치하는 주제였다.

당신은 어떤 기준으로 당신의 잠시간이 합리적인지 아닌지를 판단할 수 있는가? "몸과 영혼 모두의 건강과 활기에 가장 도움이 되는가 하는 기준"에 의해서다.[293] 당신의 건강에 도움이 되는지 아닌지를 누가 판단하는가? 바로 당신 자신이다. 당신이 온전히 활동하려면 "몸과 마음의 어떤 활기"가 필요한가? 판단은 당신이 해야 한다.

---

289 *JWT*, 2권, 7장. A. 1.
290 Ibid.
291 *JWT*, 2권, 7장. C. 7.
292 "On Redeeming the Time," B 3:324, J VII:67, sec. 1. 1.
293 Ibid.

b. 하나의 기준을 일률적으로 적용할 수 없음

웨슬리는 "하나의 기준이 모든 경우에 적합하지는 않다"는 격언에 찬성했다. 사람은 자기 점검과 실험을 통해 자신에게 적합한 잠의 양을 판단해야 한다. 어떤 사람은 더 많아야 하고, 어떤 사람은 더 적어도 된다. 누구도 대신 판단해줄 수는 없다. 어떤 때는 더 많이 자야 하는데, 다른 때는 그렇지 않을 수도 있다. 투병 중 또는 병이나 힘든 노동 후 약해졌을 때 사람은 평소보다 더 잠을 필요로 할 수 있다. 이런 경우 "완전히 건강할 때"보다 "이 자연적인 회복제"가 더 많이 필요하다.[294]

자기 자신보다 적합한 잠의 양을 바르게 알 수 있는 사람은 없다. 웨슬리는 "따라서 하나의 기준으로 모든 사람에게 적합한 잠의 양을 정하려고 노력해온 사람은 누구나 인간의 몸의 특성을 제대로 이해하지 못한 것이다."[295] 사람은 각각 매우 다르다. 또 여자는 남자와 다르다. "그렇기 때문에 어떤 사람은 제레미 테일러(Jeremy Taylor) 주교같이 훌륭한 분이 그런 이상한 생각을 한 것에 놀랄 수도 있다. 특히 그가 하루에 3시간만 자는 것을 일반적 기준으로 적용했다는 점에서 그렇다."[296] 마찬가지로 리처드 백스터(Richard Baxter)같이 "선하고 분별력 있는 이"도 "모든 사람이 하루 4시간만 자면 충분하다"고 생각했으나, 그것은 타당하지 않다.[297]

각 사람은 독특하다. 웨슬리는 "누구도 하루 5시간 이상 잘 필요는 없다고 철저히 믿은 한 사람이 있었지만, 자신이 직접 실험해 본 후에는 그 생각을 철회한" 이야기를 들려주었다.[298]

---

294 "On Redeeming the Time," B 3:324, J VII:68, sec. 1. 2.
295 "On Redeeming the Time," B 3:324-25, J VII:68, sec. 1. 3.
296 Ibid.
297 Ibid.
298 Ibid.

웨슬리는 사람마다 다르긴 하지만, 잠자는 시간을 줄이는 데는 한계가 있다고 생각했다. 그는 자신의 경험도 이야기했지만, 모든 사람에게 적용해야 할 기준이 아니라 하나의 관찰 사례로 언급했다. "나는 50년 이상의 관찰 결과를 통해 … 사람의 몸은 하루에 적어도 6시간 이상 잠을 자지 않으면 건강을 유지하기 힘들다는 것을 확신하게 되었다."[299] 이 말로 웨슬리는 6시간을 모든 사람의 표준으로 정한 것이 아니라, 몇 명의 특이한 사람들을 제외하고, 사람에게 최소한으로 필요한 잠시간을 말한 것이다.

최적의 잠시간을 결정하는 것에는 스스로의 판단이 필요한데, 이는 누구나 할 수 있는 일이다. 테일러나 백스터에 비하면 웨슬리는 그 판단에서 더 온건했다. "(비록 많은 예외가 있고, 때때로 바뀌기도 하지만) 만약 누군가 기준을 정하고자 한다면, 나는 다음의 기준이 거의 정확할 것이라고 생각한다. 즉, 건강한 남성은 대체로 6시간 이상을 자야 하고, 건강한 여성은 7시간 이상을 자야 한다는 것이다. 내 경우는 최소 6시간 반을 자야 하는데, 그 이하로 자면 건강을 유지하기 힘들다."[300] 그러나 이것이 다른 사람을 위한 규칙은 아니다. 이것은 누구나 경험으로 찾아낼 수 있는 개인적 기준에 대한 자기 진술이다. 웨슬리는 자신에게 적합한 양을 결정하기 위해 자신의 실험적 노력에 의존했다.[301]

3. 세월을 아끼지 않는 데서 오는 손해

웨슬리는 오늘날 '정신신체 상관성'(psychosomatic interface)이라 부르는 것을 잘 이해했다. 그는 의료 혜택을 쉽게 받을 수 없는 많은 사람을

---

299 Ibid.
300 "On Redeeming the Time," B 3:325, J VII:68, sec. 1. 4.
301 "On Redeeming the Time," B 3:325, J VII:69, sec. 1. 5.

대상으로 목회했다. 그가 병든 사람을 찾아가 기도해줄 때는 병을 치료할 수 있는 가정 치료법을 추천해 달라는 요청이 잦았다. 그의 책 『기초 의학: 대부분의 질병을 고치는 쉽고 자연적인 방법』(*Primitive Physik: An Easy and Natural Method of Curing Most Diseases*)은 그런 처방법을 모은 작은 개요서다.[302]

그는 이런 목회적 상황에서 잠을 얼마나 자야 하는가 하는 질문을 받은 것이다. "그런데 왜 어떤 사람은 그렇게 고심해야 하는가? 잠시간이 그렇게 규칙적이어야 할 필요가 있는가? 우리는 왜 그리 유별나야 하는가? 다른 사람들처럼 여름에는 저녁 10시부터 다음날 아침 6시나 7시까지, 겨울에는 8시나 9시까지 잠을 자는 것이 무슨 해가 되는가?"[303]

어떻게 잠에서 시간을 아낄 수 있는지에 대해 진지하게 질문하는 사람은 "굉장한 솔직함과 공정함이 필요할 것이다."[304] 각 사람은 조용히 "마음을 진리의 성령께 올려드려" 진리의 빛을 받아야 한다.[305] 자신에게 적합한 충분한 잠시간을 분별하라.

웨슬리는 통제 불가능한 잠의 해로움이 왜 생산성과 몸의 건강뿐 아니라 영혼에도 영향을 끼치는지 그 이유를 제시했다.

a. 선을 행하기 위한 자원을 낭비하지 말라

첫 번째는, 선을 행하기 위해 물질과 시간이라는 자원을 낭비하지 말아야 하기 때문이다. "하루 1시간씩 더 잠을 자면 한 주에 6시간을 날려보

---

302 John Wesley, *Primitive Physik: An Easy and Natural Method of Curing Most Diseases* (London, William Pine, 1765).
303 "On Redeeming the Time," B 3:326, J VII:69, sec. 2. 1.
304 "On Redeeming the Time," B 3:326, J VII:69, sec. 2. 2.
305 Ibid.

내는 셈인데, 이는 상당한 시간이다. 그 시간에 일을 해 돈을 벌 수 있다면 그것이 작은 시간이겠는가? 그러니 이런 시간도 그렇게 날려보내서는 안 된다. 만약 당신이 그 돈을 원하지 않으면 원하는 사람에게 주라. 주변에 있는 사람 중 누구에게 필요한지 알 것이다."[306] 당신의 시간은 소중하다. 본인이나 다른 사람의 유익을 위해 사용하라.[307] 그것을 낭비하지 말라. "당신의 체질상 꼭 필요한" 이상으로 자지 말라.[308]

둘째 이유는, 지나친 잠은 몸의 건강에 해가 될 수 있기 때문이다. 선을 행하기 위해서는 육체적 힘이 필요하다는 사실을 가볍게 여기지 말라. 웨슬리는 당시의 의학적 증거에 기초해 너무 많은 잠이 사람의 건강을 해칠 수 있음을 강하게 확신했다. "잘 알려지지 않았지만 이보다 확실한 것은 없다."[309] 웨슬리의 판단은 다음의 사실을 알려주는 의학적 연구에 기초한 것이다. "조상 때보다 지금 신경질환이 훨씬 더 잦아진 데는 다른 이유도 많지만, 가장 중요한 이유는 우리가 침대에 더 오래 누워 있기 때문이다. 우리 중 대부분은 생계를 위해 돈을 벌어야 하지 않는 이상 4시에 일어나는 것 대신 7시, 8시, 9시까지도 누워있다."[310]

알기 힘들 만큼 서서히 점진적으로 진행되는 습관 형성의 특징이 바로 범인이다. "그것은 대체로 잘 관찰되지 않는다. 악은 서서히, 느끼지 못할 정도로 다가오기 때문이다. 이처럼 점진적이고 거의 인식할 수 없는 방식으로 그것은 많은 질병의 원인이 된다. 그것은 (비록 예상하지 못했더라

---

306 "On Redeeming the Time," B 3:326, J VII:69-70, sec. 2. 3.
307 Ibid.
308 "On Redeeming the Time," B 3:326-27, J VII:70, sec. 2. 4.
309 Ibid.
310 Ibid.

도) 특히 신경계통 질병의 주된 이유다."[311]

웨슬리는 늦잠이 신체에 끼치는 영향에 관심이 있었다. 문제는 단지 잠을 너무 많이 자는 것이라기보다 "침대에 너무 오래 누워 있는 것이다. 따뜻한 이불 속에 오래 누워있으면 몸은 열이 올라 약하고 무기력해진다. 그동안 신경은 느슨해지고, 우울증과 연관된 모든 증상인 어지럼증, 불안감, 사기 저하 같은 것이 나타난다. 삶은 점점 무거운 짐으로 느껴진다."[312] 그는 시력은 신경 조직이 무기력해지는 과정에서 영향을 받는다고 생각했다. 그는 40년 전 자신의 시력과 당시를 비교하면서 몇십 년간 꾸준히 일찍 일어난 것으로 인해 시력이 더 향상되었다고 생각했다. 하나님께서 "복 주시기를 기뻐하시는 외적 수단은 아침 일찍 일어나는 것이다."[313]

"우리가 이 세상 물질을 낭비해도 안 되지만 (그와 마찬가지로) 이 세상에 부를 쌓아도 안 되듯", 우리가 건강을 지키지 못하는 것은 정신과 몸을 주신 분께 죄를 짓는 것이 된다.[314] 시간을 낭비하는 것은 돈을 낭비하는 것과 비슷하다. 그것은 자원의 낭비다.

셋째 이유는, 지나친 잠은 생산성과 건강뿐 아니라 영혼에 더 큰 해를 끼치기 때문이다. 피조물이 그런 선물을 받고도 낭비하는 것은 창조주를 향한 모욕이다. 선행을 위한 영적 자원을 지나친 잠으로 낭비하지 말라.[315] "이 널리 퍼진 무절제는 영혼에 더 직접적으로 해를 끼친다. 지나친 잠은 어리석고 해로운 욕심(딤전 6:9)의 씨를 심는다. 그것은 우리의 자연적 욕구를 위험할 정도로 왕성하게 하는데, 침대에서 기지개를 켜고 하품을 하

311 Ibid.
312 "On Redeeming the Time," B 3:327, J VII:70, sec. 2. 5.
313 "On Redeeming the Time," B 3:327, J VII:70, sec. 2. 6.
314 "On Redeeming the Time," B 3:327, J VII:70, sec. 2. 7.
315 "On Redeeming the Time," B 3:327, J VII:70, sec. 2. 6.

고 있는 사람은 그런 욕망을 만족시키기 위한 준비를 갖춘 것이다. 지나친 잠은 영국에서 자주 질타의 대상이 되어온 나태함을 낳고 증가시킨다. 또 다른 모든 종류의 방종의 길을 닦고 준비한다. 정신을 약하고 흐릿하게 만들어 모든 사소한 불편도 두려워하게 하고, 어떠한 쾌락도 절제하지 못하게 하며, 어떤 십자가도 지지 못하게 한다. 지나친 잠은 '예수 그리스도의 좋은 병사로서 고난을 견뎌내지' 못하게 만든다."[316] 바울은 디모데에게 보낸 편지에 다음과 같이 적었다. "너는 그리스도 예수의 좋은 병사로 나와 함께 고난을 받으라 병사로 복무하는 자는 자기 생활에 얽매이는 자가 하나도 없나니 이는 병사로 모집한 자를 기쁘게 하려 함이라 경기하는 자가 법대로 경기하지 아니하면 승리자의 관을 얻지 못할 것이며."[317]

웨슬리는 비록 예전 스승 윌리엄 로(William Law)와 많은 생각의 차이가 있었지만, 그리스도인들이 일찍 일어나 흐릿한 생각의 종이 되지 말고 건강을 지켜야 함을 강조한 것은 옳다고 생각했다. 새벽 기도나 성경 공부, 금식을 하고자 하는 사람은 정신이 깨어 있어야 한다.[318]

자고 싶은 대로 잠을 자는 사람은 게으른 정신 상태와 어울리지 않는 것이면 어떤 것도 싫어하는 연약한 기질에 점점 굴복하게 된다.[319] 쾌락주의자는 하나님과 함께하는 삶의 행복을 배우기 전에 먼저 게으른 육욕을 포기해야 한다. 잠 중독은 섹스·음식·술 중독과 다를 바 없다. 자기 부인은 기독교적 훈련의 중심에 있다. 자기 십자가를 지고 그리스도를 따르는 것을 상상조차 하지 못하는 사람은 그리스도의 제자가 되기에 합당하지

316 "On Redeeming the Time," B 3:327-28, J VII:71, sec. 2. 8; 참고. 딤후 2:3.
317 딤후 2:3-5. 웨슬리는 육체의 훈련에 관해 윌리엄 로를 인용했다. 참고. William Law, *A Serious Call to the Devout and Holy Life* (1729), 14장, www.ccel.org/ccel/law/serious.
318 "On Redeeming the Time," B 3:328, J VII:71, sec. 2. 9.
319 "On Redeeming the Time," B 3:328, J VII:71-72, sec. 2. 10.

않다. 그는 전투에 필요한 오른손을 잘라버린 것이나 다름없다.[320]

시간을 경솔하게 다루는 사람은 자신의 마음에서 오는 더 깊은 신호를 읽지 못한다. 그들의 마음은 이미 완고해져 있다. 그리스도인의 삶의 가장 본질적인 기쁨을 느끼지 못하게 만드는 육적인 상태를 북돋우지 말라. 이 무기력한 기질은 사도들과 성인들, 제자들에게서 볼 수 있는 활기차고 열정적이며 주의 깊은 자기 부인의 정신과는 반대된다.[321] 의지적으로 자신을 부인해 일찍 일어나는 것은, 당신 영혼을 두고 치르는 전쟁에서 이기기 위해 자신을 다스리려는 의지를 나타낸다.[322]

4. 세월을 아끼는 방법

신자는 어떻게 "절제의 이 중요한 가지를 실천하는 방법을 가장 효과적으로" 배울 수 있는가?[323] 웨슬리의 가르침은 단순하다.

즉시 시작하라 당신에게는 더 좋은 기회가 없을 수도 있다. 당신은 성경이 "세월을 아끼라"고 말씀하는 것을 들음과 동시에 확신을 가졌을 수도 있다. 웨슬리는 시간을 아끼는 것의 "말할 수 없는 중요성을 철저히 확신하는 사람은" 그 확신이 점차 소멸되도록 내버려두지 말고, 그것을 즉시 행동으로 옮길 것을 조언한다.[324]

자신을 신뢰하지 말라 "만약 그렇게 한다면 당신은 전적으로 실패할 것이다. 당신의 힘만으로는 어떤 선한 일도 할 수 없기에, 특히 이 문제에서 당신의 모든 능력과 결심은 아무 소용도 없다. 자신을 신뢰하는 사람은 누

320   Law, *A Serious Call*, 14장; 참고. "On Redeeming the Time," B 3:329, J VII:72-73, sec. 2.11-12.
321   Law, A Serious Call; 참고. "On Redeeming the Time," B 3:329, J VII:72-73, sec. 2. 12.
322   Law, A Serious Call; 참고. "On Redeeming the Time," B 3:329, J VII:73, sec. 2.12-13.
323   "On Redeeming the Time," B 3:330, J VII:73-74, sec. 3. 1.
324   Ibid.

구나 망할 것이다. 나는 예외를 본 적이 없다. 나는 자신을 신뢰하는 사람 중 이 결심을 1년이라도 지키는 사람을 본 적이 없다."[325]

강하신 분께 능력을 간구하라 "하늘과 땅의 모든 권세를 가지신 분께 간구하고, 그분이 기도에 응답하실 것을 믿으라."[326] 하나님을 향한 지나친 확신이란 없다. 당신이 믿음으로 나아간다면 "당신의 약함에서 그분의 강함이 온전히 드러날 것이다."[327]

믿음에 분별력을 더하라 "당신의 목적을 이루기 위해 가장 합리적인 방법을 이용하라."[328]

일찍 일어나려면 일찍 자라 이것은 "가장 친하고 소중한 동료와 함께 있더라도, 그들의 가장 간절한 요청이 있더라도, 간청이나 놀림이나 비난이 있더라도 엄격히 지키라. 정한 시간에 정확히 일어나고, 예의에 얽매이지 말고 잠자리에 들라. 긴급한 일들이 있어도 시간을 지키라. 아침이 될 때까지는 모든 것을 내려놓으라."[329]

꾸준히 하라 "계속해서 일어나는 시간을 지키라. 이틀은 잘 일어나다 사흘째는 침대에 누워 있지 말라. 한번 시작한 것은 계속 지키라."[330]

타협하지 말라 혹 굉장히 피곤하게 느끼더라도 "타협하지 말라. 그렇지 않으면 실패하게 된다. 즉시 일어나라. 만약 피곤이 가시지 않는다면 한두 시간 후에 잠시 누우라. 그러나 당신이 정한 그 시간에 일어나 준비한다는 규칙 자체는 무엇도 깨뜨리지 못하게 하라."[331]

---

325 Ibid.
326 "On Redeeming the Time," B 3:330, J VII:74, sec. 3. 2.
327 Ibid.
328 Ibid.
329 "On Redeeming the Time," B 3:330, J VII:74, sec. 3. 3.
330 "On Redeeming the Time," B 3:331, J VII:74, sec. 3. 4.
331 "On Redeeming the Time," B 3:331, J VII:74-5, sec. 3. 5.

핑계를 대지 말라 "나에게는 많은 질환이 있고, 마음은 우울하며, 손도 떨린다"고 불평하는 사람에게 웨슬리는 다음과 같이 말했다. "이 모든 것은 신경질환의 증상이다. 그런데 그 모두는 부분적으로 너무 많이 자는 것에서 비롯된다. 당신이 그 원인을 제거하지 않는 이상 그 증상이 없어지지 않을 것이다. 그러므로 건강과 힘을 회복하려면 다시 일찍 일어나는 삶을 살라."[332]

새롭게 시작하라 "당신이 자초한 그 어려움을 감당하면 어려움은 오래가지 않을 것이다."[333]

a. 이것이 당신을 기독교인으로 만드는가?

웨슬리는 최종적으로 말한다. "일찍 일어나는 것, 그 하나가 당신을 그리스도인으로 만드는 데 충분할 것이라 생각하지 말라. 그렇지 않다. 그러나 제 때 일어나지 않는 것, 그 하나가 당신을 그리스도인의 정신을 결여한 이교도로 만들 수는 있다."[334] 이 훈련에 대한 경시는 그 자체만으로도 당신을 "차갑고 형식적이며 매정하고 생명력 없게 만들 수 있고, 거룩함을 향해 한발자국도 나아가지 못하게 막을 수 있다."[335]

"이것만으로는 당신을 진짜 그리스도인으로 만들기에 부족하다. 그것은 많은 걸음 중 하나에 불과하지만 그 역시 한 걸음이다. 이 한 걸음을 내디뎠다면 계속 나아가라. 모든 면에서 자기를 부인하고, 모든 것에서 인내하며, 날마다 자기 십자가를 지고 부름 받은 곳으로 나아가기로 굳게 결심하라. 당신이 명목상이 아닌 온전한 그리스도인이 될 수 있도록, 내적

---

332 "On Redeeming the Time," B 3:331-32, J VII:75, sec. 3. 6.
333 Ibid.
334 Ibid.
335 Ibid.

으로는 그리스도 안에 있던 마음을 온전히 품고, 외적으로도 거룩하게 살아가라."[336]

웨슬리는 이와 같이 메소디스트 연합체가 한정된 시간의 청지기 직분을 실천할 수 있도록 명확히 안내해주었다. 여기서 우리는 시간 절약에 대해 말하는 웨슬리의 개인적이고 복음적인 방식을 본다. 기독교 경제학에 끼친 웨슬리의 공헌은 시간에 대한 책임이 시작되는 명확한 시점을 제공한다는 것이다. 즉 일찍 일어나는 것이다.

G. 은혜의 진가에 대한 깨달음

1. 잠자는 자여 일어나라

우리는 깨어 있음을 시간 절약과 관련해 다루었다. 이제는 구원과 관련해 깨어 있음을 다룰 것이다. 유한한 존재로 창조된 우리에게는 하나님을 향한 삶을 살기로 결단할 시간이 무한정 주어지지 않는다.

이 설교는 존 웨슬리의 동생 찰스 웨슬리가 1742년 4월 4일, 크라이스트 처치(Christ Church) 대성당에서 옥스퍼드 대학교 구성원들에게 선포한 것이다. 크라이스트 처치 대학 졸업생인 웨슬리 형제는 옥스퍼드를 떠난 후 목회지에서 충성스럽게 사역했다.[337] 찰스의 복음적 회심은 1738년 5월에 찾아왔는데, 그날은 존 웨슬리가 1738년 5월 24일 올더스게이트 거리에서 결정적 사건을 통해 값없이 주시는 하나님의 은혜를 인격적으로 경험하기 불과 며칠 전이었다. 그날 존 웨슬리는 누군가 루터의 "로마서

---

336 Ibid.
337 JWO, 서문; B 1:111.

주석 서문" 낭독하는 것을 듣던 중 자신이 가르쳐온 은혜의 복음이 그 마음을 관통했다. 그의 회심 사건은 잉글랜드, 웨일스, 스코틀랜드, 아일랜드에서의 복음주의 부흥운동의 시발점이 되었다.

크라이스트 처치 대성당의 높은 설교단 위에서 찰스 웨슬리는 에베소서 5:14의 "그러므로 이르시기를 잠자는 자여 깨어서 죽은 자들 가운데서 일어나라 그리스도께서 너에게 비추이시리라 하셨느니라"라는 말씀을 본문으로 삼아 설교했다 [설교 #3, "잠자는 자여 일어나라"(Awake, Thou That Sleepest), B 1:142-58, J V:56 (옥스퍼드, 1742년 4월 4일)].

이 설교는 이 시리즈가 소개하는 설교 중 유일하게 찰스 웨슬리의 것이다. 인류가 잠든 상태에서 깨어나야 한다는 주제는 중요하기 때문이다.

이 설교가 웨슬리 표준설교에서 세 번째로 배치된 것은 교육적 설교로 특별한 가치가 있음을 뜻한다. 이 설교는 우리가 이미 살펴본 존 웨슬리 설교 "세월을 아끼라"와 유사한 내용을 다룬다. 두 설교는 모두 구원의 은혜를 받는 것의 긴급함과 그에 필요한 인내를 동일하게 강조한다. 존 웨슬리는 주로 육체의 잠을 언급한 반면, 찰스는 주로 영적 잠에 대해 말한다.

찰스 웨슬리가 이 설교를 쓴 세 가지 목적 중 첫째는, 바울의 편지의 대상인 잠자는 이들이 어떤 사람들인지 설명하고, 둘째는 영적으로 잠든 이들을 향해 날카롭고 강하게 권고해 그들로 잠에서 깨어나고 죽음에서 벗어나게 하며, 셋째는 "깨어 일어난 사람에게 주어진 약속인 '그리스도께서 너에게 비추이시리라'라는 말씀의 의미를 설명하기 위한 것이다."[338]

338 Charles Wesley, "Awake, Thou That Sleepest," B 1:142, J V:25, sec. 1. 1; 엡 5:14.

2. 잠에서 깨는 것의 의미

a. 인간의 자연적 상태

"잠자는 것은 인간의 자연적 상태를 의미한다." "아담이 지은 죄가 모든 자손으로 빠져들게 한 것은 영혼의 깊은 잠이다. 그것은 세상 모든 사람이 그 속에서 태어나 하나님의 음성이 그를 깨울 때까지 벗어날 수 없는 무기력함과 나태함, 어리석음, 자신의 실제 상태에 대한 무감각이다."[339]

영적으로 잠들어 있는 사람은 암흑 속에 있다. 이것은 어떤 어둠인가? 상징적으로 "사람의 자연적 상태가 전적으로 암흑의 상태인, '어둠이 땅을 덮고 캄캄함이 만민을 가리운'(사 60:2) 상태다."[340]

b. 자신을 알지 못함

타락한 사람은 세상의 일에 얼마나 많은 지식을 가지고 있는지와 관계없이 "자신에 대한 지식"은 매우 제한되어 있다.[341] 그는 하나님 앞에서 자신이 누구인지 알지 못한다. 이 잠 속에서 그는 자신의 목적도, 미래도, 정체성도, 사명도 전혀 알지 못한다.

그는 자신의 자유에 대해 알지 못한다. 죄의 역사에 빠져 있기 때문이다. 그는 자신이 타락한 영혼이고, 어둠 속에서 자고 있으며, 자신을 위해 빛이 세상에 오신 것을 알지 못한다. 그가 잠들어 있는 한 "현재 세상에서 자신의 해야 할 단 하나의 일은 타락에서 회복되어 자신이 창조되었을 때 부여받은 하나님의 형상을 회복하는 것"임을 알지 못한다.[342]

---

339 "Awake, Thou That Sleepest," B 1:142, J V:25, sec. 1. 1.
340 "Awake, Thou That Sleepest," B 1:142-43, J V:25-26, sec. 1. 2.
341 Ibid.
342 Ibid.

그는 자신에게 필요한 단 한 가지가 무엇인지 깨닫지 못한다.[343] "단 한 가지 필요한 것"은 "'위로부터 나는' 전적인 내적 변화"다.[344] 이 신생(new birth)은 세례[345]에서 "예시"[346]된 것으로, "'그것이 없이는 아무도 주를 뵐 수 없는'(히 12:14) 영과 혼과 몸의 성화, 그 완전한 갱신의 시작"이다.[347]

c. 잠자는 사람은 누구인가?

자연적인 인간은 잠을 잘 때 꿈을 꾼다. 꿈에서 "그는 자신이 완벽한 건강을 가지고 있다고 생각한다."[348] 그러나 현실에서는 온전히 거룩하신 하나님의 임재 앞에서 타락한 상태인 채 "온갖 질병으로 가득"하다.[349] "비참함에 단단히 매여 있으면서도 … 자신이 행복하고 자유롭다고 꿈을 꾼다. '강한 자, 무장한' 마귀[350]가 그의 영혼을 전적으로 소유하고 있음에도 그는 '평화, 평화'를 말한다."[351]

그는 자신이 빠져들어가고 있는 지옥의 구덩이,[352] 돌아올 수 없는 그곳"[353]에 대해 알지 못한 채 잠에 빠져 있다. 그 구덩이는 이미 "그를 삼키기 위해 입을 벌렸다. 불이 그의 주변에서 불타고 있지만 그는 그 사실을 모

---

343 *JWT*, 제1권, 7장, B. 2. a.

344 참고. 요 3:3.

345 "Awake, Thou That Sleepest," B 1:142-43, J V:25-26, sec. 1. 2.

346 중생의 상징은 세례로, 이를 통해 사람은 세상에 대해 죽고 하나님께 대하여 산다. "예시한다"(figure out)는 말은 그리스도의 죽으심과 부활, 그리고 우리의 죽음과 부활 간의 유사성을 보여준다는 의미다. 세례에서 우리는 그리스도의 죽으심과 부활에 참여한다.

347 히 12:14; "Awake, Thou That Sleepest," B 1:142-43, J V:25-26, sec. 1. 2.

348 "Awake, Thou That Sleepest," B 1:143, J V:26, sec. 1. 3.

349 Ibid.

350 눅 11:21.

351 "Awake, Thou That Sleepest," B 1:143, J V:26, sec. 1. 3.

352 지옥에 관한 웨슬리의 가르침은 *JWT*, 제2권 12장, C를 참고하라

353 "Awake, Thou That Sleepest," B 1:143, J V:26, sec. 1. 3.

른다. 그렇다. 그것이 이미 그를 태우고 있지만 그는 신경 쓰지 않는다."[354] 잠에 빠진 사람의 영원한 미래는, 그가 이미 그 속에 빠져 있으면서도 깨닫지 못하는 끔찍한 위험 그 자체다.

잠자는 사람은 누구인가? "(하나님께서 모든 사람이 알 수 있게 해주시기를 바란다) 그는 자기 죄에 만족해 타락한 상태에 머물러 있기 원함으로 하나님의 형상을 결여한 채 살다 죽는 죄인, 자신이 병에 걸린 줄도 모르고 그 치료약도 모르는 사람, '다가올 진노에서 피하라'는 하나님의 경고의 음성을 한 번도 듣지 못했거나 듣고도 주의한 적이 없는 사람이다."[355] 그는 잠에 취해 "영혼의 간절함을 가지고서 '내가 어떻게 하여야 구원을 받으리이까'라며 부르짖을 생각조차 해본 적이 없다."[356]

d. 하나님께 대하여 죽어 있음

잠자는 사람은 "조용하고 이성적이며 악의가 없이 선량한, 조상이 전해준 신앙을 고백하는 사람"이거나, 종교적 "열심을 지닌 정통파"일 수 있다. 그러나 그가 하나님 앞에서 자신의 운명과 은혜로 인한 기쁨, 자기 생명의 가치를 전혀 알지 못한다면, 그 모든 것은 아무 소용이 없다.[357] 그는 타인에게 아무런 잘못을 범한 적이 없다고 상상한다. "이 불쌍한 자기 기만자는 자신이 '다른 사람처럼 착취하거나 불의하거나 간음을 범한 자가 아님'을 하나님께 감사한다."[358] 사도는 이러한 상태를 "경건의 모양은 있

---

354 Ibid.

355 Ibid.; 마 3:7.

356 행 16:30; "Awake, Thou That Sleepest," B 1:143, J V:26, sec. 1. 4.

357 "Awake, Thou That Sleepest," B 1:144, J V:26, sec. 1. 5.

358 눅 18:22; "Awake, Thou That Sleepest," B 1:144, J V:26, sec. 1. 6.

으나 경건의 능력은 부인하는" 것으로 설명했다.[359] 그는 금식하거나 "교회나 성례에 지속적으로 참여하고", 규칙적으로 십일조를 드리며, "할 수 있는 모든 선을 행함"으로 모든 은혜의 방편을 사용하면서도, 구원의 은혜를 믿는 신앙을 결여한 채 자신이 하나님 앞에서 누구인지 모를 수 있다.[360] 그는 "기독교의 다른 모든 면에서는 부족함이 없으면서도 진리와 생명"을 결여할 수 있다.[361] 또 잔의 겉은 깨끗이 하고도 "그 안에는" 무질서와 절망으로 가득할 수 있다.[362] "우리 주님은 그런 사람을 '겉으로는 아름다워 보이나 그 안에는 죽은 사람의 뼈와 모든 더러운 것이 가득한 회칠한 무덤'으로 비유하셨다."[363]

그의 속에는 "살아계신 하나님의 영이 계시지 않기에" 그는 어둠에 거한다.[364] "그는 죽음 속에 거하지만 그것을 알지 못한다."[365] 또 혹시 예리한 지성과 훌륭한 외모를 가졌을지라도, 자기 죄 가운데서 하나님께 대하여는 죽어 있다. 그는 "영혼의 생명을 잃고 하나님에 대하여 죽어 자신의 생명과 행복의 근원 되시는 그분에게서 분리될 것이다."[366] 그는 자연적인 생명은 가지고 있어도 영적으로는 죽어 있다.

이 자연적 인간은 잠에 취해 있는 상태로 "두 번째 아담이 우리를 살리는 영이 되셔서 죄와 쾌락과 부와 명예 속에서 죽어 있던 그를 살리시기까지" 머물러 있을 것이다.[367] 그는 하나님의 아들의 음성을 들을 때라야 "자

---

359   딤후 3:5; "Awake, Thou That Sleepest," B 1:144, J V:26-27, sec. 1. 6.

360   "Awake, Thou That Sleepest," B 1:144, J V:26-27, sec. 1. 6.

361   Ibid.

362   "Awake, Thou That Sleepest," B 1:144-45, J V:27, sec. 1.7; 참고. 마 23:25.

363   "Awake, Thou That Sleepest," B 1:144-45, J V:27, sec. 1.7; 참고. 마 23:27.

364   "Awake, Thou That Sleepest," B 1:144-45, J V:27, sec. 1.7; 참고. 롬 8:9.

365   "Awake, Thou That Sleepest," B 1:145, J V:27, sec. 1. 8; 참고. 엡 2:1.

366   "Awake, Thou That Sleepest," B 1:145, J V:27, sec. 1. 8.

367   "Awake, Thou That Sleepest," B 1:145, J V:27-28, sec. 1. 9.

신의 잃어버린 상태를 깨닫고, 또 자신에게 내려진 죽음의 판결을 받아들인다."[368] 그는 자신이 살아있으나 잠자고 있었을 때 어떤 상태로 죽어있었는지 깨닫는다. 즉, "하나님과 하나님에 관한 모든 일에 대해 죽어 있었기에, 마치 죽은 시체가 산 사람처럼 움직일 수 없듯, 살아있는 그리스도인으로 행할 능력이 없었음"을 깨닫는다.[369]

죄 가운데 죽어 있는 사람은 영적으로 유익한 것을 분별해낼 감각이 없다. "그는 눈이 있어도 보지 못하며, 귀가 있어도 듣지 못한다."[370] 그는 "주님의 선하심을 맛보아 알지 못한다."[371] 죽음 속에서 잠자는 영혼은 성령의 사역을 전혀 인식하지 못한다. "그의 마음은 '감각을 잃어'" 이런 일들을 조금도 이해하지 못한다.[372] "영적 감각도, 지식도 전혀 가지지 못했기에 자연적 인간은 하나님의 영의 일들을 받아들이지 않는다. … 그는 영적인 일에 전적으로 무지한 것에서 멈추지 않고 그 존재 자체를 부정한다. 그에게는 영적인 감각 그 자체가 어리석음이다."[373]

만약 그렇다면 "사람이 어떻게 자신이 하나님께 대해 살아있다는 것을 알 수 있는가? 그것은 마치 당신이 지금 당신의 몸이 살아있음을 아는 것과도 같다. 믿음은 영혼의 생명이고 당신 속에 이 생명이 살아있다면, 당신은 스스로 그것을 증명할 징표를 필요로 하지 않을 것이다."[374]

죽은 것이 살아나게 하는 기도가 에스겔서의 마른 뼈 골짜기에 관한 말씀에 나온다. "생기야 사방에서부터 와서 이 죽음을 당한 자에게 불어서

---

368 Ibid.
369 Ibid.
370 "Awake, Thou That Sleepest," B 1:145-46, J V:28, sec. 1. 10; 참고. 막 8:18.
371 참고. 시 34:8.
372 "Awake, Thou That Sleepest," B 1:145-46, J V:28, sec. 1. 10.
373 "Awake, Thou That Sleepest," B 1:146, J V:28, sec. 1. 11.
374 Ibid.; 참고. 롬 8:9.

살아나게 하라."[375] "당신이 하나님의 자비와 그의 아들을 통한 사랑을 믿지 않았기 때문에, '당신의 죄를 깨닫게 하시려고' 오신 성령님을, 마음을 완고하게 함으로 대적하지 말라."[376]

3. 죽음에서 깨어나라!

옥스퍼드 대학교에서 찰스 웨슬리의 설교를 들었던 청중은 자신이 잠들어 있다고 생각하지 않았다. 그러나 그들에게 자연적 무의식에서 생명을 깨우는 회개와 믿음이 없다면 그들은 잠자는 자들임이 분명했다. 잠자는 사람을 깨우기 위해 트럼펫이 필요할 수 있듯, 영적인 잠을 깨우는 설교자는 청중을 혼미함에서 일깨우기 위해 수사학적으로 날카롭게 경고할 수 있어야 한다. 크라이스트 처치 대학의 졸업생 찰스 웨슬리는, 옥스퍼드의 청중 중 죄의 우울한 소식과 은혜의 복음의 기쁜 소식을 깨닫지 못한 사람들을 향해 담대하게, "'잠자는 자여, 깨어 죽은 자들 가운데서 일어나라.' 하나님께서는 내 입술을 통해 당신을 부르사 자신 스스로를 알라고 명하신다"고 외쳤다.[377] "깨어나라! 하나님을 부르라. 그러면 하나님께서는 당신이 멸망하지 않도록 당신을 돌아보실 것이다." 당신이 누구의 것인지를 아는 것이 "이 세상에서 당신의 유일한 관심거리"여야 한다.[378] "강렬한 폭풍이 당신 주위에서 휘몰아치고 있고, 당신은 심연으로 빠져들어가고 있다."[379] "우리가 우리를 살폈으면 판단을 받지 아니하려니와"[380]라고 말

375 겔 37:9; "Awake, Thou That Sleepest," B 1:146-47, J V:28, sec. 1. 12.
376 "Awake, Thou That Sleepest," B 1:146-47, J V:28, sec. 1. 12; 참고. 요 8:46.
377 "Awake, Thou That Sleepest," B 1:147, J V:28-29, sec. 2. 1.
378 Ibid.
379 Ibid.
380 고전 11:31; "Awake, Thou That Sleepest," B 1:147, J V:28-29, sec. 2. 1.

씀한 사도의 탄원에 귀를 기울이라.

일어나라. "당신의 의로움이자 전능하신 구원자이신 주님을 붙잡기 위해" 분발해 일어나라.[381] 주님은 당신의 마음에 "티끌을 털어 버릴지어다"라고 말씀하신다.[382] 그러니 "내가 어떻게 하여야 구원을 받으리이까?"라고 외치라.[383] 그 후에는 당신이 "그분의 성령의 역사하심을 통해 그분이 주시는 믿음의 선물을 받아 주 예수를 믿게 될" 때까지 다시 잠에 빠지지 말라.[384]

오늘날 하나님의 음성을 듣는 사람은 마음을 완고하게 하지 말라. 내일은 오지 않을 수 있다. 영적 죽음 가운데 잠자는 자들이여, 영원한 죽음에서 잠자지 않도록 지금 일어나라. 당신이 잃어버린 것을 다시 찾으라.[385]

요약

존 웨슬리는 동생 찰스의 도움을 받아 기초적인 복음적 경제 윤리의 원리를 마련했다. 그것은 개인적인 것으로, 은혜로 말미암는 마음의 순결함에서 시작된다. 웨슬리의 사상은 18세기 영국의 위대한 복음적 부흥과 미국의 제2차 대각성운동에 큰 영향을 끼쳤다.

경제적 책임성에 대한 그의 주된 관심은 이론보다 실천에 더 초점을 맞춘다. 웨슬리는 메소디스트 연합체 내 친밀한 소그룹 공동체를 대상으로, 경제적 자원 사용을 포함해 그들 삶 전체를 위한 올바른 질서를 가르쳤다.

---

381 참고. 렘 23:6.
382 사 52:2.
383 행 16:30.
384 "Awake, Thou That Sleepest," B 1:147, J V:29, sec. 2. 2.
385 "Awake, Thou That Sleepest," B 1:152, J V:31-32, sec. 2. 13.

그의 초점은 돈의 사용, 더 넓게는 타락한 세상에서 분별력 있게 재능을 활용하는 것에 맞춰져 있었다. 꼭 기억해야 할 그의 가르침은 다음과 같이 요약할 수 있다. '할 수 있는 한 많이 벌라. 할 수 있는 한 많이 저축하라. 할 수 있는 한 많이 나누어주라.' 이웃의 몸과 영혼에 해를 끼치지 않으면서 올바른 방법으로 벌라. 가족을 위해 돈을 버는 것은 죄가 아닌 의무다.

폭리를 취하지 말고 상식적인 사업 관행을 따라 돈을 저축해 만일의 경우를 대비하라. 부는 사람을 나태하게 만들기 쉬우므로 자녀에게는 충분하지만 과도하지 않게 자원을 남겨주라.

무엇보다 가난한 사람에게는 할 수 있는 한 많이 나누어주라. 당신이 하나님께 받은 만큼 나누어주라. 가족에게 필수품과 간소한 편의를 제공한 연후에 남는 것은 스스로를 돌볼 수 없을 정도로 어려운 환경에 있는 자들에게 사랑으로 나눠주되, 마치 당신이 하나님께 그분의 자원을 어떻게 사용했는지 보고하는 심정으로 하라.

부는 어리석은 욕망을 부추기므로 부가 영혼에 끼치는 크나큰 위험과 끝없이 부를 늘리려는 그보다 더 큰 위험을 주의하라. 그 누구도 부를 지니고도 영혼에 큰 위험을 끼치지 않을 수는 없다.

육신의 정욕, 안목의 정욕, 이생의 자랑 같은 어리석고 해로운 정욕에 빠지지 않도록 주의하라. 거룩하지 못한 욕망은 영혼을 향한 덫이다. 음식과 옷 같은 기본적인 필요 이상을 가지려 하지 말라. 빚지는 것을 피하라. 올바른 방법으로 돈을 벌어 법적 한계를 벗어나지 말라. 가족의 필요를 공급한 후 가난한 자들에게 나눠주라. 마음을 재물에 두어 전토에 전토를 더하지 말라.

하나님께서 창조하신 모든 것은 선하다. 모두의 유익을 위해 주신 하나님의 자원을 활용하기 위해서는 인간의 이성과 상상력, 노력이 요구된다. 만약 더 많은 재능과 자원을 받았다면 더 많이 나누어주라.

마음을 새롭게 함으로 변화를 받은 사람은, 옷이나 주택 같은 것에서 세상적 가치를 따를 필요가 없다. 소박하게 입으라. 내면적 삶이 외양에서 정확히 표현되게 하라. 지나친 장식은 하나님을 향해 사는 이들에게서 명백히 드러나는 내적인 아름다움을 손상시킨다.

필수적이지 않은 것은 스스로 거부하는 성숙함을 배우라. 제자가 되기 위해 반드시 필요한 것으로 날마다 자기 십자가를 지라. 당신이 가진 제한된 시간을 아끼라. 기회가 될 때마다 모든 사람에게 선을 행하라.

몸이 필요로 하는 만큼 잠을 자라. 그러나 그 이상은 자지 말라. 선을 행할 수 있는 자원을 날려버리지 말라. 엄격한 시간 관리는 그 자체로 당신을 그리스도인으로 만들지는 않는다. 그리스도인이 되는 것은 오직 회개와 믿음을 통해서다. 그러나 그것은 사랑으로써 역사하는 믿음이 당신에게 있음을 드러낼 것이다.

잠에 빠져 시간을 낭비하지 말라. 깨어나라. 타락한 인간 본성의 어둠에서 깨어나라.

더 깊은 이해를 위한 독서 자료

Ball-Kilbourne, Gary. "The Christian as Steward in John Wesley's Theological Ethics." *WQR* 4, no. 1 (1984): 43-54.

Cobb, John B., Jr. *Grace and Responsibility: A Wesleyan Theology for Today.* Nashville: Abingdon, 1995.

Couture, Pamela D. "Sexuality, Economics, and the Wesleyan Alternative." In *Blessed Are the Poor? Women's Poverty, Family Policy, and Practical Theology*, 119-34. Nashville: Abingdon, 1991.

Dieter, Melvin E. "The Wesleyan Perspective." In *Five Views of Sanctification.* Edited by Melvin E. Dieter, 11-46. Grand Rapids: Zondervan, 1987.

Duque, José. *La Tradición Protestante en la Teología Latinoamericana.* San Jose, Costa Rica: DEI, 1983.

Haywood, Clarence. "Was John Wesley a Political Economist?" *Church History* 33 (1964): 314-21.

Heitzenrater, R. P. "John Wesley's Early Sermons." *PWHS* 31 (1970): 110-28; also in *Mirror and Memory*, 150-62. Nashville: Kingswood, 1989.

———, ed. *The Wesleys and the Poor: The Legacy and Development of Methodist Attitudes to Poverty*, 1729-1999, 59-81. Nashville: Kingswood, 2002.

Hulley, Leonard D. *To Be and to Do: Exploring Wesley's Thought on Ethical Behavior.* Pretoria: Univ. of South Africa, 1988.

Jennings, Theodore W., Jr. *Good News to the Poor: John Wesley's Evangelical Economics.* Nashville: Abingdon, 1990.

Kent, John. *Wesley and the Wesleyans: Religion in EighteenthCentury Britain.* Cambridge: Cambridge Univ. Press, 2002.

Kingdom, Robert. "Laissez-Faire or Government Control: A Problem for John Wesley." *Church History* 26 (1957): 342-54.

Kirkpatrick, Dow, ed. *Faith Born in the Struggle for Life*. Grand Rapids: Eerdmans, 1988.

Kishida, Yuki. "John Wesley's Ethics and Max Weber." *WQR* 4 (1967): 43-58.

MacArthur, Kathleen Walker. *The Economic Ethics of John Wesley*. New York: Abingdon-Cokesbury, 1936.

Macemon, Shirley. *Wesley's Evangelical Economics*. New York: General Board of Global Ministry, 2003. www.gbgm-umc.org/.

Marquardt, Manfred. *John Wesley's Social Ethics: Praxis and Principles*. Nashville: Abingdon, 1992.

Meeks, M. Douglas, ed. *The Portion of the Poor*. Nashville: Kingswood, 1994.

Rogal, Samuel J. *The Financial Aspects of John Wesley's British Methodism (1720-1791)*. Edwin Mellen, 2002.

Rowe, G. Stringer. "A Note on Wesley's Deed Poll." *PWHS* 1 (1897): 37-38.

Runyan, Theodore, ed. *Sanctification and Liberation*. Nashville: Abingdon, 1981.

Semmel, Bernard. *The Methodist Revolution*. New York: Basic Books, 1972.

Sherwin, Oscar. *John Wesley: Friend of the People*. New York: Twayne, 1961.

Simon, John S. "John Wesley's Deed of Declaration." *PWHS* 12 (1919): 81-93.

Van Noppen, Jean-Pierre. "Beruf, Calling and the Methodist Work Ethic." In *Wahlverwandtschaften in Sprache, Malerei, Literatur, Geschichte*. Edited by Irène Heidelberger-Leonard and M. Tabash, 69-78. Stuttgart: Verlag Hans-Dieter Heinz, 2000.

Walsh, John. "John Wesley and the Community of Goods." In *Protestant Evangelicalism*. Edited by Keith Robbins, 25-50. Oxford: Blackwell, 1990.

Weber, Theodore R. Politics in the Order of Salvation: Transforming Wesleyan Political Ethics. Nashville, Kingswood, 2001.

Wiseman, Frederick Luke. "Herbert and Wesley." *Methodist Recorder* (1933): 14.

3장

함께 맞서라

3장 함께 맞서라

이제까지 우리는 상호 책임성을 지닌 신앙 공동체를 통해 형성된 그리스도인의 성품이 경제 질서에 미치는 영향을 살펴보았다. 이제는 동일한 성품이 정치 질서에 끼치는 영향을 살펴볼 것이다. 복음적 윤리는 근본적인 신앙 공동체에서 가족 경제로, 그리고 더 나아가 정치 질서로 확장된다. 전쟁, 노예제도, 사회 개혁 등 정치적 문제에 대해 우리는 웨슬리에게서 무엇을 배울 수 있는가?

웨슬리가 현대의 정치가들처럼 입법이나 행정에 적극적으로 참여한 '정치적 활동가'였다는 증거는 거의 없다. 그의 활동은 사회의 어떤 분야에 적용되든 그곳에 유익을 끼칠 수 있는 그리스도인의 성품과 습관의 형성에 초점이 맞추어져 있었다. 하나님의 은혜로 마음이 회복된 사람은 입법과 법률, 법학, 정치 행정의 영역을 더 건강하게 변화시킬 역량을 갖게된다. 복음 사역자와 목회자로서 웨슬리는 사람들의 마음의 변화에 초점을 두면서도, 신자의 변화는 사회의 공적 정책에도 중요한 영향을 끼친다는 사실을 보여줄 필요가 있었다.

웨슬리는 정치 윤리에 대한 사상을 "생활방식의 개혁" "비난받는 대중오락에 대하여" "국가적 죄와 비극들" 같은 설교, 미국 독립전쟁 기간 동안 전쟁과 평화의 모색에 관해 쓴 여러 논문, 그리고 "노예제도에 관한 생각"(Thoughts upon Slavery) 등 다섯 개의 주요 글에서 개진했다.

A. 생활방식의 개혁 (1763)

1. 도덕 개혁가 웨슬리

사회 개선과 직접적 지역사회 참여를 통한 18세기 메소디스트들의 사회 활동 방식은, 무엇보다 매우 가난하고 침체되어 제 기능을 하지 못하는 지역사회를 돌보는 일에 초점이 맞추어져 있었다. 웨슬리가 날마다 기록한 일지를 읽어본 사람이라면 누구나 그가 가난하고 소외된 사람, 사회 변두리에서 살아가는 하층민에게 끊임없이 관심을 갖고 마음을 쏟으며 다가갔음을 알아차릴 수 있다.

웨슬리 사역에서 직접적 사회 활동의 주된 사례로는, 궁핍하거나 아프거나 실직한 사람에게 구호품을 제공하기 위해 설립된 생활방식개혁협회(The Society for the Reformation of Manners) 활동에 적극적으로 참여한 것을 들 수 있다. 오늘날 그와 비슷한 활동은 공원이나 거리에서 노숙자나 매춘부, 알코올 중독자들을 돌보는 사역일 것이다.

웨슬리가 사용한 'manners'라는 용어는 오늘날 주로 통용되는 '에티켓'이 아닌 '생활방식'을 의미한다. 그에게 그 용어는 가장 소외된 지역을 찾아다니며 사람들에게 관습처럼 굳어진 삶의 태도를 바꾸기 위해 지역사회의 일에 직접적으로 관여하는 것을 포함했다.[1] 1677년 런던에서 세워진 생활방식개혁협회는, 1695년 존 웨슬리의 부친 사무엘 웨슬리(1662-1735)를 초대해 생활방식 개혁에 관해 말씀을 들었다. 1763년에는 존 웨슬리 역시 그의 부친처럼 초대받아 새롭게 편성된 협회에서 같은 주제로

---

1 18세기에 'manners'라는 용어는 지금보다 광범위하게 예의바른 인간의 행동, 자유로운 도덕적 행위, 상황에 맞는 품행, 그리고 일반적으로는 사람이 타인에게 공정하게 행동하는 방식이라는 의미를 모두 포함했다.

설교했다. 사무엘의 연설은 그로부터 "68년 후 작성된 존 웨슬리의 '생활 방식의 개혁'이라는 설교와 매우 유사해 비교해볼 가치가 충분하다."[2]

a. 복음적 사회 개선 노력의 성경적 기초

웨슬리의 이 설교의 대상은 가난하고 소외된 사람, 특히 사람들에게 무시당해온 여성과 어린이를 돕기 위해 강력히 행동해야 할 필요를 자각한 사람들이다. 성경 본문은 시편 94:16의 "누가 나를 위하여 일어나서 행악자들을 치며"라는 말씀이다 [설교 #52, "생활방식의 개혁"(The Reformation of Manners), B 2:300-323, J II:149-67 (1763년 1월 30일, 런던 세븐 다이얼스, 웨스트 스트리트의 한 예배당에서 생활방식개혁협회를 대상으로 설교함). 이 설교는 런던의 최악의 환경에서 살아가는 이들을 도와 함께 일어서자는, 선한 양심을 가진 사람들을 향한 웨슬리의 호소다.

시편 94편에서 신자는 가장 극심한 고통에서 이스라엘을 구원해주신 하나님의 신실하심을 찬양한다.

> 여호와여 주로부터 징벌을 받으며 주의 법으로 교훈하심을 받는 자가 복이 있나니 이런 사람에게는 환난의 날을 피하게 하사 악인을 위하여 구덩이를 팔 때까지 평안을 주시리이다 여호와께서는 자기 백성을 버리지 아니하시며 자기의 소유를 외면하지 아니하시리로다 심판이 의로 돌아가리니 마음이 정직한 자가 다 따르리로다 누가 나를 위하여 일어나서 행악자들을 치며 누가 나를 위하여 일어나서 악행하는 자들을 칠까 여호와께서 내게 도움이 되지 아니하셨더면 내 영혼이 벌써 침묵 속에 잠겼으리로다 여호와여 나의 발이 미끄러진다고 말할 때에 주의 인자하심이 나를 붙드셨사오며 내 속에 근심이 많을 때에 주의 위안이 내 영혼을 즐겁게 하시나이다.[3]

2   Albert C. Outler, "An Introductory Comment," "The Reformation of Manners," B 2:300.
3   시 94:12-19

b. 함께 맞서라

이 시편은 신자에게 서로 도와 협력함으로 "함께 일어서라"고 말씀한다. 또 그들이 결국 훈련을 통해 하나님의 자녀로서 복을 받게 될 것임을 상기시킨다. 신앙 공동체는 하나님께서 가장 적절한 때에 그 약속을 지키시는 신실함을 끊임없이 나타내 보이신 구원의 역사에 감사한다.

웨슬리는 신앙의 동지들에게 공적인 부도덕, 특히 불량하고 천하며 해로운 행동이 끊임없이 공개적으로 표출되는 것에 대항해 함께 일어설 것을 촉구했다. 사람들이 자신들의 동네를 바꾸기 위해 함께 협력하면 그 힘은 몇 배로 늘어날 것이다. 협력은 선을 위해서도 악을 위해서도 사용될 수 있다. 하나님과 사람을 사랑하지 않는 사람들은 자주 "악한 계획을 이루기 위해 힘을 모아 연맹을 형성해"[4] 가장 비열한 일을 저질러왔다. 협력은 사람의 유익을 위해서도 이런 방식으로 작용할 수 있다. "하나님을 두려워하고 사람들의 행복을 바라는 사람들은 모든 시대에 어둠의 활동에 저항해 협력해야 할 필요를 느껴왔다."[5]

우리 구주 예수님도 제자들이 연합해 "구원자이신 하나님께 대한 지식을 전파해 그분의 나라를 온 세상에 확장"시키기 위해 "성령 안에서 한 몸이 되라"고 말씀하셨다.[6] 세상에서 날뛰는 악한 세력에 맞서라는 성경적 명령에 순종하기 위해서는 협력이 필요하다.

신앙 공동체는 사회의 변화를 위해 자발적으로 모인 공동체 그 이상이어야 하기에, 정치적 이익을 위해 모인 집단과는 다르다. 신앙 공동체는 이 세상 질서 속에서 하나님의 은혜로 살아간다. 그러나 그런 중에 특별히

---

4   "The Reformation of Manners," B 2:301, J II:149, 서문, sec. 1.
5   같은 곳.
6   같은 곳.

신자들이 사회의 개선을 위해 함께 협력해야 할 분명한 때가 있다.

사회적 기관으로서 경험에 의거해 보면, "본래 교회란 먼저 자신의 영혼을 구원하고, 다음으로 구원을 이루어가도록 서로를 도우며, 할 수 있는 한 모든 사람을 현재와 미래의 불행에서 건져내기 위해 모인 사람들의 연합체다."[7] 신앙 공동체의 각 지체는 사랑의 일에 능동적으로 참여해야 한다. "그렇게 하지 않는 사람은 그리스도의 살아있는 지체라 할 수 없기 때문에 교회로 불릴 자격이 없다."[8] 하나님의 교회란 "마귀와 그의 일을 대적하고, 세상과 육체에 대항해 싸우기 위한 목적으로 함께 연합한" 사람들이라 할 수 있다.[9]

기독교 신앙은 사회적 영향력을 가지고 있다. 때때로 신자는 함께 힘을 합해야 한다. 함께 일어서는 일은 때로 교회 회중이나 교구의 범위를 벗어나 마을이나 도시 수준에서도 이루어질 수 있고, 사회의 타락을 바로잡기 위해 서로 의견이 다른 사람들과 힘을 합해야 할 때도 자주 있다.

웨슬리와 그의 동료들은 지역 교회 내에서 협력하는 것만으로는 마을과 도시에서 이루어지는 바른 질서에 대한 노골적인 도전에 대처하는 데 충분하지 않음을 알고 있었다. 그뿐 아니라 "내가 염려하는 것"은 교인들 대부분은 "그들 자신이 바로 세상 그 자체라는 것이다. 즉, 그들은 구원이라는 목적에 부합하는 방식으로 하나님을 알지 못한 채, '육체와 함께 그 정욕과 탐심을 죽이기'(갈 5:24)는커녕 오히려 자신이 멸망시켜야 할 마귀의 일을 행하고 있다."[10] 웨슬리는 "오늘날만큼 '주님을 두려워하는 사람들이 자주 힘을 합해' 이 땅을 뒤덮고 있는 '불의에 대항해 올바른 기준을 제

---

7   "The Reformation of Manners," B 2:302, J II:150, 서문, sec. 2; *JWT*, 3권, 6장, A. 교회.
8   같은 곳.
9   "The Reformation of Manners," B 2:302, J II:150, 서문, sec. 3.
10   같은 곳.

시'할 필요가 절실했던 때는 없었다"[11]고 생각했다.

c. 생활방식개혁협회의 목적

이것이 "지난 세기 말 런던에서 서로 연합한 사람들이 얼마 지나지 않아 생활방식개혁협회라는 이름으로 불리고, 거의 40년에 걸쳐 믿을 수 없을 만큼 많은 선한 일을 행한" 이유다. "그러나 이후 초기 회원 대부분은 세상을 떠났고, 그 뒤를 이은 사람들은 열정이 식어 일을 그만두었다. 그래서 몇 년 전 협회는 문을 닫고 말았다."[12] 이런 것이 되풀이되는 사회 운동의 역사다. 그런 운동은 강한 지도력을 가진 지도자와 함께 시작되지만, 점점 약해진 후에 새로운 지도자를 통한 회복을 필요로 한다. 생활방식개혁협회 역시 이 경우에 해당된다.[13] 협회의 목적은 변하지 않았다. 그러나 협회가 맞서야 하는 타락은 더 거세어졌다.

웨슬리는 이 설교를 통해 이루고자 하는 다음의 네 가지 목표가 있었다. 첫째, 이 협회 본래의 계획을 회고하고 그 탁월함을 재확인하며, 둘째로 이런 진취적인 일에 대해 일반적으로 제기되는 반대에 답하고, 셋째는 "그런 일에 동참하는 사람의 태도는 어떠해야 하는지" 설명하고, 마지막으로 "그들이 어떤 정신과 태도로 계속 전진해야 하는지"에 대해 권면하기 위함이다.[14]

---

11 "The Reformation of Manners," B 2:302-3, J II:150, 서문, sec. 4.
12 "The Reformation of Manners," B 2:303, J II:150-51, 서문, sec. 5.
13 "The Reformation of Manners," B 2:303, J II:151, 서문, sec. 6.
14 같은 곳.

2. 도덕 개혁을 소망하는 사람들을 위한 계획

a. 공공질서에 대한 공격

생활방식개혁협회는 거의 한 세기 가까이 봉사한 뒤, 웨슬리가 이 설교를 하기 6년 전인 1757년 8월 어느 주일, 예전보다 작은 규모로 재조직되었다. 활동의 초점은 "거룩한 주일에 사고팔고, 상점을 열어 장사하며, 술집에서 술을 마시고, 길이나 도로, 광장에 앉거나 서서 행상하는 등 사람들이 역겨울 정도로 공공연히 성일을 모독"하는 것을 바로잡는 일에 직접적인 관심을 가지고서 함께 기도하고 대화하는 데 있었다.[15]

그들은 무어필드(Moorfields)에서 사역할 여섯 명을 택했는데, 그곳은 웨슬리가 런던에서 사역의 첫 교두보를 마련한 곳이자 특별히 많은 문제가 발생하는 시장 지역이었다. 당시 런던 무어필드에서 사역을 시작하는 것은 마치 오늘날 뉴욕의 보워리(Bowery) 지역에서 시작하는 것에 비견할 수 있을 것이다.[16] 초기 메소디즘의 형성과 발전은 가난한 사람들 중 가장 가난한 사람이 모인 파운드리(The Foundry) 채플에서 이루어졌다. 무어필드는 노점상이나 경매, 각종 쇼는 물론 매춘, 도둑질, 강도질, 중독성 행동, 동성애, 폭동을 포함해 온갖 종류의 부도덕한 거래가 이루어지는 거친 지역이었다.

이것이 메소디즘이 탄생한 사회 주변부의 상황이었다. 메소디즘은 잘 발달된 도시 교회나 교회 지역에서 생겨난 것이 아니다. 이후 19세기에 이

---

15 "The Reformation of Manners," B 2:303-4, J II:151, sec. 1. 1.
16 뉴욕 보워리의 5번가는 한 세기 후 푀비 팔머 여사가 중독자와 부랑자를 대상으로 사회적 봉사를 하는 도시 선교와 성결 기도 모임을 시작한 곳이다. 이곳에서 성결 기도 운동이 시작되었다. 이와 유사하게 윌리엄과 캐서린 부스가 세운 웨슬리안 전통의 구세군은 런던 동부의 위험 지역에서 활동을 시작했다.

르러 노예 폐지 운동, 금주 운동, 구세군 같은 단체의 구호활동 등 좀 더 광범위한 정치적 노력으로 발전하게 되는 사회 운동과 공적 조치는 바로 이런 상황에서 시작되었다.

b. 가장 곤궁한 자들과 접촉하는 질서 있는 단계

생활방식개혁협회의 전략은 신중했다. 그들은 먼저 공공질서를 책임지는 판사, 시장, 경찰과 접촉했다. "우선 그들은 런던 시장과 시의회, 힉스 홀(Hick's Hall)과 웨스트민스터의 법관들에게 탄원서를 보냈고, 이들 고위직의 모든 이로부터 계획을 진행해나가라는 큰 격려를 받았다."[17]

다음으로 그들은 "그들의 계획을 상류층의 많은 사람과 영국 국교회 성직자단, 런던과 웨스트민스터의 도시들과 그 주변의 많은 교회와 모임에 속한 비국교회 목사들에게" 알려줌으로 그들에게서도 기꺼이 동의를 받아, 인근 신앙 공동체들의 폭넓은 지지 기반을 형성했다.[18]

그 후 그들은 대중의 인식을 높이기 위해 인쇄 매체를 활용했다. 그들은 "자신들의 비용으로 수천 부의 설명서를 인쇄해 경찰관과 다른 교구 공무원들에게 배부했다." 마침내 그들은 "공적인 무질서에 참여하지 말 것을 종용하는 문서를 인쇄해 도시 전체에 배포했다."[19]

c. 반대에 맞서다

협회는 처음에는 온화한 설득으로 "하나님이나 국왕에 대한 어떤 경의도 없이 아침부터 밤까지 상품을 팔던 악명높은 범죄자들을 거리와 광장

---

17   "The Reformation of Manners," B 2:304, J II:151, sec. 1. 2.
18   "The Reformation of Manners," B 2:304, J II:151, sec. 1. 3.
19   "The Reformation of Manners," B 2:304-5, J II:151-52, sec. 1. 4.

에서 일소했다."[20] 그들은 합리적인 주장을 통해 "주일에 술을 마시고 술집에서 시간을 보내는 일"을 막으려 노력했다.[21] 이러한 노력은 "술꾼들뿐 아니라 그들을 즐겁게 해주는 이들"과의 마찰과 비난을 일으켰다. 그중에는 술집 주인, 매춘부, 술집에서 세를 받는 건물주, 바텐더 등 요컨대 "죄를 지어 돈을 버는 모든 사람"이 있었다.[22]

"재력가"뿐 아니라 "그런 위반자들이 끌려오면 벌을 주어야 할" 판사들, 행정 장관들이 변화에 저항하기도 했다.[23] 위반자 무리는 협회원들에게 진흙과 돌을 던지면서 천한 욕설을 내뱉기도 했다. 웨슬리는 그 무리가 자주 "협회원들을 무자비하게 때리기도 하고, 돌바닥에 질질 끌고 다니거나, 열린 하수구에 처넣기도 했음"을 상기시킨다. 그들이 협회원들을 죽이지 않은 것이 놀라울 정도다.[24]

그 악한들은 심지어 "양심과 반대로 행동"할 것을 강요하면서 합법적인 지도자와 공무원을 협박하기도 했다. 생활방식 개혁가들이 협박에 굴복하지 않은 사람들을 보호해주었을 때, 어떤 사람들은 "그것을 불쾌하게 생각하거나 모욕으로 여기지 않고 … 개혁가들의 수고에 진정으로 감사했고, 개혁을 위한 행동이 참된 친절을 베푼 것임을 인정하기도 했다."[25]

d. 투전꾼과 매춘업자 교정

개혁에 대한 반대는, "젊고 어리석은 사람들을 속여 그들이 가진 모든

20 "The Reformation of Manners," B 2:305, J II:152, sec. 1. 5.
21 같은 곳.
22 같은 곳.
23 같은 곳.
24 같은 곳.
25 "The Reformation of Manners," B 2:306, J II:152, sec. 1. 6.

돈을 빼앗아 빈털터리로 만든 다음 그들에게도 똑같이 속이는 법을 가르치곤 하던 각종 투전꾼 … 노름꾼들"에게서도 일어났다.[26] 1760년대 초에는 "범죄자들의 소굴 몇 개"를 찾아내 그 일을 완전히 뿌리 뽑았다. 개혁자들은 "그중 적지 않은 수의 사람들을 설득해 스스로 이마에 땀 흘리며 손으로 일함으로 정직하게 먹고살게 했다."[27]

다음으로는 매춘업자와 매춘부를 내쫓거나, 그들이 일을 그만두도록 설득했다. 어떤 사람은 치료받을 수 있도록 병원에 데려가 주었다. 그중 많은 사람이 그 일을 그만두었다. "이 병폐를 뿌리 뽑기 위해 매춘업을 하던 많은 집"을 발각해 "법에 따라 고발"하기도 했다.[28] 매춘업에 종사했던 여성 중 일부는 "하나님의 은혜로운 섭리를 인정하고 지속적인 회개로 죄를 끊었다."[29] 이 불행한 여성들 중 많은 사람이 "'그러나 내가 어떤 사업을 하는 여주인도 아니고 나를 받아줄 친구도 하나 없는데, 지금 가고 있는 이 길을 그만둔다면 나는 살기 위해 무엇을 할 수 있겠는가?'라는 서글픈 질문에 마치 대답이라도 하듯, 앞으로 더 나은 삶을 살 수 있다는 소망"을 발견하고 "죄 된 삶을 멈추었다."[30] 하나님께서는 섭리하심을 통해 그 지혜로 "바로 이때 막달라 마리아(Magdalen) 병원을 예비해주셨다. 이곳은 직업도 친구도 없는 그들을 최고로 친절하게 받아들인다."[31]

사회 개혁자들은 활동의 결과를 철저히 기록으로 남겼다. "1757년 8월부터 1762년 8월까지 법적 제재를 받은 사람은 9,596명이었다." 기록

---

26   "The Reformation of Manners," B 2:306-7, J II:153, sec. 1. 8.

27   "The Reformation of Manners," B 2:306, J II:153, sec. 1. 7.

28   "The Reformation of Manners," B 2:306-7, J II:153, sec. 1. 8.

29   같은 곳.

30   "The Reformation of Manners," B 2:307, J II:153, sec. 1. 9.

31   같은 곳.

중에는 포르노물, 불법 도박, 신성모독적 욕설의 경우를 기록한 숫자도 있었다.[32]

협회의 사역은 처음부터, 런던의 가난에 시달리는 지역을 가정을 꾸리기에 더 안전하고 나은 곳으로 만들려는 열망으로 연합한, 서로 다른 많은 견해를 지닌 그리스도인들을 포함하는 초교파적 사회 활동이었다. 1763년에는 생활방식개혁협회에서 정기적으로 활동하는 회원이 약 160명이었고, 그 외에도 때때로 돕는 이들이 있었다. 적극적으로 활동한 회원 중 약 20명은 조지 휫필드와, 약 50명은 웨슬리와 관련되어 있었고, 또 20명은 영국 국교회 소속이었다. 웨슬리의 기록에 따르면, 그 외 70명은 개혁주의 전통의 비국교도였다.[33] 이처럼 웨슬리의 신도회는 생활방식개혁협회의 4분의 1을 구성하면서, 교리적으로 큰 차이를 지닌 회원들 사이에서 사회 개혁을 위해 긴밀히 협력했다. 구세군이나 그 후 평화운동, 반전(反戰) 활동 같은 성결 운동의 사회적 활동의 역사적 뿌리에 관심 있는 사람은 웨슬리의 이 설교를 읽어볼 필요가 있다.

3. 품행 개혁을 위한 계획

a. 건강한 가정을 파괴하는 사회적 부패와 함께 맞서기

이런 초교파적 노력은 그리스도의 몸을 약화시키는 다양한 사회적 죄 속에서 그리스도의 몸의 하나 됨을 나타내고자 했다. 사람들은 가정을 더 안전하게 하고, 공적인 부도덕을 줄이기 위해 "함께 맞서고" 있었다.

비록 함께 맞서기 위해 단지 소수만 참여했더라도, 그들은 끈기 있고

---

32   "The Reformation of Manners," B 2:307, J II:154, sec. 1. 10.
33   "The Reformation of Manners," B 2:307-8, J II:154, sec. 1. 11.

담대했기에 참여자의 수가 그들의 영향력을 감소시키지는 않았다. 각 사람은 더 공의로운 사회 질서를 촉진하고 악의 영향을 감소시키기 위해 자신이 할 수 있는 일을 했다. 그러나 위험한 투기장에 들어온 그들은 함께 굳건히 서야 했다. 그들은 "말보다 더 강한 증거로 하나님께 그 이름에 합당한 영광을 돌리기로", 즉 이웃의 유익을 위해 고통을 기꺼이 감내하기로 서약했다.[34]

문명 사회의 공적 품행을 개선하기 위한 이 운동의 목적은, "하나님의 영광스러운 이름에 대한 모욕, 그분의 권위에 대한 멸시, 그리고 여전히 그리스도의 이름으로 불리는 사람들의 노골적이고 추악한 범죄로 인해 우리가 믿는 거룩한 종교에 가해지는 악평"의 문제를 실질적으로 해결하기 위함이 첫 번째였다.[35] 이 운동은 그들의 행위로 하나님의 이름을 모욕하는 "악의 흐름"과 "불경건의 홍수를 어느 정도라도 저지하기 위한"노력이었다.[36]

b. 사회적 평화 조성

이러한 목적과 본질적으로 연결되어 있는 것은 "'세상의 평화' 확립에 도움이 되는" 토대 형성을 위해 일하려는 소원이다.[37] 우리 사회의 죄는 우리와 하나님 사이의 평화를 파괴하고 이웃과의 관계를 적대적으로 만들기에, "죄를 방지하거나 제거하는 것은 무엇이든 그와 같은 정도의 평화, 즉 우리 영혼의 내적인 평화와 하나님과의 평화, 그리고 우리 상호 간의

---

34 "The Reformation of Manners," B 2:308, J II:154, sec. 2. 1.
35 "The Reformation of Manners," B 2:308-9, J II:154-55, sec. 2. 2.
36 같은 곳.
37 "The Reformation of Manners," B 2:309, J II:155, sec. 2. 3.

평화를 진작시킨다.”[38]

　“이것이 이 계획의 참된 열매로, 이 열매는 이 세상에서 경험할 수 있는 것이다.”[39] 우리가 현재의 시간과 공간에서 무엇을 하면서 사는지는 영원에 잔향(殘響)을 남긴다. 하나님의 사랑은 허다한 죄를 덮는다. 사도 야고보는 다음과 같이 말씀한다. “내 형제들아 너희 중에 미혹되어 진리를 떠난 자를 누가 돌아서게 하면 너희가 알 것은 죄인을 미혹된 길에서 돌아서게 하는 자가 그의 영혼을 사망에서 구원할 것이며 허다한 죄를 덮을 것임이라.”[40] “공의는 나라를 영화롭게 하고 죄는 백성을 욕되게 하므로”, 이런 노력은 교회와 사회에 속한 모든 사람의 유익에 크게 이바지한다.[41]

　가정의 평화, 경제적 평화, 정치적 평화, 시민 질서의 평화는 악에 저항하지 않을 때 심각하게 훼손된다. 의가 촉진되면 나라 전체가 유익을 얻는다.[42] 하나님께서는 이러한 수고에 보상하시고, “나를 존중히 여기는 자를 내가 존중히 여기고 나를 멸시하는 자를 내가 경멸하리라”라고 하신 말씀을 지키실 것이다.[43]

c. 반대에 응수하기

　생활방식개혁협회는 반대의 홍수에 맞섰다. 개혁자들의 선한 의도가 무엇이든 비난하는 자들과 권위자들은 그들을 향해 “그것은 너희가 관여할 일이 아니다”라고 말했다.

38　같은 곳.
39　같은 곳.
40　약 5:19-20.
41　잠 14:34; “The Reformation of Manners,” B 2:309, J II:155, sec. 2. 4.
42　“The Reformation of Manners,” B 2:309, J II:155, sec. 2. 4.
43　삼상 2:30; “The Reformation of Manners,” B 2:309, J II:155, sec. 2. 4.

웨슬리는 행정 당국이 마땅히 해야 할 일은 이 모든 악에서 사회를 보호하는 것이라고 생각했다. 그는 공적인 자격이 있는 공무원이 자신에게 맡겨진 책임을 진지하게 수행해야 한다고 생각했지만, 그들은 사실상 그렇게 하지 않고 있었다.[44] 이 책임감 결여가 심각해지자 누군가는 나서야 하는 상황에 이르렀다. 시민들은 공권력이 책임을 다하도록 목소리를 낼 의무가 있다.

사회를 외적으로 개혁하기 위한 모든 노력은 사람의 마음의 변화가 없이는 소용이 없다. "하나님께서 죄인의 마음과 삶을 변화시키시는 일반적이고 주된 수단이 하나님의 말씀이라는 것은 옳다. 그리고 하나님께서는 이 일을 주로 복음 사역자들을 통해 행하신다. 그러나 공적 질서를 유지하는 직무를 수행하는 치안 판사 역시 '하나님의 일꾼'이라는 것도 사실이다." 외적인 개혁이 사람의 마음을 변화시키지는 않더라도, 그것은 죄가 일으키는 망상을 효과적으로 물리쳐 다른 사람에 대한 유혹을 줄일 수 있다.[45]

어떤 사람들은 "당신은 아마 당신이 말하는 개혁보다 그로 인해 생기는 금전적 이익에 관심이 있을 것이다"라고도 말했다. 웨슬리는 그들을 향해 증거가 있다면 그 말을 입증해 보라고 도전했다. 어차피 그런 증거가 없음을 알고 있었기 때문이다. 이런 비난은 방어적 기피나 "고의적인 명예 훼손"에 가깝다.[46]

또 어떤 사람들은 "악이 너무나 크게 증가해 그런 방법으로는 그것을 멈추는 것이 불가능하다. 온 세상에 대항해 한 줌밖에 안 되는 가난한 사

44 "The Reformation of Manners," B 2:310, J II:155-56, sec. 2. 5.
45 "The Reformation of Manners," B 2:310-11, J II:156-57, sec. 2. 8.
46 "The Reformation of Manners," B 2:310, J II:156, sec. 2. 6.

람들이 무엇을 할 수 있겠는가?"라며 그들의 노력 전체를 아무 소용 없는 것으로 여겼다.[47] 분명 이 일이 굉장한 도전인 것은 인정할 수 있다. 그러나 웨슬리는 그들에게 "사람으로는 할 수 없으나 하나님으로서는 다 하실 수 있느니라"고 하신 예수님의 말씀을 상기시켜주었다.[48]

활동적인 개혁가의 수보다 중요한 것은, 그들의 내면적 결단과 끈기다. "'많은 사람을 통해 구원하시든 소수의 사람을 통해 구원하시든' 하나님께는 마찬가지다."[49] 작지만 헌신된 군대는 큰 승리를 거둘 수 있다.[50] "주님 편에 선 사람이 소수라는 사실은 전혀 문제가 되지 않고, 주님을 대적하는 사람의 수가 아무리 많다고 해도 마찬가지다."[51]

어떤 사람들은 사회 개혁은 목회자나 치안 판사가 아닌 오직 하나님께서 하시는 일이라고 주장하면서 인간의 역할을 아예 배제해 버리기를 원했다. 웨슬리는 이 주장이 무책임한 태도로 하나님의 전능하심을 말해 인간의 책임을 회피하려는 핑계일 수 있다고 생각했다. 그는 성령께서는 인간의 생각과 행동에 영감을 불어넣어 우리에게 자유를 주시는 하나님의 충분한 은혜에 반응해 일하게 하신다고 믿었다.

어떤 이들은 이런 방법이 개혁가와 개혁되었다고 상상하는 자들을 "실제와 다른 모습을 흉내 내는" 위선자로 만든다고 주장했다. 웨슬리는 위선에 대한 증거를 요구했다. "우리는 자신과 다른 모습을 흉내 낸 사람을 알지 못한다." 그들의 사역의 결과는 이것이다. "어떤 이들은 상태가 나빠지기는커녕 상당히 좋아져 삶의 전반적인 방향이 바뀌었고," 어떤 이들은 그

---

47   "The Reformation of Manners," B 2:310, J II:156, sec. 2. 7.

48   "The Reformation of Manners," B 2:310, J II:156, sec. 2. 7; 참고. 마 19:26.

49   "The Reformation of Manners," B 2:310, J II:156, sec. 2. 7; 참고. 삼상 14:6.

50   참고. 삿 7:7.

51   "The Reformation of Manners," B 2:310, J II:156, sec. 2. 7.

내면이 어둠에서 빛으로 참되게 변화되었다.[52]

다른 사람들은 "먼저 온건한 방법부터 시도해야 한다"며 주의를 주었다. 웨슬리는, 협회가 다른 행동을 취하기 전에 먼저 온건하게 이성에 권고하고 호소하면서 취해온 방법이 바로 그것이라고 말한다. "어떤 경우에라도 문제가 되는 상황에서 용납될 수 있을 정도의 가장 온건한 방법을 사용한다. 꼭 필요한 경우 외에 더 엄중한 수단은 결코 사용하지 않는다."[53]

어떤 사람들은 결과에 대해 의심했다. "개혁을 한다며 이 모든 야단법석을 떤 후에 어떤 좋은 일이 실제로 이루어졌는가?" 웨슬리는 그런 반론을 제기하는 사람들에게 결과를 유심히 살펴볼 것을 요구했다. "그것을 위해 일하는 사람의 수가 많지 않고 그들이 겪은 어려움이 많았던 것을 고려하면, 그처럼 짧은 시간에 사람들이 기대한 것보다 훨씬 풍성하게 말로 다할 수 없을 정도의 선한 일이 이루어졌다."[54] 나아가 많은 악이 방지되었고, 많은 사람이 내적으로 변화되었다.[55]

4. 이 봉사로 부르심 받은 소수를 찾으라

a. 유익을 끼치기 위해 필요한 자격

솔직히 말해, 모든 사람이 사회 개혁이라는 위험한 사역에 적합한 것은 아니다. 그러나 숫자를 늘리거나 기준을 낮춘다고 더 큰 효과가 생기지는 않는다. 협회 초기 사역에 "많은 사람, 또는 부유하거나 힘 있는 사람들이 참여하지 않았음에도", 그들은 "모든 반대를 뚫고 이겨냈고, 하는 모든

---

52 "The Reformation of Manners," B 2:311, J II:157, sec. 2. 9.
53 "The Reformation of Manners," B 2:311, J II:157, sec. 2. 11.
54 "The Reformation of Manners," B 2:312, J II:157-58, sec. 2. 12.
55 같은 곳.

일에 대단히 성공적이었다." 협회원은 신중하게 선발했고, 모두가 온전히 헌신했다. "그러나 주의 깊게 선발되지 않은 일부 사람이 협회에 들어오자, 회원들은 점점 무익한 사람들이 되어갔고, 느끼기 힘들 만큼 서서히 회원이 줄어들다 결국 없어지고 말았다."[56]

하나님께서는 주저하는 다수보다 온전히 헌신된 소수를 통해 더 힘 있게 일하신다. "이 일은 하나님의 일이다. 하나님의 이름으로, 그분을 위해 시작되었다. 따라서 하나님을 사랑하지도 두려워하지도 않는 사람은 이 일에 아무런 할 일도, 분깃도 없다."[57] 그러므로 당신 자신이 개혁되고자 하지 않는다면 개혁의 약속에 참여하지 말라. "스스로의 개혁의 필요를 느끼지 못하는 사람은 이 일에 참견하지 말라. 먼저 '제 눈에서 들보부터 빼내게 하라.'"[58]

b. 해롭지 않은 사람 그 이상이어야 함

이 일에 참여하는 이들은 "해롭지 않은 사람" 그 이상이어야 한다.[59] 그는 "적어도 '눈에 보이는 일시적인 것이 아니라 눈에 보이지 않는 영원한 것을 추구'하는 '보이지 않는 것들의 증거'를 가진 믿음의 사람"이어야 한다.[60] 함께 일하기 위해 구해야 할 사람은, "하나님의 은혜로 하나님께서

---

56 "The Reformation of Manners," B 2:312, J II:158, sec. 3. 1.
57 "The Reformation of Manners," B 2:312-13, J II:158, sec. 3. 2.
58 같은 곳.
59 1978년 뉴욕시립대학교의 존 머레이 쿠디히(John Murray Cuddihy)는 No Offense: Civil Religion and Protestant Taste (New York and Greenwich: Seabury)라는 책을 썼다. 그는 다수의 의견을 수용하기 위해 그 특유의 종교적 기억을 잃어버린 미국의 시민 종교를 비평했다. 현대 미국의 종교지도자들은 소심한 가르침으로 단지 "해롭지 않은 사람"이 되어버렸다는 것이다. 그와 유사한 비평이 2세기 전 웨슬리에 의해 예기되었다. 그는 개혁가들에게 사람들의 반감을 일으키기 위한 의도로 "사람의 기분을 상하게 하는 상황은 피하되", 인간의 자기 의에 대한 공격으로 그리스도를 선포할 것을 강조했다.
60 "The Reformation of Manners," B 2:313, J II:158-59, sec. 3.3; 참고. 고후 4:18.

금하신 모든 것을 금하고, 명령하신 모든 일을 행하려는 지속적인 결단으로 한결같이 하나님을 경외하는 신앙"을 가진 사람이어야 한다. 하나님을 믿는 그들의 믿음은 "자신의 힘의 원천이 누구인지를 알기에, 한 사람이 능히 '천 명과 맞서 그들을 쫓아내게' 한다."[61] 여호수아가 죽기 전 최고 지도자들에게 남긴 말은, 이 싸움을 위해 필요한 사람이 어떤 사람인지 묘사한다. "너희 중 한 사람이 천 명을 쫓으리니 이는 너희의 하나님 여호와 그가 너희에게 말씀하신 것같이 너희를 위하여 싸우심이라."[62]

이 일은 미래에 관해서는 용기를, 현재에는 인내를 필요로 한다.[63] 지도자는 믿음의 고백을 굳게 지켜나가기 위해 끈기가 있어야 한다. "도중에 요동"하는 "두 마음을 품은 사람"을 위한 자리는 없다.[64] "바람에 흔들리는 갈대와 같은 사람은, 영혼의 확고한 목적과 변함이 없는 단호한 결단을 요구하는 이 싸움에 적합하지 않다."[65]

손에 쟁기를 잡고 뒤를 돌아보는 자를 택하지 않도록 주의하라.[66] "사랑으로 고통과 두려움을 이겨내지 않는다면 누구도 이 힘든 일을 계속하기는 힘들다."[67] 그는 형제들은 물론 "그리스도께서 구원하기 위해 죽으신 모든 영혼"을 위해 자신의 목숨을 버릴 준비가 되어 있어야 한다.[68] 이 사랑을 과시하려 해서는 안 되며, 용기와 인내와 겸손을 나타내야 한다. 하나님께서는 교만한 자는 물리치시고 오직 겸손한 자에게 은혜를 주신다.[69]

---

61 "The Reformation of Manners," B 2:313, J II:158-59, sec. 3. 2-3.
62 수 23:10; "The Reformation of Manners," B 2:313, J II:158-59, sec. 3. 3.
63 "The Reformation of Manners," B 2:313-14, J II:158-59, sec. 3. 4-5.
64 약 1:8; "The Reformation of Manners," B 2:314, J II:160, sec. 3. 6.
65 "The Reformation of Manners," B 2:314, J II:160, sec. 3. 6; 참고. 마 11:7.
66 "The Reformation of Manners," B 2:314, J II:160, sec. 3. 6; 참고. 눅 9:62.
67 "The Reformation of Manners," B 2:314, J II:160, sec. 3. 7.
68 "The Reformation of Manners," B 2:315, J II:160, sec. 3. 8.
69 같은 곳; 참고. 벧전 5:5.

5. 공적인 담론을 새롭게 형성함

개혁은 분노를 통해 이루어지는 것이 아니다. "사람마다 듣기는 속히 하고 말하기는 더디 하며 성내기도 더디 하라 사람마다 성내는 것이 하나님의 의를 이루지 못함이라."[70] 이 일을 맡은 사람은 "겸손하실 뿐 아니라 온유하신 그리스도께 배워야" 한다.[71]

a. 기독교 사회 개혁의 온화한 특징

오직 하나님께서 영광 받으시기를 바라며, 사람들의 유익을 위해 행하라. "네 눈이 성하면 온 몸이 밝을 것이요."[72]

모든 말과 행동에서 "그것이 크든 작든 세상적 유익을 얻으려는 목적, 또는 사람들의 지지나 존경, 사랑이나 칭송을 얻기 위한 목적으로는 어떤 것도 말하거나 행해서는 안 된다." 망가진 인간 세상의 유익을 위해 일할 때 "마음의 눈, 즉 그 의도는 언제나 하나님의 영광만을 향해야 한다."[73] 주님께서는 산 위에서 이렇게 가르치셨다. "눈은 몸의 등불이니 그러므로 네 눈이 성하면 온 몸이 밝을 것이요 눈이 나쁘면 온 몸이 어두울 것이니 그러므로 네게 있는 빛이 어두우면 그 어둠이 얼마나 더하겠느냐."[74]

기독교의 사회 참여의 특징은 이 동기에서 나온다. 이 일을 하는 사람은 용기, 인내, 끈기와 함께 "'믿음의 방패'를 가져야 한다. 그것이 수천 개의 불화살을 소멸할 것이다. 그는 고통의 때에 하나님께서 주신 모든 믿음

70　약 1:19-20.

71　"The Reformation of Manners," B 2:316, J II:160, sec. 3. 10; 참고. 마 11:29.

72　마 6:22.

73　"The Reformation of Manners," B 2:316-17, J II:161-62, sec. 4. 1.

74　마 6:22-23; "The Reformation of Manners," B 2:316-17, J II:161-62, sec. 4. 1.

을 발휘해야 한다."⁷⁵ "그가 행하는 모든 일"은, 겸손의 옷을 입고 "그 마음을 채우고 모든 행실을 장식하는" "사랑 안에서 이루어져야 한다."⁷⁶ 그는 예수 그리스도 안에 있던 마음을 품어야 한다.⁷⁷ "그러므로 너희는 하나님이 택하사 거룩하고 사랑받는 자처럼 긍휼과 자비와 겸손과 온유와 오래 참음을 옷 입고 누가 누구에게 불만이 있거든 서로 용납하여 피차 용서하되 주께서 너희를 용서하신 것같이 너희도 그리하고 이 모든 것 위에 사랑을 더하라 이는 온전하게 매는 띠니라."⁷⁸ "서두르거나 생각을 낭비하지 않도록 주의하면서 마음의 평정"을 가지고 모든 일을 하라.⁷⁹ "하나님의 사랑하시는 독생자를 통해 하나님께 모든 것을 드리며" 꾸준히 기도하라.⁸⁰

사회 개혁 노력의 방식이나 외적 표현에 관해서는, 외적 행동이 "내면의 성품을 나타내는 것이 되게 하라."⁸¹ 선한 목적을 이루기 위해 악한 방법을 사용하는 어리석음을 범하지 말라. "선을 이루기 위해 악을 행하지" 말라.⁸² "누군가의 허물을 찾아내거나 벌주기 위해 어떤 기만이나 책략도 사용하지 말고, '하나님의 거룩함과 진실함으로' '하나님 앞에서 각 사람의 양심에 대하여 스스로를 추천'할 수 있어야 한다."⁸³ "당신의 말과 모든 행동을 당신이 관계하는 사람과 때와 장소, 그리고 다른 모든 환경에 적합하게 하라."⁸⁴ "기분을 상하게 하는 상황을 피하되, 특히 일부러 그런 상황을

75 "The Reformation of Manners," B 2:317, J II:162, sec. 4. 2; 참고. 엡 6:16.
76 "The Reformation of Manners," B 2:317, J II:162, sec. 4. 2.
77 빌 2:5.
78 골 3:12-14.
79 "The Reformation of Manners," B 2:317, J II:162, sec. 4. 2.
80 같은 곳.
81 "The Reformation of Manners," B 2:317-18, J II:162, sec. 4. 3.
82 같은 곳; 참고. 롬 3:8.
83 같은 곳; 참고. 고후 1:12; 4:2.
84 "The Reformation of Manners," B 2:318, J II:163, sec. 4. 4.

조장하는 사람을 주의해, 가장 기분이 상할 만한 일도 가능한 한 가장 기분이 상하지 않는 방법으로 하라."[85]

b. 급하게 숫자를 늘리려 하지 말라

사회 개혁의 일에서는 "급하게 숫자를 늘리려 하지" 말라.[86] "돈이나 신분, 또는 어떤 외적인 형편"을 기준으로 삼지 말라. "믿음, 용기, 인내, 성실함을 가지고 … 하나님과 사람을 사랑하는 사람"과 가까이 일하는 것이 더 낫다. "그러면 그는 당신들의 숫자 뿐 아니라 힘까지 더해줄 것이다."[87]

이러한 자격을 갖추지 못한 사람을 배제하기를 두려워하지 말라.[88] "그렇게 숫자를 줄임으로 협회는 더 강화될 것이다."[89] "이익이나 칭찬에 대한 관심으로 인해" 당신의 의도가 조금도 더럽혀지지 않게 하라.[90]

구체적인 상황을 충분히 고려하라. "당신이 어떤 일을 하고자 하는지 파악하라. 마음에 생각하고 있는 것을 철저히 이해하라. 당신이 하려는 일 전반에 대한 반대를 고려해, 그런 반대가 전혀 중요성을 지니지 못한 것임을 확신한 후에 일을 시작하라. 그러면 각 사람이 자신의 마음에 충분히 확신하는 대로 행할 수 있을 것이다."[91]

c. 어떤 기회도 놓치지 말라

할 수 있는 일부터 하라. "무슨 일을 하든지 마음을 다하여 주께 하듯

---

85   같은 곳.
86   "The Reformation of Manners," B 2:319, J II:163-64, sec. 5. 2.
87   같은 곳.
88   같은 곳.
89   같은 곳.
90   같은 곳.
91   "The Reformation of Manners," B 2:318-19, J II:163, sec. 5. 1.

하고 사람에게 하듯 하지 말라 이는 기업의 상을 주께 받을 줄 아나니 너희
는 주 그리스도를 섬기느니라."92 "어떤 점에서도 자신이 아닌, 당신이 주
인으로 섬기는 그분을 기쁘시게 하는 것을 목적 삼으라. 처음부터 끝까지
눈을 맑게 함으로 모든 말과 일에서 하나님만을 바라보라."93 "기회 있는
대로 모든 이에게 착한 일을 하라."94 어떤 기회도 놓치지 말라.

만약 그렇게 한다면, 당신이 경외함으로 섬기는 전능하신 하나님은
"당신에게 능력을 부으셔서 일을 더 훌륭하게 진척시킬 수 있게 하실 것이
다."95 "당신은 당신을 멸시하고, 당신의 수고를 대수롭지 않게 여기는 사
람들 앞에서도 담대하게 설 수 있다."96

"이것은 너무 무거운 십자가다. 나는 이것을 감당할 힘도 용기도 없
다!"고 말하지 말라. 당신의 힘은 자신이 아닌 하나님에게서 오는 것이다.
당신은 "내게 능력 주시는 자 안에서 모든 것을 할 수 있다"고 믿으라.97
"믿는 자에게는 능히 하지 못할 일이 없느니라."98 "'참으면 또한 왕 노릇
할 것'임을 아는 사람에게는 너무 무거워 감당치 못할 십자가란 없다."99
"내일 일을 염려하지 말고"100 "너희 염려를 다 주께 맡기라 이는 그가 너
희를 돌보심이라."101

92 골 3:23-24.
93 "The Reformation of Manners," B 2:319, J II:164, sec. 5. 3.
94 참고. 갈 6:10.
95 "The Reformation of Manners," B 2:321-23, J II:165-67, sec. 5. 7.
96 참고. Wisd. Sol. 5:1.
97 빌 4:13.
98 막 9:23.
99 참고. 딤후 2:12.
100 마 6:34.
101 "The Reformation of Manners," B 2:321-23, J II:165-67, sec. 5. 7; 참고. 벧전 5:7.

B. 비난받는 대중오락에 대하여 (1732)

"생활방식의 개혁"은 웨슬리가 60세인 1763년에 한 설교다. 그로부터 31년 전인 29세 때 그는 엡워스에 있는 아버지의 교구 교회에서 조력하며 봉사하고 있었다. 그는 당시 링컨셔주 주민들 사이에서 치열한 논쟁의 쟁점이 된 중요한 문제에 관한 공적 논쟁에 뛰어들었는데, 그것은 내기의 도덕적 위험성에 관한 것이었다.

1. 사람을 최악으로 만드는 오락

웨슬리가 말한 '대중오락'은 경마, 운수 게임, 곰 곯리기, 권투, 닭싸움 같은 것을 말한다. 그는 이런 것이 공적인 유익에 전혀 도움이 안 된다고 생각했다. 더 심각한 점은, 그런 것이 육신의 정욕, 안목의 정욕, 이생의 자랑으로 영혼을 유혹한다는 것이다. 당시 그 사례로 들 수 있는 사건이 있었다. 1732년 8월 31일에 엡워스에서는 처참한 화재가 발생해 도시에 상당한 해를 끼쳤다. 사람들은 엡워스에서 금요일에 열린 경마가 도시에 엄청난 해를 끼친 무서운 화재와 연관되어 있다고 생각했다. 그 화재는 웨슬리의 누이 수잔나와 결혼한 아무짝에도 쓸데없는 처남 리처드 엘리슨 소유의 맥주 가마에서 시작됐다. 많은 사람이 이 부주의로 인한 사건을 하나님의 심판의 징조로 여겼다.

나흘 후인 9월 3일, 존 웨슬리는 아버지가 교구 목사로 설교했던 단상에서 이 설교문으로 설교했는데, 아마도 그는 이때 단 한 번만 이 설교를 한 듯하다. 이 설교문은 그의 서류 중에 남아 있다 이후 "대중오락에 대하여"라는 제목으로 출판되었다 [설교 #140, J #143, "Public Diversions Denounced," B 4:318 -28, J 500-508 (1732년 9월 3일)]. 예언자 아모스는

겉보기에는 해가 없어 보이지만 사람과 사회 모두에 큰 해를 끼칠 수 있는 사건에 대해 경고했다. 웨슬리는 행동을 촉구하는 이 불 같은 예언자의 긴급한 외침을 설교 본문으로 삼았다.

성읍에서 나팔이 울리는데 백성이 어찌 두려워하지 아니하겠으며 여호와의 행하심이 없는데 재앙이 어찌 성읍에 임하겠느냐 주 여호와께서는 자기의 비밀을 그 종 선지자들에게 보이지 아니하시고는 결코 행하심이 없으시리라 사자가 부르짖은즉 누가 두려워하지 아니하겠느냐 주 여호와께서 말씀하신즉 누가 예언하지 아니하겠느냐[102]

a. 논제

웨슬리는 아모스의 예언의 명백한 의미를 의역했다. "다가올 심판에 대해 경고가 주어졌는데도 아무런 걱정도 하지 않고, 그것을 막기 위해 신경도 쓰지 않으며, 마치 아무 경고도 없었던 것처럼 계속 안일하게 지낼 만큼 어리석고 무감각하며 상식이 전혀 없어, 자신과 이웃의 안전이나 파멸에 대해 전혀 주의를 기울이지 않는 사람이 어디 있겠는가?"[103]

섭리에 대한 기독교의 가르침은, 인간의 어리석음에 대한 허용이든 적극적 심판이든, 모든 것에서 하나님의 손이 일하심을 의식한다. 이 시리즈의 1, 2권에서 나는 하나님의 섭리와 심판에 대한 웨슬리의 가르침을 다루었다.[104] 이 설교는 재앙을 가져온 부주의함에 관한 하나의 사례를 제공한다. 이 사건에 대한 사람들의 의견은 그것이 일반적인 사건이었다는 것과, 회개를 경고하는 재앙이라는 것 두 가지로 나뉘었다.

102 암 3:6-8. 웨슬리는 그중 특히 6절을 설명하는 데 초점을 두었다.
103 "Public Diversions Denounced," B 4:320-21, J VII:500-501, sec. 1.
104 JWT, 1권, 6장, C. 섭리; 2권, 6장. '예정'을 참고하라.

b. 더 큰 재앙을 피하려면 위험한 오락 참여를 그치라

재앙에 대한 사전 경고의 목적은 "사람들로 더 큰 재앙을 피하도록 경고"하기 위함이다.[105] 이러한 경고는 은혜로운 목적을 지닌다. 즉, 그것들은 하나님께서 "이러한 진노의 가벼운 표징"을 허락하심으로 "사람을 일깨워 영원한 형벌을 피할 수 있게 하심"을 보여준다. 그것들은 죄인들에게 "하나님께서 모든 분을 발하시지 않도록 가던 길을 바꾸기를" 요구한다.[106] 웨슬리가 말하는 더 큰 분노는 하나님께서 이 세상에서 날마다 심판하시는 것 뿐 아니라 마지막 날에 있을 최후의 심판도 가리킨다. 눈을 열어 하나님의 전능하심을 믿는 모든 사람은, 인류에게 일어나는 모든 재앙은 심판자이신 하나님의 허용적 의지 아래 일어난다는 사실을 알아야 한다.

웨슬리는 자발적 대중오락 참여의 세 가지 위험성에 초점을 맞춘다.

1. "하나님이 일하시지 않으면 어떤 곳에도 재앙이 임하지 않는다."[107]

2. "모든 보기 드문 재앙은 사람들이 경고를 들을 수 있도록 그곳에서 발하신 하나님의 나팔소리다."[108]

3. 모든 사람은 "하나님께서 그곳에서 경고의 나팔소리를 발하신 후" 그곳의 모든 사람에게 그 사실을 알게 해야 할 것인지 "여부에 주의를 기울여야 한다."[109]

재앙에 동반되는 나팔소리는 개인뿐 아니라 공동체의 삶의 변화를 요구하는 경고다.

---

105 "Public Diversions Denounced," B 4:320, J VII:501, 서문.
106 같은 곳.
107 같은 곳.
108 같은 곳.
109 같은 곳.

2. 우리의 어리석음과 관계없이 하나님은 통치하심

a. 하나님이 일하시지 않으면 재앙이 임하지 않음

재앙 속에서 경고하심으로 깨닫게 하시려는 첫 번째 자비로운 목적은, 역사상 재앙이 발생한 곳이 어디든, 그 일은 재앙을 선으로 바꾸시는 하나님의 능력을 벗어나 있지 않다는 것이다.

"그 재앙이 공적이든 개인적이든, 단 한 사람에 관한 것이든 여러 사람이나 많은 사람, 또는 모든 사람에 관한 것이든", 만약 보이지 않는 방법으로 일하시는 하나님의 역사하심이 없다면 "어떤 재앙도, 즉 어떤 역경이나 재해"도 일어나지 않는다.[110] 그런 일은 "하나님이 알지 못하시거나 허락하시지 않은 채로는 결코 일어나지 않는다."[111]

전지전능하신 주님은 자신의 뜻을 심판을 통해 직접적으로 표현하시거나, 이러한 경고의 사건이 일어나게 하심을 통해 간접적으로 표현하심으로, 태도를 바꿀 수 있는 기회를 허락하신다. 하나님께서 이 자비로운 사전 경고를 주시는 일은 불공정한 것이 아니다. 이러한 재앙에서 주님은 자신의 오른팔로 직접적이고 즉각적인 능력을 사용해 처참한 결과를 일으키시거나, 자유의지를 행사하는 인간의 손을 통해 재앙적 결과가 일어나도록 허용하신다.[112] 이 간접적이고 허용적인 방법에서도 하나님의 뜻은 사전 경고와 제한을 통해 표현된다. 재앙이 얼마나 비극적이든 이 모든 일에서 "전능하신 주 하나님은 여전히 다스리신다."[113]

하나님께서는 사전 경고의 행위를 통해 "더 큰 재앙을 막기 위해 작은

110 "Public Diversions Denounced," B 4:320-21, J VII:500-501, sec. 1. 1.
111 같은 곳.
112 같은 곳.
113 "Public Diversions Denounced," B 4:320-21, J VII:500-501, sec. 1. 1.

재앙을 허용"하시기도 한다. 그러므로 하나님이 사람에게 더 큰 선을 이루어주시기 위해 그들이 재앙이라 부르는 것을 허락하신다고 해서, 그분이 덜 자비로우신 것은 결코 아니다.[114] 하나님의 목적은 하나님께서 선택하시는 어떤 방법, 심지어 "인간의 실수나 부주의, 악의"를 통해서도 인간의 역사에서 표현될 수 있다.[115]

b. 나팔소리는 무서운 경고로 받아들여야 함

"모든 보기 드문 재앙은 사람들이 경고를 들을 수 있도록 그곳에서 발하신 하나님의 나팔소리다."[116]

경고 자체는 하나님께서 주시는 유익한 선물이다. "그러나 엄청나게 고통스러운 일이 발생하고, 특히 많은 사람이 그 일에 관련된다면, 우리는 이 일을 통해 하나님께서 우리에게 말씀하실 뿐 아니라, 영광의 하나님께서 뇌성을 발하신다고 말할 수 있기에", "그 경고를 들은 모든 사람은 그 의미에 가장 깊은 관심을 가져야" 한다.[117] 그 뇌성은 한 사람만이 아니라 그 주위 모든 사람에게 발하신 것으로 "모든 사람으로 … 하나님의 임재 앞에서 떨도록" 하기 위한 것이다.[118] 역겨운 공적인 부도덕과 악은 신자에게 "하나님을 노하시게 하는 어떤 일도 더는 하지 말라"고 사전 경고하는 하나님의 나팔소리와도 같다.[119]

주님께서는 엡워스에서 유행하던 위험한 대중오락에 대해 이 나팔소

---

114 같은 곳.

115 같은 곳.

116 "Public Diversions Denounced," B 4:321-22, J VII:501-2, sec. 2. 1.

117 같은 곳.

118 같은 곳.

119 같은 곳.

리를 발하신 것인가? 웨슬리는 이 사건을 공적인 의무와 선한 판단을 경시한 결과의 관점에서 보았다. 그 같은 공적인 사건으로 이미 처참한 결과를 맛보았다면 신자는 그것에서 무엇을 깨달아야 하겠는가?[120]

c. 경고는 우리로 핑계할 수 없게 함

이 경우 하나님의 경고는 도시에 급속도로 번져나간 화재였다. 그것은 부주의한 행실에 대한 전반적인 회개를 요구했다. 누구도 그같이 분명한 경고의 소리를 듣지 못했다고 핑계할 수 없었다. 모든 사람이 그 참화의 불꽃과 연기를 목격했다. 그 경고를 무시하기는커녕 웨슬리는 온 마을과 그 근교의 사람들에게 온 마음을 다해 하나님을 찾으라고 외쳤다. 엡워스 주변 마을의 많은 사람 역시 그 경고의 소리를 들었다. 그들은 "자신의 부르심과 택하심을 굳게" 하도록 노력해야 했다.[121]

누구도 다른 사람의 마음을 들여다볼 수는 없다. 그러나 각 사람은 경솔한 판단을 피해, 이 재난을 어떻게 판단하고 어떤 책임성을 가져야 하는지 내면에서 물어야 한다.[122]

d. 경고에 대한 무시

"하나님의 음성이 우리의 즐거움을 슬픔으로 바꾸라고 두렵게 명령하신" 그 화재사건 다음날 태평하게도 경마는 다시 시작되었다! 마치 어떤 경고의 나팔소리도 들리지 않았던 것 같았다. "오락을 위한 장소"에 가장 먼저 도착하기 위해 "그 전날 재난이 닥쳤던 바로 그 마을에서 많은 사람

---

120 "Public Diversions Denounced," B 4:322-23, J VII:502-3, sec. 3. 1.
121 벧후 1:10; "Public Diversions Denounced," B 4:322-23, J VII:502-3, sec. 3. 1.
122 "Public Diversions Denounced," B 4:322-23, J VII:502-3, sec. 3. 1.

이 떼 지어 모여들었다!"[123]

이 아이러니를 상상해 보라. 길 한편에는 "재산과 가족의 필수품을 모두 잃어버린 채 몹시 슬퍼하며 통곡하는 사람들이 있었고, 다른 한편에는 경기에서 돈을 벌어 잔치가 열린 듯 기뻐하는 사람들이 있었다. 분명 이런 식으로 즐거움과 슬픔, 잔치와 통곡, 웃음과 울음이 뒤섞인 상태는 우리 조상들이 이 땅을 처음 밟은 이후로 어제까지는 없었다."[124] 그들은 "하나님 보시기에 분노하실 만한 일을 하지 않도록" 자신의 양심을 점검하려 하지 않았다.[125]

3. 해로워 보이지 않으나 타인에게 해가 되는 행동

a. 좋아 보여도 해로운 것이 섞여 있을 때

그런 재앙을 통해 경고 신호를 보내시는 하나님의 자비로운 목적은, "하나님께서 경고의 나팔소리를 발하신 후" 사람들이 바르게 응답했는지 "여부를 스스로 돌아보게 하시는 것이다."[126] 경고의 소리는 우리로 유한성을 자각하게 한다. 또 하나님의 임재 앞에 두려움을 갖게 하고, 우리가 처한 심각한 위험을 경고한다. 특히 파괴적인 재난은 우리에게 자신의 방심한 상태를 재점검할 필요성을 알려준다.[127]

예를 들어, 증류주는 해로워 보이지 않을 수 있다. 그것의 사용이 다른 사람을 해롭게 하는 요소와 섞여 있지 않은지 생각해 보라. 그것이 유해한

---

123 "Public Diversions Denounced," B 4:323-24, J VII:503-4, sec. 3. 2.

124 같은 곳.

125 같은 곳.

126 "Public Diversions Denounced," B 4:320, J VII:501, 서문.

127 "Public Diversions Denounced," B 4:324-25, J VII:504-5, sec. 4. 1.

결과를 가져올 가능성이 없는지 자문해 보라.[128] "그 자체로는 해롭지 않은 오락이라도 다른 사람에게는 해를 끼칠 가능성이 있지 않은가?"[129]

만약 해로워 보이지 않는 활동이 당신에게 해를 끼치지 않는다면, 그것이 다른 사람에게는 어떻게 해를 끼칠지 생각해 보았는가?[130] 당신에게 중독적 습관을 이겨낼 힘이 있을지도 모른다는 것이, 어떻게 그리스도께서 피 흘려 구원하고자 하신 연약한 형제들에게 누를 끼치는 것에 대한 핑계가 될 수 있는가?[131] 나쁜 습관에 대해 경고하는 사람이 몰인정한 것이 아니다. 거짓말, 부정행위, 부당한 이익 같은, 해로워 보이지 않는 오락에 병행되는 다른 고질적 습관에도 이와 동일한 유추를 해볼 수 있다.[132] 모든 사람은 작게 시작한 습관이 점점 커질 수 있음을 안다. 그 결과는 심지어 영혼의 영원한 운명에도 심각한 결과를 초래할 수 있다.[133]

b. 위험성 높은 행동을 통한 시험

이 사실은 가장 은밀한 유혹인 탐욕에서 분명히 알 수 있다. 많은 사람이 내기와 도박을 하는 이유는 많은 돈을 따기 위해서다. 그런 오락은 "돈을 걸기 좋아하는 모든 사람에게, 한 번만 하겠다고 결심했어도 멈추지 못할 뿐 아니라 세상에서 얻은 모든 것으로도 만족시키지 못할 마음의 갈망을 가질 정도로, 타인의 것을 가지려는 강한 욕망을 일으킬" 상황을 제공한다.[134] "천 명이 사소하게 여기는 오락으로 인해 한 영혼이 타락해 파멸

---

128 같은 곳.
129 같은 곳.
130 같은 곳.
131 같은 곳.
132 같은 곳.
133 같은 곳.
134 같은 곳.

한다면 어떻게 그것을 보상할 수 있는가?" 영혼은 영원하고 세상의 것은 일시적이므로, 기독교의 가르침은 "온 세상보다 한 영혼을 더 가치 있게 여긴다."[135]

어떤 대중적 오락은 "하나님께서 우리에게 없애버리라고 그토록 진지하게 명령하신 욕망을 자극하는 경향이 있다." 순진한 사람은 "그런 상황에서 흥분할" 가능성이 많다.[136] 그들의 욕망은 싸움이나, 이 경우처럼 도시의 화재로도 이어질 수 있다.[137]

이런 결과들을 고려하지 않고서는 "누구도 '경마가 무슨 해를 주는가?'라고 말해서는 안 된다." 위험은 적어 보이고 보상의 가능성은 상대적으로 커 보일 때, 특히 젊은 사람이 유혹에 넘어지기 쉽다. 그것이 안목의 정욕을 부추길 수 있다. 내기 게임은 "하나님과 원수 되게 만드는 일과 친밀해지게 할 수 있다."[138] 그 유혹은 "이미 아주 강해진 애착인 안목의 정욕과 이생의 자랑을" 더 심화시킬 수 있다.[139] 그것이 끼치는 해는 모든 예상을 뛰어넘어 더 넓게 확장될 수 있다. 심지어 경마도 불행한 습관을 낳을 수 있다. 우리는 "시험에 빠지지" 않도록 기도해야 한다. 유혹에 넘어진 사람은 "영생에 이르는 열매를 맺을 수도 있는 씨앗"을 노름으로 탕진해버릴 수 있다.[140]

위험을 알지도 못하는 사람에게 위험에 빠질 수 있는 계기를 만들어주지 말라. 만약 당신이 도울 자 없는 형제들을 보호하며 보살폈다면, "당신

135 "Public Diversions Denounced," B 4:325, J VII:505, sec. 4. 2.
136 같은 곳.
137 "Public Diversions Denounced," B 4:326, J VII:505, sec. 4. 3.
138 "Public Diversions Denounced," B 4:326-27, J VII:505-6, sec. 4. 4; 참고. 약 4:4.
139 "Public Diversions Denounced," B 4:326-27, J VII:505-6, sec. 4. 4.
140 같은 곳; 참고. 요 4:36.

의 복되신 구주께서는 그 일을 마치 자신에게 한 것처럼 소중히 여겨주셨을 것이다."[141] 당신과 다른 사람에게 "영원한 유익"이 될 수도 있는 달란트를 내던져버리지 말라.

"가장 큰 해를 입는" 사람은 가난한 이들이다. "당신의 아내와 가정이 필요로 했던 것"을 내던지지 말라. "만약 그렇게 했다면 당신은 신앙을 부인한 것이다."[142] 당신이 하찮은 오락을 좇아다니지만 않았다면, "정직하게 일하며" 가족과 사회에 유익을 주었을 것이다.[143]

c. 위험한 행위에 빠진 그리스도인을 향한 호소

웨슬리는 신자 개개인이 "이해하는 마음과 분별하는 영혼"을 가져야 한다고 말한다. "전에 죄를 범했더라도 하나님의 은혜로 이제 그 죄로 돌아가지 않기로 결심했다면 … 하나님의 뜻에 어긋난 것이라면 무엇이든 단지 피하기만 하는 것이 아니라 열심히 맞서야 할 때가 왔다."[144]

당신이 젊다면 "유익하지 않은 직업, 특히 죄를 범할 수밖에 없는 직업을 거절하라."[145]

당신이 나이가 많다면 "이 세상 삶을 위해 꼭 필요한 일 이외의 모든 시간을, 당신과 주위의 사람들이 더 나은 생명으로 들어갈 수 있도록 준비하게 하는 일에 쏟으라."[146]

당신이 부유하다면 "선을 행하는 일에도 부유하도록 노력하라. 당신

---

141 같은 곳.
142 같은 곳; 참고. 딤전 5:8.
143 "Public Diversions Denounced," B 4:326-27, J VII:505-6, sec. 4. 4.
144 "Public Diversions Denounced," B 4:327-28, J VII:507-8, sec. 5.
145 같은 곳.
146 같은 곳.

은 낭비를 위해서가 아니라 현명하게 잘 사용하라고 많은 것을 맡기신 사람이기에, 하나님께서는 당신에게 더 많은 것을 요구하실 것이다."[147]

각 사람은 "가족의 필요를 공급"해야 한다.[148] "오락을 필요로 하는 사람에게가 아니라 … 자신을 가려줄 옷, 생명을 지탱할 음식, 또는 머리를 누일 집 같은 생활필수품이 필요한 사람에게 줄 수 있도록" 애쓰라.[149] 해가 없어 보여도 해로운 결과가 뒤따르는 죄로 고통받는 이들에게 할 수 있는 모든 자비를 나타내라.

현대의 독자에게는 스포츠 경기와 연관돼 발생한 불행한 화재사건을 예상치 못한 결과를 가져오는 부주의한 무책임함의 사례로 든 것이 하찮게 느껴질지도 모른다. 그러나 엡워스의 화재로 집을 잃은 사람에게는 하찮은 것이 아니었다.

이제까지 정치 윤리에 관한 웨슬리의 두 편의 설교, "생활방식의 개혁"(1763)과 "비난받는 대중오락에 대하여"(1774)를 살펴보았다. 다음 장에서는 미국 독립전쟁 초기(1775-78)에 전쟁 그리고 평화의 모색에 관해 쓴 웨슬리의 몇몇 논문을 살펴보고, "노예제도에 관한 생각"(Thoughts upon Slavery, 1774)으로 마무리할 것이다.

---

147 같은 곳.
148 같은 곳.
149 같은 곳.

4장

전쟁 그리고 평화의 모색

4장 전쟁 그리고 평화의 모색

미국 독립 혁명 이전과 초기, 존 웨슬리는 미국인들의 독립에 대한 열망과 영국법 사이에서 평화의 길을 모색했다. 그는 미국에서 살다 영국으로 돌아간 사람으로서 양편 모두에 공감했다. 그리고 갈등의 해결을 위해 확립된 법의 테두리 안에서 해결책을 찾고자 노력했다. 우리는 설교 "국가적 죄와 비극들"에서 전쟁에서 죽은 군인의 미망인을 보살피는 목회자이자 슬픔을 극복하도록 돕는 상담자로서의 웨슬리를 만난다.

A. 국가적 죄와 비극들(1775)

"국가적 죄와 비극들"은 폭력과 무정부 상태로 고통받던 여성과 어린이를 위해 쓴 설교다. 미국 독립 혁명과 프랑스 혁명이 일어나기 직전인 1775년 무정부주의 망령은 사람들을 불안하게 만들었고, 특히 공정한 법과 안전한 공공질서를 중시했던 사람들은 더욱 불안감을 느꼈다.

웨슬리 자신도 수차례 폭도들에게 개인적인 협박과 공격을 당한 적이 있었다.[1] 때때로 법이 그를 폭도에게서 지켜주었다. 그러나 스타퍼드셔(Staffordshire)의 웬즈베리(Wednesbury), 월솔(Walsall), 달라스턴(Darlaston)에서는 200명이 넘는 배회하는 군중에게 괴롭힘을 당하기도

---

[1]   여러 지역에서 다양한 집단행동과 폭동이 발생하고 진압되었다. *JJW*에서 버밍엄, 5:48-49; 볼턴(Bolton), 3:442-43; 코크(Cork), 3:409-14, 3:471-72; 런던, 2:522-23; 펜잔스(Penzance), 3:307-9; 랭글(Wrangle), 3:533; 쉡튼 말렛(Shepton Mallet), 3:249-50; 포트 아이작(Port Isaac), 3:308; 팔머스(Falmouth), 3:189-90을 참고하라. 그 외에도 많은 지역에서 있었던 사건들이 나온다.

했다.[2] 그는 성난 군중 속으로 들어가 그들을 진정시켜야 했다. 웨슬리는 법치에 대한 강한 신념이 있었다. 법치의 반대는 무정부 상태다. 무정부주의자들은 법을 완전히 무너뜨리는 것을 목표로 한다. 웨슬리는 그렇게 무모한 유토피아적 꿈은 엄청난 고통의 뿌리가 될 것이라고 생각했다.

1. 목자의 잘못으로 인한 양 떼의 고통

미국 독립 혁명 가장 초기의 전투들에서는 영국 군인들 중에 예상치 못한 많은 사상자가 발생했다. 웨슬리는 영국군 사상자의 미망인과 고아들을 후원하기 위한 엄숙한 모임에 설교자로 초대받았다. 그는 가슴 아파하며 두 나라의 고통에 대해 말하면서, 그 기회를 법치를 옹호하는 가장 통절한 순간으로 만들었다.

웨슬리는, 다윗이 자신의 행동으로 많은 무고한 사람이 고통받았음을 알게 된 후 보인 감동적인 모습을 설교 본문으로 택했다. "다윗이 백성을 치는 천사를 보고 곧 여호와께 아뢰어 이르되 '나는 범죄하였고 악을 행하였거니와 이 양 무리는 무엇을 행하였나이까 청하건대 주의 손으로 나와 내 아버지의 집을 치소서 하니라'" [삼하 24:17, "국가적 죄와 비극들"(National Sins and Miseries), 설교 #130, B 3:546-76, J VII:400-408 (1775)].

이 설교의 주된 주제는 죄에 대한 심판과 무고한 자들을 향한 자비다. 그러나 그 안에서 웨슬리는 정부와 시민의 약속, 죄의 사회적 성격, 무고한 사회가 당하는 고통의 신정론, 정치적 당파심, 법과 혁명의 도덕성, 식민주의의 죄, 식민주의에 대한 비판 같은 여러 부주제를 함께 다룬다. 그 시작점이 전사자의 가족을 향한 연민이었다.

---

2 *JJW*, 3:98-104; 1743년 10월 20-21일.

a. 보스턴 근처 전사자들의 미망인과 고아를 위해

웨슬리가 설교를 위해 초청받은 곳의 상황은 슬픔과 비애로 가득 차 있었다. 이 행사는 "뉴잉글랜드의 보스턴 근처에서 최근에 전사한 군인들의 미망인과 고아들을 돕기 위한 것이었다."[3] 이 때는 미국 독립 선언서가 채택되기 1년 전으로, 미국 독립 혁명은 겨우 시작에 불과했다. 웨슬리는 "이 갈등의 원인을 사랑과 거룩의 원천이신 하나님께 돌리지 않도록 주의하라!"[4]고 경고했다. 자비로우신 하나님은 이 고통을 직접적으로 일으키신 것이 아니라 자유로운 선택을 허락하셨지만, 이 자유를 오용하면 통제할 수 없는 사회적 결과가 초래된다.

웨슬리는 1775년 11월 7일, 런던 베스널 그린(Bethnal Green)의 세인트 매튜(St. Matthew) 교회당에서 설교하면서 전쟁으로 부상당하거나 전사한 사람들의 가족을 위로하고 힘을 북돋웠다. 그는 남겨진 여성과 아이들을 향해 연민과 공감을 표했다.

그는 이 광기 속에서 "이제는 비탄에 잠긴 미망인이 되어버린 젊은 군인의 아내"를 돌보아주기 위해 남아있는 사람이 누가 있는지 물었다. 아무도 돌볼 자 없는 경우가 흔하지 않은가? 그녀는 "유일한 위로와 버팀목을 빼앗기고 머리 둘 곳도 없다."[5] 설상가상인 것은, "이제는 외로운 고아가 되어 아무도 도울 자 없는 그의 자녀들을 누가 생각하겠는가? 아이들은 빵을 찾아 울고 있지만 아이들의 엄마는 눈물과 슬픔 외에는 아무것도 줄 것이 없을 것이다."[6] 웨슬리는 정치 이론가나 공공 정책 옹호자가 아닌 목

---

3   "National Sins and Miseries," B 3:566, J VII:400, 서문, sec. 1.
4   같은 곳.
5   "National Sins and Miseries," B 3:572, J VII:405, sec. 1.6.
6   같은 곳.

회자로서 이 말을 하고 있다. 그는 목회자로서 각 사람의 슬픔을 위로하는 가슴 아픈 사역에 함께했다.[7]

그의 메시지의 신학적 전제는, 악의 원인을 하나님께 돌리지 말라는 것이다. 다루기 힘든 죄에 대한 공정한 처벌은 하나님의 판단에 맡겨두라.

b. 통치자와 백성의 계약 관계에서 발생하는 사회적 죄

성경은 삶의 절망적인 순간에 자신의 책임을 깨닫고 하나님의 인도하심을 구하기 위해 발버둥치는 다윗 왕의 모습을 전해준다. 그는 인구 조사를 실행한 후 자신의 잘못을 깨닫고 하나님의 자비를 구하는 기도를 드렸다. "내가 이 일을 행함으로 큰 죄를 범하였나이다 여호와여 이제 간구하옵나니 종의 죄를 사하여 주옵소서 내가 심히 미련하게 행하였나이다 하니라."[8] 그러나 그의 잘못은 이미 무고한 백성에게 큰 해를 끼쳤다.

개인의 죄는 사회적 결과를 초래한다. 한 나라의 백성은 그 나라의 정치적 죄에 관여하고 있다. "하나님께서는 종종 지도자들의 죄로 인해 백성을 벌하신다. 백성들은 일반적으로 여러 가지 모양으로 지도자들의 죄에 참여하기 때문이다."[9] 죄가 개인의 뜻에 의한 것이든 공동체의 뜻에 의한 것이든, 심판은 공동체 전체에 임할 수 있다. 우리가 볼 수 없는 하나님의 심판의 공의로우심은 결국 모든 것을 아시는 하나님의 신비에 속해 있다. 그런 시기에 우리는 다윗처럼 도덕적 분별력을 주시도록 간구할 수 있다.

그런 일반적인 악이 세상에 널리 퍼지면, 최종적으로 재난을 초래할 결정에 직접적으로 참여하지 않았더라도 모든 사람이 고통받는다. 왜 그

---

7   같은 곳.

8   삼하 24:10.

9   "National Sins and Miseries," B 3:567, J VII:401, 서문, sec. 2.

런가? 나라와 가족은 공동으로 하나님과 언약 관계를 맺기 때문이다. 하나님과 인간의 언약은 모든 나라가 참여해 이루어질 수도 있다. 의로운 행동에는 하나님의 은총이 임하듯, 의롭지 않은 행동에는 하나님의 심판이 임하는데, 그것은 죄가 있든 없든 언약 공동체에 속한 모든 사람에게 영향을 끼칠 수 있다.[10] 우리는 이 사실에서 우리가 마치 개인적 공간에 있는 것처럼 홀로 존재하는 것이 아니라, 사회적 책임성을 요구하는 공동체에서 살아간다는 것을 깨닫는다. 우리가 알면서 짓는 죄는 공동체 전체가 함께 나누어 지는 죄의 짐이 된다.

c. 사회적 불행의 원인

"악은 불행의 어머니다."[11] 이 신뢰할 만한 원칙은 역사적 경험을 살펴보면 명확해진다. 미국 식민지에서의 갈등이 그 예다. 법규를 파괴하려는 무정부주의의 위협은 모두가 함께 영향을 주고받으며 공동으로 겪는 고통의 원인을 추적하는 사회적 신정론 해설의 계기가 되었다. "우리의 악으로는 우리의 모든 고통의 원인을 설명하기에 부족한가? 편견 없이 공정하게 생각해 보자. 우리 자신의 마음과 삶을 점검해 보자."[12] 우리 모두가 고통을 받는다. 그리고 우리 모두가 죄를 지었다. 모든 사람이 자신의 죄로 "자신과 다른 사람에게 고통을 준다."[13]

대중은 자주 지도자의 지혜롭지 못한 결정으로 고통받는다. 지도자는 상호 의존 관계에 있는 많은 사람의 적극적이거나 소극적인 뜻으로 일반적인 동의를 얻는다. "우리가 죄를 고통의 원인으로 말할 때, 우리는 주로

---

10   "National Sins and Miseries," B 3:567-68, J VII:401, 서문, secs. 3-5.

11   "National Sins and Miseries," B 3:568, J VII:402, 서문, sec. 5.

12   "National Sins and Miseries," B 3:568, J VII:401, sec. 1. 1.

13   같은 곳.

다른 사람들의 죄를 말하면서 그들이 죄를 지었기 때문에 우리가 고통을
받는다고 생각한다."[14] 우리는 경제 질서에서 그 사례를 들 수 있는데, 경
제 질서는 정치에도 영향을 끼치기 때문이다. 식민지의 상태는 그 비극적
인 예를 보여준다.

2. 영국과 미국의 충돌로 인한 경제적 • 정치적 재앙

웨슬리는 경제와 정치의 과정과 결과를 예리하게 관찰했다.

a. 식민지의 위기와 신정론

웨슬리는 식민지 위기에 대한 사회적 신정론을 경제 해체에 대한 논의
로 시작했다. 그는 이것을 개인적으로 잘 알고 있었다. 그는 끊임없이 마
을들을 다니며 하층민의 경제 상황을 유심히 살펴보았다. 그는 무역과 경
제활동이 가정과 국가에 끼치는 사회적 영향력을 잘 알고 있었다. 그의 메
시지는 뉴잉글랜드의 애매한 정책들로 인해 발생한 영국의 높은 실업률
에 대한 관찰로 시작한다.

영국의 시골 지역 전역에서 사람들이 겪는 경제적 고통은 매우 컸다.
"수천수만의 사람이 직업이 없어 매우 고통을 당하고 있다. … 잉글랜드
서부, 특히 콘월 전역과 북부, 심지어 중부 자치주들의 수천 명의 사람들
이 완전히 실업자가 되었다. … 그들은 생활의 편의를 위한 것뿐 아니라 가
장 필수적인 것까지 박탈당했다."[15]

웨슬리는 시골 가난한 사람들의 형편을 잘 알았다. 그는 영국 전역 수

---

14 같은 곳.
15 "National Sins and Miseries," B 3:568, J VII:402, sec. 1. 1.

백 개 마을을 영적으로 돌보기 위해 말을 타고 여행했다. 그들의 식탁에 앉았고 그들의 집에서 잠을 잤다. 그는 많은 사람의 절망적인 경제적 상황을 절절히 묘사했다. "나는 런던에서 약 160킬로미터 조금 더 되는 곳에서 창백한 얼굴, 움푹 꺼진 눈, 가냘픈 수족으로 거리에 서 있거나, 마치 유령처럼 이리저리 천천히 움직이는 많은 처참한 사람들을 보았다. 나는 몇 년 전만 해도 평안하고 품위 있게 살았으나, 지금은 입고 있는 옷 외에 아무것도 남지 않았고, 들에서 주운 것 외에는 먹을 것이 없는 상태가 된 가정을 안다. 그들은 번갈아 하루에 한 번씩 들로 나가 가축이 남긴 순무를 주웠다. 다행히 몇 토막을 얻으면 끓여 먹거나 날것으로 먹었다. 많은 시골 사람이 일거리를 얻지 못한 나머지 먹을 것조차 얻지 못하는 상태가 되고 말았다!"[16]

경제가 교착 상태가 되면 모두가 고통당한다. 육체적 고통만이 아니다. "빵을 박탈당하는 것도 굉장한 고통이지만, 정상적인 감각을 빼앗기는 것은 더 큰 고통이다!"[17] 웨슬리는 위험한 형태의 사회적 광기가 퍼져 있다고 생각했다. 그는 널리 퍼진 사회적 죄로 인한 재앙을 모면하기 위해 성급하게 유토피아적인 해결책을 찾는 이들의 광기를 묘사했다. 나아가 1775년 영국에서 유행처럼 번지던 사회적 광기의 더 깊은 원인을 찾고자 했다.

b. 당파적 열정의 결과

웨슬리는 조지아에서 2년을 보냈기 때문에 식민지 시대의 미국을 체험적으로 알고 있었다. 웨슬리는 그 결과를 살펴보지 않고 자기 중심적

---

16 같은 곳.
17 "National Sins and Miseries," B 3:569, J VII:403, sec. 1. 2.

열정에 기초해 즉각적인 정치적 해결책을 주장하는 것에 비판적이었다.

미국 식민지와 영국 모두에서 많은 사람이 "자유를 외치고 있었다." 웨슬리가 보기에 역설적인 것은, 그들은 이미 세상의 어떤 사람들보다 시민의 자유를 더 누리고 있었다는 데 있었다. "그들은 그것이 시민적 자유든, 우리의 모든 법적 재산권을 누릴 자유든, 혹은 종교적 자유든, 우리 자신의 양심의 명령을 따라 하나님을 예배하는 자유든 간에, 하늘 아래 어떤 나라도 누리지 못하는 정도의 대단한 자유를 누리고 있었다. 그러므로 '이 속박! 우리는 노예 상태나 다름없다!'며 열정적으로 혹은 애절하게 외치는 사람들은, 당장 하늘이 무너져내리지 않는 이상, 완전히 착란에 빠져 있다. 그들의 이성은 분별력을 잃었다."[18] 과도한 정치적 기대로 비합리성만 가득해 망상에 빠진 것이다.

나머지 세상은 알지도 못하는 엄청나게 많은 시민의 자유를 제공하는 시민 질서를 이미 누리고 있는 사람들이, 즉각적인 혁명적 변화라는 덧없는 꿈 때문에 그 사실을 망각하고 있으니 얼마나 슬픈 일인가! 웨슬리는 얼마 지나지 않아 1776년에는 미국에서, 1789년에는 프랑스에서 더 맹렬한 혁명으로 이어진 시민 불안과 새롭게 대두되는 폭력을 말하는 것이다.

이 광기는 작은 재앙이 아니었다. 미국 독립 선언이 있기 전인 1775년에는 비이성적인 당파적 정치성이 온 땅을 휩쓸었다. 웨슬리는 다음과 같이 말했다. "내가 모든 주와 도시, 마을에서 본 것처럼, 과거에는 차분하고 온화하며 우호적인 성품을 가졌던 사람들이, 지금은 정당에 대한 열심으로 미쳐 그들의 조용한 이웃을 향해 격노하며, 당장이라도 서로의 목을 쥐어뜯고 칼로 상대의 배를 찌를 듯하는 것을 당신들도 보았다면, 그리고 전

18 같은 곳.

에는 하나님을 두려워하고 왕을 공경했던 사람들이 지금은 왕에게 가장 호된 욕설을 쏟아내고, 기회만 주어지면 반역과 모반을 일삼는 사람이 되었다는 소식을 듣는다면, 여러분은 이것을 작은 악, 잠시 잠깐의 일로 치부하지 않고, 하나님이 죄악의 땅에 허락하시는 심판 중 가장 무거운 것으로 판단할 것이다."[19] 지나친 정치적 사리사욕은 무고한 백성에게 몹시 울화가 치밀어 오를 수밖에 없는 경제적 결과를 초래할 수 있다.

3. 혁명이라는 상황에서 발생하는 죄와 고통

a. 혁명이라는 자극적인 포도주

"이것이 본토에 있는 영국인의 상황이다. 외국은 더 나은가? 안타깝지만 그렇지 않다. 내가 지금 그곳에 살고 있는 사람들에게 들은 바에 따르면, 우리의 식민지에서도 많은 요인이 사람들로 하여금 영국에서와 똑같은 치명적인 포도주를 마시게 한다는 것이다."[20] 무슨 포도주를 말하는가? 즉각적인 정치적 해결책에 대한 열망과 과도한 자기 주장의 결과에 대한 주의 부족이다. 이 흥분제는 소란과 전쟁을 일으키는 것으로 유명하다. 그중 수천 명은 "점점 더 흥분한 나머지 머리가 완전히 이상해졌고, 그들의 모든 의도와 목적은 미쳐 있다. 이성은 분노에 가려졌고, 작고 차분한 목소리는 민중의 외침에 묻혀버렸다. 지혜는 거리에 엎드러졌다. 분별력은 도대체 어디에 있는가? 이 지역에서는 거의 찾을 수 없다."[21]

웨슬리는 1775년의 미국과 영국 모두를 묘사하고 있었다. 즉각적인 정치적 해결에 대한 환상에 사로잡히는 것은 일종의 정신적 노예 상태다.

---

19 "National Sins and Miseries," B 3:573, J VII:401, sec. 1. 3.
20 "National Sins and Miseries," B 3:570-71, J VII:404, sec. 1. 4.
21 같은 곳.

"가장 적절한 의미의 진짜 노예 상태"가 정치적 광기로 변하고 있었다. 식민지들은 폭력적인 반란에 들어가기 직전이었다. 그는 그것이 다가옴을 느낄 수 있었다.

그렇게 격앙된 상황에서 웨슬리는 근본적으로 시민의 자유, 특히 출판의 자유에 대해 염려했다. "조직적이고 합법적이며 입헌적인 형태의 정부는 이제 존재하지 않는다. 여기에 상상이 아닌 실제적인 속박이 있다. 영국의 자유의 그림자도 남아 있지 않다. 우리 군주나 영국 사람들의 정서와 정확히 부합하지 않는 한 어떤 출판의 자유도 허락되지 않았기에, 어느 누구도 종이 한 장, 글 한 줄도 감히 인쇄할 수 없다."[22]

웨슬리는 대중 영합적 혁명가가 아니었다. 그의 가장 깊은 정치적 신념은, 우리의 시민권은 하나님에게서 온 것이지, 폭력적이고 무정부적인 군중에 의해 이루어진 것이 아니라는 것이다. 그는 폭도들과 맞섰다. "그들의 혀는 그들의 것이 아니다. 누구도 조지(George) 왕을 지지하는 말이든, 그들이 세운 우상 즉 우리 조상이 전혀 알지 못했던 새롭고 불법적이며 위헌적인 국가에 대해 불리한 말이든, 잘못된 방식으로 호불호를 말해서는 안 된다."[23]

웨슬리는 예전에는 시민적 자유에 대한 미국인의 요구에 대해 호의적으로 논평했었다. "그들은 억압을 받았으나 자신들의 법적 권리 외에 다른 어떤 것도 요구하지 않았다."[24] 그러나 이러한 간청이 이후 공적인 합법적 권력에 대한 기습을 통해 난폭한 유혈 사태로 변질되자, 웨슬리는 그런 폭력을 옳지 않은 것으로 여겼다.[25]

---

22   "National Sins and Miseries," B 3:573, J VII:401, sec. 1. 3.
23   같은 곳.
24   로드 노스(Lord North)에게 보낸 편지, 1775년 6월 13일.
25   참고. JWO note, B 3:570n.

b. 혁명의 대가와 결과

그렇게 불안한 혁명의 상황에서는 "대세의 흐름에 따르지 않는 사람은 직업, 집, 재산의 안전을 보장받지 못한다." 이 소란에서는 군중에 반대하는 사람을 위한 "양심의 자유란 없다." "의무감"은 그들로 공공질서에 반대해 끊임없이 내뱉는 "악한 비방에 맞설 것을 촉구한다."[26] 통제되지 않는 힘과 무정부 상태는 가족들이 "수고의 열매를 즐기지" 못하게 하고, 무법이 다스리게 한다.[27]

c. 부적절한 전쟁의 광란

이러한 영적 광란의 끔찍한 결과는 전쟁이다. "누가 그 속에 내포된 복잡하게 얽힌 불행을 설명할 수 있는가? 들어보라! 저 포효하는 대포 소리를! 새까만 연기가 하늘을 뒤덮는다. 시끄러운 소리, 혼란, 공포가 모든 것을 지배한다! 사방에서 죽어가는 신음이 들린다. 사람들의 몸은 찔리고 찢기고 토막 나고, 그들의 피는 물처럼 땅을 흥건히 적신다! 그들의 영혼은 영원한 비극일지도 모를 영원한 세계를 향해 날아간다. 은혜의 사역자들은 이 끔찍한 광경을 외면하고, 복수의 사역자들이 승리에 도취해있다. 이것이 지금은 유럽 대부분에서 추방당한 평화와 풍요가 거의 100년 동안 미소 지었던 행복한 나라를 뒤덮고 있는 현실이다."[28]

도대체 어떤 힘이 "이 불쌍한 희생자들을 피의 들판으로 끌고 가는가? 바로 그들 앞에서 으스대며 활보하는, 그들이 자유라고 부르도록 배운 거대한 유령이다! … 그러나 진정한 자유는" 복수에 대한 갈망과 생명에 대한 경

---

26 "National Sins and Miseries," B 3:573, J VII:401, sec. 1. 3.
27 "National Sins and Miseries," B 3:573, J VII:404, sec. 1. 4.
28 같은 곳.

시로 "짓밟혀 유린당했고, 무정부 상태와 혼란 중에 잃어버리고 말았다."[29]

d. 무고한 사람들의 고통

다윗은 무고한 사람들을 위해 기도했다. "이 양 무리는 무엇을 행하였 나이까"[30] 예수 그리스도의 기쁜 소식은 모든 사람에게 회개하고 하나님 의 은혜를 믿을 것을 요구한다. "그러므로 우리는 모든 고통의 원인인 우 리 자신의 죄를 생각해야 한다. ⋯ 우리 각자는 '아! 내가 범죄하였나이다' 라고 말해야 한다."[31]

다윗에 대해 언급하면서 웨슬리는 점점 심화되는 폭력에서 양심을 지 키기 위한 몇 가지 지침을 제안했다. 그는 메소디스트 신도회를 향해 전반 적인 회개를 요청했다. 그리고 자기 점검을 위해 여러 질문을 던졌다. "어 디서 자비를 찾을 수 있는가? ⋯ 속임과 사기가 우리의 길에서 떠나지 않 는다. 마음에서 진실을 말하는 자가 누구인가?"[32]

그는 이 사회적 질병을 정치적인 의견 대립보다 훨씬 더 깊은 문제로 보았다. 이것은 영국과 미국 모두에서 강력히 작용하는 교만, 우상숭배, 진실의 결여 문제라 할 수 있다. "누구의 말이 자신의 생각을 그대로 드러 내는가? '모든 거짓을 버리고' 자신의 의도와 다른 말을 내뱉지 않는 사람 이 어디에 있는가?"[33] "오 진실함이여, 너는 어디로 도망했는가? 너를 아 는 사람은 왜 이리도 적은가! 우리는 거짓말을 통해 어떤 이익이나 기쁨도 얻지 못하면서 금방 드러날 거짓말을 끊임없이 하고 있지 않은가? 우리 일

---

29 "National Sins and Miseries," B 3:574, J VII:404, secs. 1. 4-5.
30 삼하 24:17; "National Sins and Miseries," B 3:572, J VII:405, sec. 2. 1.
31 "National Sins and Miseries," B 3:572, J VII:405, sec. 2. 1.
32 "National Sins and Miseries," B 3:572-73, J VII:405, sec. 2. 2.
33 같은 곳.

상의 언어도 거짓으로 가득 차 있지 않는가? … 만약 셰익스피어가 100년 늦게 태어나 사람을 속이는 기술이 완벽해진 이 시대에 살았다면, 자신이 '천박한 아첨'이라고 부른 것에 대해 무엇을 말했을까?"[34]

"만약 다른 사람들을 거짓말쟁이라고 부르면 그것이 왜 그렇게 큰 분노를 일으키는가?" 웨슬리는 이 질문에 사회심리학적으로 답한다. 그는 매우 통찰력 있는 가설을 제안했다. "사람이 자신의 결백함을 알고 있을 때는 부당한 비난을 견딜 수 있다. 그러나 당신이 그를 거짓말쟁이라고 말한 것이 그의 아픈 부분을 건드린 것이라면, 그는 죄책감 때문에 그것을 견딜 수 없는 것이다."[35]

4. 식민주의의 죄

a. 고상한 악

정치적 갈등은 마음의 문제다. 영국인과 미국인 모두의 마음은 최근 우상숭배적인 쾌락주의로 향했다. 웨슬리는 이렇게 질문했다. "우리의 배가 우리의 우상 아닌가? 먹고 마시는 것이 우리의 최고의 즐거움이자 행복 아닌가? 맛의 즐거움을 더하는 것이 많은 고귀한 사람의 주된 (유일한 것이 될까 두렵다) 연구 과제가 아닌가? 대영 제국이 한 나라로 통일된 이후 (음식뿐 아니라 의복, 가구, 마차에 이르기까지) 사치가 이 정도까지 심한 적이 있었는가?"[36]

영국은 자신들의 죄를 온 세상에 전파했다. "우리는 최근 대영 제국을 거의 전 세계로 확장했다. 우리는 아프리카, 아시아, 아메리카의 덥거나

---

34   "National Sins and Miseries," B 3:573, J VII:406, sec. 2. 3.
35   "National Sins and Miseries," B 3:573, J VII:406, sec. 2. 4.
36   "National Sins and Miseries," B 3:574, J VII:406, sec. 2. 5.

추운 지방에서까지 승리를 쟁취했다.”[37] 영국의 영향은 이런 쾌락적 열망으로 가득한 문화로 세계 곳곳을 들끓게 했다.

식민 제국주의에서 무엇이 초래되었는가? “모든 고상한 악이다.”[38] 악은 가장 고상한 형태로 인도, 동남아시아, 남북 아메리카까지 전해지고 이식되었다.

b. 식민지배 이후 비평

웨슬리는 1775년에 이미 식민지배 이후에 대한 비평문을 작성하고 있었다. 더 많은 땅을 소유하려는 대영 제국의 욕망은 이미 도가 지나쳤다. 영국인이 식민지에 전한 것은 자신만을 위한 탐식과 고유의 문화를 타락시키는 것들이었다.[39]

이러한 타락의 한 가지 증거는 게으름이었다. “영국인들은 절제할 줄 알고 활동적이었던 조상에게서 물려받은” 식민지의 부유함으로 인해 나태에 빠져들었다. 웨슬리는 미국과 전쟁하기 100년 전에는 영국 의회가 오전 5시에 모인 사실을 지적했다. 과거에 영국을 “죄로 가득하나 가장 심각한 것은 게으름”이라고 묘사한 조지 허버트(George Herbert)가 지금의 모습을 본다면 뭐라고 말했을까?[40] 영국의 도덕적 태만의 또 다른 증거는 “하나님을 전적으로 경멸”하는 신성모독적인 욕설이 아일랜드를 제외하면 그 어떤 나라보다 지나치다는 것이다.[41]

---

37 “National Sins and Miseries,” B 3:574, J VII:406-7, sec. 2. 6.

38 “National Sins and Miseries,” B 3:574, J VII:406, sec. 2. 5.

39 “National Sins and Miseries,” B 3:574, J VII:406-7, sec. 2. 6.

40 같은 곳. George Herbert, *The Temple, the Church Porch* (Oxford, 1633), 16. 1. 1, http://www.winwisdom.com/quotes/topic/cleanliness.aspx.

41 “National Sins and Miseries,” B 3:574-75, J VII:407, sec. 2. 7.

5. 치료법

a. 마음을 정결하게 하라

과도한 자기 주장이라는 역병은 영국과 미국에 퍼져 모든 곳을 황폐하게 했다. "그것을 멈추기 위해 우리는 무엇을 할 수 있는가?"

그 치료법은 마음의 변화다. 성경적 교정이 확실한 방법이다. "하나님의 화를 면함에서 야고보가 가르쳐준 것보다" 더 나은 방법이 있는가?[42] "하나님을 가까이하라 그리하면 너희를 가까이하시리라 죄인들아 손을 깨끗이 하라 두 마음을 품은 자들아 마음을 성결하게 하라."[43]

영국 국내외에서의 이러한 부패에 대한 도덕적 책임은, 모든 듣는 사람이 각각 자신의 것으로 받아들여야 한다. "이제 우리 각 사람은 자신의 가슴에 손을 얹고 이렇게 말하자. '주님, 저입니까?' 내가 이 불의와 불경건의 홍수에 동참함으로 내 동포의 고통을 더한 것인가?"[44] 다른 사람들이 우리의 죄 때문에 고통받는다. 동인도 제도에서 서인도 제도, 그리고 아프리카에 이르기까지 노예무역으로 인한 영국의 죄는 "그들이 고통받는 단하나의 중대한 이유다."[45]

당신의 마음을 교만, 당파적 열정, 분노, 적개심, 신랄함에서, "모든 편견, 완고함, 편협한 정신에서, 반대 의견에 민감하게 반응하며 견디지 못하는 것에서, 분쟁을 즐기는 것"에서 정결하게 하라. "위선과 … 모든 악의와 소동을 버리고" 모든 사람을 포용하라.[46]

---

42 "National Sins and Miseries," B 3:575-76, J VII:407-8, sec. 2. 9.
43 약 4:8.
44 "National Sins and Miseries," B 3:575, J VII:407, sec. 2. 8.
45 같은 곳.
46 "National Sins and Miseries," B 3:575-76, J VII:407-8, sec. 2. 9.

웨슬리의 정치적 비전은 은혜로 마음을 변화시키는 일에 초점을 두었다. "'어떤 치우침도 없이 자비와 선한 열매로 가득하도록'… '위로부터 난 지혜'가 당신의 마음에 깊게 스며들게 하라."[47] "오직 위로부터 난 지혜는 첫째 성결하고 다음에 화평하고 관용하고 양순하며 긍휼과 선한 열매가 가득하고 편견과 거짓이 없나니 화평하게 하는 자들은 화평으로 심어 의의 열매를 거두느니라."[48] 이것이 복음적인 정치 윤리의 핵심이다.

b. 평화를 구하라

"무릇 더러운 말은 너희 입 밖에도 내지 말고 오직 덕을 세우는 데 소용되는 대로 선한 말을 하여 듣는 자들에게 은혜를 끼치게 하라 하나님의 성령을 근심하게 하지 말라 그 안에서 너희가 구원의 날까지 인치심을 받았느니라 너희는 모든 악독과 노함과 분냄과 떠드는 것과 비방하는 것을 모든 악의와 함께 버리고 서로 친절하게 하며 불쌍히 여기며 서로 용서하기를 하나님이 그리스도 안에서 너희를 용서하심과 같이 하라."[49]

"모든 사람에게 당신의 마음에서 나오는 진실을 말하라. 어떤 이익이 있더라도 정의나 자비와 반대되는 행동은 버리라. 모든 상황에서 다른 사람이 당신에게 해주기를 바라는 그대로 모든 사람에게 해주라. … 하나님과 사람 앞에 깨끗한 양심을 갖도록 노력하라."[50] 그런 후 당신을 사랑하셔서 당신을 위해 자신을 내어주신 그분의 전능하신 은혜를 의지함으로, 그 은혜가 "믿음을 통해 당신의 마음을 깨끗하게" 해주시도록 하라.[51]

---

47 같은 곳.
48 약 3:17-18; "National Sins and Miseries," B 3:575-76, J VII:407-8, sec. 2. 9.
49 엡 4:29-32; "National Sins and Miseries," B 3:575-76, J VII:407-8, sec. 2. 9.
50 "National Sins and Miseries," B 3:575-76, J VII:407-8, sec. 2. 9.
51 같은 곳; 참고. 행 15:9.

이 시대는 회개와 새롭게 된 신앙을 필요로 한다. "더는 세상과 천국 사이에 멈춰서서 하나님과 돈 모두를 섬기기 위해 애쓰는 두 마음 품은 자가 되지 말라."[52] "오직 믿음으로 구하고 조금도 의심하지 말라 의심하는 자는 마치 바람에 밀려 요동하는 바다 물결 같으니 이런 사람은 무엇이든지 주께 얻기를 생각하지 말라 두 마음을 품어 모든 일에 정함이 없는 자로다."[53]

c. 전쟁 미망인과 고아에게 자비를 베풀라

웨슬리는 전쟁 미망인과 고아들을 향한 동정심 어린 염려로 청중의 마음에 호소했다. "특별히 먼 나라에서 죽임을 당해 전사자가 된 여러분의 동포의 가련한 미망인과 의지할 데 없는 고아들에게 자비를 베풀라." 주님께 "사람들의 광기를 가라앉게 하시고, 전쟁의 불꽃이 꺼지게 하시며, 사랑과 화합과 조화의 정신을 불어넣어 주시도록" 간구하라. "그러면 형제가 형제를 대항해 칼을 들지 않고, 더는 전쟁을 알지 못할 것이다. 곧이어 이 땅에는 풍요와 평화가 넘쳐날 것이다."[54]

이 자선 설교를 하고서 나흘 후 웨슬리는 슬픈 마음으로 일기장에 다음과 같이 썼다. "영국은 불길 안에 있다. 그것은 모든 권위 있는 자를 대항하는 악의와 분노의 불길이다. … 나는 이 불을 끄기 위해 힘쓴다."[55] 양 대륙 모두는 전쟁 기계를 달구고 있었다.

---

52   "National Sins and Miseries," B 3:575-76, J VII:407-8, sec. 2.9; 참고. 마 6:24.
53   약 1:6-8; "National Sins and Miseries," B 3:575-76, J VII:407-8, sec. 2. 9.
54   "National Sins and Miseries," B 3:576, J VII:408, sec. 2. 10.
55   JJW, 1775년 11월 11일.

B. 미국 식민지를 향한 냉정한 권고(1775)

미국 독립 선언서에 서명이 이루어지기 1년 전인 1775년, 미국 식민지
에서 가장 뜨거운 공공 정책 쟁점은 세금이었다. 1773년 12월에 일어난 보
스턴 차 사건(Boston Tea Party)에 대한 대응으로 1774년 영국 의회가 네
개의 강압법을 제정한 것이 계기가 되었다.

영국의 위대한 문인 새뮤얼 존슨(Samuel Johnson) 박사는 "부당하
지 않은 과세"(Taxation No Tyranny)라는 논문을 썼는데, 이것이 웨슬리
가 "미국 식민지를 향한 냉정한 권고"(A Calm Address to Our American
Colonies)라는 소논문을 쓰는 촉매제가 되었다. 논문에서 존슨은 다음과
같이 주장했다. "미국인의 세금이 견딜 만한 수준이라는 것은 명백하다.
그들의 거부는 기각될 확률이 높다. 그러나 힘이 진실을 입증하지는 않는
다. 사안이 중대한 만큼, 우리의 주장과 거부자들이 반대하는 이유를 신중
하게 검토해 보자. 그럴 경우 한쪽이 강도거나, 다른 쪽이 반역자임이 드
러날 것이다."[56]

웨슬리는 "미국 식민지를 향한 냉정한 권고"에서, 식민지의 이익에서
나오는 정확한 세금에 대해 영국의 주장이 공정한지 냉정하게 검토해 보
았다 [J XI:80-88, secs. 1-14 (1775년 9월 말)].

언뜻 보면, 미국 독자에게 웨슬리의 대응은, 독립에 관한 미국인들의
익숙한 도덕적 주장 중 많은 것을 반대하는 것으로 보일 수 있다. 미국 혁
명가들의 관점에서 이 때는 영국법 체계 전체가 미국인들의 가장 깊은 열
망과 대립하던 시기였다. 그러나 자세히 들여다보면, 이 글은 평화를 위

---

56 "The Works of Samuel Johnson," vol. 14 (Troy, NY: Pafraets & Co., 1913), 93-144. 웨슬리는 존슨의
논지를 매우 많이 차용했고, 어떤 경우에는 그의 표현을 그대로 옮기거나 의역하기도 했다.

한 호소이자, 전쟁이 분명히 초래하게 될 무정부 상태와 압제를 피하기 위한 호소였다. 무엇보다 법치에 토대를 둔 진정한 자유를 위한 호소였다.

1. 당시의 합법적 추론에 근거한 중재

웨슬리의 간청은 너무 늦기 전에 전쟁을 피하기 위한 것이었다. 이 글은 임박한 전쟁을 피하자는 절박한 호소였다. 민주주의 전통에서의 합법적 추론에 근거한 평화를 위한 다급한 간청이었다.

웨슬리는 보스턴과 조지아 모두 가보았기에 그 식민지들의 격렬한 분위기를 잘 알고 있었다. 그는 이 논란에 망상과 꾸며낸 이야기들이 난무함을 잘 인식하고 있었다. 그런 현상은 영국에 있는 메소디스트 공동체와 1769년에 미국에 설립된 메소디스트 신도회들에서도 일어나고 있었다. 두 대륙의 메소디스트 공동체는 모두 그의 지도를 바라고 있었다. 그는 일반적으로 용인되는 법의 테두리 안에서 평화를 호소했다.

그가 중재에 나서게 된 동기는, 논문 시작 부분에 나오는 버질의 『아이네이드』(Aeneid)의 통절한 인용구에서 분명히 드러난다. "아들들아, 분노를 억제하라. 나라들을 구하고 네 나라를 전쟁의 고통에서 구해내라."[57]

그는 목사이자 중재자로서 이 익숙하지 않은 영역에 뛰어든 것이다. 그는 존슨의 글에 자극받아, "나 자신이 더 많은 빛을 얻은 후 내 책임으로 여긴 것은" 존슨의 논문의 발췌문을 통해 그의 생각을 다른 사람들에게 전하되, "가장 큰 책임을 지닌 사람들" 즉 과세권에 대한 대립된 주장으로 격앙되어 있는 영국과 미국의 정치 집단에 대한 "적용점"을 추가하는 것이

---

57   Virgil: "Ne, pueri, ne tanta animis assuescite bella, Neu patriÆ validas in viscera vertite vires," according to the translation of Christopher Pitt (Dodsley, 1740).

라고 썼다. 그는 지나친 단순화나 경멸적인 말을 성급히 사용하는 당파주의자들의 격정을 진정시키려고 노력했다.[58]

글렌 오 브라이언(Glen O'Brien)은 최근 논문 "'냉정한 권고'에 대한 재검토"(Revisiting the 'Calm Address')에서, 웨슬리를 정치적으로 단순히 토리당으로 분류하는 태도의 잘못을 바르게 지적했다. 더 정확히 말하면, 웨슬리가 "입헌 군주제를 지지한 이유는, 진정한 자유를 위해서는 왕과 의회와 국민 사이에 적절히 조화를 이룬 힘의 균형이 필요하다고 생각했기 때문"이라는 것이다.[59]

2. 조세 제도를 노예 제도에 비유하는 것의 부당함

혁명주의자들은 본인의 동의 없이 세금을 부과받는 사람은 노예와 다를 바 없다고 주장했다. 그러나 그들이 정말 노예와 다름없는가? 그 비유를 사용하는 사람은 노예 제도가 실제로 얼마나 끔찍한지 전혀 모르고 있다. 웨슬리는 조지아에서 노예의 비참함을 목격했다. 이미 "시민의 자유와 종교적 자유 모두를 최대한 누리고 있었던" 이 당파주의자들은 실제로는 결코 노예 상태가 아니었다.[60] 서로 충돌한 두 집단, 미국인과 영국인은 전 세계에서 가장 큰 자유를 부여받은 사람들이다.

조세 제도를 경솔하게 노예 제도에 비유한 사람은 자신을 돌아볼 필요

---

58 "A Calm Address to Our American Colonies," J XI:80, 서문. 웨슬리가 이 논문의 끝부분에서 발췌해 인용한, 이러한 당파주의자 중 한 사람은 영국 국교회 사제인 필라델피아의 윌리엄 스미스(William Smith) 박사다. 그들은 미국 독립 혁명에 찬성하는 주장을 반복했는데, 웨슬리가 생각하기에 그들의 주장은 전쟁과 억압과 무정부 상태로 나아갈 가능성이 있었다. "경멸할 만한 궤변! 극도의 오류투성이! 유치한 기발함! 초라한 궤변 철학!" 같은 그들의 경멸적인 말은 이성적 논의를 불가능하게 했다.

59 Glen O'Brien, "Revisiting the 'Calm Address,' " MR 4 (2012): 31-55.

60 "A Calm Address to Our American Colonies," J XI:81, 서문.

가 있다. "'어떤 사람이 노예인가?' 미국 사회를 들여다보면 쉽게 알 수 있다. 무거운 짐에 눌려 의식을 잃고 채찍질에 피 흘리는 흑인을 보라! 그런 사람이 노예다. 그와 주인 사이에 '아무런 차이'가 없는가? 한 사람은 '못 살겠다! 이건 노예제도나 다름없다!'며 크게 소리치는데, 다른 한 사람은 조용히 피흘리며 죽어간다!"[61]

자유와 노예 제도의 어마어마한 차이는 이것이다. 자유가 있는 사람은 자유로이 자신의 뜻대로 행하지만 노예는 그럴 수 없다. 노예 제도를 조세 제도에 비교해 그 도덕적 극악함을 약화시키는 것은 논의 자체를 웃음거리로 만들려는 것이다.[62]

이 논문으로 웨슬리는 냉정하게 응수한다. "나는 지금 내가 가진 빛을 따라 말한다. 그러나 누군가 나에게 더 많은 빛을 준다면 나는 감사할 것이다."[63]

3. 현행법 아래서 의회는 과세 권한이 있는가?

첫 번째로, 웨슬리는 영국 의회가 현행법 아래서 미국 식민지에 과세할 권한이 있는가라는, 갈등의 원인이 된 법적 질문의 유용성을 합리적으로 숙고해 보았다.[64]

당시의 현행법에 따르면, 식민지란 정부가 "하나의 법인으로서 먼 나라에 정착할 수 있는 허가증을 발급해, 그것이 부여하는 만큼의 권한을 누리게 하되, 그 허가증이 규정하는 행정 지도를 받게 한" 다수의 사람들을

61　같은 곳.
62　같은 곳.
63　같은 곳.
64　"A Calm Address to Our American Colonies," J XI:82, sec. 1.

가리킨다.[65] 미국인들은 자신들이 어떻게 미국에 정착할 수 있었는지, 그 과정을 돌아보지 않고서는 공정하게 논의를 진행할 수 없다.

식민지는 스스로를 위한 법을 만들 수 있는가? 웨슬리에 의하면, 그럴 수도 있고 그렇지 않을 수도 있다. "법인으로서 자신들의 규칙을 만든다"는 의미에서는 스스로의 법을 만들 수 있다. 그러나 "더 높은 권위의 허가로 존재할 수 있고, 또 계속 복종해야 할 권위의 통제 아래 있는 법인이라는 점에서는" 스스로의 법을 만들 수 없다.[66] 미국의 입법 과정은 "더 높은 권위로부터 승인을 받음으로" 성립되는가? 독립 혁명 이전의 현행법 아래에서선 그러했다.

그러나 독립 옹호자들은 이렇게 주장한다. "자유인과 영국인의 특권은 스스로의 동의로 과세를 허용한다. 그리고 이 동의는 의회에서 그들을 대표하는 의원들에 의해 이루어진다. 그러나 우리는 의회에 우리를 대표하는 의원이 없다. 그러므로 의회가 우리에게 세금을 부과해서는 안 된다."[67] 이것이 그들의 주장의 핵심이며, 웨슬리는 이를 다음과 같이 분석한다. "만약 의회에 당신들을 대표하는 의원이 없어 당신들에게 과세할 수 없다면, 똑같은 이유로 다른 법도 당신을 얽어맬 수 없다. 만약 자유인의 동의 없이 과세할 수 없다면, 처벌 역시 그의 동의 없이는 할 수 없다. 과세와 관련해 어떤 법이 보류되면, 그것과 관련된 다른 모든 법도 보류되기 때문이다. … 따라서 영국 의회의 과세 권한을 부인하는 사람은 다른 모든 법을 제공하는 권한 역시 부인하는 것이다."[68]

---

65 같은 곳.
66 같은 곳.
67 같은 곳.
68 "A Calm Address to Our American Colonies," J XI:82, sec. 2.

4. 개인의 동의는 강조하면서 국가의 보호는 잊어버림

웨슬리는 영국법에서 조세 문제는 반복적으로 제기되었으나, 자신의 시대에는 합의된 해석에 도달했다고 확신했다. "왕정복고 이후 식민지들은 영국의 일부로 여겨졌고, 조세뿐 아니라 다른 모든 것에서도 그러했다."[69] 웨슬리는 식민지 과세의 역사를 보여주기 위해 긴 목록의 법 제정 기록을 인용하면서 이를 주장했다. 법은 농장에서 수출한 상품, 우체국 수입, 수입된 럼주, 설탕과 당밀을 포함해 많은 산물에 적용되었다.[70] 이러한 현행법의 테두리 내에서의 선례를 보더라도, "영국 의회가 영국의 모든 식민지에 과세할 권리가 있다는 것은 의심할 여지가 없다"[71]는 것이 명백했다. 미국이 존재하고 성장한 것은 영국법이라는 안전망 덕분이었으며, 그것 없이는 존재할 수도 없었을 것이다.

미국인들은 자신들에게 유익이 되는 동안에는 영국법 아래에서 보호받기를 좋아했다. 웨슬리는 그 사례를 들었다. "몇 년 전, 당신들은 저항하기 힘든 적의 공격을 받았다. 그래서 그 사실을 모국에 알려 원조를 요청했다. 당신들은 많은 원조를 받았고, 그로 인해 모든 적에게서 전적으로 건짐을 받았다. 얼마 후 모국은 이미 지출한 비용의 일부를 충당하기 위해 도움을 입은 식민지 중 하나에 (언제나 부과할 권리가 있는) 소액의 세금을 물렸다."[72]

식민지 설립 정부의 보호를 요청하는 것이 식민지에 이익이 되었을 당시에는 정부의 과세 권한이 전혀 문제시되지 않았다. 웨슬리는 식민지 주

---

69   "A Calm Address to Our American Colonies," J XI:85, sec. 9.
70   같은 곳.
71   "A Calm Address to Our American Colonies," J XI:85-86, sec. 10.
72   같은 곳. 여기서 "적"은 프랑스군과 그들의 동맹을 말한다.

민들에게 다음을 상기시켰다. "당신들은 위법 행위의 처벌을 위한 법규를 항상 인정해왔다." 이것은 논리적으로 적법한 권위 아래 "조세를 수용해야 할 필연성"이 있음을 의미한다.[73] 쉽게 말해, 그들이 보호의 특권을 누리고 싶으면 세금을 내고, 세금에 대한 특별한 관심만 예외적인 것으로 돌리지 않는 것이 합리적이다. 보호하는 우산만 갖겠다고 해서는 안 된다.

5. 자유민은 자신이 동의한 법에만 다스림을 받는가?

웨슬리는 "모든 자유민은 자신이 동의한 법에 의해서만 다스림을 받는다"는 항변의 토대 그 자체에 반대했다. "비록 자신만만하게 주장하지만 그것은 완전히 거짓이다. 넓은 영토에서는 매우 소수의 인원만이 법을 제정하는 일에 관여한다. 모든 공적 업무(즉 정부의 일)처럼, 이 일은 대표단에 의해 이루어질 수밖에 없다. 의원은 정해진 수만 선택된다. 그보다 훨씬 많은 수를 차지하는 유권자에도 속하지 않는 사람은 무익하고 무력한 관중으로 가만히 있을 뿐이다."[74] 대표단의 원칙을 이해하지 못하는 사람은 대의 민주주의가 무엇이고, 그것이 어떻게 실제로 작동하는지에 대한 최소한의 이해도 없는 것이다.

심지어 선출된 의회원들도 종종 "거의 비슷한 수로 의견이 나뉘는데", 이는 전적 동의에 대한 요구를 제한한다. 이로 인해 "거의 절반에 이르는 의회원조차 스스로 동의하지 않았고, 심지어 자신의 주장과도 반대되는 결정의 다스림을 받는다." 순수한 민주주의는 자주 시도되었지만 완벽한 형태로 지속될 수는 없다. 부모가 자녀를 대표하고, 일부 시민이 모든 시

---

73 "A Calm Address to Our American Colonies," J XI:82, sec. 2.
74 "A Calm Address to Our American Colonies," J XI:82-83, sec. 3.

민을 대표하기 때문이다.[75] 이런 것이 현실적인 것으로 간주되는 민주주의다. 그 외의 다른 방법은 무질서다.

법은 대대로 이어지는 지속성이 있다. 단지 현재 시민의 자녀나 조부모나 손자 대에서 끝나는 것이 아니다. 그것은 헌법상 절차에 따라 합법적으로 폐지될 때까지는 효력이 있다. 웨슬리는 다음과 같이 묻는다. "어떻게 사람이 자신이 태어나기도 전에 만들어진 법에 동의했겠는가? 기존의 법에 대한 우리의 동의 및 현재 영국에서 제정되는 법에 대한 우리의 동의는 순수하게 수동적으로 이루어진다. 모든 사람이 한 나라나 다른 나라의 국민으로 태어나는 경우와 마찬가지로, 그들은 한 나라에 태어나 그 나라의 법에 수동적으로 동의한다. 시민 생활의 환경은 이 같은 동의 이외의 것은 허락하지 않는다."[76] 따라서 법에 대한 동의는 각 개인이 아닌, 이전 세대에서 이후 세대로 대대로 이어지는 공동체를 통해 이루어진다. 동의는 단지 현재만을 위한 것이 아니라 시간 속에서 지속되는 것이다. 아이들은 세상에 태어난 후 법의 혜택을 누리기 위해 한참을 기다리지 않는다. 그들은 투표할 나이가 되기 전에도 평화와 공공 질서의 혜택을 누린다.

웨슬리가 여기서 원죄에 대한 기독교적 가르침에 기초해 정치적 이론을 개진하고 있음을 알아차린 사람은 얼마 되지 않는다. 의지적인 죄는 대인관계에서 결과를 낳는다. 대인관계에 관련된 죄는 세대를 망라한다. 대의 민주주의는 사회적 과정을 통해 저질러지고 세월을 거쳐 전파되는 불의에 저항하기 위한 목적으로 여러 세대를 거쳐 제정되어온 법에 동의의 과정을 허용한다는 점에서, 현존하는 다른 모든 정치 체계에 비해 상대적으로 공정하다.

---

75   같은 곳.
76   같은 곳.

6. 개인의 자기 주장에 불과한 개인 동의권

만약 당신이, 당신은 "자연적 권리로 생명과 자유와 재산권을 가지고 있고, 어떤 권위에도 당신의 동의 없이 이것들을 처분할 권리를 양도한 적이 없다"고 주장한다면, 그것은 역사에서 실제로 이루어진 적이 없는 사변적 발상일 뿐이다. 엄밀히 말해 당신이 말하는 개인의 동의란, 각 사람이 자신에게 법이 된다는 것을 의미한다. 우리는 역사에서의 충분한 경험을 통해 그것이 불가능하다는 것을 알고 있다.[77]

앞선 역사는 고려하지 않고 개인의 동의권만 지나치게 강조하는 것은, 그 주창자들이 "자신은 자연의 원리대로만 사는 사람인 양 말하는" 것이다.[78] 이것은 마치 역사가 존재하지도 않았던 것처럼, 자신들은 죄의 역사에서 벗어나 있다는 의미다. 개인의 동의권을 절대적으로 주장하는 사람은 성급하게 역사와 조상을 끌어들인다. 그러나 그런 식의 주장은 다음과 같이 해석할 수도 있음을 기억하라. " '이 식민지에 정착할 당시 우리 조상들은 영국 영토에서 태어난 국민으로서 모든 권리를 가지고 있었다.' 그러나 그 권리를 부여받음과 동시에, 인간 본연의 권리를 자랑할 수 없게 되었다는 것 역시 사실이다."[79] 사람은 조상에게서 물려받은 권리와 개인의 임의적 동의를 동시에 주장할 수는 없다.

식민지 무역을 위해 다른 대륙으로 이민을 갔다는 사실이 현행법 아래서 누리는 어떤 특권도 박탈하지 않듯, 어떤 책임도 면제하지 않는다. 무역업자들이 "자신은 조상들이 영국인으로서 누린 모든 특권에 대한 권리를 물려받았다"고 주장할 때, 그들은 곧 대의 민주주의라는 불완전하지만 가장 근사치의 정의 구현 노력의 역사에 호소한 것이다.[80]

---

77   같은 곳.
78   같은 곳.
79   "A Calm Address to Our American Colonies," J XI:83, sec. 4.
80   "A Calm Address to Our American Colonies," J XI:84, sec. 6.

7. 가정적 '자연 상태'란 실제로는 존재하지 않음

여기서 웨슬리는 "자연 상태"[81]에 대한 루소의 환상의 헛점을 잡아내고 있는 것이 분명하다. 진실은 우리가 "더는 자연 상태에 있지 않다"는 것이다. 우리는 역사 속에 존재한다. 우리는 법을 가진 공동체의 일원이고, 법에는 역사가 있다. 1775년에 미국법은 사실상 영국법을 떠나서는 어떤 자체적 역사도 가지고 있지 못했다.

이러한 법은, 모든 개인에게 "타인의 동의가 없어도" 자신이 상상하거나 만든 어떤 목적을 위해서든 자유를 마음대로 사용할 "권리"를 주는 것이 아니라, 오직 법의 테두리 내에서의 자유만 허용한다. 법은 그 자체가 이미 개인적 동의의 차원을 뛰어넘어 오랜 세대에 걸쳐 만들어진 산물이다.[82] 웨슬리는 조세에 대한 논쟁을 통해 언약에 대한 기독교적 가르침에 깊이 뿌리를 둔 정치적 사고 방식을 상기시키고자 했다.[83]

8. 미국과의 갈등에 내재된 영국의 이념적 동기의 대립

왜 어떤 사람은 미국 전체를 불 태울 준비가 되어 있었는가? 웨슬리는 이렇게 답한다. "나는 내 의견을 자유로이 말하고자 한다. … 나는 두 나라 어느 편에 대해서든 바라는 것이나 두려워할 것이 없다. 나는 영국 정부에게서든 미국인에게서든 아무것도 받은 것이 없고, 앞으로도 그럴 것이다.

---

81   J. J. Rousseau, The Social Contract (1762; repr., New York: Penguin, 2007).
82   "A Calm Address to Our American Colonies," J XI:83, sec. 4.
83   "A Calm Address to Our American Colonies," J XI:84, sec. 7. 웨슬리는 다음과 같은 호기심을 끄는 비유를 제시했다. "식민지의 입법기관은, 거주민에게서 세금을 걷지만 여전히 법의 다스림을 받고, 또 자체의 비용이 얼마나 들든 더 높은 권위가 부여하는 세금을 내야 하는, 큰 교구 교회의 교구위원회에 비유할 수 있다." 이는 영국 국교회가 교구 교회를 이해하는 방식으로, 영국과 미국의 비국교회 전통은 이에 반대한다.

또 나는 미국의 어떤 사람에게도 편견을 갖고 있지 않다. 나는 내 형제이자 동포인 여러분을 사랑한다."[84]

웨슬리는 곧 닥쳐올 혁명에 대해 역사적인 관점에서 설명해, 그것을 방지하기를 촉구했다. 혁명은 영국의 종교적 역사에 뿌리를 두고 있다. 즉, 영국 내에 영국법에 맞서는 심각한 투쟁이 이미 있었다는 것이다. 그것이 미국까지 퍼져간 것은 이후의 일이다.

소란의 이유는 무엇인가? 여러 세대 동안 "군주제의 완강한 적"이었던 한 소수 집단이, 오랜 기간 "온갖 노력을 다해 군주제를 약화시켰기" 때문이다.[85] 혁명에 관한 주장은 영국에서의 오랜 국교회 반대 역사에 기초해 있고, 질투와 분개의 정치로 더욱 자극을 받았다.

그들은 자신들의 분노의 장을 영국에서 미국으로 옮겨 "선동적인 신문 기사로 끊임없이 분노에 불을 지폈다. 분노는 부지런히 지속적으로 도시와 시골 전역까지 전파되었고, 그들은 이런 방법으로 이미 수천 명의 사람을 거의 광기에 이르게 했다. … 그들은 여전히 불에 기름을 부으면서 끊임없이 서로를 선동하고, 다양한 핑계를 대가며 모든 화해 노력에 반대했다."[86]

웨슬리는 미국에서 살았던 경험을 바탕으로 그들의 주장과 달리 "대부분의 미국인은 영국인을 사랑하고, 대부분의 영국인도 미국인을 사랑한다"고 주장했다.[87] 그는 혁명에 대한 주장이 영국에서처럼 미국에서도 한 소수 집단의 목소리에 불과하다고 생각했다.

---

84 "A Calm Address to Our American Colonies," J XI:85-86, sec. 10.
85 "A Calm Address to Our American Colonies," J XI:86-87, sec. 11.
86 같은 곳.
87 같은 곳.

9. 참된 자유를 위한 호소와 압제의 망령

　　웨슬리는 폭력으로 귀결될 자유에 대한 덧없는 상상이 아닌 참된 자유를 호소했다. 그는 자신의 미국인 동료에게 솔직히 다음과 같이 묻는다. "도대체 얼마나 더 큰 자유를 누리겠다는 말인가? 이미 누리는 것보다 얼마나 더 종교적 자유를 원하는가? 여러분 모두는 각자의 양심에 따라 하나님께 예배할 수 있지 않은가? 당신들이 아직 갖지 못한 어떤 시민의 자유를 바라는가? 당신들 모두는 아무 규제 없이 '자신의 포도나무 아래서' 쉴 수 있지 않은가? 또 지위가 높든 낮든 자신의 수고의 열매를 즐기지 않는가? 이것이 참되고 합리적인 자유로", 우리의 공동의 법 전통은 "사람이 거주할 수 있는 세상의 다른 어떤 사람들보다" 이 자유를 충분히 누리고 있다."[88]

　　웨슬리는 식민지 주민들에게 만약 미국이 전쟁을 한다면 "무정부 상태와 폭정을 피하는 것이 거의 불가능할 것"이라고 말했다.[89] 이 점이 대부분의 미국인이 악의 세 가지 국면인 무정부주의, 폭정, 전쟁을 피하려는 웨슬리의 동기를 파악하지 못함으로 인해, 미국 독립 혁명에 관한 그의 견해를 언급할 때 충분히 드러내지 못한 내용이다. 이러한 것이 그가 보여준 열정의 동기다. 그것은 애국적 감상주의도, 사회적 변화에 대한 완고한 저항도 아니었다.

　　웨슬리는 모든 대규모 혁명은, 이후 프랑스에서처럼, 거의 필연적으로 포악하고 독재적인 정부로 이어질 것이라고 확신했다.[90] 혁명이 "자연 상태"라는 무정부 상태에 기반을 두는 위험을 무릅쓰는 한, 그것은 분명 실

88　"A Calm Address to Our American Colonies," J XI:87, sec. 12; 참고. 미 4:4.
89　"A Calm Address to Our American Colonies," J XI:87, sec. 12.
90　같은 곳.

패할 것이다. 웨슬리가, 베니스와 제노아(Genoa)의 실제 역사의 사례를
들어 혁명에 의존하는 성향을 가진 정치에서 계속 반복되는 문제로 지적
한 것은, 무정부 상태는 쉽게 폭정으로 바뀔 수 있다는 것이다.[91]

10. 예상할 수 없는 전쟁의 결과

웨슬리는 전면전이 시작되기 전 이렇게 쓰고 있다. "아! 또 하나의 정
부가 들어서기까지 가련한 미국은 어떤 격변을 겪어야 하는가? 어떤 보편
적인 형태의 정부가 세워지기 전에는 나쁜 일이 셀 수 없이 계속 일어나기
마련이다. 그리고 정부가 세워져 당신들이 벗어버릴 수 없는 멍에를 짊어
지게 된다면, 그 결과 큰 불행이 있을지도 모른다."[92] 웨슬리는 완전한 무
정부 상태와 완전한 폭정 사이에서 위험하게 동요하던 프랑스 혁명에서
곧 어떤 일이 일어날지 정확하게 예견한 것이다. 그런 일이 미국에서 일어
나지 않은 것은 바로 미국이 저항했던 영국법의 성격 때문일지도 모른다.

웨슬리는 미국인 형제들에게 "음모를 꾸미는 사람들에게 속아 그들의
추종자"가 되지 말라고 경고했다. "나는 당신들의 미국 동포를 말하는 것
이 아니라" "자신들의 계획을 깊이 숨기고 너무나 잘 포장해, 그 계획을 무
르익게 만드는 수천 명의 추종자가 그 문제에 대해 전혀 의심하지 않게 만
드는" 영국의 파당을 말하는 것이다.[93]

웨슬리는 원죄에 대한 철저한 교리를 통해 과도한 교만과 시기로 인해

---

91 같은 곳.

92 "A Calm Address to Our American Colonies," J XI:87, sec. 13.

93 "A Calm Address to Our American Colonies," J XI:88, sec. 14. 웨슬리가 적의를 품은 공모자에 대
해 성경적 비유로 든 인물은 성경의 아히도벨이다. 그는 다윗이 재판관을 임명할 때 임명받지
못한다. 랍비 문헌과 기독교의 유형론에서 아히도벨은 자신의 것이 아닌 것을 탐하는 사람으
로 여겨진다. 그로 인해 그는 자신이 가진 것마저도 잃게 된다. 다윗이 위험에 처해 그의 지혜
를 구했을 때 그는 돕지 않았고, 결국 심판을 자초한다.

야기될 문제를 미리 내다볼 수 있었다. "당신에게 호의를 베풀지 않고, 자신의 목적을 위해 당신을 이용하고, 결국 모두 자신의 공으로 돌릴 그들을 위해 자신을 망치지 말라."[94] 이 이신론적이고 이념적인 혁명가들은 "영국도 미국도 사랑하지 않고, 영국 정부를 전복시키려는 자신들의 오만한 계획에 굴종해 서로를 이간질한다."[95]

웨슬리는 식민지 주민에게 간곡히 부탁했다. "평화를 추구하라! … 서로를 파괴하지 않도록 서로 물어뜯고 삼키지 말라!"[96] 그는 이런 위험을 고려하기에는 시간이 너무 촉박하다고 생각했다.

C. 영국 국민을 향한 냉정한 권고(1777)

1. 배경

점점 가속화된 미국 독립 혁명은 대영 제국의 시민이자 미국에도 자신의 메소디스트 신도회가 있었던 웨슬리에게 딜레마가 되었다. 그는 법치에 대한 확고한 신념이 있었기에 영국법의 관할 아래 있는 식민지에 대한 영국 의회의 과세권을 지지했다. 그의 법적 전제는, 식민지는 영국의 동의 아래 미국에 존재했기에 영국 정부에 그 권리를 양도했다는 것이다.

웨슬리는 원래 미국 독자들에게 "미국 식민지를 향한 냉정한 권고"(1775)를 보내려고 계획했다. 그러나 그는 이렇게 말한다. "마침 그때 미국인들이 항구를 폐쇄했기 때문에 계획대로 보내지 못했다." 그러나 그럼에도 많은 부수(5만 부에서 10만 부 사이)가 영국에 유포되어 큰 영향을

---

94 같은 곳.
95 같은 곳.
96 같은 곳.

끼쳤다. "영국인들은 자신도 모르게 나라에 대한 진정한 사랑과 거리가 멀고, 진실이나 상식과는 더 거리가 먼 정치적 열광의 모든 혼란에 빠져들었다는 것을 깨닫게 되었다."[97]

2년 뒤 웨슬리는 "영국 국민을 향한 냉정한 권고"[98]에서 자기 국민들에게 권면했다. 그는 먼저 이 일과 관련해 어떤 개인적 이익도 취한 것이 없음을 밝힌다. "나는 어떤 대단한 인물과도 식탁을 함께하지 않는다. 나는 왕에게든 그의 각료에게든 요구할 것이 없다. … 그러나 나는 공공복지와 평화를 위해 내게 있는 모든 것을 제공할 마음이 있다."[99] 한때 "전 국민을 위협했던" 불꽃은, 이 글을 쓸 당시에는 "상당히 억제"되었지만 아직도 불씨가 남아 있었다.[100]

웨슬리의 목표는 "많은 정직하고 좋은 뜻을 가진 사람이 지금까지 헛된 일을 위해 노력을 쏟도록 만든 오해, 이와 마찬가지로 '하나님과 사람에 대하여 항상 양심에 거리낌이 없기를 힘쓰는' 사람을 대항해 그들의 마음에 많은 적대감과 쓰라림, 증오를 일으킨 오해"를 줄이는 것이었다.[101] 그는 "모든 복을 주시는 하나님"께 감사하도록 격려해, "그분이 우리를 사랑하신 것처럼 모두가 서로를 사랑할 수 있게" 하기를 소망했다.[102]

2. 오해를 불러일으킨 1777년 사건의 진상

웨슬리의 "미국 식민지를 향한 냉정한 권고"(1775)와 "영국 국민을 향

---

97 "A Calm Address to the Inhabitants of England," J XI:129, sec. 1.
98 "A Calm Address to the Inhabitants of England" (London: J. Fry and Co., 1777).
99 "A Calm Address to the Inhabitants of England," J XI:129, sec. 2.
100 같은 곳.
101 "A Calm Address to the Inhabitants of England," J XI:130, sec. 3; 참고. 행 24:16.
102 "A Calm Address to the Inhabitants of England," J XI:130, sec. 3; 참고. 엡 5:2.

한 냉정한 권고"(1777) 사이의 기간에 보스턴 차 사건, 미국 독립 선언, 독립 전쟁의 발발 등 많은 일이 발생했다. 두 번째 "냉정한 권고"를 작성한 시기에는 여러 전투가 대체로 영국에 유리하게 진행되었다. 이 시기에 웨슬리는 콘월리스(Cornwallis)가 워싱턴에게 항복해 혁명이 놀라운 결말로 끝날 것이라고는 결코 예상할 수 없었다. 그래서 이 시기의 웨슬리의 주장은 미국 독립 혁명이 실패로 끝날 수밖에 없는 헛된 노력으로 보였다는 맥락에서 이해해야 한다.

3. 냉정하게 살펴본 사실들

웨슬리의 첫 번째 과제는 "사람들에게 오해를 일으킨 사건들의 실제 상황"을 분명히 제시한 후, "두세 개의 짧은 의견을 덧붙이는 것"이었다.[103]

2년 동안 조지아에서 살았고, 북아메리카에 메소디스트 신도회를 형성하기 위해 메소디스트 설교자들을 파송한 웨슬리는 다음과 같은 말로 글의 목적을 밝혔다. "나는 판단력, 진실성, 공정성을 문제 없이 신뢰할 수 있는 미국에 사는 사람들 특히 뉴욕, 버지니아, 메릴랜드, 펜실베이니아 지방 사람들에게서 많은 편지를 받았다. 또 나는 그 지방에서 온 사람들과 자유롭고 폭넓게 대화하면서 서로 다른 편에 속한 사람들의 말을 비교할 수 있는 기회를 가졌다. 나는 어림짐작 없이 분명한 사실을 전하기 위해 노력할 것이다."[104]

조지아에서 영국으로 돌아오는 길에 존 웨슬리의 동생 찰스 웨슬리는 항로를 이탈해, 이미 독립에 대한 이야기가 유행하고 있던 보스턴에 들렀다. 이것은 "영국 국민을 향한 냉정한 권고"가 쓰인 1777년보다 40년 전

---

103 "A Calm Address to the Inhabitants of England," J XI:130, sec. 4.
104 "A Calm Address to the Inhabitants of England," J XI:130, sec. 5.

일이었다. "1737년에 동생[찰스 웨슬리]은 조지아에서 영국으로 돌아가기 위해 배를 탔다. 그러나 어떤 거센 폭풍이 그를 뉴잉글랜드로 몰아갔고, 그는 보스턴에 얼마 동안 붙들려 있었다. 그때 이미 동생은 가장 진지한 사람들, 중요한 사람들이 거의 쉴 새 없이 '우리는 독립해야 한다. 영국이라는 짐을 떨쳐낼 때까지 우리는 절대 잘 될 수 없다'고 외치는 것을 보고 놀랐다." 그 당시 그들은 "어떤 구체적인 계획이나 일치된 방안도 없이" 그렇게 말했다.[105]

4. 독립의 경제학

미국은 초기에 견고하게 성장했다. 이런 일은 "그들을 다스리고 있던 정부의 비할 데 없는 관대한 조치[106]와 그들이 완벽하게 누린 종교적 자유와 시민적 자유"가 있었기에 가능했다.[107] 부가 늘어나자 독립의 기운은 불붙기 시작했다. 그 다음에는 무역으로 인한 세금에 의문이 제기됐다. 웨슬리는 자신이 젊었을 때를 떠올리며 세금을 회피하기 위해 많은 숨은 거래가 있었던 것을 기억했다. "특히 보스턴에는 세관을 통과하지 않은 물건을 가득 실은 배들이 들어왔는데", 존 핸콕(John Hancock)은 "이런 종류의 가장 잘나가는 상인 중 하나"였다.[108] 관세를 징수하려는 어떤 시도도 "엄청난 분노와 강한 적개심"을 표출하는 계기가 되었다. "이런 방법으로 원래는 정부 지출의 상당 부분을 부담할 수 있었을 북미의 관세가 얼마 되

---

105 "A Calm Address to the Inhabitants of England," J XI:130-31, sec. 6. 찰스는 존보다 일찍 영국으로 돌아갔다.
106 "관대함"(Lenience).
107 "A Calm Address to the Inhabitants of England," J XI:131, sec. 7.
108 "A Calm Address to the Inhabitants of England," J XI:131, sec. 8.

지 않는 적은 액수로 감소했다."[109]

　미국인에게 잘 알려진 보스턴 차 사건이 영국에서는 보스턴에서와 같은 방식으로 이해되지 않았다. 웨슬리는 그 사건을 자신의 관점에서 영국 국민에게 냉정하게 설명했다. "몇 년 전 영국 정부가 미국 우표에 약간의 세금을 붙이는 것이 공정하다고 생각"했을 때, 혁명을 위한 외침이 시작됐고, "미국에서 대서양을 건너 영국까지 그 메아리가 울려퍼졌다." 폭풍은 "바다 양쪽 모두로" 퍼졌고 "인지조례는 폐지됐다."[110] 캐나다에 대해서는 염려할 것이 전혀 없었기에, 뉴잉글랜드 사람들은 특별히 "자신의 동맹국들이 점점 더 강해지고 있다고 판단했다." 그들은 "조상에게서 물려받은 공화주의 사상을 부지런히 장려"[111]하는 것에서 시작해, 기존의 영국 정부를 비난하는 선전을 계속했다.

　영국 의회가 미국으로 수출되는 차에 작은 세금을 붙였을 때, 미국 전역에서는 "격렬한 반응이 일어났고", 그것은 영국으로도 퍼져갔다.[112] "(특별히 손해를 입을 처지였던) 핸콕 씨의 비호 아래 … 그들은 영국 차를 바다에 던졌다. 이것이 반역의 분명하고도 명시적인 첫 번째 행동이었다. 영국 의회는 보스턴 항구의 폐쇄를 명령했다."[113] 미국인들은 계속 충성을 공언했지만, "동시에 영국 정부를 깎아내리기 위해 가능한 모든 방법과 노력을 다하고 있었다." 보스턴에서 일어난 폭풍은 펜실베이니아와 "남부 식민지까지 퍼져갔다. … 새롭게 구성된 대륙 회의라는 이름의 새로운 최고

---

109 같은 곳.
110 "A Calm Address to the Inhabitants of England," J XI:131-32, sec. 9.
111 "A Calm Address to the Inhabitants of England," J XI:132, sec. 10.
112 "A Calm Address to the Inhabitants of England," J XI:132-33, sec. 11.
113 같은 곳.

권력 기구는 공개적으로 정권을 맡아 모든 통치권을 행사했다."[114]

"미국인들이 충성을 말하면서, 자신들은 영국인의 자유 이외에 다른 것을 원하지 않는다고 했을 때 … 많은 영국인은 그 말을 진심으로 믿었다. 나 자신도 그중 하나였다."[115] 영국의 많은 저명한 인사들이 미국인들을 격려하면서 "조금도 양보하지 말라, 아무것도 포기하지 말라. 입장을 견지하라. 단호하라. 그러면 분명히 1년 반도 채 되기 전에 영국에서는 소요가 일어나, 정부가 당신들의 요구를 들어주어 화해하고자 할 것이다"라고 말했다.[116]

시민들의 불복종 행위가 늘어나자 "사(私)나포선(privateer)이 사방에서 모여들었다." 이미 대영 제국과 적대관계였던 네덜란드와 프랑스는 그들에게 "온갖 무기와 탄약"을 공급해주었다. "한편, 미국에 있던 몇 개의 영국 부대는, 사방에서 에워싸 그들을 삼키려고 입을 벌리고 있는 대군으로 인해 보스턴에 굳게 갇혀 있었다. … 미국인은 이것을 하나님이 자신들 편에 계신 명백한 증거라며 기뻐했다."[117]

5. 심각한 전쟁 발발

a. 전쟁 초기 영국이 승리하던 때의 관점

갈등은 1777년에 정점에 달했다. 혁명주의자들의 주장은 오만과 멸시로 변질되었다. 영국 국왕은 "'하나님 앞에 겸손하게 복과 도우심을 간구'할 수 있도록 영국의 국가 금식일을 선포"함으로 국민에게 회개를 요청했

114 "A Calm Address to the Inhabitants of England," J XI:133, sec. 13.
115 같은 곳.
116 "A Calm Address to the Inhabitants of England," J XI:133, sec. 14.
117 "A Calm Address to the Inhabitants of England," J XI:134, sec. 15.

다. 이 겸손의 행동을 사람들은 나약함으로 받아들였다. 이 요청을 식민지에서는 조롱했고 위선으로 여겼다. "바로 이때부터 분위기는 역전되었고" 두 나라의 군대는 전쟁에 돌입했다.[118] 전쟁은 곧 도둑질, 약탈, 파괴로 발전해 "좋은 사람들이 살던 풍부한 땅을 황무지로 바꾸어 놓았다."[119]

"스스로를 독립 국가로 선언"한 식민지 주민들은 영국을 향한 "충성을 공개적으로 부인했다." 웨슬리는 혁명주의자들이 스스로 자초한 딜레마를 설명했다. 1775년 4월 19일 렉싱턴(Lexington)과 콩코드(Concord)에서 민병대가 영국군과 전투를 벌인 때부터 웨슬리가 "영국 국민을 향한 냉정한 권고"를 출판한 때까지의 기간에 벌어진 전투는 주로 영국군이 승리했다. 1776년 7월 4일 미국 독립 선언서의 서명이 이루어진 후, 전세는 혁명에 불리한 듯 보였다. 롱아일랜드, 뉴욕시, 할렘하이츠 전투 후에는 워싱턴이 트렌턴과 프린스턴을 점령했다. 그러나 1777년 초반에는 브랜디와인, 필라델피아, 저먼타운 전투에서 영국군이 다시 승리했다. 그 후 한 겨울에 워싱턴은 밸리 포지로 후퇴했다. 1777년 8월이 되자 영국은 필라델피아를 포기했다. 1777년 말부터 1778년 초까지의 겨울은 워싱턴이 모리스타운 근처로 후퇴한 끔찍한 겨울이었다.

1777년에 일어난 전투에 대한 웨슬리의 묘사는 다음과 같다. "미국의 군대는 흩어졌고, 그들은 요새과 거점을 잃었다. 그들의 지방은 차례로 점령당했다. 그러는 동안 그들은 겸손해졌는가? 아니다. 그들은 그물에 잡힌 성난 황소처럼 으르렁거린다. … 아, 미국의 미덕이여! 이들이 모든 유럽의 귀감이라던 그 사람들인가?"[120] 다음으로 웨슬리는 이전처럼 독립 정

---

118 "A Calm Address to the Inhabitants of England," J XI:134-35, sec. 16.
119 "A Calm Address to the Inhabitants of England," J XI:135, sec. 17.
120 "A Calm Address to the Inhabitants of England," J XI:135, sec. 18.

신 때문에 진정한 자유가 희생된다고 여긴 상황을 설명했고, 그중 일부인 시민의 자유와 공공 질서가 상실된 사례는 "미국 식민지를 향한 냉정한 권고"에서 인용했다.[121] "법이 없다면 어떤 사람도 생명과 재산을 안전하게 지킬 수 없고, 매일 물건에 손해를 입거나 빼앗기기 쉽고, 많은 사람이 죽음보다 끔찍하게 여길 잔인한 일을 겪게 된다. 그리고도 자신이 입은 손해나 모욕에 대해 배상받을 수 있는 어떤 법적인 방법도 없다."[122]

b. 시민으로서 복종해야 할 그리스도인의 의무

양쪽 대륙 모두의 신자는 하나님만이 참된 권세자이심을 고백하는 가운데 "기꺼이 '위에 있는 권세들에게 복종'"해야 한다.[123] "하나님에게서 나지 않은 권세는 없으므로, 우리 모두 정부의 권세자에게 복종하자. 모든 권세자는 하나님께서 세우신 사람들이다. 따라서 누구든 권위에 맞서 반역하는 자는 하나님께서 정하신 일에 맞서는 것이 되기에, 그들은 스스로 심판을 자초할 것이다. … 그러므로 처벌 가능성 때문만이 아니라 양심상 권세자에게 승복해야 한다."[124]

웨슬리는 얼마나 많은 영국인이 "공공연히 반란을 일으킨 사람들의 생각을" 받아들였는지를 알고 당혹스러워했다. 그는 모든 당파 지지자에게 "하나님 앞에서 자신을 낮추고, 당신이 누구인지에 부합하게 행하라. 어디에 있든 천박한 자들의 저속한 외침에 동조하지 말고 저지하라"고 요구

---

121 미국인들은 이 글을 읽고 미소를 짓지 않을 수 없다. 미국인의 역사의 기억은, 웨슬리가 살던 대서양 반대편의 입장과 달리, 이 사건들을 불의에 맞서 시민의 자유를 수호한 것으로 여기기 때문이다. 내 의무는 최대한 웨슬리의 주장을 충실히 설명하고 분석하는 것이다.

122 "A Calm Address to the Inhabitants of England," J XI:135-36, sec. 19.

123 "A Calm Address to the Inhabitants of England," J XI:137-40, sec. 22; 참고. 롬 13:1.

124 롬 13:1-2, 5.

했다.[125] "당신들이 누려온 복"을 기억하라. "만약 종교나 감사함으로도 자신을 절제할 수 없다면, 상식으로 스스로를 절제하라." 그렇게 하지 않으려면 "지금 누리고 있는 자유와 작별하라."[126]

다음으로 웨슬리는 자신의 메소디스트 연합체에 속한 사람들에게 "몇 마디 권면을 덧붙일" 필요를 느꼈다. "여러분 중 누가 하나님이나 왕을 모독하는가? 나와 관련된 사람 중에는 그런 사람이 없다고 믿는다."[127] 웨슬리는 영국법을 비하하기보다 그것이 보장해주는 자유에 대해 깊이 감사했다. 이 정부가 이미 당신들을 위해 해준 것보다 무엇을 더 해줄 수 있겠는가? "당신은 모든 면에서 완전한 양심의 자유를 누리고 있지 않은가? … 당신은 생명과 인격과 재산과 관련해 완전한 자유를 누리고 있지 않은가? 이 세상 다른 어떤 나라에서 이런 자유를 찾을 수 있는가? … 하나님께서 당신에게 주신 지도자에 대해 그렇게 격하고 경멸스러운 방식으로 말하는 것이 분별력 있는 것인가?"[128] 웨슬리는 반역의 이유에 공개적으로 지지를 표한 사람들에게는 이렇게 말했다. "틀림없이 이 중대한 상황이 진정되면" 당신들은 더 합리적으로 판단할 수 있을 것이다. 그러나 "당신이 지금 하는 행동은 그때 가서 기억될 것이고, 아마도 당신에게 전적으로 유리하지만은 않을 것이다."[129]

---

125 "A Calm Address to the Inhabitants of England," J XI:137-40, sec. 22.
126 같은 곳.
127 같은 곳.
128 "A Calm Address to the Inhabitants of England," J XI:137-40, sec. 23.
129 같은 곳.

D. 북아메리카의 신앙 부흥에 나타난 하나님의 역사

1. 최근 북미에서의 하나님의 사역(1778)

그로부터 1년 후이자, 런던의 전쟁 미망인을 위한 자선 설교를 한 1775년보다 3년 후인 1778년, 웨슬리는 아직도 정치적·경제적 사건을 통한 하나님의 섭리의 신비에 대해 곰곰이 생각하고 있었다. 미망인들의 군인 남편들은 미국에서 죽었다. 웨슬리가 지적한 식민주의에서 비롯된 죄들은 쓴 열매를 맺고 있었다. 그들은 혁명이라는 자극적인 포도주에 동요된 것이다. 열렬한 당파심의 결과는 점점 복잡한 양상을 띠었다. 식민지의 위기에 관한 신정론을 해설할 필요가 있는 상황은 당시에도 여전히 전개되고 있었다.

1778년에 웨슬리는 자신의 통절한 마음을 담아 "최근 북미에서의 하나님의 사역"(The Late Work of God in North America)이라는 논문을 썼다. 그때는 미국 독립 선언서 서명 이후 2년 동안 무엇이 일어났는지 숙고해 보아야 할 시기였다. 그가 다룬 주제는 타락한 세상에서 예기치 않은 방식으로 역사해 강력한 정의를 이루시는 하나님의 섭리였다. 이 논문의 주된 주제는 정치나 전쟁이나 혁명이 아니라, 인간의 오만함을 통해서도 역사하시는 하나님의 섭리의 신비다.

혁명의 결과는 여전히 영국을 크게 지지하는 듯 보였다. 정치 윤리에 관한 이후의 모든 논문은 모두 미국 헌법이 제정되기 전에 쓰인 것이다. 웨슬리 비평가들은 종종 이 순서를 간과하곤 한다. 권리 장전은 1791년 12월 15일까지는 비준되지 않았는데, 이는 웨슬리가 사망한 3월 2일 이후의 일이다. 혁명에 대해 웨슬리가 가진 거리낌은, 기존의 법을 전복시키는 것을 주된 목적으로 삼은 무정부주의의 망령 때문이었다. 그 망령은 미국과 프랑스뿐 아니라 영국에도 출몰하고 있었다.

웨슬리는 섭리의 신비에 대해 숙고하면서 성경을 의지했다.

2. 에스겔의 환상

"최근 북미에서의 하나님의 사역"의 성경 본문으로 웨슬리가 선택한 구절은 에스겔의 흥미로운 '바퀴 안의 바퀴' 비유다. "그들의 모양과 구조는 바퀴 안에 바퀴가 있는 것 같으며" [겔 1:16; 설교 #113, B 3:595-608, J VII:409-19 (1778)].

숨겨진 섭리의 바퀴들은 눈으로 보이는 바퀴들 안에서 돌고 있었다. 하나님께서는 이런 비극적인 인간의 갈등 가운데서 우리가 알 수 없는 방식으로 일하고 계셨다.

바벨론 포로 생활 중 첫 번째 환상에서 에스겔은 하늘이 열리고 폭풍우가 몰아치는 것을 보았다. 그는 큰 구름과 그 안에서 밝은 빛 가운데 번쩍이는 불빛을 보았다. "내가 그 생물들을 보니 그 생물들 곁에 있는 땅 위에는 바퀴가 있는데 그 네 얼굴을 따라 하나씩 있고 그 바퀴의 모양과 그 구조는 황옥같이 보이는데 그 넷은 똑같은 모양을 가지고 있으며 그들의 모양과 구조는 바퀴 안에 바퀴가 있는 것 같으며 그들이 갈 때에는 사방으로 향한 대로 돌이키지 아니하고 가며 그 둘레는 높고 무서우며 그 네 둘레로 돌아가면서 눈이 가득하며."[130]

에스겔의 환상에서 생겨난 질문은, 어떻게 하나님의 섭리가 눈에 보이는 세상의 광경 뒤에서 일하는가 하는 것이다. "이 이해하기 힘든 성경 구

---

130 겔 1:15-18.

절의 일차적 의미가 무엇이든, 모든 시대의 많은 진지한 그리스도인은 이 구절이 이차적으로 가리키는 것은, 이 세상에서 하나님의 흠모할 만한 섭리가 역사하는 일반적인 방법이라고 생각했다."[131] 웨슬리는 역동적인 상관관계 속에서 움직이는 에스겔의 바퀴 비유를, 혁명 속에 있는 미국에서의 하나님의 섭리적 사역에 적용했다.

3. 섭리의 바퀴들

웨슬리는 미국에서 일어나는 일에서 신비한 섭리의 바퀴들이 "한 바퀴가 다른 바퀴에 붙어, 하나가 다른 하나를 사용해 작동하며" 돌아가는 것을 보았다.[132] 바퀴 비유는, 하나님의 은혜와 인간의 자유가 예기치 못한 방식으로 상호작용하되, 하나님의 궁극적 통치가 인간의 자유를 약화시키지 않는 역설적인 관계에서 일어나는, 역사의 변화에 대한 역동적 본보기다. 인간의 자유는 하나님의 심판이 있다는 더 큰 맥락에서 작용한다. 웨슬리는 에스겔의 예언이, 발전해가는 역사에서 이후의 일들에 의해 설명되기 전에는 바르게 이해하기 어렵다는 사실을 알고 있었다.

미국에서는 미국 독립 혁명이 있기 전 이미 하나님의 섭리의 첫 번째 바퀴가 역사했다. 그것은 메소디스트 부흥운동의 시작 무렵 하나님께서 행하신 일이다. 웨슬리는 1736년 조지아에서의 자신의 선교 사역과 1776년 미국 독립 선언 사이의 시기를 돌이켜 보았다. 그 40년 동안 하나님께서는 새로운 땅에 믿음과 은혜의 복음을 새롭게 선포하시기 위해 조용히 씨를 뿌리고 계셨다.

웨슬리가 돌고 있는 것을 본 섭리의 두 번째 바퀴는 경제적 성공과 정

---

131 "The Late Work of God in North America," B 3:595, J VII:409, 서문, sec. 1.
132 같은 곳.

치적 격분의 조합으로 이루어져 있었다. 이 바퀴들의 움직임을 통해 하나님은 무엇을 행하시는가? 어떻게 인간의 자유의 결과가 은혜와 심판 모두를 초래했는가? 이러한 격변에서 하나님의 의로우심은 어떻게 설명될 수 있는가? 신앙의 부흥과 독립을 위한 노력의 접점에서 어떤 일이 일어나고 있었는가?

4. 미국에서 일어난 신앙의 부흥

웨슬리는 북아메리카에서 일어난 사건의 완전한 의미를 아는 척하지 않고, 그것들은 "하나님의 다양한 섭리"를 얼핏 볼 수 있게 하는 바퀴 속 바퀴와 같은 것이라고 생각했다.[133] 이 논문에서 웨슬리는 먼저 "각각의 바퀴"의 의미를 짚어본 후, 다음으로는 "그 둘이 서로 어떻게 연관되어 상응하는지를 살펴보고자 했다."[134]

5. 미국 제1차 대각성 운동의 초기 징조

a. 웨슬리, 휫필드, 에드워즈의 보완적 사역

웨슬리는 1736년의 웨슬리 형제의 사역을 1769년의 미국 메소디스트 신도회의 모습과 비교함으로 미국 대각성 운동의 역사를 돌아보았다.[135] 그는 "미국에서 있었던 최근의 일들을 자세히 설명"하려 한 것이 아니라, "몇 가지 잘 알려진 사실을 이해하기 쉽게, 사실 그대로 추론해 보려고 한 것이다."[136] 그는 미국에서의 사건에 대해 서로 다른 견해를 가진 사람들을

---

133 "The Late Work of God in North America," B 3:595, J VII:409, 서문, sec. 2.
134 같은 곳.
135 웨슬리는 1778년에, 40년 전에 시작된 부흥 초기에 관해 글을 쓰고 있다.
136 "The Late Work of God in North America," B 3:596, J VII:410, sec. 1. 1

모두 만족시키면서 문제를 공정하게 다루기는 어려움을 알고 있었다. 특히 "어느 한편을 강하게 지지하는" 사람들의 경우는 더욱 그랬다. 그래서 그는 "진실을 벗어나거나 가리지 않고 … 모든 비난의 말"을 피하기 위해 노력하면서, 할 수 있는 한 "가장 부드러운 표현"을 사용해 식민지로 인한 갈등을 설명하고자 했다.[137]

웨슬리는 조지아에서의 자신과 모라비아 교도의 사역, 북쪽 지역에서의 조나단 에드워즈와 조지 휫필드의 사역을 포함해 미국의 복음적 부흥의 초기 증거들을 언급하는 것으로 설명을 시작했다. 비록 미국의 신앙의 부흥에서 자신의 역할을 중요하게 다루지는 않았지만, 그는 자신이 지도했던 휫필드 이전부터 그 초기 사역에 참여한 사람이자, 1737년 노샘프턴에서의 "하나님의 놀라운 역사에 대한 충실한 기록"(Faithful Narrative of the Surprising Work of God)을 출판한 조나단 에드워즈와 동시대 사람이었다. 웨슬리 형제는 1735년에 미국행 배를 탔고, 휫필드는 1738년에 왔다. 웨슬리는 다음과 같이 요약했다. "1736년에 하나님께서는 새로 생긴 식민지이자 당시 아메리카 대륙 중 우리의 최남단 정착지였던 조지아에서 은혜의 사역을 시작하기를 기뻐하셨다. 영국인이 그곳에 정착하고 1년이 지난 후에는, 잘츠부르크(Salzburg)의 대주교가 독일에서 추방한, 모라비아 교도로 불리는 큰 무리가 더해졌다. 이들은 참으로 하나님을 경외하고 의를 행하는 사람들이었다. 같은 시기에 사바나와 프레더리카의 영국 사람들 사이에서 영적 각성이 시작되었다. 많은 사람이 구원을 받으려면 무엇을 해야 하는지 물었고, '회개에 합당한 열매를 맺기' 시작했다."[138]

웨슬리는 계속해서 그다음의 일을 말한다. "같은 해에 뉴잉글랜드의

---

137 같은 곳.
138 같은 곳.

여러 지역에서 하나님의 놀라운 역사가 일어났다. 그것은 노샘프턴에서 시작해 짧은 시일 내에 인근 도시들에서도 나타났다. 이 부흥의 특별하고 아름다운 이야기가 노샘프턴 목사인 에드워즈 씨에 의해 출판되었다. 많은 죄인이 자신의 죄를 깊이 깨달았고, 많은 사람이 진심으로 하나님께로 돌이켰다. 내가 생각하기에 지난 100여 년 동안 이렇게 신속하고도 깊이 있는 은혜의 역사는 미국에서 일어난 적이 없었다. 아니, 영국인들이 거기에 정착한 후로도 그런 일은 없었다."[139] 그 후로 "하나님의 일은 뉴잉글랜드에서 남쪽으로 점차 확산되었다."[140]

웨슬리가 조지아에서 사역을 시작한 후 1738년에는 "휫필드 씨가 영국인에게든 인디언에게든 설교를 통해 나를 도우려는 계획을 가지고 조지아로 왔다. 그러나 나는 그가 도착하기 전 영국행 배를 탔기 때문에, 그는 먼저 자신이 주로 사역하기로 한 조지아에서 영국인들에게 설교했고, 다음으로는 남부와 북부 캐롤라이나, 그 후로는 뉴잉글랜드로 갈 때까지 중부의 여러 지역에서 설교했다."[141] 휫필드의 설교는 많은 사람의 마음에 감동을 주었다. 부흥의 물결은 "조지아에서 뉴잉글랜드"로 퍼져갔다.[142]

---

139 "The Late Work of God in North America," B 3:596, J VII:410, sec. 1. 2.
140 "The Late Work of God in North America," B 3:597, J VII:410, sec. 1. 3. 웨슬리와 에드워즈는 같은 해인 1703년에 태어났다. 그들의 사역은 많은 면에서 유사했다. 1731년 7월에 웨슬리는 "영혼을 구원하는 지혜"(The Wisdom of Winning Souls)를 설교했고, 조나단 에드워즈는 "사람이 의지할 때 영광받으시는 하나님"(God Glorified in Man's Dependence)을 설교했다. 웨슬리가 조지아에서 사역한 1737년에 에드워즈는 노샘프턴에서 사역했다. 웨슬리가 "믿음으로 말미암는 구원"(Salvation by Faith)을 작성한 1738년에, 에드워즈는 "하나님의 놀라운 역사에 대한 충실한 기록: 노샘프턴에서의 수천 명의 회심 이야기"(A Faithful Narrative of the Surprising Work of God in the Conversion of Many Hundreds of Souls in Northampton)를 썼다. 웨슬리가 "명목상의 그리스도인"(The Almost Christian)을 작성한 1741년에, 에드워즈는 "성난 하나님의 손 안에 있는 죄인들"(Sinners in the Hands of an Angry God)을 썼다. 웨슬리와 에드워즈는 모두 원죄에 대한 중요한 논문을 썼는데, 웨슬리는 1756년, 에드워즈는 1758년에 발표했다.
141 "The Late Work of God in North America," B 3:598, J VII:411, sec. 1. 7.
142 "The Late Work of God in North America," B 3:597, J VII:410, sec. 1. 4.

이같이 1730년대 후반기에는 식민지 전체에 뚜렷한 신앙의 부흥이 북아메리카의 "모든 지방"을 휩쓸고 지나갔다.[143]

웨슬리는 횟필드의 마지막 미국 여행담을 통해 미국에서의 부흥의 가장 큰 결함은, 그리스도인의 삶에서 계획적인 양육이 이루어지지 않는 것임을 알게 되었다. 그 결과 거룩한 삶의 열매를 맺는 사람이 매우 적었다.[144] 웨슬리는 후속적 훈련 없이 설교하는 것은 그 영향력이 지속적이지 못함을 알았기에 놀라지 않았다. 웨슬리의 평가는 다음과 같다. "그들은 훈련의 그림자도 보지 못했고, 아예 그런 것이 없었다. 그들에게는 신도회가 형성되어 있지 않았다. 그들은 그리스도인으로서의 연합이 없었고, 서로의 영혼을 보살피는 것에 대해서도 배운 적이 없었다."[145] 웨슬리는 미국에 있는 동료들에게서 이전에 개종한 많은 사람이 지금은 "무관심한 상태"에 빠졌고, 그들을 일으키고 도와줄 공동체도 없다고 들었다.[146] 미국의 제1차 대각성 운동에서 부족했던 것은, 정확히 영국에서 메소디스트 반회 모임이 제공했던 바로 그것이었다.

b. 미국 메소디스트 신도회

다음으로 웨슬리는 "1769년 브리스톨 연회"의 결정에 따라 독립 전쟁 이전 미국에서 상호 책임성으로 서로를 돕는 영적 공동체를 육성한 사례를 제시했다. 리처드 보드먼(Richard Boardman)과 조셉 필모어(Joseph Pillmoor)가 미국 사역을 위해 자원함으로 미국 메소디스트 신도회 설립 계획이 새롭게 시작되었다. 그들의 노력은 뉴욕과 필라델피아에서 많은

143 "The Late Work of God in North America," B 3:597, J VII:410-11, sec. 1. 5.
144 "The Late Work of God in North America," B 3:597-98, J VII:411, sec. 1. 6.
145 "The Late Work of God in North America," B 3:598, J VII:411, sec. 1. 7.
146 같은 곳.

열매를 맺었다. "전에는 부족했던 것이 이제는 채워졌다."[147] 즉, 엄격한 상호 책임성을 지닌 소그룹 훈련이 이루어졌다.

그들은 "사랑으로 서로를 돌보기 시작했고, 신도회들이 조직되었으며, 그리스도인의 훈련은 모든 지부에 확대되었다."[148] "최근의 문제[미국 독립 혁명] 초기에는 3천 명의 영혼이 메소디스트 신도회에서 서로 연합되어 있었다."[149] 따라서 1769년과 1776년 사이의 짧은 기간 동안 미국에 메소디스트 훈련이 확고하게 심겨진 것이다. 그러나 부흥의 진전을 둔화시킨 두 가지 주요 방해물이 나타났는데, 그중 하나는 경제적인 것이고 다른 하나는 정치적인 것이다.

6. 부흥의 진전을 둔화시킨 방해물: 욕심과 노예제도

a. 경제적 풍요로움

미국에서는 풍부한 자연자원으로 인해 "신앙의 진전에 큰 장애물이 등장했는데, 그것은 미국의 어마어마한 무역이었다." 미국은 "유럽의 어떤 나라보다 빠르게 가난한 나라에서 매우 부유한 나라로 부상했다."[150] 여기에는 예상대로 육체의 정욕과 안목의 정욕과 이생의 자랑을 증대시키려는 유혹이 뒤따랐다. 더 부유해질수록 교만의 정도도 심해졌다.

이 교만은 국민의 자기 주장이라는 정치적 형태로 표출되었다. "세상에서 지위가 올라가자 그들의 자만심도 상승했다." 이러한 퇴보는 "1천 파운드의 돈은 부족한 2만 가지 자질을 메워준다"는 속담에서도 확인된

---

147 "The Late Work of God in North America," B 3:598-99, J VII:411-12, sec. 1. 9.

148 같은 곳.

149 "The Late Work of God in North America," B 3:599, J VII:412, sec. 1. 10.

150 "The Late Work of God in North America," B 3:600, J VII:412, sec. 1. 11.

다.[151] 부의 자연적 결과는, 먼저 사치가 따르고, 그 뒤로 교만과 나태가 따른다는 것이다.

b. 노예 무역

신앙의 두 번째 방해물이자 미국 사회의 끔찍한 특징은 바로 노예 매매였다. 미국이 누린 부의 많은 부분은 노예 경제 제도에 의한 것이었다.

웨슬리는 노예 무역이 미국 사회 타락의 내재적 요인임을 가장 먼저 주장한 사람 중 하나였다. 하나님의 형상으로 만들어진 사람을 사고파는 끔찍한 인신매매는 부자들의 필요와 소원을 채워주는 주된 요소였다. 웨슬리는 호사스런 노예 주인들을 다음과 같이 묘사했다. 그들은 "자기 옷을 스스로 입는 것조차 견디지 못한다. 노예를 불러 이것저것 모든 것을 시킨다."[152] 미국인들은 경제적인 성공에 뒤따르는 도덕적 실패 증후군에 말려들었다. "막대한 부와 풍족함에서 자연적으로 일어나는 교만, 사치, 나태, 방탕이 북미 도시 전역에 참된 신앙이 확장되는 것을 가로막는 큰 장애물이 되었다."[153] 웨슬리는 이것을 경제의 바퀴가 도는 것으로 묘사했다.

7. 하나님의 섭리의 두 번째 바퀴

a. 독립 정신

뉴잉글랜드의 식민지, 특히 보스턴 지역에서는 처음부터 "독립에 대한 강한 갈망"이 있었다. 영국으로부터의 정치적 독립에 대한 열망이 강하게 들끓었다. 이에 대해서도 웨슬리는 전에 보스턴에서 직접 목격한 현

151 "The Late Work of God in North America," B 3:600, J VII:412, sec. 1. 12.
152 "The Late Work of God in North America," B 3:600-601, J VII:413, sec. 1. 14.
153 "The Late Work of God in North America," B 3:601, J VII:413, sec. 1. 15.

상이 있었기에 놀라지 않았다. "가족 관계, 그들이 받은 교육, 인간 관계 등 그들이 영국을 떠나기 전에 형성했던 여러 관계를 생각해 보면, 그들은 달리 행동할 것을 기대할 수 없는 사람들이었다."[154] 이들은 경제적 성공으로 인해 거만해지는 일에 재능이 있는 사람들이었다.

거기에 특히 과세에 대한 영국의 가혹하고 의심스러운 대우를 더해 보라. 이것이 혁명에 대한 갈망을 더 강렬하게 만들었다. 그들은 "자신들이 결코 완전히 만족할 수 없었던 그 의존 관계"를 벗어버리기 원했다.[155] 1600년대 영국의 국교회 반대자들의 분노는 1700년대 그들의 미국 후손들에게 전해져 더 격렬해졌다. 그들이 어떤 유익과 자원을 영국 문화에서 받았는지와 상관없이, 어떤 것도 이 뿌리 깊은 비통함을 지울 수 없었다.

이는 특별히 보스턴에서 강하게 나타났다. 웨슬리는 또다시 동생 찰스 웨슬리가 1737년에 겪었던 일을 언급했다. "동생은 그곳에서 얼마 동안 머물면서 목사든 신사든 상인이든 평범한 사람이든 할 것 없이 거의 모든 사람이 '우리는 반드시 독립해야 한다. … 우리 자신이 통치자가 될 것이다'라고 말하는 것을 보고 매우 놀랐다."[156] 이때는 1737년으로, 실제 혁명이 일어나기 40년 전이다. 이미 원망의 정치가 끓어오르고 있었다.

웨슬리가 "독립 정신"으로 의미한 것은 단순히 정치적인 견해가 아니라, 매우 깊게 뿌리 내린 분노와 반역의 정치였다. 그가 보기에 이것은 진정한 자유의 정신이 아니었다. 그의 관점에서 참된 자유의 정신은 사회 계약을 파기하는 것이 아닌 법치에 달려 있다. 그가 말한 "합법적 자유"는 법에 규정된 대로 통치가 이루어질 때만 가능하다.[157]

---

154 "The Late Work of God in North America," B 3:601, J VII:414, sec. 2. 1.
155 같은 곳.
156 "The Late Work of God in North America," B 3:602, J VII:414, sec. 2. 2.
157 "The Late Work of God in North America," B 3:602, J VII:414, sec. 2. 3.

b. 혁명의 과도함

웨슬리는 인지 조례와 보스턴 차 사건 이후 미국에서 있었던 일들에 대한 자신의 생각을 자세히 말했다. 이 사건들은 혁명주의자들에게 공적인 저항을 행동으로 옮길 기회를 주었다. 과세는 더 큰 분노를 일으키는 일반적 원인이 되었다.

웨슬리는 1737년 이후 보스턴에서 유행한 과열된 수사적 표현을 잘 알고 있었다. 그는 반란의 동기가 풍자와 불필요한 분노에 기초하고 있다고 생각했다. 영국 사람들은 "먼저 그들을 대표하는 영국 의회가 정직함과 명예와 인간성을 결여한, 살아있는 사람 중 가장 악한 사람들이라는 비난"을 받았다.[158]

1776년 8월 3일에는 "뉴저지대학의 총장 위더스푼(Witherspoon) 박사가 미국의 의회 연설에서" 다음과 같이 말했다. "영국 의회에서 미국을 편드는 것처럼 보인 사람들도 결코 미국의 원칙대로 하지 않았다. 그들은 우리의 주장의 범위를 이해하지 못했거나 인정하기 싫었던 것이다."[159] 웨슬리는 (자신이 "또 다른 문제"라고 여긴) 이 독립이 옹호할 수 있는 것인지 아닌지에 관해서는 논의하지 않고, 이 독립 정신을 법치로부터의 "공공연한 이탈"로 묘사했다. 웨슬리가 볼 때 미국인들은 독립을 위해 안정적인 무역과 정치적 혼란 속에서 이미 무거운 대가를 치렀다.

8. 하나님의 섭리는 어떻게 두 바퀴 속에서 일하시는가?

이 무모함은 두 바퀴의 움직임에 또 다른 국면을 가져왔다. 즉, 결핍이

---

158 "The Late Work of God in North America," B 3:602-3, J VII:415, sec. 2. 4.
159 "The Late Work of God in North America," B 3:603, J VII:415, sec. 2. 5.

부를 대체한 것이다. 이 모든 과정에서 하나님의 섭리는 인간의 일들 속에서 죄를 심판하시고 은혜를 주시기 위해 역사하고 있었다.

a. 바퀴 속 바퀴의 움직임

첫 번째 바퀴(복음적 부흥)는 두 번째 바퀴(경제적·정치적 과욕)와 어떤 관계인가? 웨슬리는 먼저 각각의 바퀴에 대해 말한 후, 하나님의 섭리가 이 두 바퀴의 상관관계를 통해 어떻게 일하고 있었는지 보여주고자 했다.

이 두 바퀴의 연결된 움직임은 경제와 정치 양면에 영향을 끼쳤다. 경제적 움직임은 "무역, 부, 교만, 사치, 나태, 방종"이었다. 정치적 움직임은 분노로 가득한 "독립 정신"이었다.[160] 이 둘은 상호 보완적으로 연결되어 있었고, 둘 모두 복음적 부흥의 진전을 방해했다. 웨슬리는 이 혁명이 신앙의 부흥의 길을 방해했지만, 그것은 단지 잠시 동안이었다고 생각했다.

경제적 성공 및 실패의 바퀴와 정치적 분노의 바퀴는 어떻게 결합해 북미에서의 하나님의 사역에 영향을 끼쳤는가?

b. 사회적 신정론

이 논문에서 웨슬리의 주된 목적은 정치적이거나 경제적인 것이 아니라, 섭리와 신정론을 신학적으로 해설하는 데 있었다. 지금까지 언급한 일들은 역사에서 하나님이 어떻게 일하시는지를 보여준다. 그 일들은 죄와 고통의 상황에서 하나님의 심판을 하나님의 자비와 조화시키려는 노력인 사회적 신정론을 시사한다.

---

160 "The Late Work of God in North America," B 3:604, J VII:416, sec. 2. 8.

웨슬리는 이 중요한 논문에서, "어떻게 하나님의 지혜롭고 은혜로운 섭리가 하나의 악을 이용해 다른 악의 활동을 저지하며, (더 강한 표현이 허락된다면) 사탄을 이용해 사탄을 몰아내시는지" 보여주었다.[161] "만일 사탄이 사탄을 쫓아내면 스스로 분쟁하는 것이니 그리하고야 어떻게 그의 나라가 서겠느냐."[162] 더 넓은 역사적 관점에서 보면, 하나님의 섭리는 경제적 혼란과 정치적 과욕의 접점을 통해 하나의 바퀴가 다른 바퀴를 무효화하는 것을 허용하셨다.

식민지 개척자들을 미국, 그중에서도 특히 뉴잉글랜드로 오게 만든 동기는 신앙의 자유를 위한 갈망이었다. 1736년부터 1769년까지 신앙의 부흥이 진전되고 있었다. 그러나 식민지 주민들이 점점 교만해지자, 그들은 자신의 성공에 빠져들었다. 경제와 정치의 움직임 모두 신앙의 부흥을 쇠퇴시키는 원인이 되었다. 신앙의 부흥의 쇠퇴는 혁명 정신의 발흥으로 특징지어졌다. 또 경제적 부와 그에 따르는 시험이 부흥을 가로막았다.

약화된 신앙은 잘못된 정치와 비참한 경제 상황을 초래했으며, 과도한 부는 불의한 노예제도와 정치적 과욕으로 변질되었다.

마귀는 적극적으로 사람을 교만과 쾌락적 자기 주장으로 유혹한다. 한동안 이 두 바퀴는 미국에서 하나님의 일 전체를 전복시킬 태세였다.[163]

그러나 인간의 어리석음에도 하나님의 목적은 확고하다. 나라들이 싸울 때, 천상의 보좌에 앉으신 하나님은 인간의 일시적인 허영과 질투를 비웃으신다.[164] 하나님은 타락한 인간의 자유의 어리석음을 바로잡기 위해 행동하신다.

---

161 같은 곳.
162 마 12:26.
163 "The Late Work of God in North America," B 3:604, J VII:416, sec. 2. 8.
164 같은 곳.

c. 시편 2편

하나님의 섭리에 대한 웨슬리의 주장에 담긴 신학적 정수는 시편 2편에 잘 표현되어 있다. 여기서 시편 기자는 이 일들을 통한 하나님의 목적이 무엇인지 묻는다.

> 어찌하여 이방 나라들이 분노하며 민족들이 헛된 일을 꾸미는가 세상의 군왕들이 나서며 관원들이 서로 꾀하여 여호와와 그의 기름 부음 받은 자를 대적하며 우리가 그들의 맨 것을 끊고 그의 결박을 벗어 버리자 하는도다 하늘에 계신 이가 웃으심이여 주께서 그들을 비웃으시리로다 그때에 분을 발하며 진노하사 그들을 놀라게 하여.[165]

시편 2편은 헛된 일을 꾸밈, 정치적 불화, 즉각적 변화에 대한 갈망, 죄에 대한 하나님의 심판 등 웨슬리의 사회적 신정론의 모든 요소를 포함한다. 이 모든 국면은 하나님의 섭리에 의해 인도를 받는다. 하나님은 인간의 자유가 하나님의 구원의 목적에 저항하는 것을 허용하고 계신다.

d. 하나님의 섭리는 사회적 갈등을 통해 신앙의 장애물을 제거하심

웨슬리의 중심 논제는, 하나님의 섭리는 "이 정신을 사용해", 즉 정치적 과욕과 결합된 경제적 탐욕을 통해 미국에서 하나님의 사역을 가로막는 "모든 장애물을 전복시키실 것을 믿을 만한 충분한 이유가 있다"는 것이다. 이 주장은 암울한 정치에 관한 분석이나 경제적으로 자존심이 상한 것에 대한 거친 표현이 아니다. 더 정확히 말하면, 그것은 역사에서 하나님의 목적은 자신의 형상으로 만들어진 타락한 피조물을 구원하는 것이라는 사실에 대한 강력한 선언이다.[166]

---

165 시 2:1-5; "The Late Work of God in North America," B 3:604, J VII:416, sec. 2. 8.
166 "The Late Work of God in North America," B 3:604, J VII:416, sec. 2. 8.

이처럼 서로 연결된 정치적이고 경제적인 움직임은 어떻게 함께 미국에서 하나님의 사역의 더 깊이 있는 회복을 가져올 수 있는가? 웨슬리는 다시 한 번 정치 이론이 아니라, 교만이 경제에 끼치는 결과라는 심오한 신학적 논증으로 나아간다. 이 독립 정신으로 인해 "식민지에서의 무역은 효과적으로 저지되었다."[167] "그들은 기막힌 정책을 통해 영국의 모든 무역을 중단시켰다." 그 결과는 비참했다. 그들의 "무역은 아무런 수익을 내지 못하는 상태가 되었다. … 부와 함께 … 풍족함도 사라졌다."[168] 이러한 일은 이전에 좌절되었던 신앙이 부흥할 수 있는 조건으로 모든 상황을 되돌려 놓았다. 부흥은 이제 경제적·정치적 장애물 없이 전진해나갈 수 있었다.

"이제 바퀴가 바퀴 안에서 움직이기 시작했다. 미국인의 무역과 부가 좌절되자, 교만을 부추기던 것들도 사라졌다."[169] 서로 충돌했던 모든 당파는 "비통하게도 자신들의 힘을 잘못 계산한 것이다."[170]

이 글은 미국 독립 혁명의 결과가 여전히 불확실할 때인 1778년에 쓰였다. 웨슬리가 볼 때 확실한 것은, 전시에는 이전의 경제적 풍족함이 지속될 수 없다는 것이다. 당시에는 영국 군대가 "그들 앞에 있는 모든 것을 쓸어가 … 남은 것은 가격이 너무 비싸져 극소수만 살 수 있었다."[171]

이렇게 미국에서 하나님의 사역의 주된 장애물이 제거된 것은 하나님의 섭리에 의한 것이다. 미국의 제1차 대각성 운동은 이 시험으로 멈추고 말았다. 그러나 19세기의 제2차 대각성 운동과 함께 북아메리카에서 하

---

167 "The Late Work of God in North America," B 3:605, J VII:416-17, sec. 2. 9.

168 같은 곳.

169 "The Late Work of God in North America," B 3:605, J VII:417, sec. 2. 10.

170 같은 곳. 이 글이 작성된 1778년에는 미국 독립 전쟁이 끝나지 않았고, 영국군은 가장 중요한 전투에서 승리하고 있었다. 그래서 웨슬리는 전쟁의 결과를 잘못 예측하고 있었다.

171 "The Late Work of God in North America," B 3:606, J VII:417, sec. 2. 12.

님의 사역은 기하급수적으로 성장했다. 메소디스트 신도회가 이 중요한 역사적 변화의 중심에 있었다.

웨슬리는 앞을 내다볼 수 없었다. 1778년에 일어난 일들은 그가 예상한 것과 매우 다르게 진행되었다. 그러나 하나님의 섭리에 대한 그의 주장은 어떤 일이 실제로 일어났는지를 보면 더 깊이 있게 확인할 수 있다. 메소디스트의 영적 훈련은 혁명 이후 미국 사회에 깊게 뿌리 내리게 된다. 그것은 개척지의 모든 틈 속으로 들어가 새롭게 만들어진 모든 마을에서 열심 있는 메소디스트 신도회를 육성하게 된다. 많은 사람이 오직 믿음으로 은혜에 의한 구원의 거룩한 삶에 헌신했다. 19세기에 성령의 역사가 매우 강하게 나타나 20세기가 되면 미국의 모든 군(county)에 메소디스트 교회가 생긴다. 메소디스트들은 어떤 다른 개신교 교단보다 미국 전역에 골고루 퍼졌다. 나아가 웨슬리가 이끈 18세기의 복음적 대각성의 영향으로 19세기의 제2차 대각성이 일어나는데, 그때 수십만에 달한 회심자는 웨슬리의 이 논문이 쓰인 후 100년 이내에 전 세계적으로 수백만으로 늘어난다.

따라서 이 글이 쓰인 이후의 시기에 확인할 수 있었듯, 하나님의 섭리가 "사람의 마음으로 결코 생각해낼 수 없었을 만큼 얼마나 놀라운 방식으로" 일하셨는지를 찬양하는 것은 합당한 일이다.[172] 하나님은 인간의 교만함이 상상하지도 못한 일을 미리 아시고, 또 그것을 이루셨다. 웨슬리는 비록 미국 독립 전쟁의 결과를 잘못 예측했으나, 그것을 통해 일하시는 하나님의 섭리에 대해 말한 것은 틀리지 않았다.

웨슬리는 섭리의 바퀴들이 어떻게 움직였는지 다음과 같이 요약했다. "하나님이 미리 아신 것은, 질병과 함께 치료약도 생겨났고, 질병이 가장

---

172 "The Late Work of God in North America," B 3:606, J VII:417-18, sec. 2. 13.

왕성해졌을 때 그 약이 효과를 나타내기 시작한다는 것이다."[173] 그 질병은 나태함에서 비롯된 교만이었다. 치료약은 북아메리카에서의 하나님의 사역이었다. 그 치료약이 구체적으로 드러낸 하나님의 은혜가 성취되기 전, 상황은 위기의 단계까지 치달아야 했다. 웨슬리가 죽은 해인 1791년에는 그 일이 이미 일어나고 있었다.

e. 하나의 바퀴에 상응해 움직이는 또 하나의 바퀴

"그렇게 많은 사람이 자유라 부르는" 인간의 자기 주장은, "먼저는 죄를 외치던 자들을 벌하시고 다음으로는 그들을 치유하시는 하나님의 의와 자비의 다스림을 받는다."[174] "하나님께서는 그들을 바로잡으시기 위해 먼저 그들이 자신의 죄를 깨달을 수 있도록 벌을 주신다. … 그리고 나서 그들을 겸손, 절제, 근면, 정숙함의 정신으로 돌이키심으로 그들의 영혼을 구원할 하나님의 말씀을 기꺼이 듣고 받아들이게 하신다. '깊도다 하나님의 지혜와 지식의 풍성함이여!' 하나님께서 말씀으로 계시하시고 자신의 섭리로 알게 하시지 않는 한, '그의 판단은 헤아리지 못할 것이며 그의 길은 찾지 못할 것이로다!'"[175]

이렇게 위험한 고통의 세월을 돌아봄으로 우리는 "하나님께서 가장 원하시는 것은 영적인 축복이고 … 우리 모두는 '성령 안에서 의와 평강과 희락'을 널리 전하기 위해 애써야 함"을 깨닫는다.[176] 우리가 이런 영적인 복을 받을 때 "하나님께서는 많은 세상의 복을 더해주실 것이다." 하나님께

---

173 같은 곳.
174 "The Late Work of God in North America," B 3:606-7, J VII:418, sec. 2. 14.
175 같은 곳.
176 "The Late Work of God in North America," B 3:607-8, J VII:418-19, sec. 2. 15.

서는 자신을 주장하는 교만의 정신이 아닌 "말할 수 없이 복된 자유, 즉 참 되고 합법적인 자유"를 주실 것이다.[177]

요컨대, "하나님께서는 가상적인 악에 대한 이상한 두려움이 모든 미 국인에게 퍼지도록 허락하셨다. 또 그들 모두에게 자비를 베풀어 죄의 속 박에서 구원하시고 '하나님의 자녀들의 영광의 자유'에 이르게 하심으로 그들 모두에게 선한 일을 행하셨다."[178]

웨슬리는 하나님께서 "기독교적인 자유, 죄에서의 자유, 진정한 시민 적 자유, 불법적 폭력을 포함해 모든 종류의 억압에서의 자유, 자신의 생 명과 인격과 재산을 누릴 자유"를 더해주실 것이라고 생각했다.[179] 미국인 들은 기독교적 자유의 변함없는 증거, 즉 하나님의 값없이 주시는 은혜를 받을 자유를 갖게 되었기에 더욱 자유로워질 것이었다.

미국 독립 전쟁에서 미국이 승리하고 최종적으로 1783년에 파리 조 약이 체결된 이후, 웨슬리는 프란시스 애즈베리와 다른 사람들의 조언을 받으며 미국에서의 새로운 상황에 적응한다. 1784년 볼티모어 크리스마 스 연회에서는 전후 미국에서의 메소디스트 연합체 재건이 이루어진다.

---

177 같은 곳.
178 같은 곳; 참고. 롬 8:21.
179 같은 곳.

5장

혐오스러운 죄악, 노예제도

5장 혐오스러운 죄악, 노예제도

A. 노예제도에 대한 저항

1. 윌버포스에게 보낸 웨슬리의 편지

　웨슬리는 평생 노예제도에 반대했다. 나는 드루대학교의 연합 감리교 기록 보관소에서 웨슬리가 죽기 6일 전에 쓴 마지막 편지를 보았다. 그것은 내 박사과정 학생들의 학위논문 심사가 이루어지는 방에 전시되어 있다. 이 편지는 웨슬리의 사역으로 회심한 위대한 노예제도 반대자, 윌리엄 윌버포스에게 보낸 것이다. 그는 국회의원이 되었고 그중에서도 가장 거침없이 노예제도를 반대한 사람이었다. 이 한 쪽짜리 편지에서 웨슬리는 노예제도를 향한 분노를 나타내고, 윌버포스에게 영국의 공청회 제도를 통해 노예제도에 반대하는 소송을 제기할 것을 권고했다. 웨슬리와 윌버포스 같은 도덕성 옹호자들의 노력의 결과, 의회는 1807년 마침내 영국이 노예무역에 참여하는 것을 불법화했다. 윌버포스에게 보낸 웨슬리의 편지는 전체를 인용할 만한 가치가 있다.

　　1791년 2월 24일, 발람(Balam)에서. 하나님의 능력이, 세상과 맞선 아타나시우스처럼 당신을 높이신 것이 아니라면 당신은 종교와 영국과 인간의 본성 모두의 수치가 되는 혐오스러운[1] 죄악에 맞서 그 영광스러운 투쟁을 지속할 수 없었을 것입니다. 하나님께서 바로 이 일을 위해 당신을 세우신 것이 아니라면 당신은 사람과 사탄의 반대에 지쳐 쓰러지고 말았을 것입니다. 그러나 하나님께서 당신을 위하시면 누가 감히 대적하겠습니까? 모두가 힘을 합친다 해서 하나님보다 강할 수 있겠습니까? 선을 행하되 낙심하지 마십시오! 하나님의 이름과 그분의 강하신 능력 앞에서 심지어 (이 세상에 존재하는 것 중 가장 혐오스러운) 미국의 노예제도마저도 사라져 없어질 때까지 계속 전진하십시오. 당신의 친애하는 종, 존 웨슬리로부터.[2]

웨슬리는 윌버포스보다 앞서 노예제도 폐지를 주장했다. 그는 조지아주에서 노예제도가 시작된 초기에 미국 남부에서 살았다. 1735년 10월, 존 웨슬리와 찰스 웨슬리 형제는 미국의 오글소프(Oglethorpe) 장군이 얼마 전 조지아주 식민지를 개척한 사바나(Savannah)로 항해했다. 웨슬리 형제는 또 세인트 시몬스섬(St. Simons Island)에 있는 프레데리카(Frederica) 요새에서 선교 사역을 감당했다. 웨슬리는 아마도 사바나와 찰스턴(Charleston)에서 노예 매매를 직접 보았을 것이다.

웨슬리가 쓴 가장 열정적인 글 중 일부는 노예제도에 반대한 것이다. 우리는 매우 긴 글인 "노예제도에 관한 생각"(Thoughts upon Slavery)에 나오는 주장에 논의의 초점을 맞출 것이다.

---

1   '혐오스러운'(execrable)이라는 단어는 '명백히 혐오스러움'(unequivocally detestable)을 의미하며, 라틴어 'exsecrari'는 저주 또는 저주받을 만한 것을 뜻한다. 이 단어는 웨슬리가 노예제도에 대한 도덕적 권리 주장을 부정적으로 묘사하기 위해 선택한 고대 형용사로, 그가 생애 마지막으로 윌리엄 윌버포스에게 보낸 편지에서 사용해 유명해졌다.

2   Online at ctlibrary.com.

B. 노예제도에 관한 생각 (1774)

웨슬리는, 미국에서 노예제도가 걷잡을 수 없이 만연해져 미국 남부의 경제 및 사회 체계에 중요한 것이 되고, 영국 의회가 이 끔찍한 관행에 대해 심각하게 논의하기 전인 1774년에 "노예제도에 관한 생각"을 썼다 [J XI:59-79 (1774), 번역된 전문은 「존 웨슬리 논문집 (I)」, 한국웨슬리학회 편 (서울: 대한기독교서회, 2009), 426-453를 참고하라–역주]. 그는 이 비인간적인 행위가 만연한 시대에 그것에 맞서 주의 깊은 도덕적 주장을 개진했다.

1. 노예제도의 정의

강제 노동은 언제나 부당하며, 또 언제나 인간 속에 있는 하나님의 형상을 부정한다. 웨슬리는 강제 노동의 비극적인 결과를 모두 말하는 것은 거의 불가능하다고 보았다. 그것은 공정할 수도 있고 그렇지 못할 수도 있는, 자발적으로 집안일을 하는 것과는 전혀 다른 것이다.[3]

"노예제도는 종신 노동의 의무를 의미하는데, 이는 오직 주인만 해제할 수 있다." 이 제도는 일반적으로 "목숨이나 사지만 멀쩡하게 놔두면 노예에게 어떤 징계도 줄 수 있는 자유재량권을 주인에게" 부여한다. 그러나 어떤 나라에서 노예는 목숨이나 사지조차 보호받지 못한다. "때로 목숨과 사지조차 주인이 마음대로 할 수 있게 되어 있고, 성질이 난폭한 주인을 제지하기에는 매우 하잘것없는 벌금이나 경미한 형벌 외에는 어떤 보호도 받지 못한다."[4]

---

3 "Thoughts upon Slavery," J XI:59, sec. 1.1.
4 "Thoughts upon Slavery," J XI:59, sec. 1.2.

사슬에 묶인 그들은 주인에게 득이 되는 것 외에는 어떤 것도 소유할 법적 권한이 없다. 이런 부당한 법은 주인이 노예를 물건 취급하는 것을 허가한다. 설상가상으로 노예의 신분은 "부모에게서 자식에게 그대로 이어져 끝없이 대물림된다."[5]

2. 노예제도의 슬픈 역사

노예제도라는 불의한 일은 "역사에 기록된 가장 오랜 옛날부터" 시작되었다.[6] 슬프게도, 우리가 알고 있는 가장 초기의 사회 집단은 경쟁 집단의 포로가 되지 않기 위해 끊임없이 싸워야 했다.[7] 8세기와 14세기 사이에 노예제도는 점차 대부분의 유럽 국가로 퍼져갔다. 15세기 미국 대륙의 발견과 함께 노예제도는 특히 "아프리카의 동서 해안에서" 기하급수적으로 확산되었다.[8]

스페인 사람들은 "미국 내 자신들의 새로운 소유지를 경작"하기 위해, 포르투갈 사람들의 도움으로 "아프리카의 흑인들을 조달해, 미국에 있는 자국 사람들에게 노예로 팔았다. 이 노예무역은 그들이 처음 흑인들을 히스파니올라섬[9]으로 수입한 1508년에 시작되었다." 1540년에 스페인 국왕이 흑인 노예제도의 종식을 시도한 후에는, 다른 나라들이 "미국에서 점령지를 얻어 스페인 사람들의 본보기를 따랐고, 노예제도는 이제 미국 식민지 대부분에 깊이 뿌리 내리게 되었다."[10]

---

5 같은 곳.
6 "Thoughts upon Slavery," J XI:60, sec. 1.3.
7 같은 곳.
8 같은 곳.
9 현재는 도미니카 공화국과 아이티섬 지역이다. "Thoughts upon Slavery," J XI:60, sec. 1.4. 웨슬리는 당시에 사용할 수 있었던 역사적 자료에 의존했다.
10 "Thoughts upon Slavery," J XI:60, sec. 1.4.

C. 노예제도의 역사에 대한 고찰

웨슬리는 "아프리카계 기질"(African temperament)이라는 흔한 고정관념에 적극적으로 반대했다. 그는 서부 아프리카 원주민이 강제로 끌려오기 전 그들이 살던 땅에서 가졌던 문화, 재능, 노동 습관에 대한 18세기 동시대 목격자들의 기록을 찾아내 그런 고정관념을 깨뜨리고자 했다.[11]

1. 안정적이었던 아프리카인들의 집

웨슬리는 동시대 목격자들의 보고를 통해, 노예들이 잡혀오기 전 살았던 땅은 "비옥해 쌀과 근채류가 풍성하게 자랐고, 콩과인 인디고와 솜은 경작하지 않아도 번성했으며, 물고기와 가축도 많았고, 나무들은 열매로 가득했음"을 보여주었다. 대부분의 노예는 아프리카의 동쪽 해안선을 따라 세네갈과 시에라리온 사이, 그리고 더 아래로는 콩고와 앙골라에서 붙잡혔다.[12] 그들은 기름지고 잘 발달된 땅에서 끌려온 것이다.

1730년대와 1740년대에 아프리카를 직접 본 목격자들의 기록은 미국인들이 가진 아프리카인에 대한 고정관념과는 전혀 다른 모습을 보여준다. 파리 왕립과학아카데미(Royal Academy of Sciences of Paris)의 아단송(Adanson) 씨는 세네갈에 대해 이렇게 보고했다. "나는 눈을 돌리는 곳마다 사방이 아름다운 경치와 맞닿아 있는 기분 좋은 고적함, 나무들 사이에 오두막들이 있는 전원 풍경, 소박한 옷차림과 태도의 흑인

---

11   "Thoughts upon Slavery," J XI:60-65, sec. 2.3-11.
12   "Thoughts upon Slavery," J XI:60, sec. 2.1.

들이 넓게 뻗은 나뭇잎 아래 기대고 있는 여유로움과 평온함 등 순수한
자연의 완벽한 모습을 보았다. 그 전체가 내 마음에 인류의 첫 조상이 생
각나게 했고, 나는 마치 태고의 세상을 보고 있는 것 같았다. 그들은 대
체적으로 성품이 매우 좋고 사교적이며 친절하다." 따라서 아프리카인이
야만적이라는 고정관념은 "상당히 수정"되어야 한다.[13] "남자들은 농사일
을 하고, 여자들은 방직일을 하면서 모든 사람이 지속적으로 일을 했다."[14]
웨슬리는 계속해 황금 해안(Gold Coast)과 베냉(Benin) 주민들의 경제
와 문화, 기질을 묘사했다.[15]

　　이와 비슷하게 브루에(Brue) 씨도, 서아프리카 땅은 매우 잘 경작되
어 "개발되지 않은 땅이 거의 없었다. 작은 수로로 나뉜 저지대는 모두 쌀
이 재배되고 있었고, 고지대는 인디언 옥수수와 각종 콩이 심겨 있었으
며, 쇠고기는 최상급이었고, 가금류는 다른 모든 생필품처럼 풍부하고 값
이 쌌다"[16]고 보고했다. 아프리카 서부 해안은 전반적으로 "끔찍하고 황
량하고 척박하기는커녕 세상에 알려진 나라들 가운데 가장 쾌적하면서
도 비옥했다."[17] "그들의 지도자인 추장은 온화함으로 다스렸다. 그들은
엄격한 회교도여서 물보다 센 어떤 것도 마시지 않았다. 사람들은 착하
고 조용한 성향을 지니고 있고, 무엇이 옳은지를 잘 배워 다른 사람에게
나쁜 짓 하는 것을 혐오했기에 그들을 다스리는 것은 어렵지 않다. 그들
은 자신이 사용하는 땅을 대단히 세심하고 근면하게 경작했고, 그 이상

13　"Thoughts upon Slavery," J XI:63, sec. 2.8.

14　"Thoughts upon Slavery," J XI:63, sec. 2.9.

15　"Thoughts upon Slavery," J XI:63-65, sec. 2.10-11.

16　"Thoughts upon Slavery," J XI:61, sec. 2.3.

17　"Thoughts upon Slavery," J XI:61, sec. 2.5.

의 땅을 탐하지 않았다."[18]

웨슬리는 아프리카 사람들에 대한 부정적인 고정관념을 뚜렷이 거부했다. "따라서 대체로 세네갈강에서 앙골라의 남방 경계에 이르는 아프리카 해안에 거주하는 흑인들은, 흔히 사람들이 말하는 것처럼 어리석고 분별력이 없으며 야만적이고 게으른 미개인이나 사납고 잔인하며 믿을 수 없는 야만인과는 거리가 멀다. 그와는 정반대로, 아프리카 사람들에게 아첨해야 할 이유가 전혀 없는 사람들이 그들에 대한 이해를 증진시킨다고 해서 얻을 이익이 없음에도, 그들이 매우 분별력이 있다고 표현한다. 그들은 무더운 날씨의 다른 민족들에 비해 매우 근면하다. 백인들이 잘못된 것을 가르치지 않은 지역이라면, 그들은 모든 거래에서 공정하고 정의로우며 정직하다. 그리고 낯선 사람들에게는 우리 조상들보다 더 온화하고 우호적이며 친절하다! 오늘날 백인들이 사는 유럽 어디에서 이 불쌍한 아프리카 흑인들에게서 볼 수 있는 정의와 자비와 진리를 일반적으로 행하고 있는 나라를 찾을 수 있는가?"[19]

---

18 "Thoughts upon Slavery," J XI:61-62, sec. 2.6; 파리 왕립과학아카데미의 특파원인 아단송이 1749년부터 1753년까지 18세기 서부 아프리카 문화를 직접 목격한 내용은 Michel Adanson, *A Voyage to Senegal, Goree, and the River Gambia* (London: J. Nourse, 1759)를 참고하라. 이러한 자료 중 중요한 것으로 영국 왕립아프리카회사(Royal African Company)가 감비아(Gambia)강의 제임스(James)섬으로 파견한 프란시스 무어(Francis Moore)의 보고서가 있다. 그는 조아(Joar)에서 일한 후 500마일 정도 내륙으로 들어가 자세한 관찰 기록과 그림을 남겼다. 1735년 5월부터 1736년 7월까지는 조지아에서 가게를 운영했는데, 그 시기에 웨슬리가 그곳에 체류했다. 무어의 "Travels into the Inland Parts of Africa, Containing a Description of the Several Nations for the Space of Six Hundred Miles Up the River Gambia" (London, 1738)와 그가 프레데리카 식민지에 대해 기록한 "A Voyage to Georgia" (London, 1744)를 참고하라.
19 "Thoughts upon Slavery," J XI:63-65, sec. 2.10-11.

2. 미국 내 아프리카 사람들에 대한 부당한 대우

웨슬리는 미국 노예제도의 슬픈 역사를 설명했다. 노예들을 포로로 붙잡는 데는 기만과 전쟁이 중요한 역할을 했다. 웨슬리는 노예제도의 부당함을 설득력 있게 입증하기 위해서는 노예 취득 절차를 기록할 필요가 있다고 생각했다.

노예들은 강압과 사기로 조달된다. 어떤 사람은 배에 초대받아 승선한 후에는 사슬에 묶여 끌려갔다. 소위 "기독교인이라는 사람들"은 아프리카 해안에 상륙해, "남자든 여자든 어린아이든 보이는 대로 최대한 많은 사람을 붙잡아 미국으로 수송했다. 영국이 기니와 교역을 시작한 것은 1551년경이었다. 처음에는 금과 상아를 취급했지만 곧이어 사람들을 거래했다. 1566년에 존 호킨스(John Hawkins) 경은 두 척의 배로 베르데(Verde)곶으로 항해해, 거기서 80명의 사람을 해안으로 보내 흑인들을 붙잡아"[20] 카리브해의 항구에서 팔아넘겼다.

웨슬리는 노예 조달 과정의 잔인함에 대해 구체적인 정보를 제공했다. "얼마 지나지 않아 유럽인들은 아프리카 노예를 좀 더 손쉽게 조달하는 방법을 발견했다. 그들로 서로 전쟁을 일으키게 충동질한 후 붙잡힌 포로를 팔아넘기게 하는 것이다."[21] "백인들은 그들에게 술취함과 탐욕을 가르친 후 그들을 고용해 서로를 팔아넘기게 만들었다."[22] "1730년 아프리카 회사의 담당자였던 프란시스 무어(Francis Moore) 씨는 우리에게 다음과 같은 사실을 알려준다. '바르살리(Barsalli)의 왕이 어떤 상품이나 브랜디를 원하면 그는 제임스 포트(James Fort)에 있는 영국인 총독에

---

20 "Thoughts upon Slavery," J XI:65, sec. 3.1.
21 "Thoughts upon Slavery," J XI:66, sec. 3.2.
22 같은 곳.

게 사람을 보내 그 사실을 알린다. 그러면 총독은 즉시 그 상품이나 브랜디를 실은 배를 보낸다. 그 배가 도착할 무렵 왕은 이웃 도시를 약탈해 그가 원하는 상품을 얻기 위해 사람들을 팔아넘긴다. 어떤 때는 자신이 다스리는 도시 한 곳을 급습해 대담하게도 자신의 백성을 팔아넘기기도 한다."[23] "어떤 원주민들은 [충분히 값만 치러준다면] 언제든 자기 동포들을 습격해 납치할 준비가 되어 있다."[24] "흑인들이 파는 노예 중에는 전쟁 포로나 그들이 적의 영토를 급습해 붙잡아온 사람들이 많았다."[25]

웨슬리는 노예 조달 과정을 더 상세히 설명하기 위해 한 선의(船醫)가 일지에 기록한 두 번에 걸친 기니 여행기를 발췌해 원문을 인용했다.[26] 인용된 글 중 하나는 라이베리아의 세스트로(Sestro)라는 도시에 관한 기록으로, 그곳에서는 인근 마을들이 불타고 부족 전쟁이 격발되었다.[27]

웨슬리는 운송 과정에서 죽은 사람의 대략적인 숫자를 제시하기 위해 이렇게 말한다. "앤더슨(Anderson) 씨는 무역과 상업의 역사에 관한 책에서 이렇게 관측했다. '영국은 미국 식민지에 흑인 노예를 공급하는데, 그 수는 매년 약 10만 명에 달한다.' 즉 수많은 사람이 배로 수송된다. 그러나 그중 적어도 만 명이 항해 중에 죽는다. 또 약 1/4 이상은 여러 섬에서의 적응 과정에서 죽는다. 항해와 적응 과정을 합치면 평균 3만 명이 죽는다. 아니, 더 적절한 표현으로는 살해당한다. 오 땅이여, 오 바다여, 그

---

23 같은 곳.
24 같은 곳.
25 같은 곳.
26 "Thoughts upon Slavery," J XI:66, sec. 3.3-4.
27 "Some Historical Account of Guinea," 그리고 "Accounts of the Cruel Methods Used in Carrying On of the Slave Trade." James Barbot, "A Supplement to the Description of the Coasts of North to South Guinea," in Awnsham and John Churchill, Collection of Voyages (London, 1732), http://www.ipoaa.com/slave_narratives2_barbot.htm.

들의 피를 덮어버리지 말라!"[28]

아프리카 사람들은 노예선에 탑승하는 과정에서도 무자비한 대우를 받았다. 웨슬리는 이렇게 적었다. "그들을 팔기 위해 해안에 내려놓으면, 의사들이 남녀 구분 없이 발가벗겨 철저히 검사한다. 합격 판정을 받은 사람은 한쪽으로 구분해 놓는다. 그러는 동안 회사의 문장(紋章)이나 이름이 새겨진 인두를 불에 달구어 그들의 가슴에 낙인을 찍는다. 배에 태우기 전에는 그들의 주인이 남자뿐 아니라 여자까지도 몸에 걸친 것을 모두 벗게 한다. 수백 명을 한 배에 태우는 것이 보통인데, 거기서 그들을 움직일 수조차 없는 좁은 공간에 최대한 빽빽이 채운다. 더위와 갈증, 온갖 악취 속에서 그들이 얼마 지나지 않아 어떤 상태가 될지는 상상하기 어렵지 않다. 그러므로 항해 중에 그렇게 많은 사람이 죽은 것이 신기한 일이 아니라, 오히려 누군가 살아남았다는 것이 신기하다."[29]

왜 웨슬리는 노예 조달 과정에 관한 정확한 정보를 얻는 일에 그렇게 몰두했는가? 그것은 미국에 있는 노예에 대해 가진 고정관념과 아프리카 원주민들이 지닌 높은 역량을 대조하기 위해서였다.

3. 노예를 향한 공감

노예들을 향한 웨슬리의 공감은 다음과 같은 사실 그대로의 묘사에서 명백히 드러난다. 배가 목적지에 도착하면 "그들은 여러 주인의 농장으로 흩어져 다시는 서로를 볼 수 없게 된다. 여기서는 채찍을 든 사람이 결국 떼어낼 때까지 어머니들은 딸을 감싸며 벗은 가슴을 눈물로 적시고, 딸들은 부모에게 매달리는 모습을 보게 된다. 그리고 무엇이 그다음으로

---

28 "Thoughts upon Slavery," J XI:67, sec. 3.5.
29 "Thoughts upon Slavery," J XI:67, sec. 3.6.

그들이 처할 상황보다 끔찍할 수 있겠는가? 그들은 자신의 나라, 친구와 친족, 삶의 모든 위안에서 영원히 추방되어, 짐 나르는 짐승보다 하나 나을 것 없는 상태로 전락하고 만다."[30] "이런 일들이 당신의 영광스러운 역사입니까? 선의 근원이시여!"[31]

웨슬리가 전하는 노예에 대한 끔찍한 고문은 발의 절반을 잘라내는 것, 살갗이 벗겨질 때까지 채찍질한 후 상처에 후춧가루를 뿌리는 것, 피부에 녹은 촛물을 떨어뜨리는 것, 귀를 잘라내는 것, 피부를 태우는 것 등이다. 이 모든 고문을 받게 된 것은, 단지 그들이 "공기를 들이마실 권리만큼이나 마땅히 지니고 있는 자신들의 천성적 자유를 표명했기" 때문이었다.[32]

D. 노예제도는 도덕감정이나 양심과 조화를 이룰 수 없음

1. 법적 억압을 강화한 '노예법'에 대한 합리적인 비평

다음으로 웨슬리는 법이 개악되어 억압을 강화한 방식을 밝혔다. 몇몇 주에서는 교구 교회들이 이 공모에 동참했다. 예를 들어, 버지니아 식민지에서는 법이 다음과 같이 규정했다. "버지니아 법이 명령한 것과 달리 주인이 노예를 놓아주었을 경우, 해당 흑인이 거주하는 교구의 교회 관리인은 한 달 후에는 그를 붙잡아 공적 경매에 부쳐 팔 수 있는 권한이 있고, 또 반드시 그렇게 해야 한다."[33] 나아가 "도망한 노예에 대한 선언서가 발표된 후에는, 누구나 스스로 적합하다고 생각하는 방식과 수단으로

---

30   "Thoughts upon Slavery," J XI:67-68, sec. 3.7.
31   같은 곳.
32   "Thoughts upon Slavery," J XI:68, sec. 3.8.
33   "Thoughts upon Slavery," J XI:68-69, sec. 3.9.

도망친 노예를 살해하는 것이 합법적이다."[34]

자메이카에서 또 다른 법은 이같이 규정한다. "반역한 노예를 죽이거나 생포한 사람에게 50파운드의 상금을 준다."[35] 바베이도스(Barbados) 식민지의 법 규정은 다음과 같다. "'만약 무자비하거나 오직 잔혹하고 잔인한 의도를 가진 사람이 고의로 자기 소유의 흑인을 죽였다면' (살인에 대한 심한 처벌이라는 것이 고작!) '영국 화폐로 15파운드의 공과금을 내야 한다!'"[36]

웨슬리는 일반적으로 법규를 옹호하는 사람이었으나, 이같이 정의롭지 못한 법에 대해서는 다음과 같은 결론을 내렸다. "견딜 수 없는 포악함에서 '도망하는' 가장 자연스러운 행동이 이런 무자비한 중벌을 받아 마땅하다면, 이런 법을 만든 자들은 앞으로 자신의 극악무도한 범죄에 대해 어떠한 처벌을 각오해야 하겠는가?"[37] 웨슬리는 이러한 '법적' 조치를 설명하면서 그가 쓴 모든 글 중에서 가장 가슴 아프고 비통한 논문을 쓴 것이다.

웨슬리는 성경을 언급하지 않고 이성과 양심에 호소하면서 공개적으로 주장을 펼쳤다. 그는 "심지어 이교도의 정직이라는 원칙으로도 이런 일을 옹호할 수 있는가? 이 일들이 (성경은 제쳐 두고라도) 정의나 자비와 조금이라도 조화를 이룰 수 있겠는가?"[38]라고 질문했다.

2. 부적절한 식민지 노예제도 정당화에 대한 검토

---

34 "Thoughts upon Slavery," J XI:69, sec. 3.11.

35 "Thoughts upon Slavery," J XI:69, sec. 3.10.

36 "Thoughts upon Slavery," J XI:69, sec. 3.11.

37 같은 곳.

38 "Thoughts upon Slavery," J XI:70, sec. 4.1.

이런 끔찍한 법이 존재하고 강행되었다. 그러나 무슨 도덕적 권리로 그렇게 한단 말인가? 웨슬리는 깊이 숙고했다. "인간의 법이 사물의 본성을 바꿀 수 있는가? … 결코 그렇지 않다. 만 가지 법이 있어도 여전히 옳은 것은 옳고, 그릇된 것은 그릇되다. 정의와 불의, 잔인함과 자비 사이에는 본질적인 차이가 있다. 그러므로 나는 여전히 묻는다. 누가 흑인들이 받는 이 모든 대우를 자비나 정의와 조화시킬 수 있는가? 우리에게 아무런 잘못도 하지 않은 사람들에게 가장 흉악한 악행을 저질러도 되는 것이 정의인가?"[39]

노예 소유 그 자체가 자연적 이치와 맞지 않는다. "앙골라 사람은 영국 사람과 똑같은 자연권을 가지고 있다." 영국인들이 그토록 가치 있게 여기는 바로 그 "자연권" 말이다.[40]

웨슬리는 보통 성경에 근거해 주장을 펼쳤지만, 노예제도의 경우 다양한 사람을 대상으로 삼은 공적인 논의에서는 본성, 이성, 양심에 근거해 논리를 전개했다. 웨슬리는 기꺼이 하나님의 계시와 자비에 대한 호소 같은 "다른 모든 고려 사항을 잠시" 보류하고자 했다. "나는 여러 방면으로 얽힌 이 악행을 뿌리 뽑고자 한다. 나는 노예 소유도 자연적 정의와 어느 정도 부합한다는 주장을 철저히 반대한다."

3. 자연적 정의

"노예제도에 관한 생각"의 네 번째 단락에서 웨슬리는, 대법관 블랙스톤(Blackstone)이 "노예제도의 법적 권리의 역사"(The History of the

---

39 "Thoughts upon Slavery," J XI:70, sec. 4.2.
40 같은 곳.

Right of Slavery)에서 요약한 영국 관습법의 법추론에 의존해 주장을 펼쳤다. 웨슬리는 "노예제도는 전쟁 시 포로를 붙잡은 것에서 생겨났기" 때문에, 정복자는 "포로를 죽일 권리가 있고, 만약 살려준다면 자신이 원하는 대로 포로를 다룰 권리가 있다"고 주장하는 유스티아누스 법(Justinian law)의 논리를 반박하기 위해, 블랙스톤의 정교한 법추론을 활용했다. 법이 "사람에게 적을 죽일 권리가 있다"고 말할 때는, "자기 방어를 위해 절대적으로 필요한 … 특별한 경우에만 죽일 권리가 있다"는 도덕적 제한사항이 함축되어 있다.[41] 그러나 노예 매매자들은 자기 방어 논리를 주장할 수 없다.

블랙스톤은 이렇게 말한다. "오직 자기 보존이라는 토대에서만 전쟁이 정당화될 수 있기에", 법은 합리적으로 "우리에게 해를 가하지 못하게 감금하는 것 이상으로 포로를 다룰 어떠한 권한도 주지 않는다. 더군다나 전쟁이 끝났다면 적을 고문하거나 죽이거나 노예로 삼을 권한은 더욱 줄 수 없다. 포로를 노예로 삼을 권리는 포로를 죽일 권리라는 잘못된 가정에 의존하므로, 그 토대가 무너지면 그것에서 유래한 결과도 무너진다."[42]

자발적으로 "사람이 자신을 타인에게 팔아 품꾼이 될 수는 있다. 그러나 자신을 노예로 팔 수는 없다. … 모든 매매는 판매자가 구매자에게 넘긴 것과 동등한 가치를 지닌 것이 판매자에게 돌아오는 것을 뜻한다. 그러나 목숨이나 자유에는 어떠한 동등한 가치가 있을 수 있는가? … 모든 매매가 기초해 있는 그 원칙 자체를 파괴해버리는 매매에 어떤 타당성이 있겠는가?"[43]

---

41 "Thoughts upon Slavery," J XI:70-71, sec. 4.3.
42 같은 곳.
43 같은 곳; 참고 William Blackstone, "The History of the Right of Slavery," Commentaries 1:411-13 (1765), http://www.teachingamericanhistory.org/.

또 어린아이가 노예로 태어나는 것은 합리적인가? "포로가 되었든 계약을 맺었든, 본성 및 이성의 분명한 법에 따라 부모를 노예 상태로 전락시킬 수 없다면, 그들의 자녀는 말할 것도 없다."[44]

노예 소유가 이성과 조화를 이루지 못한다면, 그것이 자비와 조화를 이룰 수 있겠는가? 웨슬리는 "노예 소유는 자비와 전적으로 모순된다"[45]고 답한다. 노예상이 "자신들의 밭과 집에서 평화롭게 살던 남성과 여성, 아이들을 붙잡은 이유가 단순히 그들을 죽음에서 구해주기 위해서였는가? 노예로 데려갈 수 없는 사람들의 머리통을 깨부수어버리는 그 죽음에서 그들을 구해내려 한 것이었는가? … 그 모든 악행을 저지른 사람이 그들 자신 아닌가? 그들에게 아직 양심이 남아 있다면 그 사실을 알 것이다."[46]

4. 노예제도가 경제를 위해 필수적이라는 식민지의 주장

노예제도가 농업 생산을 위해 경제적으로 꼭 필요하다는 주장에 대해 웨슬리는 다음과 같이 답했다. "당신들은 출발점에서 벌써 넘어진다. 나는 어떠한 경우라도 악행이 필수적이라는 데 반대한다. 이성적인 피조물이 정의, 자비, 진리의 모든 법을 깨뜨리는 것이 필요한 경우란 결코 있을 수 없다. 어떤 상황도 인간이 인류의 모든 유대를 부수어버리는 것을 필연적인 것으로 만들 수 없다. 이성적인 존재가 짐승 이하로 자신을 낮추어버리는 일은 결코 필연일 수 없다."[47]

---

44   "Thoughts upon Slavery," J XI:70-71, sec. 4.3; 참고. Blackstone, "The History of the Right of Slavery."
45   "Thoughts upon Slavery," J XI:71-72, sec. 4.4.
46   같은 곳.
47   "Thoughts upon Slavery," J XI:72, sec. 4.5.

노예제도를 특정 경제 활동을 위한 부득이한 수단으로 여기는 사람이 있으나, "어떻게 그 목적이 필수적인가?" "백인들은 도저히 더운 기후에서 일할 수 없다"고 둘러대는 주장에 대해 웨슬리는, "정의, 자비, 진리를 깨뜨리는 높은 대가를 치르면서 그 모든 섬을 경작하는 것보다는 … 차라리 경작하지 않은 채 남겨두는 것이 나을 것"이라고 답한다.[48] 웨슬리는 조지아에서의 경험을 통해 백인도 더운 기후에서 활동적으로 일할 수 있다는 사실을 알았다. "조지아의 여름 더위"는 흔히 "바베이도스보다 뜨겁다. … 그러나 나와 식구들은 … 중노동을 하는 40명의 독일 식구들과 함께 나무를 베고 땅을 고르는 데 모든 여가 시간을 사용했다. … 이것은 전혀 우리의 건강을 해치지 않았고, 우리는 아무 문제 없이 일을 계속했다. … 따라서 더운 기후에서 백인은 흑인만큼 일을 잘 할 수 없다는 것은 사실이 아니다. 그러나 혹 그것이 사실이더라도, 수없이 많은 죄 없는 사람이 죽임을 당하고, 훨씬 더 많은 사람이 가장 천한 노예제도로 끌려들어가는 것보다는 … 아무도 거기서 일하지 않는 편이 낫다."[49]

노예제도가 정말 "우리나라의 무역과 부와 영광을 위해 필요한가?" 웨슬리는 이같이 대답했다. "어떤 나라의 영광에 필수적인 것은 부가 아니라 지혜, 덕, 정의, 자비, 관용, 공공심, 애국심이다. 이런 것들이 한 나라가 진정한 영광을 얻는 일에 필수적이다. … 덕을 희생시켜 부를 얻는 것보다 부가 없는 것이 훨씬 낫다. 우리의 동료 인간들의 눈물과 땀과 피로 얻는 모든 부유함보다는 정직한 가난이 낫다."[50]

웨슬리는 노예들이 어리석다는 주장을 거부했다. 그들이 스스로를 발

48　"Thoughts upon Slavery," J XI:72-73, sec. 4.6.
49　같은 곳.
50　"Thoughts upon Slavery," J XI:73-74, sec. 4.7.

전시키는 데 한계가 있다면 그 책임은, "그들이 지식을 향상시킬 어떤 수단이나 기회도 제공하지 않은 비인간적인 주인에게 있다. … 그들은 자신들의 나라에 있었을 때 결코 그렇게 어리석지 않았다. 아프리카에 사는 사람들은 그곳에서 우리와 동등하게 자기 발전을 위한 동기와 수단을 가지고 있기에 유럽에 사는 사람들보다 결코 열등하지 않다."[51]

웨슬리는 아프리카 사람들에게서 자기 계발을 위한 모든 수단을 빼앗아버린 사람들에게 "이것은 그들이 아닌 당신들의 잘못이다. 당신들은 하나님과 사람 앞에서 그 잘못에 대해 해명해야 할 것이다"라고 말한다.[52] "당신은 지혜롭고 능력이 많으며 자비로운 존재, 하늘과 땅의 창조주와 통치자이신 하나님이 계시다는 것을 그들에게 주의 깊게 가르쳐주었는가? … (그들을 훔쳤든 돈으로 샀든) 당신들은 그들을 노예로 만드는 악을 저질렀다. 그 후에는 그들이 지식이나 덕을 발전시킬 모든 기회를 봉쇄해 그들을 어리석고 악한 상태에 가두어 두었다."[53]

E. 노예제도 폐지를 위한 호소

웨슬리는 클래펌(Clapham)파나 샤프츠베리(Shaftsbury)보다 먼저, 그리고 1833년에 형성된 노예제도 폐지론자들의 미국 노예제도 반대 운동보다 훨씬 오래전, 매우 일찍부터 노예제도 반대 운동에 뛰어들었다. 그는 미국 북부 대부분의 지역에서 메소디스트 설교자들의 메시지가 노예제도에 관해 웨슬리의 지도를 따르고 있을 무렵인 1774년에 이 글을 작성했다. 미국 감리교회는 공식적으로 1784년에 세워졌고, 1844년 전까지

51　"Thoughts upon Slavery," J XI:74, sec. 4.8.
52　같은 곳.
53　"Thoughts upon Slavery," J XI:74-75, sec. 4.9.

는 노예제도에 대한 문제로 분열되지 않았다. 미국 메소디스트들은 1770년대에서 1840년대까지 웨슬리의 글들을 면밀히 읽고 있었다. 웨슬리의 "노예제도에 관한 생각"은, 1863년에 뒤늦게 미국 노예제도를 끝낸 노예제도 폐지 운동의 형성에 중대한 영향을 끼친다.

웨슬리는 완곡하게 말하지 않았다. 그는 노예 매매에 연관된 사람들의 영혼을 위해 목회자로서 염려하는 마음으로 말했다. 그리고 그들의 영혼이 구원을 얻어, 그 내면적인 의도가 외적 태도로 변환되기를 기도했다. 웨슬리는 분명 당파적인 정치적 근거가 아니라 엄격히 도덕의 근거에 기초해 공적 정책에 영향을 끼치고자 공공연히 노력을 기울였다. 그는 노예 매매업자와 대농장 주인들의 마음이 하나하나 차례로 바뀌어가야 한다고 생각했다.[54] 그의 말은 이 문제에 가장 큰 책임이 있는 자들의 마음에 직접적으로 와닿았다.

1. 노예선 선장들에 대한 개인적인 권면

대서양을 횡단하는 노예선의 선장들에 대한 웨슬리의 신랄한 말들은 그가 범죄자들의 마음을 바꾸기 위해 얼마나 애썼는지 보여준다.

당신들 대부분은 세네갈강에서 앙골라 사이에 있는 기니라는 나라, 최소한 그 몇몇 지역을 알 것이다. 아마 지금은 당신들의 수법 때문에 그 나라 일부분은 메마르고 경작되지 않은 황무지가 되었고, 주민은 모두 살해되거나 끌려가 땅을 경작할 사람이 아무도 남아 있지 않다. 그러나 당신들은 불과 몇 년 전만 해도 그곳에 얼마나 사람이 많고 땅이 비옥했으며 살기 좋은 곳이었는지 잘 안다. 당신들은 그들이 자기 계발을 위해 활용할 수 있었던 수단이 제한적이었음에도,

---

54 "Thoughts upon Slavery," J XI:75, sec. 5.1.

어리석지 않고 판단력에 부족함이 없었음을 안다. 또 당신들은 그들에게서 야만적이거나 거칠거나 잔인하거나 신뢰할 수 없거나 낯선 사람에게 불친절한 모습을 발견하지 못했다. 오히려 그들은 대부분 분별력 있고 영리한 사람들이었다. 그들은 거래에서 친절하고 우호적이었으며, 예의 바르고 잘 도와주며, 매우 공정하고 정의로웠다. 그들이 바로 당신들이 그들의 동료를 고용해 이 아름다운 나라에서 강제로 떼어낸 사람들로, 일부는 훔치고 일부는 강제로 끌어오고 일부는 당신들이 고의로 일으키거나 선동한 전쟁에서 포로로 붙잡은 사람들이다. 당신들은 아이들은 부모에게서, 부모는 아이들에게서, 남편은 아내에게서, 아내는 남편에게서, 형제와 자매는 서로에게서, 갈기갈기 찢겨진 것을 보았다. 당신들은 그들의 고국 해안가에서 어떤 잘못도 없는 그들을 쇠사슬로 묶어 끌고 왔다. 당신들과 똑같은 불멸의 영혼을 가진 그들을 마치 돼지 떼처럼 강제로 배에 실었다(그중 소수만 바다에 뛰어내려 당신들에게서 더는 고통받지 않을 때까지 결연히 물속에 머물렀다). 당신들은 그들의 체면이나 편리 따위는 아랑곳하지 않고 그들이 누워 옴짝달싹하지 못할 정도로 그들을 배에 가득 채워넣었다. 그중 많은 사람이 탁한 공기에 질식하거나 온갖 고초로 쇠약해져 죽으면, 당신들은 그들의 유해를 던져 바다가 그 죽은 자들을 토해낼 때까지 깊은 곳에 잠겨 있게 했다.[55]

웨슬리는 노예 매매로 돈을 버는 모든 사람에게 날카롭게 숨김 없이 말했다. "내가 당신들에게 솔직히 말해도 되겠는가? 나는 말할 수밖에 없다. 당신과 관련된 사람들뿐 아니라 당신을 사랑하기에, 그 사랑이 나를 강권한다. 하나님은 살아계신가? 당신은 그렇다고 믿을 것이다. 그분은 의로우신 하나님이신가? 그렇다면 반드시 심판, 즉 의로우신 하나님께서 각 사람에게 그 행한 대로 보상하시는 심판이 있을 것이다. 그때 그분은 당신에게 무슨 보상을 주시겠는가? 부디 너무 늦기 전, 당신이 영원 속으

---

55   "Thoughts upon Slavery," J XI:76, sec. 5.2.

로 떨어지기 전에 생각해 보라! 자비를 베풀지 않았던 사람에게는 자비 없는 심판이 있을 것이다."[56]

우리는 웨슬리에게서 목회자의 깊은 우려의 목소리를 들을 수 있다.

> 당신들도 사람인가? 그렇다면 사람의 마음을 가지고 있을 것이다. 그러나 정말 가지고 있는가? 당신들의 마음은 무엇으로 만들어져 있는가? 거기에 연민 같은 요소는 전혀 없는가? 당신들은 다른 사람의 고통을 전혀 느끼지 못하는가? 당신들에게는 동정심이 없는가? 인간의 고통에 대한 감각이 없는가? 불행한 사람에 대해 가여움을 느끼지 못하는가? 당신들과 같은 사람들의 눈물이 흘러넘치는 눈, 허덕이는 가슴, 피 흘리는 옆구리, 고문당한 사지를 보았을 때, 당신들은 아무런 느낌도 없는 돌덩이나 짐승이 되었는가? 당신들은 그들을 호랑이의 눈으로 바라보았는가? 고통으로 가득한 그들을 배 안으로 우겨넣거나, 그들의 훼손된 가엾은 유해를 바다에 던질 때, 측은한 마음이 전혀 들지 않았는가? 눈에서는 눈물 한 방울도 나오지 않고, 가슴에서는 단 한 번의 한숨도 나오지 않았는가? 지금도 불쌍한 마음이 전혀 들지 않는가?[57]

웨슬리는 자신의 말을 듣는 사람들이 지금은 잊고 있으나 한때 가졌을 어느 정도의 공감이라도 일깨우기 위해 노력했다.

그 권고는 범죄자들의 영혼을 위한 염려를 담아 그들의 마음을 향해 말한 것이다. "만약 당신이 전혀 그런 마음이 들지 않는다면, 그 죄악이 한계에 달할 때까지 계속할 수밖에 없을 것이다. 그러면 위대하신 하나님은 당신이 그들을 대했듯 당신을 대하시며, 그들의 모든 핏값을 당신의 손에서 찾으실 것이다. 그날에는 소돔과 고모라가 당신보다 견디기 쉬울 것이다! 그러나 만약 당신의 마음에 조금이라도 측은한 마음을 느낀다

---

56 "Thoughts upon Slavery," J XI:76-77, sec. 5.3.
57 같은 곳.

면, 그것이 사랑의 하나님께서 당신을 부르시는 부르심임을 깨달으라."[58]

그는 마음의 즉각적인 변화를 요구했다. "오늘 너희가 그의 음성을 듣거든 너희 마음을 완고하게 하지 말라. 하나님을 도움 삼고 당신의 목숨을 건지도록 오늘 결단하라. 돈을 생각하지 말라! 자신의 생명을 구하기 위해 가진 모든 것을 포기해야 하지 않겠는가? 당신이 무엇을 잃든 영혼은 잃어버리지 말라. 어떤 것도 영의 상실과는 비교할 수 없다. 즉시 그 끔찍한 매매를 그만두라."[59]

이러한 목회적 훈계는, 한때 노예 매매업자였던 존 뉴턴(John Newton)의 마음을 바꾸었다. 그는 <나 같은 죄인 살리신>(Amazing Grace)이라는 찬송을 지어 이렇게 고백했다. "놀라운 은혜로다! 나같이 비열한 죄인을 살리신 그 말씀 얼마나 아름다운가." 이 찬송은 복음적 부흥운동에서 가장 널리 부른 찬송이 되었다. 뉴턴은 특히 웨슬리와 그가 그리스도인의 삶을 지도했던 조지 휫필드의 사역을 통해 양심에 찔림을 받고 완전히 변화되어 복음적 부흥운동의 1세대 지도자가 되었다.[60]

---

58 같은 곳.
59 같은 곳.
60 선박 상인의 아들이었던 존 뉴턴(1725-1807)은 노예 무역선에서 일하면서 시에라리온의 해변으로 갔다. 거기서 노예 무역상의 종으로 일하다 드디어 자신의 노예 무역선을 소유한 선장이 되었다. 그는 심한 폭풍우에서 살아남은 후 리버풀에서, 웨슬리의 지도 아래 있던 초기 메소디스트 신도회의 회원인 조지 휫필드를 만났다. 휫필드는 웨슬리보다 나이가 스물두 살 적었는데, 영국과 아프리카에서 노예제도 폐지를 위해 노력한 웨슬리와 긴밀히 연결되어 있었다. 그는 얼마 후 칼빈주의 메소디스트 교회의 주요 지도자가 되었다. 뉴턴은 존 웨슬리를 만난 후 버킹엄셔 올니(Olney)에서 목사가 되었다.

2. 노예제도 동조자들을 향한 경고

웨슬리가 노예 매매를 통해 어떤 방식으로든 이득을 얻은 노예 상인과 구매자 모두를 노예 매매의 공범으로 본 것은, 그가 사회적 죄악, 원죄, 세대를 이어가는 죄의 영향력, 죄의 사회적 복잡성을 이해하고 있었음을 보여준다. 웨슬리는 그들을 향해 다음과 같이 말한다. "아프리카의 악인에게 보수를 주어 동포를 팔게 하고, 그렇게 하기 위해 도둑질하고 강도질하며 셀 수 없이 많은 남자와 여자와 아이들을 죽이게 만드는 것은 영국의 악인이다. 그러나 그가 그런 저주할 만한 일을 하도록 과도한 대가를 지불해온 사람은 바로 당신이다. 이 모든 일의 원천, 악인에게 계속 일할 수 있게 한 것은 당신의 돈이다. 그러므로 노예 매매와 관련해 영국 사람이나 아프리카 사람이 행한 것은 무엇이든 당신이 저지른 소행이다. 이 사실에도 당신의 양심에는 아무런 문제가 없는가? 당신의 양심이 당신을 조금도 꾸짖지 않는가?"[61]

"미국 농장에 땅을 가진 모든 신사"를 향한 웨슬리의 경고 역시 강력했다. "노예를 산 사람은 노예를 붙잡아 파는 사람과 하등 다를 바 없이 나쁘다. 당신은 '내 소유물을 위해 정직하게 돈을 지불했다'고 말할 것이다." 그러나 "당신은 그들을 조달하기 위해 사기, 강도, 살인같이, 심지어 회교도나 이교도가 범해온 것보다 더 복잡한 악행이 의도적으로 자행되었음을 알고 있다. … 당신은 나머지 모든 악이 행동으로 옮겨지게 하는 원천이다. 그것들은 당신 없이는 한 발짝도 움직이지 못한다. 그러므로 고국에서든 타국에서든 제대로 살지 못하고 횡사한 가엾은 사람들의 피

---

61   "Thoughts upon Slavery," J XI:77-78, sec. 5.4.

는 당신의 책임이다."[62]

웨슬리는 성경이나 계시의 필연적인 도움 없이 이성과 양심에 기초해 이 모든 주장을 펼친다.

3. 노예 상속인을 향한 경고

마지막으로 웨슬리는 노예 상속인들을 향해 날카롭게 말한다. 정의에 대한 이성적 의식에 따르면 그들은 결백한가? 여기서 웨슬리의 주장은 간접적 공모의 책임, 즉 어떤 사람이 간접적으로 협력한 책임을 깨닫지 못하는 가운데 타인에게 해를 끼친 사람과 협력하는 것에 초점을 맞춘다.

웨슬리의 마지막 논점은 자신들이 노예를 소유했으나 "부모에게서 물려받았을 뿐"이라고 주장하는 이들을 반대하기 위한 것이다. 웨슬리는 그들에게 다음과 같이 말한다. "전쟁이든 계약이든 그 어떤 것도 사람이 양이나 소를 소유하듯 사람을 소유할 권한을 주지 않는다. 하물며 사람의 아이가 노예로 태어난다는 것은 더욱 불가능하다. 자유는 세상에 태어나 호흡을 할 때부터 모든 사람이 누리는 권리다. 사람이 만든 어떤 법도 자연법에서 유래한 권리를 그에게서 빼앗을 수 없다."[63]

"스스로의 행위와 실천, 자발적인 선택에 의한 것이 아니라면 누구도 당신을 섬기지 못하게 하라. 모든 채찍과 사슬, 강요를 없애라! 모든 사람을 부드럽게 대하라. 다른 사람이 당신에게 해주기를 바라는 대로 언제나 모든 사람을 대하라."[64]

---

62   "Thoughts upon Slavery," J XI:78, sec. 5.5.
63   "Thoughts upon Slavery," J XI:79, sec. 5.6.
64   같은 곳.

4. 구원을 위한 기도

웨슬리는 그의 메시지를 다음과 같은 감동적인 기도로 마무리했다.

모든 사람을 사랑하시고, 만드신 모든 것에 자비를 베푸시며, 모든 사람의 영들의 아버지로 모두에게 풍성한 자비를 베푸시고, 땅의 모든 나라를 한 혈육이 되게 하신 사랑의 하나님! 땅의 배설물같이 짓밟히는 버림받은 저들을 불쌍히 여겨주옵소서! 일어나사 땅에 물처럼 피를 쏟는 아무도 도울 자 없는 이 사람들을 도와주소서! 이들도 당신의 손으로 만든 작품이자, 당신의 아들의 피로 값 주신 사람들 아닙니까? 그들을 일으켜 포로 된 땅에서 당신께 부르짖게 하시어, 그들의 탄식이 당신께 상달되고 당신의 귀에 닿게 하소서! 그들을 속박했던 자들도 그들을 불쌍히 여기게 하사, 그들의 상태를 남방의 강물처럼 바꾸어줄 수 있게 하옵소서. 오 당신께서 그들의 모든 사슬, 무엇보다 그들을 붙잡고 있는 죄의 사슬을 부수어주소서. 모든 사람의 구주이신 당신께서 그들이 참으로 자유할 수 있도록 그들에게 자유를 주소서![65]

---

65 "Thoughts upon Slavery," J XI:79, sec. 5.7.

더 깊은 이해를 위한 독서 자료

Barker, Joseph. *A Review of Wesley's Notions Concerning the Primeval State of Man and the Universe*. London: n. p., ca. 1855.

Brigden, Thomas E. "The Wesleys and Islam." *PWHS* 8 (1911): 91-95.

Burdon, Adrian. *Authority and Order: John Wesley and His Preachers*. Farnham Surrey, UK: Ashgate, 2005.

Cho, John Chongnahm. "John Wesley's View of Fallen Man." In *Spectrum of Thought: Essays in Honor of Dennis Kinlaw*. Edited by Michael L. Peterson. Wilmore, KY: Francis Asbury Press, 1982.

Coppedge, Allan. "John Wesley and the Issue of Authority in Theological Pluralism." In *A Spectrum of Thought: Essays in Honor of Dennis Kinlaw*. Edited by Michael L. Peterson. Wilmore, KY: Francis Asbury Press, 1982.

Cragg, C. R. *Reason and Authority in the Eighteenth Century*. Cambridge: Cambridge Univ. Press, 1964.

Cubie, David Livingstone. "Eschatology from a Theological and Historical Perspective." In *The Spirit and the New Age*. Edited by R. L. Shelton and A. R. G. Deasley, 357-414. Anderson, IN: Warner, 1986.

Dayton, Donald W. *Discovering an Evangelical Heritage*. Peabody, MA: Hendrickson, 1988. Reprint of the 1976 edition.

Dorr, Donald. "Total Corruption and the Wesleyan Tradition: Prevenient Grace." *Irish Theological Quarterly* 31 (1964): 303-21.

Edwards, Maldwyn. *John Wesley and the Eighteenth Century: A Study of His Social and Political Influence*. London: Allen & Unwin, 1933.

Fox, Harold G. "John Wesley and Natural Philosophy." *University of Dayton Review* 7, no. 1 (1970): 31-39.

Frost, Stanley B. *Authoritäteslehre in den Werken John Wesleys*. München: Ernst Reinhardt, 1938.

Gunter, W. Stephen. *The Limits of "Love Divine": John Wesley's Response to Antinomianism and Enthusiasm*. Nashville: Kingswood, 1989.

Hildebrandt, Franz. *From Luther to Wesley*. London: Lutterworth, 1951.

Kirkpatrick, Dow, ed. *The Finality of Christ*. Nashville: Abingdon, 1966.

Kisker, Scott. *Mainline or Methodist: Discovering Our Evangelistic Mission*. Nashville: Discipleship Resources, 2008.

Lacy, H. E. "Authority in John Wesley." *LQHR* 189 (1964): 114-19.

Lipscomb, Andrew A. "Providence of God in Methodism." In *Wesley Memorial Volume*, 383-403. Edited by J. O. A. Clark. New York: Phillips & Hunt, 1881.

Maddox, Graham, ed. *Political Writings of John Wesley: Primary Sources in Political Thought*. Durham, UK: Univ. of Durham, 1998.

Maddox, Randy L. "Responsible Grace: The Systematic Perspective of Wesleyan Theology." *WTJ* 19, no. 2 (1984): 7-22.

Marriott, Thomas. "John Wesley and William Wilberforce." *WMM* 68 (1945): 364-65.

Meeks, Douglas M., ed. *The Future of the Methodist Theological Traditions*. Nashville: Abingdon, 1985.

Moore, Robert L. *John Wesley and Authority: A Psychological Perspective*. Missoula, MT: Scholars, 1979.

Oswalt, John N. "Wesley's Use of the Old Testament." *WTJ* 12 (1977): 39-53.

Outler, Albert C. "How to Run a Conservative Revolution and Get No Thanks for It." In *Albert Outler: The Churchman*. Edited by Bob W. Parrott, 397-416. Anderson, IN: Bristol House, 1985.

_____. *Theology in the Wesleyan Spirit*. Nashville: Tidings, 1975. Chap. 1, "Plundering the Egyptians."

Petry, Ray C. "The Critical Temper and the Practice of Tradition." *Duke Divinity School Review* 30 (Spring): 1965.

Piette, Maximin. *John Wesley in the Evolution of Protestantism*. Translated by J. B. Howard. New York: Sheed & Ward, 1938.

Rack, Henry. "Piety and Providence." In *Reasonable Enthusiast*, 420-71. Philadelphia: Trinity Press International, 1985.

Reist, Irwin W. "John Wesley and George Whitefield: The Integrity of Two Theories of Grace." *EQ* 47, no. 1 (1975): 26-40.

Rivers, Isabel. "Dissenting and Methodist Books of Practical Divinity." In *Books and Their Readers in Eighteenth Century England*. Edited by Isabel Rivers, 127-64. New York: St. Martins, 1982.

Runyan, Theodore, ed. *Sanctification and Liberation*. Nashville: Abingdon, 1981.

Stoeffler, F. Ernest. "The Wesleyan Concept of Religious Certainty – Its Prehistory and Significance." *LQHR* 33 (1964): 128-39.

Walls, Jerry L. "The Free Will Defense: Calvinism, Wesley, and the Goodness of God." *Christian Scholar's Review* 13 (1983): 19-33.

Weber, Theodore R. *Politics in the Order of Salvation: Transforming Wesleyan Political Ethics*. Nashville: Kingswood, 2001.

Wood, R. W. "God in History: Wesley a Child of Providence." *MQR* 78 (1929): 94-104.

4부

신학 윤리

6장

신자의 바른 삶을 위한 지침

6장 신자의 바른 삶을 위한 지침

책임성 있는 공동체를 통한 그리스도인의 성품 형성과 그것이 어떻게 정치・경제 질서상의 행동에 영향을 끼치는지 논의했으므로, 이제는 웨슬리의 신학 윤리의 핵심을 다루고자 한다. 그 핵심은 예수님의 산상설교에 대한 열세 편의 설교와 "믿음으로 세워지는 율법"이라는 제목의 두 편의 설교에서 볼 수 있다.

공동체 형성, 정치 윤리, 경제 윤리, 신학 윤리 등 웨슬리의 윤리 사상 전체에서 가장 다루기 힘든 것이 신학 윤리다. 이는 그의 사상을 지식적으로 이해하기 어렵기 때문이 아니라, 하나님의 은혜가 부여하시는 능력 없이는 그러한 그리스도인의 삶을 살아내기가 매우 힘들기 때문이다.

신학 윤리에 대한 웨슬리의 가장 중요한 작품은 산상설교에 대한 열세 편의 교육적 설교다. 산상수훈에 대한 해설은 웨슬리안 전통의 교리적 표준이라 할 수 있는 마흔네 편[1]의 웨슬리의 표준설교 중 1/3 이상을 차지한다. 웨슬리는 1739년에서 1746년 사이에 산상설교에 관해 백 번 넘게 설교했다. 그는 이 모든 설교를 통해 그리스도인의 삶의 본질적 특징을 정의하기 위해 노력했다. 그 모든 설교가 복음적 윤리에 관한 것이다.

그리스도인의 삶은 칭의의 신앙의 열매다. 그것은 하나의 사상의 결과가 아니라, 그리스도의 십자가와 부활에서 하나님의 은혜를 깨닫는 구원 사건에 대한 반응으로 생겨난다.

---

1   여러 표준설교집이 있으며 44편, 52편, 53편 등 수록된 설교의 수는 다양하다. 좀 더 자세한 설명은 *DSWT*를 참고하라.

사도적 교사들이 가르친 시기 이후로 주님의 산상설교는 신자의 도덕적 가능성과 성취에 대한 말씀의 개요로 이해되어왔다. 산상설교는 복음의 빛에서 율법을 재정립한다. 그것은 또 견고한 기독교 교리로, "회개에서 시작해 칭의를 거쳐 온전한 사랑에 이르기까지 그리스도인의 삶의 요약이다."[2]

나는 이 시리즈의 제2권 『그리스도와 구원』에서 준비시키시는 은혜로부터 회개하게 하시는 은혜, 칭의의 은혜, 하나님의 성화시키시는 은혜에 대한 온전한 반응에 이르기까지 구원의 영적 근거를 논리적 순서에 따라 자세히 다루었다. 여기서는 하나님의 은혜의 윤리적 함의를 고찰하고자 한다.

기독교의 가장 위대한 설교인 산상설교의 각 구절은 서로 굳게 결속되어 있는 윤리적 가르침의 일부다. 요컨대, 그것은 다가오는 하나님의 통치의 윤리다. 길지 않은 말씀을 통해 예수님은 그리스도인의 현재와 미래의 삶에 필요한 복음적 순종의 각 부분을 가르치신다.

마태복음 5-7장에 나오는 예수님의 가르침은 참된 종교의 요약, 모든 외적 행동을 주관하는 올바른 의도, 그리스도인의 삶의 방해물이라는 세 가지 주제로 나뉜다. 산상설교는 "기독교의 전반적인 계획을 한 번에 진술해 그에 대한 온전한 전망을 보여준다."[3] 존 웨슬리에 따르면, 예수님은 기독교 윤리에 필수적인 모든 것을 산상설교에서 다루셨다. 산상설교는 하나님을 온전히 향유하면서 책임 있는 삶을 살아가는, 행복하고도 복된 삶의 윤리적 기초다.

---

2 SS 1:313.
3 "Sermon on the Mount," 21, B 1:468, JWO, 서문.

A. 하나님께서 복 주시는 바른 삶

우리는 예수님의 산상설교를 해설한 웨슬리의 열세 편의 설교를 통해 예수님께서 바른 삶의 길을 명확하게 제시하셨음을 알 수 있다. 예수님은 다가올 하나님 나라 시민들이 어떻게 하나님의 복으로 충만한 삶을 살게 될 것인지 가르쳐주신다. 또 사람이 하나님의 은혜로운 다스리심 아래에서 살아가는 바른 삶이 어떤 것이며, 이러한 사람들이 그들 주변의 문화에서 어떻게 구별되는지 보여주신다. 예수님의 가르침은 어떤 문화에 들어가더라도 그곳의 사람들을 변화시키고, 문화 자체도 상당히 변화시킨다. 예수님은 자신의 백성을 타락한 세상에서의 일반적인 삶과는 전혀 다른 새 시대의 새로운 삶으로 부르고 계신다. 그것은 구원받은 세상, 바로 하나님 나라다.

1. 팔복

팔복은 복된 삶에 관한 격언으로, 지금부터 영원까지 가장 행복할 수 있는 방법을 가르쳐준다.

세례 요한이 투옥된 후 예수님은 갈릴리의 회당에서 가르치기 시작하셨다. 그분은 "천국 복음을 전파하시며 백성 중의 모든 병과 약한 것을 고치셨다."[4]

다음 장면은 갈릴리의 한 산으로 바뀌는데, 그곳에서 예수님은 군중에 둘러싸여 계신다. 그는 많은 기적을 행하셨다. 그리고 이제는 그들에게 그 기적의 의미, 즉 다가올 하나님의 통치가 이미 시작되어 그들의 참여를 기다리고 있음을 알려주실 참이다.

---

4   마 4:12, 23; "Sermon on the Mount," 21, B 1:469, J V:247, 서문 sec. 1.

예수님의 초기 치유 사역의 결과로 "갈릴리와 데가볼리와 예루살렘과 유대와 요단강 건너편에서 수많은 무리가 따랐다."[5] 이 무리가 너무나 많아 어떤 회당도 그들을 감당할 수 없게 되자 예수님은 "산에 올라가 앉으시니 제자들이 나아온지라 입을 열어 가르쳐."[6] 마태는 예수님이 가르치신 것을 다음과 같이 기록했다. "가르쳐 이르시되 심령이 가난한 자는 복이 있나니 천국이 그들의 것임이요 애통하는 자는 복이 있나니 그들이 위로를 받을 것임이요."[7]

산상설교에 대한 웨슬리의 첫 번째 설교의 본문은 첫 번째와 두 번째 팔복으로, 심령이 가난한 자와 복된 삶을 가로막은 죄를 지은 것에 대해 회개하며 슬퍼하는 자에 관한 말씀이다 [마 5:1-4; 설교 #21, "산상설교 (1)"(Upon Our Lord's Sermon on the Mount: Discourse 1) B 1:469-97, J V:247-61 (1748)].

2. 참된 기독교의 요약

a. 말씀하시는 분의 인격과 권위, 우리의 책임

여기서 말씀하시는 분은 하나님의 아들이자 인간으로 오신 하나님이시다. 성육신하신 후에도 그의 하나님 되심은 중단되지 않는다. 여기서 말씀하시는 분은 "하늘과 땅의 주님이시다. 즉, 만물의 창조주로서 모든 피조물을 그 뜻대로 다룰 권리를 갖고 우리를 통치하시는 주님으로서, 그 나라는 영원하고 그 다스림은 모든 것에 미치며, 또 위대한 율법 수여자로서

---

5   마 4:25.
6   마 5:1-2.
7   마 5:2-4.

자신의 모든 법을 선포할 마땅한 권리를 가진 분이시다."[8]

그러므로 "우리의 가장 깊은 생각을 아시는 성부 하나님의 영원한 지혜"에 주의 깊게 귀를 기울이라. 참된 하나님이자 참된 사람이신 그는 "하나님과 우리의 관계, 인간 상호 간의 관계, 그리고 우리와 다른 모든 피조물 사이의 관계가 어떠해야 하는지 아신다."[9] 그는 양쪽 모두의 입장에서 하나님과 사람의 관계를 아신다. 그는 우리의 인간적 상태를 온전히 아시며, 타락한 인류를 향한 성부 하나님의 마음을 아신다.

성자는 인간의 삶을 사셨기 때문에 "자신이 지시하신 모든 법을 어떻게" 인간의 자유와 양심이 활동하는 "모든 상황에 적용해야 할지" 아신다.[10] 고대의 사도적 교회의 일치된 가르침은 예수 그리스도께서 참된 인간이자 참된 하나님이시라는 것이다. 이것이 산상설교를 바르게 이해하기 위한 확고한 전제다. 성육신하신 주님 외에는 누구도 이렇게 권위 있는 방식으로 타락한 인간에게 말씀할 자격을 지닌 분이 없다.

따라서 만약 말씀하시는 분을 한 평범한 교사로 생각한다면, 당신은 누가 당신에게 말씀하고 계신지 모르는 것이다. 누가 산상에서 말씀하고 계신가? 그저 그런 사람이 아니다. 그는 "'지으신 모든 것에 긍휼을 베푸시는 분으로', 자신의 영원한 영광에서 떠나 자기를 비우시고, 아버지에게서 나아와 하나님의 뜻을 모든 사람에게 선포"하신 후 다시 성부께로 돌아가신 "사랑의 하나님"이시다.[11]

예언자들에 의하면, 말씀하시는 그분은 "맹인의 눈을 뜨게 하고 어둠의 그늘에 앉은 자에게 빛을 비추시기 위해" 하나님께서 보내신 유일무이

---

8 "Sermon on the Mount," 21, B 1:470, J V:247-48, 서문 sec. 2.
9 같은 곳.
10 같은 곳.
11 같은 곳; 시 145:9.

한 분이시다.[12] 그는 완전히 인간이시면서도 "인간 이상의 존재 … 모든 것을 존재하게 하신 분, 스스로 계신 여호와, 가장 높으시며 모든 것 위에 계신 하나님이시다."[13]

단지 그렇게 주장하는 것 자체만으로 그처럼 중요한 주장이 충분히 입증되지는 않는다. 예수님의 인성과 신성은 산상설교에 뒤따르는 실제적이고 역사적인 사건을 살펴보아야 입증된다.[14] 그분의 말씀을 듣는 것과 십자가 지는 것을 무관한 것으로 생각한다면, 말씀하시는 그분이 누구신지 알지 못하는 것이다.

b. 청중

예수님은 이 설교로 가장 가까운 사도들만이 아니라 "그분께 배우기 원하는 모든 사람", 즉 "그분과 함께 산으로 올라간 모든 사람"을 가르치셨다. 그분은 "가르치시는 것이 권위 있는 자와 같고, 서기관들과 같지 않았다."[15] 예수님께서는 하나님께 복 받은 행복한 삶이 어떤 것인지 알려주시면서 "모든 사람과 인종, 아직 태어나지 않은 자녀들, 앞으로 이 세상 끝날 때까지 태어날 모든 세대를 향해 … 구원의 길을" 단번에 가르치신 것이다.[16] 겸손과 마음의 가난함에 대해 말씀하신 내용은 단지 그리스도인만이 아니라 모든 인류에 해당된다.[17] 그것은 갈릴리의 한 청중만이 아닌 모든 인류를 위한 말씀이다.[18]

12　같은 곳; 참고. 눅 1:79; 요 10:21.
13　"Sermon on the Mount," 21, B 1:474, J V:251, 서문 sec. 9.
14　"Sermon on the Mount," 21, B 1:472, J V:249-50, 서문 sec. 5.
15　"Sermon on the Mount," 21, B 1:471-72, J V:249, 서문 sec. 4; 마 7:29.
16　"Sermon on the Mount," 21, B 1:471-72, J V:249, 서문 sec. 4.
17　"Sermon on the Mount," 21, B 1:472, J V:249-50, 서문 sec. 5.
18　같은 곳.

c. 예수님의 가르침의 통일성과 일관성

산상설교의 모든 말씀은 "아치를 이루는 각 돌처럼 서로 연결되어 있어서 그중 하나라도 빼내면 전체가 무너질 수밖에 없도록 연결되어 있다."[19] 말씀 사역의 첫 시작과도 같은 이 가르침에서 예수님은 "이전의 그 누구도 말하지 않았던 방식"으로 말씀하셨다.[20] 비록 옛 성인들도 "성령의 감동으로 말했지만" 예수님의 가르침은 "그들의 가르침보다 권위가 있었다."[21] 그분의 말씀은 베드로, 야고보, 요한, 바울보다 권위 있는 성육신하신 하나님의 말씀이었다. 그들이 아무리 교회의 가장 중요한 사도들일지라도 "하늘의 지혜를 깨달은 정도에서 종은 주인과 같을 수 없었다."[22] 산상설교의 각 부분은 전체와 연결되며, 그 각 부분과 전체는 모든 시대와 장소의 인류 전체와 관련된다.

예수님은 성경의 다른 어떤 곳에서도 산상설교에서처럼 "그분의 종교의 전모나 기독교의 온전한 전망을 설명해, 주님을 뵐 수 있는 조건인 성결의 본질을 한번에 묘사하신 적이 없다."[23] 이 전반적인 가르침에 대한 단편은 성경 곳곳에 많이 있지만, "성경 전체에서" 산상설교에 비할 만한 말씀은 없다.[24]

예수님께서 산상설교에서 우리에게 가르쳐주신 것은 다름아닌 "천국 가는 길, 즉 그가 우리를 위해 예비하신 곳, 그가 창세 전부터 가지셨던 영광으로 나아가는 길이다. 그는 우리에게 영원한 생명으로 나아가는 참된

---

19 "Sermon on the Mount," 21, B 1:473-74, J V:250, 서문 sec. 6.
20 참고. 요 7:46.
21 참고. 벧후 1:21.
22 "Sermon on the Mount," 21, B 1:474, J V:250, 서문 sec. 7.
23 같은 곳; 히 12:14.
24 같은 곳.

길, 하나님 나라로 인도하는 왕도를 가르쳐주고 계신다." 다른 길을 택하는 사람은 결국 그것이 멸망의 길임을 깨닫게 될 것이다.[25]

주님의 가르침은 우리가 따르기에 지나치거나 부족하지 않다. 그분은 "하나님의 충만하고 온전한 뜻"을 하늘 아버지의 의도에 어긋나지 않게 분명하면서도 단순하게 가르치신다.[26]

그렇게 하심으로 그는 하나님께서 모세와 예언자들이 전한 하나님의 말씀을 변질시킨 서기관들과 바리새인들의 왜곡을 바로잡으셨다. 나아가 웨슬리에 따르면, 주님께서는 앞으로 발생할 "구원과 조화를 이룰 수 없는 모든 실천적인 잘못"까지 내다보셨다. 이러한 잘못은 예수님 이후의 모든 신앙 공동체에서 행해진다. 이 한 편의 설교에 담긴 주님의 가르침을 바르게 이해하면 앞으로 하나님의 말씀을 변질시키는 일을 피할 수 있다.[27]

d. 마태복음 5-7장이 가르치는 참된 기독교의 개요

산상설교의 세 부분은 바른 삶의 길을 보여준다.

- 마태복음 5장: 팔복에 제시된 참된 신앙의 개요
- 마태복음 6장: 외면적 행동보다 올바른 의도의 우선성
- 마태복음 7장: "참된 신앙의 방해물"에 대한 경고[28]

산상설교는 하나의 통일된 가르침이지, 신앙의 여러 단계에 따라 각각 분리된 가르침으로 주어진 것이 아니다. 그것은 행복의 길을 계시한다.

---

25 "Sermon on the Mount," 21, B 1:470-71, J V:248, 서문 sec. 3.
26 같은 곳.
27 같은 곳.
28 "Sermon on the Mount," 21, B 1:474, J V:251, 서문 sec. 10.

B. 행복한 삶의 윤리적 기초

1. 무엇이 사람을 행복하게 하는가?

예수님께서는 팔복의 말씀으로 복된 삶을 가르치신다. 웨슬리는 복된 상태와 행복을 동일시한다. 따라서 예수님의 말씀은 행복에 관한 말씀이 기도 하다. "'복 있는' 또는 행복한 사람은 '심령이 가난한 사람'", 즉 영화 로우신 하나님의 존전에서 자신을 온전히 낮추는 사람이다.

오늘날 영어에서는 '행복하다'(happy)와 '복되다'(blessed)는 말이 서로 다른 뉘앙스로 사용된다. 그러나 헬라어 *makarios*는 그 두 단어가 가진 뉘앙스 모두를 포함한다. 현대의 어법에서 행복하다는 것은 진정으로 복 된 상태에 비해 무엇인가 부족해 보인다. 행복하다는 것이 지금 이 순간 기분 좋게 느낀다는 의미라면, 복되다는 것은 하나님의 은혜로 감화받은 상태를 말하기 때문이다. 그러나 웨슬리는 행복과 복됨을 동의어로 사용했다. 행복한 것은 복되기 때문이다. 영원히 행복한 것은 영원히 복 되기 때문이다.

행복한 삶을 가르치시기 위해 예수님은 우리 영혼이 가장 깊이 갈망하는 것이 무엇인지 알려주셨고, 또 우리가 오랫동안 헛된 방법으로 그것을 추구해 왔음을 보여주셨다.[29]

어떤 유형의 성품이 행복한 삶을 살 수 있게 하는가? 인간의 행복의 시작점은 매우 포괄적인 의미의 겸손이다.

---

29 "Sermon on the Mount," 21, B 1:474, J V:251, 서문 sec. 8.

2. 겸손한 사람의 행복한 삶

"심령이 가난한 자는 복이 있나니[행복하나니]."[30] 그리스도인의 삶에서 모든 것의 기초는 심령의 가난함이다. 예수님은 세상의 가난한 자들에게 다가가 그들의 마음을 "물질적인 것에서 영적인 것으로 향하도록" 도와주셨다.[31] 산상설교에서 주님은 일시적인 행복과 영원한 행복에 대해 말씀하신다. 복되다는 말의 올바른 의미는 우리가 상상할 수 있는 모든 형태의 행복 중 최고의 요소를 포괄한다. 이 행복을 가장 포괄적으로 이해하면 영생과 연결된다. 이러한 의미에서 심령이 가난한 자는 행복하다.[32]

그러나 여기서 가난은 "심령의 가난함"이기 때문에 외적 환경을 말하는 것이 아니다. 심령이 가난한 사람이란 "외적 환경이 어떻든, 이 세상이나 장차 올 세상에서 모든 참되고 본질적인 행복의 첫걸음이 되는 마음의 기질을 가진 사람"을 의미한다.[33] 즉, 가난은 마음이 겸손해지는 것이다.

엄밀히 말해, 주님은 "심령이 가난하다"는 말씀으로 가난 자체를 사랑하거나 세상의 소유를 완전히 부정하는 것을 뜻하신 것이 아니다. 이 말씀을 그런 의미로 해석하는 것은 "기독교의 전체 구조의 토대를 놓으시려는" 주님의 설교의 큰 계획과 맞지 않는다.[34] 더 정확히 말해 "심령이 가난한 자"는 "겸손한 사람, 자신을 아는 사람, 자기 죄를 깨달은 사람, 하나님께서 그리스도를 믿기 전에 첫 번째 회개를 하게 하신 사람"이다.[35]

자신을 바르게 아는 것은 자신의 한계를 아는 것이다. 심령이 가난한

---

30 마 5:3.
31 "Sermon on the Mount," 21, B 1:475, J V:252, sec. 1. 2.
32 "Sermon on the Mount," 21, B 1:475, J V:251-52, sec. 1. 1.
33 "Sermon on the Mount," 21, B 1:475, J V:252, sec. 1. 2.
34 "Sermon on the Mount," 21, B 1:476, J V:252-53, sec. 1. 3.
35 "Sermon on the Mount," 21, B 1:477-78, J V:253-54, sec. 1. 4.

자는 자신이 참으로 영적으로 가난함을 알기에 은혜에 의존한다. 그는 자신이 책임져야 할 죄를 깊이 인식한다. 죄가 얼마나 깊이 "자신의 영혼을 뒤덮어 모든 능력과 기능을 완전히 타락시켰는지 깨닫는다."[36]

"진정한 기독교는 항상 심령의 가난함으로 시작해 여기에 기록된 순서대로 '하나님의 사람이 온전해질' 때까지 계속 나아간다. 우리는 하나님의 은사 중 가장 낮은 것에서 시작하지만, 하나님의 부르심을 받아 "그분이 주시는 최고의 복"을 향해 "더 높이 올라갈 때도 이전에 이미 주신 은혜를 버리지 않아야 한다."[37]

3. 가장 먼저 주어지는 은사

심령이 가난한 자는 "자신에 대해 마땅히 생각할 그 이상의 생각"을 품지 않는 사람이다.[38]

그런 사람은 사람의 영광을 바라는 것이 헛됨을 깨닫는다. 그 허영심은 "영혼 가장 깊은 곳에 들러붙어 있는 세상에 대한 사랑, 자기 고집, 어리석고 해로운 욕망" 등 셀 수 없이 많은 형태로 나타난다.[39]

헛된 영광을 바라는 마음은 말로도 나타난다. 심령이 가난한 자는 "불경한 말은 아니더라도 상스럽고 진실되지 못하며 불친절한 말을 하고, '덕을 세우는 데 소용되는 대로 선한 말'을 하지 않고 '듣는 자들에게 은혜를 끼치지' 않음으로" 자신이 혀로 얼마나 큰 죄를 지어왔는지 자각한다.[40] 그들은 자신을 잘 알기에 자기 죄를 세는 것은 마치 "빗방울이나 바닷가의

---

36   같은 곳.
37   "Sermon on the Mount," 21, B 1:475, J V:251-52, sec. 1. 1 ; 참고. 딤후 3:17.
38   롬 12:3; "Sermon on the Mount," 21, B 1:475, J V:251-52, sec. 1. 1.
39   "Sermon on the Mount," 21, B 1:475, J V:251-52, sec. 1. 1.
40   "Sermon on the Mount," 21, B 1:477-78, J V:253-54, sec. 1. 4; 참고. 엡 4:29.

모래, 영원의 날을 세는 것” 같음을 안다.[41]

심령이 가난한 자는 자신의 죄책이 마치 자기 얼굴 앞에 놓여있는 듯 그것을 실제적으로 느낀다.[42] 그들은 자신이 이 같은 상태로 어떻게 하나님의 존전에 나아갈 수 있는지 묻는다. 그들은 어떻게 도덕적인 빚을 갚을 수 있는가? 웨슬리는 심령이 가난한 자의 생각을 이렇게 말한다. “설사 그가 지금부터 하나님의 모든 명령에 완벽하게 순종하더라도” 이것으로 충분한 값이 되지는 못한다. 그는 “자신이 지난날 지은 죄과를 속하는 일에 전적으로 무력하며, 무엇으로도 하나님께 죄과를 보상할 수 없고, 자기 영혼을 속량할 수 없기에” “지금부터 영원까지 자신이 행할 수 있는 모든 섬김은 오직 하나님의 은혜로만 가능함”을 깊이 깨닫는다.[43] 이것이 심령의 가난함의 의미다.

웨슬리는 계속해서 설명한다. “만약 하나님께서 더는 죄를 짓지 않고 앞으로 완전하고도 한결같이 하나님의 모든 명령에 순종한다는 조건으로 그의 과거의 모든 죄를 용서해주시더라도, 그는 자신이 절대 그렇게 할 수 없음을 알기에, 그것이 아무런 도움이 되지 않는다는 사실을 잘 안다. 그는 악한 나무가 좋은 열매를 맺을 수 없는 것처럼, 자신의 마음에 타고난 죄성과 부패가 남아 있기에, 하나님의 외적인 명령조차도 순종할 수 없음을 알고 또 느낀다. 그럼에도 그는 죄악 된 마음을 스스로 깨끗하게 하지 못한다. 그것은 사람이 할 수 없는 일이다. 따라서 그는 하나님의 명령대로 사는 삶을 어떻게 시작해야 할지조차 알지 못한다. … 어떻게 한 발자국을 내디뎌야 할지 모른다. 죄와 근심과 두려움에 싸여 피할 길을 찾지

---

41 “Sermon on the Mount,” 21, B 1:477-78, J V:253-54, sec. 1. 4.

42 “Sermon on the Mount,” 21, B 1:478, J V:254, sec. 1. 5.

43 “Sermon on the Mount,” 21, B 1:478-79, J V:254-55, sec. 1. 6.

못한 채 단지 할 수 있는 것이란, '주여 구원하소서. 내가 죽게 되었나이다' 라고 외치는 것뿐이다."[44] 자신의 죄를 깨닫는 것은 사람을 심령의 가난함 으로 더 가까이 나아가게 한다.

바울은 "모든 입을 막고 온 세상으로 하나님의 심판 아래 있게"[45] 하며, 사람들로 "자신이 정죄받았을 뿐 아니라 전적으로 무력한" 상태에 있음을 깨달은 상태에 대해 말했다.[46] 이것이 율법의 행위로 의롭다 하심을 얻을 육체가 아무도 없다는 그의 말의 의미다.[47]

4. 기독교 윤리는 자연적 도덕성이 끝나는 곳에서 시작됨

회개는 믿음으로 들어가는 문이다. 진정한 회개에 필요한 겸손은 산상 설교를 시작하는 압통점(tender point, 피부를 압박했을 때 아픔을 강하게 느끼는 부분–역주)이다. 심령의 가난함은 죄 용서의 기쁜 소식으로 나아가 기 위한 유일한 출발점이다.

자신에게 죄 용서가 필요함을 모르는 사람이라면 어떻게 그것을 구하 려 하겠는가? 그 필요를 아는 사람이라야 로마서 3:21-22의 뜻을 마음으 로 깨달을 수 있다. "이제는 율법 외에 하나님의 한 의가 나타났으니 율법 과 선지자들에게 증거를 받은 것이라 곧 예수 그리스도를 믿음으로 말미 암아 모든 믿는 자에게 미치는 하나님의 의니 차별이 없느니라." 그러므 로 "사람이 의롭다 하심을 얻는 것은 율법의 행위에 있지 않고 믿음으로 되는 줄 우리가 인정하노라."[48] 이러한 말씀은 왜 심령의 가난함이 구원을

---

44 같은 곳.
45 "Sermon on the Mount," 21, B 1:479-80, J V:255, sec. 1. 8; 참고. 롬 3:19.
46 "Sermon on the Mount," 21, B 1:479-80, J V:255, sec. 1. 8.
47 참고. 롬 3:20.
48 롬 3:28.

향한 첫걸음인지 가르쳐준다. 이 깨달음은 "모든 것을 빼앗기고 잃어버리고 실패한 죄인이 강한 도움이 되시는 의로우신 예수 그리스도를 의지하게 한다."[49]

기독교는 주로 자연적·이성적 도덕이 끝나는 바로 그곳에서 시작된다. 윤리의 역사를 살펴보면 자연적 인간의 가장 훌륭한 사고가 근본적 회개와 함께 시작되는 경우는 거의 없다. 그러나 기독교는 "심령의 가난함, 죄 의식, 자기 부인, 자신의 의를 내세우지 않는 것(예수 그리스도 신앙의 첫 번째 요점), 다른 모든 종교를 떠나는 것"에서 시작된다.[50] 고대 그리스나 로마의 윤리 중 어느 것도 기독교의 이 첫 번째 단계를 거치지 않는다. 그러나 심령이 가난한 자는 고대 그리스 로마의 윤리가 결코 가르치지 못한 첫 번째 걸음을 뚜렷하게 느낀다. "죄인이여 깰지어다! 당신 자신을 알라!" 그대는 오랜 죄의 역사 속에서 지음받았고, 당신 자신도 그 타락의 한 요인이 되었음을 깨닫고 느끼라.[51]

심령이 가난한 자만이 복음을 듣기에 합당한 마음을 갖게 된다. 그러므로 "심령이 가난한 자는 행복하나니 천국이 그들의 것임이요."[52] 이 천국, 즉 하나님의 통치란 무엇인가? 그것은 우리 속에 존재하면서 우리가 그것을 깨닫게 되기를 기다린다. 그것은 "'성령 안에 있는 의와 평강과 희락'이다. '의'란 무엇인가? 그것은 인간의 영혼 안에 있는 하나님의 생명이자, 그리스도 예수 안에 있는 마음이며, 우리를 창조하신 하나님을 닮아 새로워짐으로 우리의 마음에 새겨진 하나님의 형상이다. 또한 하나님께서 먼저 우리를 사랑하셨기에 우리도 하나님을 사랑하고, 그분으로 인

49   "Sermon on the Mount," 21, B 1:479-80, J V:255, sec. 1. 8.
50   "Sermon on the Mount," 21, B 1:480, J V:256, sec. 1. 9.
51   "Sermon on the Mount," 21, B 1:480-81, J V:256, sec. 1. 10; 참고. 시 51:5 (BCP).
52   "Sermon on the Mount," 21, B 1:480-81, J V:256, sec. 1. 10 ; 롬 14:17.

해 모든 사람을 사랑하는 것이다."[53] 복음적 윤리는 하나님 안에서의 평화를 향해 나아가는 이 첫걸음으로 시작한다. 이 걸음은 인간의 성취가 아닌 하나님의 은혜에 대한 기쁨의 응답으로서, 믿음을 갖도록 우리 마음을 준비시킨다.

5. 심령이 가난한 자가 받는 유업인 천국

하나님께서 심령의 가난함이라는 선물을 당신에게 주신다면, "그분의 평화는 십자가에 못 박히신 주님의 피로 이미 당신을 위해 준비되어 있다. 이 평화를 누리게 될 날이 머지 않았다. 당신은 천국 바로 앞에 있다! 한 발자국만 더 전진하면 의와 평강과 희락의 나라에 들어갈 것이다! 심령이 가난한 사람은 '세상 죄를 지고 가는 하나님의 어린 양을 바라볼' 준비가 된 것이다!"[54]

당신은 자신이 지은 가장 작은 죄조차 스스로 속할 능력이 없는가? 그렇다면 당신은 "그분이 우리의 모든 죄를 속하기 위한 화목제물이시다"라는 말을 들을 준비가 된 것이다. "바로 지금 주 예수 그리스도를 믿으라. 그러면 당신의 모든 죄는 완전히 도말된다!" 여기에 "죄와 더러움을 씻는 샘이 있다! … '일어나 당신의 죄를 씻어버리라!' 약속을 앞에 두고서 불신앙으로 비틀거리지 말라! 하나님께 영광을 돌리라! 담대하게 믿으라!"[55] 이것이 하나님의 사랑을 깨닫는 데서 비롯된 진정한 기독교적 겸손함이다. 이 겸손은 하나님께서 그의 아들을 통해 이루신 화해의 사역에서 흘러나온

---

53   "Sermon on the Mount," 21, B 1:481, J V:256-57, sec. 1. 11.
54   "Sermon on the Mount," 21, B 1:482, J V:257, sec. 1. 12; 요 1:29.
55   "Sermon on the Mount," 21, B 1:482, J V:257, sec. 1. 12.

다. 하나님께서 행하신 그 일은 우리에게 겸손을 가르친다.[56]

　"이러한 의미의 심령의 가난함은 죄책감과 하나님의 진노에 대한 두려움이 사라질 때 비로소 생겨난다. 그리고 그 후로도 계속 모든 좋은 생각과 말과 행동을 위해 하나님만을 전적으로 의지한다."[57] 겸손한 마음이 첫걸음이라는 것은, 그 후에는 심령의 가난함이나 겸손을 버려도 좋다는 뜻이 아니다. 오히려 "우리는 은혜 안에서 자랄수록 우리 마음이 매우 악함을 더 깊이 알게 된다." 주 예수 그리스도를 통해 하나님을 아는 지식과 그의 사랑에서 점점 자라갈수록 우리는 더욱 "의와 참된 거룩함으로 전적으로 새로워져야 할 필요"를 절실히 느끼게 된다.[58] 하나님의 사랑은 우리로 겸손한 마음을 갖게 해 하나님과 평화를 누리게 한다. 회개는 복음적 윤리의 시작점이다.

6. 올바른 외적 행동의 기초가 되는 올바른 내적 의도

a. 애통하는 자의 복된 삶

　우리 주님의 설교는 두 번째 복으로 이어진다. "애통하는 자는 복이 있나니 그들이 위로를 받을 것임이요."[59] 주님은 말씀을 듣고 있는 사람들을 참된 신앙의 첫걸음인 심령의 가난함으로 인도하셨다. 이것은 팔복의 첫 번째로, 사람이 행복해지는 첫걸음이다. 여기서 시작해 나머지 팔복 모두는 회개하는 사람을 올바른 의도로 인도한다. 이 올바른 의도에 의해 우리는 "외적인 행위가 세상적 욕망이나, 비록 삶의 필수적인 것에 관한 것이

56　참고. 마 11:29.
57　"Sermon on the Mount," 21, B 1:482, J V:257, sec. 1. 13.
58　"Sermon on the Mount," 21, B 1:482-83, J V:257-58, sec. 1. 13.
59　마 5:4.

더라도, 불안해하며 염려하는 태도와 뒤섞이지 않도록 지켜낼 수 있다."[60]

그러나 두 번째 팔복의 어조는 처음에는 의기소침하게 들린다. 그것은 애통함에 관한 것이다. 우리는 "내적인 하나님의 나라"를 아는 것에서 시작한 다음 곧바로 애통함이라는 어두운 주제를 다루어야 한단 말인가?

주님은 "애통하는 자는 복이 있나니 그들이 위로를 받을 것임이요"라고 말씀하심으로, 과거에 우상처럼 섬겼던 것들을 버리고 애통해 하는 우리의 모습을 직접적으로 다루셨다.[61] 겸손한 마음으로 출발해 하나님과의 평화에 이르는 길에 아무런 어려움이 없을 것이라고 상상하지 말라. "독수리 날개 위에 앉아" 솟구쳐 오르듯 "사랑과 희락의 전차를 타고 하늘로 올라갈 것"을 기대하지 말라.[62] 겸손은 우리와 세상의 죄에 대해 애통하는 자비로운 포용력을 갖게 한다.

우리는 이 약속이 명예의 실추, 친구의 배신, 재산의 손실, 세상의 악 같은 "세상적인 이유로 애통해하는 자에 대한 것"이라고 생각할 수 있다.[63] 그러나 여기서 주님이 말씀하시는 애통하는 자는 전혀 다른 이유로 애통한다. 그들은 하나님을 따라, 하나님이 잃어버리신 것으로 인해, 즉 그들이 떠나온 세상이 여전히 우상숭배에 빠져있기에 애통하는 것이다. 그들의 애통함은 무엇을 위해서인가? 그들은 앞으로 "하나님께서 자신에게 '하나님의 선한 말씀' 즉 용서의 '말씀과 내세의 능력을 맛보게' 하실 때 '말할 수 없는 기쁨으로 기뻐할 것'이다. 그러나 현재는 '하나님께서 그 얼굴을 가리셨기에 슬퍼할 수밖에 없다.' "[64]

---

60   "Sermon on the Mount," 21, B 1:483, J V:258, sec. 2. 1.
61   같은 곳; 마 5:4.
62   "Sermon on the Mount," 21, B 1:483, J V:258, sec. 2. 1.
63   "Sermon on the Mount," 21, B 1:483, J V:258, sec. 2. 2.
64   "Sermon on the Mount," 21, B 1:483-84, J V:258-59, sec. 2. 3; 참고. 히 6:5.

b. 훈련의 열매인 하나님의 위로

바울은 고린도 교회에 편지를 보낼 때 모든 위로의 하나님을 찬양하며 그가 "은혜와 평강"을 주실 것임을 말한다.[65]

찬송하리로다 그는 우리 주 예수 그리스도의 하나님이시요 자비의 아버지시요 모든 위로의 하나님이시며 우리의 모든 환난 중에서 우리를 위로하사 우리로 하여금 하나님께 받는 위로로써 모든 환난 중에 있는 자들을 능히 위로하게 하시는 이시로다 그리스도의 고난이 우리에게 넘친 것같이 우리가 받는 위로도 그리스도로 말미암아 넘치는도다 우리가 환난당하는 것도 너희가 위로와 구원을 받게 하려는 것이요 우리가 위로를 받는 것도 너희가 위로를 받게 하려는 것이니 이 위로가 너희 속에 역사하여 우리가 받는 것 같은 고난을 너희도 견디게 하느니라 너희를 위한 우리의 소망이 견고함은 너희가 고난에 참여하는 자가 된 것같이 위로에도 그러할 줄을 앎이라[66]

예수님은 "그들이 위로를 받을 것임이요"라고 약속하셨다.[67] 세상적 위로를 말하는가? 아니다. 하나님의 위로를 말씀하신 것이다. 애통하는 자들은 흔히 "어두운 구름에 가려 그분을 볼 수 없다." 그들이 볼 수 있는 것은, "그들이 허황되게 다시는 찾아오지 않을 것이라 생각했던 시험과 죄가 다시 일어나 [모든 힘을 다해] 쏜살같이 따라와 사방에서 그들을 에워싸는 것이 전부다. 이제 그들의 영혼이 불안해하고 문제와 중압감이 그들을 사로잡더라도 이상하지 않다."[68]

---

65 고후 1:2.
66 고후 1:3-7.
67 마 5:4.
68 "Sermon on the Mount," 21, B 1:483-84, J V:258-59, sec. 2. 3.

우리가 과거의 우상들을 잃어버렸다는 사실을 마주할 때면 그 옛 원수는 또다시 우리를 고통스럽게 할 것이다. "지금 너의 하나님은 어디 계신가? 지금 네가 바라던 복은 어디 있는가?" 유혹자는 하나님의 약속이 "단지 꿈과 망상에 불과하며, 너의 상상이 만들어낸 것일지 모른다"고 말해 마음을 매우 무겁게 만든다.[69] 그러나 그 잃어버림은 더 큰 선물을 준비한다. 애통하는 자는 절망 속에서 "나는 믿음에서 파선했고 '내 나중 형편이 전보다 더욱 심하게 되었구나'"라며 부르짖는다.[70] 이 점에서 우리는 히브리서의 말씀으로 지혜의 교훈을 받는다. "무릇 징계가 당시에는 즐거워 보이지 않고 슬퍼 보이나 후에 그로 말미암아 연단받은 자들은 의와 평강의 열매를 맺느니라."[71]

신자는 "사람을 비참하게 하는 세상의 위로자들"로 인해 길을 잃지 않을 것이다.[72] 잃어버린 우상으로 인해 애통하는 것은 하나님의 시간 안에서 인내를 배울 기회를 제공한다. "'주를 아는 일에 전념'하고 세상의 다른 위로를 거절하는 사람은 복이 있다. 그들은 성령의 위로를 받을 것이다."[73] 복 있는 사람은 자신의 때가 아닌 하나님의 때에 움직이는 사람이다.

c. 충만한 확신

성경은 그들이 인내로 연단받음으로 "하나님의 사랑이 새롭게 나타나 … 다시는 그들에게서 떠나지 않을" 때가 이를 것임을 약속한다.[74] "하

---

69 같은 곳.
70 같은 곳; 참고. 마 12:45; 딤전 1:19.
71 히 12:11; "Sermon on the Mount," 21, B 1:485, J V:259-60, sec. 2. 4.
72 "Sermon on the Mount," 21, B 1:485, J V:259-60, sec. 2. 4; 참고. 욥 16:2; 31:7.
73 같은 곳.
74 같은 곳.

나님께서 그들에게 영원한 기업의 소망과 '은혜를 통한 강한 위로'를 주시므로 '믿음의 충만한 확신'이 모든 의심과 고통스러운 두려움을 사라지게 한다."[75]

이 은혜로운 확신을 통해 우리는 다음과 같이 외칠 수 있게 하는 능력이 우리에게 머물러 있음을 깨닫는다.

> 누가 우리를 그리스도의 사랑에서 끊으리요 환난이나 곤고나 박해나 기근이나 적신이나 위험이나 칼이랴 … 그러나 이 모든 일에 우리를 사랑하시는 이로 말미암아 우리가 넉넉히 이기느니라 내가 확신하노니 사망이나 생명이나 천사들이나 권세자들이나 현재 일이나 장래 일이나 능력이나 높음이나 깊음이나 다른 어떤 피조물이라도 우리를 우리 주 그리스도 예수 안에 있는 하나님의 사랑에서 끊을 수 없으리라[76]

d. 충만한 확신이 애통을 기쁨으로 바꿈

회개에서 믿음으로의 이동은 "하나님이 함께하시지 않음으로 인해 애통해하다 그를 뵙게 됨으로 기쁨을 누리는" 과정이라 할 수 있다.[77] 이것은 주께서 고난받으시기 전날 밤 제자들에게 하신 말씀에서 명확히 드러난다. "예수께서 그 묻고자 함을 아시고 이르시되 내 말이 조금 있으면 나를 보지 못하겠고 또 조금 있으면 나를 보리라 하므로 서로 문의하느냐?"[78] 이 질문은 예수님께서 제자들에게 그들의 애통이 어떻게 기쁨이 될지 가르치시는 계기가 되었다. 제자들은 "조금 있으면"이라는 말씀의 의미를

---

75 같은 곳; 참고. 살후 2:16; 히 9:15.
76 롬 8:35, 37-39.
77 "Sermon on the Mount," 21, B 1:485-86, J V:260, sec. 2. 5.
78 요 16:19.

알고 싶어 했다.[79]

　　예수님은 "내가 진실로 진실로 너희에게 이르노니 너희는 곡하고 애통하겠으나 세상은 기뻐하리라 너희는 근심하겠으나 너희 근심이 도리어 기쁨이 되리라"라고 답하셨다.[80] 제자들은 그리스도의 부활을 통해 애통이 기쁨으로 바뀌는 순환을 경험했다. 그 순환은 미래의 많은 상황에서 반복될 것이다. 당신은 당신의 애통함이 무엇으로도 위로받을 수 없다고 생각할 것이다. 그러나 당신이 주님을 더는 볼 수 없는 바로 그때, 십자가에 못 박히신 주님께서 다시 오심으로[81] "당신의 애통은 기쁨으로 바뀔 것"이다.[82] 이것은 세상에서 애통하는 사람에게 주시는 섬김의 종 메시아의 약속이다. 즉, 당신의 상황을 영원이라는 기준으로 바라보면 당신의 애통은 기쁨으로 바뀔 것이다. 주님은 이를 비유로 다음과 같이 말씀하셨다. "여자가 해산하게 되면 그 때가 이르렀으므로 근심하나 아기를 낳으면 세상에 사람 난 기쁨으로 말미암아 그 고통을 다시 기억하지 아니하느니라."[83] "지금은 너희가 근심하나."[84] 이 잠깐의 세상에서 당신은 세상 것뿐 아니라 영원한 것도 잃었다는 잘못된 생각으로 애통할 수 있다. 예수님은 "그날에는 너희가 아무것도 내게 묻지 않을" 정도로 의기소침할 수 있을 것이라고 말씀하셨다.[85] 그때 당신은 애통을 그치게 해주시기를 간구할 용기조차 없을 것이다. 십자가에 못 박히는 그때에는 부활을 간구하는 것조차 생각하기 힘들다.

79　요 16:18.
80　요 16:20.
81　"Sermon on the Mount," 21, B 1:485-86, J V:260, sec. 2. 5.
82　참고. 요 16:21.
83　요 16:21; "Sermon on the Mount," 21, B 1:485-86, J V:260, sec. 2. 5.
84　요 16:22.
85　요 16:23.

바로 그런 때에 예수님은 신자에게 영원한 약속을 주신다. "그날에는 너희가 아무것도 내게 묻지 아니하리라 내가 진실로 진실로 너희에게 이르노니 너희가 무엇이든지 아버지께 구하는 것을 내 이름으로 주시리라 지금까지는 너희가 내 이름으로 아무것도 구하지 아니하였으나 구하라 그리하면 받으리니 너희 기쁨이 충만하리라."[86]

"지금은 너희가 근심하나" 즉 당신은 애통하고 위로를 받지 못하나, "내가 다시 너희를 보리니" 차분한 내적 기쁨으로 "너희 마음이 기쁠 것이요 너희 기쁨을 빼앗을 자가 없으리라."[87] "거룩한 기쁨으로 인해" 애통함은 "사라질 것이다." 절망은 절대적이지 않다. 죽음은 진정한 삶이 찾아오고 있다는 신호다. 애통은 소망을 위한 훈련장이다.

e. 인류의 죄로 인한 애통함

기쁨으로 끝나는 이러한 애통함 외에 또 다른 애통함이 있는데, "그것은 하나님의 자녀에게 있는 복된 애통함이다. 그들은 인류의 죄와 비참함으로 인해 여전히 애통한다."[88] 그들은 "우는 자들과 함께 울며",[89] 자신을 위해 울지 않는 자들을 위해 운다. 그들은 자신의 영혼을 거슬러 죄짓는 자들을 위해 운다.[90] 이것은 "하늘과 땅의 모든 권세를 가지신 분께 끊임없이 가해지는 모욕"으로 인한 비통함이다. 동시에 신자의 눈은 영원을 향해 넓게 열려 있다. 그들은 "이미 무수히 많은 사람을 집어삼키고 아직도 남아 있는 자들을 집어삼키기 위해 입을 벌리고 있는, 바닥도 끝도 없는 영

---

86 요 16:23-24; "Sermon on the Mount," 21, B 1:485-86, J V:260, sec. 2. 5.
87 요 16:22; "Sermon on the Mount," 21, B 1:485-86, J V:260, sec. 2. 5.
88 "Sermon on the Mount," 21, B 1:486, J V:260-61, sec. 2. 6.
89 롬 12:15; "Sermon on the Mount," 21, B 1:486, J V:260-61, sec. 2. 6.
90 "Sermon on the Mount," 21, B 1:486, J V:260-61, sec. 2. 6.

원의 광대한 바다를 본다."[91] 그들은 하늘에 있는 영원한 하나님의 집과 모든 죄의 파멸을 본다. 따라서 그들은 "한순간 찾아왔다 영원히 사라져버리는 모든 순간이 매우 소중함을 느낀다!"[92] 그러나 "하나님의 이 모든 지혜는 세상에서는 어리석은 것이 된다." 그것은 우울함이나 의기소침함이나 어리석음으로 여겨진다. "그들에게는 애통함이나 심령의 가난함과 관련된 모든 것이 어리석고 아둔하게 보인다." 이것이 "하나님을 알지 못하는 사람이 내리는" 판단이다.[93]

웨슬리는 영원에 대한 상반된 반응을 다음의 비유로 설명한다. "두 사람이 함께 길을 가다 한 사람이 갑자기 걸음을 멈추고 너무나 두려워하고 놀라면서 외쳤다. '큰일 날 뻔했구나. 우리가 이렇게 위험한 절벽에 있었다니! 저 아래로 떨어져 완전히 부서질 뻔했다!' … 다른 한 사람도 앞을 보았지만 그는 아무것도 보지 못했다."[94] 그에게는 영원이 어리석게 보인다. 신자는 그가 믿지 않음으로 인해 애통한다.[95]

웨슬리는 빛 속을 걷는 신자에게, 어둠 속에서 걷기를 고집하는 이들로 인해 지나치게 마음을 흐트러뜨리지 말라고 조언했다.[96] 믿음은 다음과 같은 사실을 안다. 즉, "하나님과 영원은 실재한다. 천국과 지옥은 확실히 우리 앞에 열려 있고, 우리는 그 큰 구렁의 가장자리에 있다. 그것은 이미 무수한 나라, 친족, 민족, 열방을 삼켰으며, 사람들이 그것을 보든 보지 못하든 여전히 그들을 삼키기 위해 입을 크게 벌리고 있다."[97]

---

91 같은 곳.
92 같은 곳.
93 "Sermon on the Mount," 21, B 1:486-87, J V:261, sec. 2. 7.
94 같은 곳.
95 같은 곳.
96 "Sermon on the Mount," 21, B 1:487, J V:261, sec. 2. 8.
97 같은 곳.

그래서 웨슬리는 이렇게 말한다. "시간과 영원을 다스리시는 하나님께 당신과 당신의 형제가 폭풍처럼 엄습하는 멸망을 피할 수 있게 해주시기를 소리를 높여 간구하라."[98] 이 모든 파도와 폭풍을 뚫고 약속된 영원한 항구에 안전하게 도착하게 해주시기를 기도하라. 거기서 주님은 당신의 얼굴에서 눈물을 닦아주시고 "불행과 죄를 종결지으실 것이다." 그곳에서는 "물이 바다를 덮음같이 여호와를 아는 지식이 세상에 충만할 것이다."[99]

C. 온유한 자의 복된 삶

산상설교에 대한 웨슬리의 두 번째 설교의 본문은 세 번째에서 다섯 번째까지의 복으로 구성되어 있다. "온유한 자는 복이 있나니 그들이 땅을 기업으로 받을 것임이요 의에 주리고 목마른 자는 복이 있나니 그들이 배부를 것임이요 긍휼히 여기는 자는 복이 있나니 그들이 긍휼히 여김을 받을 것임이요" [마 5:5-7; 설교 #22, "산상설교 (2)"(Upon Our Lord's Sermon on the Mount: Discourse 2), B 1:488-509, J V:262-77 (1748)]

1. 온유한 자는 복이 있나니

온유한 자의 시간적 배경은 심령의 가난함과 애통함을 겪고난 후다. "'겨울이 지나고' '새들이 노래할 때가 이르러 비둘기 소리가 땅에서 들릴' 때, 즉 애통하는 자를 위로하시는 주님이 '그들과 영원토록 함께하시기 위해' 돌아오셨을 때, 주님의 임재의 빛에 구름이 흩어지고, 의심과 불안의 어두운 구름과 두려움의 폭풍이 달아나며, 슬픔의 파도가 진정되고, 그들의 영혼이 다시 구원자 하나님 안에서 기뻐할 때", 이때가 바로 온유함을

---

98 같은 곳.
99 같은 곳; 사 11:9.

위한 시간이다. 이러한 하나님의 위로를 받은 사람은, 온유한 자가 복이
있음을 증언할 수 있게 된다. 그들은 행복하다. 땅을 기업으로 받을 것이
기 때문이다.[100]

　"온유한 자"는 누구인가? 사람들은 자주 온유함을 무관심과 혼동한다.
그러나 온유한 사람은 감정이 부족한 사람이 아니다. 그들은 무지하거나
무감각하지 않다.[101] 또 그들은 삶에서 오는 충격을 느끼지 못하는 사람이
아니다. 온유함은 하나님을 향해 열심이 없는 것을 의미하지도 않는다. 초
대교회 교부들이 온유함을 그런 것 중 하나와 혼동했다는 것은 생각조차
할 수 없는 일이다.[102]

　더 정확히 말해, 온유함은 "지나치든 부족하든 모든 극단을 피하는 태
도다. 이것은 인간의 정서를 파괴하지 않고 균형을 맞추어준다." 인류에
대한 하나님의 계획은 인간의 정서를 제거하시는 것이 아니라, 이성의 제
어 아래서 균형을 이루게 하시는 것이다. 온유함은 "사람의 마음을 바로
잡아 분노와 슬픔과 두려움 등 삶의 어떤 상황에서도 마음의 평정을 유지
하고, 좌로나 우로나 치우치지 않고 [과도함과 부족함 사이에서] 중용을
유지하는 것이다."[103] 우리가 온유함을 우리 안의 내적 균형으로 여길 때
"우리는 그것을 인내나 만족으로 부르기도 한다. 온유함으로 사람을 대하
면 선한 자에게는 온화함이 되고, 악한자에게는 관대함이 된다."[104] 그것은
극도의 지나침도 극도의 부족함도 아니다. 이 마음의 평정은 하나님에 관
해서는 "주로 복종으로 불리는 것, 즉 우리에 관한 하나님의 뜻이라면 우

100 "Sermon on the Mount," 22, B 1:488, J V:262, sec. 1. 1.
101 "Sermon on the Mount," 22, B 1:489, J V:263, sec. 1. 3.
102 "Sermon on the Mount," 22, B 1:488-89, J V:262, sec. 1. 2.
103 "Sermon on the Mount," 22, B 1:489, J V:263, sec. 1. 3.
104 "Sermon on the Mount," 22, B 1:489, J V:263, sec. 1. 4.

리의 본성에는 즐겁지 않더라도 조용히 따르는 것이다.” 엘리가 사무엘에게 한 말에는 온유함의 성경적 본보기가 담겨 있다. “사무엘이 그것을 그에게 자세히 말하고 조금도 숨기지 아니하니 그가 이르되 이는 여호와이시니 선하신 대로 하실 것이니라 하니라.”[105]

2. 분노를 바른 방법으로 표현하고 절제함

온유한 사람은 “만군의 주를 위한 열심이 있으나, 그 열심은 언제나 지식의 인도를 받고, 모든 생각과 말과 행동에서 하나님 사랑과 사람 사랑으로 조절된다. 그는 하나님께서 선한 목적을 위해 그 본성에 심어 놓은 열정 중 어느 것도 소멸시키려 하지 않고, 오히려 그 모든 것을 다스린다. 또 모든 열정을 제어해 선한 목적에 굴복하게 한다.”[106]

온유한 사람은 “심지어 거칠고 유쾌하지 않은 열정도 가장 고상한 목적을 위해 사용한다. 미움, 분노, 두려움조차도 죄를 대항하는 데 쓰이거나 믿음과 사랑의 규제를 받을 때는, 영혼의 방벽과 방어물이 되어 악한 자가 그것을 해할 수 없게 된다.”[107] 온유함은 서기관들과 바리새인들이 가르친 것처럼 외적 행동만 제어하는 것이 아니라, 분노와 같은 내적 격정의 평형수(ballast) 역할을 한다.[108] 온유한 사람은 “무엇이 악인지 명확히 분별할 수 있고, 그것으로 고통을 받을 수도 있다. … 그러나 온유함은 여전히 악을 다스린다.”[109]

신자 안에 있는 이 거룩한 기질은 “우리 안에서 머무르기만 하는 것이

---

105 삼상 3:18; “Sermon on the Mount,” 22, B 1:489, J V:263, sec. 1. 4.
106 “Sermon on the Mount,” 22, B 1:491, J V:264, sec. 1. 7.
107 “Sermon on the Mount,” 22, B 1:490, J V:263, sec. 1. 5.
108 “Sermon on the Mount,” 22, B 1:491, J V:264, sec. 1. 7.
109 “Sermon on the Mount,” 22, B 1:490, J V:263, sec. 1. 5.

아니라 매일 자라기를 원한다. 실천의 기회와 그로 인해 성장할 기회가 우리가 이 세상에 사는 동안에 부족하지는 않을 것이다." 우리에게 인내가 필요한 것은, 고난을 당한 후에 약속하신 것을 받기 위해서다(히 10:36). 우리는 모든 상황에서 "나의 원대로 마시옵고 아버지의 원대로 하옵소서"라고 하기 위해 복종이 필요하다.[110] "우리는 모든 사람, 특히 악하고 감사할 줄 모르는 사람을 대할 때 온화함이 필요하다."[111] 인내, 복종, 관대함은 모두 온유함이 있을 때 더 쉬워지는 덕목이다.

우리 주님은 외적 행동까지 나아가지 않고 다만 마음에서 일어난 분노조차도 살인으로 간주하셨다. 온유함은 "외적인 불친절함으로 자신을 나타내지 않음은 물론 격한 말도 사용하지 않는다."[112] 온유함을 결여해 "마음으로 불친절이나 사랑과 반대되는 어떠한 감정을 느끼"거나 "이유 없이 분노하는 사람에게는 심판의 위험이 따른다."[113]

마가복음 3:5에서 주님께서 그러셨듯, 우리는 다른 사람의 마음의 완악함으로 인해 정당하게 분노하거나 슬퍼할 수 있다. 그러나 경멸이 뒤따르는 분노는 어리석다. 누구든지 비난이나 욕설로 "미련한 놈"이라고 하는 자는 "그 순간 가장 극심한 죄의 형벌을 면치 못할 것이다."[114] 예수님은 "하나님께 우리의 의무를 다하는 것이 이웃을 향한 의무에서 우리를 면제해주지 않는다고 경고하신다. 경건의 일을 행했더라도 이웃에게 자비를 행하지 않는다면, 하나님께 칭찬받는 것과 거리가 멀 뿐 아니라 그 모든 행

---

110 마 26:39.
111 "Sermon on the Mount," 22, B 1:490-91, J V:263-64, sec. 1. 6.
112 "Sermon on the Mount," 22, B 1:491-92, J V:264, sec. 1. 8.
113 같은 곳; 마 5:21-22.
114 "Sermon on the Mount," 22, B 1:492, J V:264-65, sec. 1. 9.

위가 도리어 하나님께 가증한 것이 될 것이다."[115]

온유함은 제단에서도 효력을 나타낸다. "그러므로 예물을 제단에 드리려다가 거기서 네 형제에게 원망 들을 만한 일이 있는 것이 생각나거든 예물을 제단 앞에 두고 먼저 가서 형제와 화목하고 그 후에 와서 예물을 드리라."[116] "너를 고발하는 자와 함께 길에 있을 때에 급히 사화하라 그 고발하는 자가 너를 재판관에게 내어주고 재판관이 옥리에게 내어주어 옥에 가둘까 염려하라."[117]

3. 온유한 자가 받을 위로: 땅을 기업으로 받음

온유한 자는 땅을 기업으로 받을 것이다. 하나님은 "온유한 자에게 생활과 경건에 필요한 모든 것을 공급해주시기 위해 특별히 보살피신다. 인간의 폭력, 거짓과 악의에도 그분은 확고히 그들에게 공급해 풍성하게 누리게 하신다. 그것이 적든 많든 그들에게는 기쁨이 된다."[118]

그들은 온유함 속에서 세상에 있는 모든 것이 자신이 누리는 유업임을 알게 된다. "그들은 인내로 자신의 영혼을 보존함같이, 하나님께서 주신 모든 것을 참되게 소유한다. 그들은 자신이 가진 것에 언제나 자족하고 항상 기뻐한다. 그것이 하나님을 기쁘시게 하므로 그들은 기뻐한다. 그들의 마음과 욕구와 기쁨이 하늘에 있는 동안에는, 그들은 참으로 '땅을 유업으로 받았다'고 할 수 있다."[119]

웨슬리는 온유한 자가 땅을 기업으로 받는다는 말씀에는 세상 끝날에

---

115 "Sermon on the Mount," 22, B 1:493, J V:265, sec. 1. 10.
116 마 5:23-24.
117 마 5:25; "Sermon on the Mount," 22, B 1:493, J V:265-66, sec. 1. 11.
118 "Sermon on the Mount," 22, B 1:494, J V:266, sec. 1. 12.
119 같은 곳.

대한 의미가 내포되어 있다고 생각했다. 온유한 자들은 "'의로운 사람이 거할 새로운 땅'에서 더 탁월한 부분을 소유하게 될 것이다. … 우리는 주님의 약속을 따라 의의 처소인 새 하늘과 새 땅을 기다린다."[120] 이것이 온유한 자가 기업으로 받을 땅이다.

웨슬리는 요한계시록 20:4-6에서 온유한 자들의 부활 이후의 모습을 보았다. 그리스도를 증거함으로 인해 처형당한 온유한 이들은 "살아서 그리스도와 더불어 천 년 동안 왕 노릇 하니 … 이 첫째 부활에 참여하는 자들은 복이 있고 거룩하도다 둘째 사망이 그들을 다스리는 권세가 없고 도리어 그들이 하나님과 그리스도의 제사장이 되어 천 년 동안 그리스도와 더불어 왕 노릇 하리라."[121]

D. 의에 주리고 목마름

이제까지 우리 주님의 산상설교는 "참된 신앙의 방해물을 제거하는 것"에 초점이 맞추어져 있었다.[122] 이 중 첫 번째는 심령의 가난함으로 제거되는 교만이고, 두 번째는 거룩하게 애통함으로 제거되는 경솔함이며, 세 번째는 "기독교적 온유함으로 치유되는 분노, 조급함, 불만이다."[123] 이러한 좋지 못한 욕망이 제거되면 "하나님이 심어주신 영혼의 자연스러운 갈망이 돌아와 의에 주리고 목말라 한다."[124] 이것이 팔복의 네 번째를 위해 길을 연다. "의에 주리고 목마른 자는 복이 있나니 그들이 배부를 것임이요."[125]

---

120   "Sermon on the Mount," 22, B 1:494-95, JV:266, sec. 1. 13; 참고. 벧후 3:13.
121   "Sermon on the Mount," 22, B 1:494-95, JV:266, sec. 1. 13.
122   "Sermon on the Mount," 22, B 1:495, JV:267, sec. 2. 1.
123   같은 곳.
124   같은 곳.
125   마 5:6.

1. 의

의란 무엇인가? "하나님의 형상이자, 예수 그리스도 안에 있던 그 마음이다. 그것은 모든 거룩하고 신성한 성품의 총화로서 우리의 아버지이자 구원자 되시는 하나님과 모든 사람에 대한 사랑에서 비롯되고, 또 그 사랑으로 귀결된다."[126] 다른 어떤 것보다 의를 갈망하는 사람은 행복하다.

배고픔과 목마름이 우리의 육체적 욕구 중 가장 강한 것같이, 우리의 모든 영적 욕구 중 가장 강한 것은 우리에게 이미 새겨진 하나님의 형상을 추구하는 배고픔과 목마름이다. 한번 그것을 맛보고 마음에 일깨움을 받고 나면 "우리를 창조하신 분의 형상을 따라 새롭게 되고자 하는 갈망은 다른 모든 갈망을 삼켜버린다."[127] 우리가 육체적으로 배고픔과 목마름을 느끼기 시작하면 그 욕구는 멈추지 않고 더 커진다. 마찬가지로 "우리가 그리스도 안에 있던 그 온전한 마음을 추구함으로 배고프고 목마르기 시작하면, 이 영적인 욕구는 멈추지 않고 그것이 충족되기까지 점점 더 크게 소리친다."[128]

당신이 배고픈 사람에게 "음식 외의 온 세상, 모든 우아한 의복, 온갖 품위 있는 장신구, 세상의 모든 보물과 금은보화"를 다 준다고 가정해 보자. "그는 그것에 아랑곳하지 않을 것이다. 이 모든 것은 그에게 아무런 소용이 없다."[129] "진정으로 의에 주리고 목말라 하는" 모든 영혼도 마찬가지다. "그는 의 외에는 어떤 것으로도 위로받을 수 없다. … 어떤 것을 주어도 그는 대수롭지 않게 여길 것이다."[130] 구원받은 영혼이 간절히 바라는 것

126 "Sermon on the Mount," 22, B 1:495, J V:267, sec. 2. 2.
127 "Sermon on the Mount," 22, B 1:495-96, J V:267-68, sec. 2. 3.
128 같은 곳.
129 같은 곳.
130 같은 곳.

은 "예수 그리스도 안에 있던 그 마음을 갖는 것이다."[131]

a. 그들은 어떻게 의로 배부를 것인가?

참된 신앙을 갈망하는 영혼은 의로 배부르기 원한다. 외적이고 관습적인 종교는 영혼을 채워주지 않는다.

세상이 종교라고 부르는 것은, 주리는 영혼을 만족시키려 해도 그리스도 안에 있던 마음을 결여하기에 도움을 주지 못한다. 세상이 종교로 여기는 것은 "다음 세 가지다. (1) 남에게 해를 끼치지 않는 것, 즉 적어도 약탈, 절도, 통속적 욕설, 술취함 같은 가증스러운 외적인 죄를 짓지 않는다. (2) 선을 행하는 것, 즉 가난한 사람을 구제하고 자선을 베푼다. (3) 은혜의 수단을 사용하는 것, 즉 적어도 교회에 출석하고 성만찬에 참여한다. 세상은 이 세 가지를 행하는 사람을 종교적인 사람으로 여긴다."[132]

그러나 이 모든 것을 한다 한들 그리스도의 마음이 없다면, 그것이 의에 주리는 당신을 채워줄 수 있겠는가? 의에 주리는 영혼은 "이보다 더 높고 깊고 고귀한 종교를 원한다. 그는 마치 '동풍으로 배부를 수 없듯' 빈곤하고 얕고 형식적인 종교로는 배부를 수 없다."[133] 그가 목말라 하는 것은 바로 성령으로 말미암아 주님과 연합하는 것, 아버지와 아들과 사귐을 갖는 것, 하나님이 빛 가운데 계신 것같이 빛 가운데 살아가는 것이다.[134]

주님은 의에 주리고 목마른 자는 배부를 것이라고 약속하신다. 어떻게 배부르게 되는가? 그들이 간절히 바라던 의와 참된 거룩함으로 채워짐으

---

131 "Sermon on the Mount," 22, B 1:496-97, J V:268, sec. 2. 4.
132 같은 곳.
133 같은 곳.
134 같은 곳.

로 그렇게 된다. "하나님께서는 그들을 하나님의 선하심으로 만족시키실
것이다."[135] 여기에는 성경적 비유가 풍성하게 함축되어 있는데, 배부르게
하신다는 말씀은 하늘의 떡인 하나님의 사랑의 만나로 그들을 만족시켜
주시겠다는 것이다. 하나님께서는 "주의 복락의 강물을 마시게 하실 것인
데, 그 물을 마시는 자는 영원히 목마르지 않을 것이다."[136]

"땅에서 행복을 파낼" 수는 없다. 영혼의 자양분이 되지 못하는 것에
돈을 쓰는 일을 그만두라. 만족을 주지 못하는 것을 위해 일하지 말라.[137]
당신이 가진 모든 것을 "당신의 영혼이 창조되었을 때의 모습인 하나님의
형상으로 전적으로 새롭게 되는 일에" 투자하라.[138]

2. 긍휼히 여기는 자는 복이 있나니

a. 긍휼히 여김은 어떻게 복이 되는가?

우리가 행복하게 되는 비결인 팔복의 다섯 번째는, "긍휼히 여기는 자
는 복이 있나니 그들이 긍휼히 여김을 받을 것임이요"라는 말씀이다.[139]
"그리스도인은 하나님의 생명으로 충만하게 될수록 세상에서 여전히 하
나님 없이 살아가는 사람들에게 더 애정 어린 관심을 기울이게 될 것이
다."[140] 의에 주리는 사람은 하나님의 복을 모르는 사람에게 특별한 동정을
느낀다. 그들의 마음은 온화해 만나는 사람을 자신을 사랑하듯 사랑한다.

---

135 "Sermon on the Mount," 22, B 1:497-98, J V:269, sec. 2. 5.
136 같은 곳; 참고. 시 36:8; 요 4:14.
137 "Sermon on the Mount," 22, B 1:498, J V:269, sec. 2. 6; 참고. 사 55:2.
138 "Sermon on the Mount," 22, B 1:498, J V:269, sec. 2. 6.
139 마 5:7.
140 "Sermon on the Mount," 22, B 1:499, J V:269-70, sec. 3. 1.

자비의 일은 하나님과 함께하는 삶에서 흘러나온다.[141]

우리는 만약 우리에게 사랑이 없어 하나님께서 우리를 사랑하신 것처럼 다른 사람을 사랑하지 않으면, 우리에게 "있는 모든 것으로 구제하고 또 우리 몸을 불사르게 내줄지라도 아무 유익이 없음"을 바울에게서 배운다.[142]

b. 긍휼히 여김은 어떤 행동으로 나타나는가?

웨슬리는 바울이 고린도전서 13장에서 사용한 아름다운 언어에서 긍휼히 여기는 사랑의 핵심을 발견한다. 한 구절씩 설명해가면서 웨슬리는 긍휼히 여기는 것이 어떤 것인지 보여준다. "사랑은 오래 참고 사랑은 온유하며 시기하지 아니하며 사랑은 자랑하지 아니하며 교만하지 아니하며 무례히 행하지 아니하며 자기의 유익을 구하지 아니하며 성내지 아니하며 악한 것을 생각하지 아니하며."[143]

긍휼히 여기는 사랑은 판단에 경솔하거나 성급하지 않다. "사랑은 먼저 모든 증거를 검토하되, 특히 비난받는 사람에게 우호적인 증거에 대해 숙고한다." 긍휼히 여기는 사랑을 하는 사람은 "조금만 보고서 많은 것을 추정해 성급한 결론을 내리지 않는다. 그는 신중함과 세심함으로 사람을 잘못 판단하지 않도록 주의한다."[144] 사랑은 "자랑하지 않는다. … 사랑은 교만을 불러일으키는 높은 자만심을 깨뜨리고 우리가 지극히 낮은 자라는 사실을 기뻐하게 한다."[145]

---

141 같은 곳.
142 "Sermon on the Mount," 22, B 1:499, J V:270, sec. 3.2; 참고. 고전 13:1-3.
143 고전 13:4-5.
144 "Sermon on the Mount," 22, B 1:500-501, J V:271, sec. 3. 6.
145 고전 13:4; "Sermon on the Mount," 22, B 1:500-501, J V:271, sec. 3. 6.

"사랑은 누구에게도 무례히 행하거나 고의로 모욕하지 않는다." 사랑은 "모든 사람을 정중함과 예의와 자애로움"으로 바르게 대해 다양한 사회적 관계 속에 있는 그들 모두를 존중하고, 또 "모든 사람에게 덕을 세워 그들을 기쁘게" 하려는 지속적인 열망을 보인다.[146] 사랑은 절대 속이지 않는다. 속임이나 편견이 없고 모든 행동과 대화에서 솔직하다.[147]

사랑은 이기적이지 않다. 자신의 유익만 구하지 않는다. 이스라엘 백성을 위해 하나님께 "이제 그들의 죄를 사하시옵소서 그렇지 아니하시오면 원하건대 주께서 기록하신 책에서 내 이름을 지워 버려 주옵소서"라고 기도한 모세처럼, 때로 "사랑의 사람은 사랑이 극에 달할 때 자신의 영혼과 육체마저 포기하기를 주저하지 않는다."[148] 이런 사랑은 쉽게 화내지 않는다. "사랑은 누구에게도 화를 내어 불친절하게 대하지 않는다. 그럴 만한 상황은 자주 일어나고, 다양한 종류의 외부적 도발도 생기지만, 사랑은 도발에 굴복하지 않고 모든 것을 이긴다."[149]

c. 불의를 기뻐하지 아니하며

사랑은 "다른 사람의 잘못을 기억하지 않는다."[150] 사랑은 악한 것을 생각하지 않기 때문에, 사랑이 아니었다면 발생했을 수없이 많은 성낼 만한 원인을 미리 제거한다. "물론 긍휼히 여기는 사람도 많은 악한 일들에 대한 사실을 접하는 것을 피할 수는 없다." 그러나 그런 생각에 빠져 있지는

---

146 "Sermon on the Mount," 22, B 1:501, J V:271-72, sec. 3.8; 참고. 롬 15:2.
147 "Sermon on the Mount," 22, B 1:501, J V:271-72, sec. 3. 8.
148 "Sermon on the Mount," 22, B 1:502, J V:272, sec. 3.9; 출 32:32; 참고. 롬 9:3.
149 "Sermon on the Mount," 22, B 1:502-3, J V:272-73, sec. 3. 10.
150 고전 13:5.

않는다.[151] 사랑은 "모든 질투, 악한 추측, 다른 사람의 잘못을 쉽게 가정하는 상태를 몰아낸다. 사랑은 솔직하고 열려 있으며 의심하려 하지 않는다. 그리고 악을 도모하지도, 두려워하지도 않는다."[152] "사랑은 불의를 기뻐하지 않으며 진리와 함께 기뻐한다."[153]

이것은 특히 "어떠한 당파에 소속되어 열심히 활동하는 사람에게는 더 어렵다! 그들이 반대파에서 어떤 잘못, 즉 그들의 규칙이나 실천에서 실제로 있는 것이든 추측한 것이든 어떤 흠이라도 발견한다면 기뻐하지 않는 것이 얼마나 어렵겠는가! … 적이 실수를 범하면 그것이 자신에게 이익이 된다고 여겨 기뻐하지 않을 사람이 어디 있겠는가? 오직 사랑의 사람뿐이다. 오직 사랑의 사람만이 적의 죄나 어리석음으로 인해 눈물을 흘리며, 그 일에 대해 듣거나 같은 일이 반복되는 것을 기뻐하지 않고, 그 일이 영원히 잊혀지기를 바란다."[154]

사랑은 진리가 어디에서 발견되든 기뻐한다. 사랑의 사람은 "의견이나 어떤 실천적인 부분에서 자신을 반대하는 사람일지라도 … 그들에 대한 좋은 소식을 들으면 기뻐하고, 지속적으로 진실함과 공정함으로 말하려 한다." 좋은 면을 생각하는 것은 그의 영광이자 기쁨이다. "그는 세상의 한 구성원으로서 세상 모든 사람이 누리는 행복에 동참한다. 또 그는 사람이기에 사람의 행복에 무심하지 않으며, 하나님께 영광이 되고 사람들 사이에 평화와 선의를 고취하는 일이면 무엇이든 즐거워한다."[155]

---

151 "Sermon on the Mount," 22, B 1:503-4, J V:273, sec. 3. 11.
152 같은 곳.
153 고전 13:6; "Sermon on the Mount," 22, B 1:503-4, J V:273, sec. 3. 11.
154 "Sermon on the Mount," 22, B 1:504, J V:273-74, sec. 3. 12.
155 "Sermon on the Mount," 22, B 1:504, J V:274, sec. 3. 13.

d. 사랑은 언제나 보호하고 신뢰하며 바라고 인내함

긍휼히 여기는 자는 어떤 악한 일을 보거나 듣거나 알아도 부질없이 말하지 않는다. 합당하지 않다고 생각하는 일을 목격한 경우에도, 다만 그일과 관련된 사람을 돕고 싶은 마음으로 "그에게 말하는 경우 외에는 그일이 입 밖으로 나가지 않는다." 그는 "다른 사람의 죄에 간섭하는 자"가되지 않기를 바라며,[156] 다른 사람의 잘못을 이야깃거리로 삼지 않는다. 또그 이웃에 대해 좋게 말하거나 그에게 유익이 되도록 말할 수 있을 때만 말하고, 고자질하거나 험담하거나 수군거리지 않는다.

웨슬리는 단 한 가지 예외를 두었다. "악한 일을 공개하는 것이 하나님께 영광이 되고 … 이웃에게 유익하며 … 무고한 사람이 피해를 입지 않는길이 된다고 확신하는 경우, 그는 범죄자가 누구인지 밝혀야 한다."[157] 이경우에도 웨슬리는 사실을 밝히는 태도에 대해 엄격하게 주의를 주었다. "사랑에 의해 꼭 말하지 않으면 안 될 경우"가 아니거나 "이 방법 외에 다른 더 좋은 방법이 없음을 확신할 수 없다면" 말하지 않는 편이 낫고, 말할때라도 슬퍼하는 마음과 두려움과 떨림으로 해야 한다.[158]

e. 가장 좋은 면을 생각함

고린도전서 13:7절을 영어 흠정역 성경(KJV)은 사랑은 "모든 것을 믿는다"(believeth all things)라고 번역한 반면, 영어 새국제성경(NIV)은 사랑은 "항상 믿는다"(always trust)로 번역한다.[159] 이 구절을 웨슬리는 다음

156　딤전 5:22; "Sermon on the Mount," 22, B 1:505-6, J V:274-75, sec. 3. 14.
157　"Sermon on the Mount," 22, B 1:505-6, J V:274-75, sec. 3. 14.
158　같은 곳.
159　고전 13:7.

과 같이 해설한다. "사랑은 항상 가장 좋은 것을 생각하려 하며, 모든 것 위에 가장 최선의 것을 두려 한다. 또 다른 사람에게 유익이 되는 방향으로 믿으려 하며, 다른 사람의 결백과 진실성을 (진정으로 그러기를 바라는 마음으로) 쉽게 믿는다." 만약 "회개의 진실성"에 관한 것이 문제가 된다면, 사랑은 "죄인을 가능한 한 적게 정죄하고, 하나님의 진리에 어긋나지 않는 한도에서 가능한 한 인간의 연약함을 모두 용납하고자 한다."[160]

그리고 "더는 믿을 수 없는 경우에도 사랑은 모든 것을 바란다."[161] 그의 행동이 부인할 수 없도록 명백히 악했는가? "그렇더라도 사랑은 그의 의도마저 악하지 않았길 바란다. … 그리고 그의 모든 행동과 계획과 성품이 모두 악했음을 의심할 수 없을 때도 여전히 사랑은 하나님께서 최종적으로 그의 손을 내미셔서 승리를 거두시기를 바란다." 그 결과 "죄인 한 사람이 회개하면 하늘에서는 회개할 것 없는 의인 아흔아홉으로 말미암아 기뻐하는 것보다 더하리라."[162]

모든 것을 바라며 모든 것을 견디는 것은 진정으로 긍휼히 여기는 자의 성품을 온전하게 한다. 진정으로 긍휼히 여기는 자는 "대부분만이 아니라 모든 것을 견딘다. 아무리 불공평하고 악하고 잔인한 일을 당하더라도 능히 견딘다. 어떤 것에 대해서도 견딜 수 없다고 말하지 않는다. 그리고 힘 주시는 그리스도를 통해 모든 것을 견딜 수 있는 은혜를 받는다. … 그가 당하는 고초는 그의 사랑을 파괴하지도, 조금이나마 손상시키지도 않는다."[163] 사랑은 영원하기에 결코 실패하지 않는다.

---

160 "Sermon on the Mount," 22, B 1:506, J V:275, sec. 3. 15.
161 "Sermon on the Mount," 22, B 1:506, J V:275-76, sec. 3. 16.
162 같은 곳; 눅 15:7.
163 "Sermon on the Mount," 22, B 1:507, J V:276, sec. 3. 17.

f. 긍휼히 여기는 자가 받을 위로: 긍휼히 여김을 받음

진정으로 긍휼히 여기는 자는 "그들의 행동에 대해 하나님의 복"을 받음으로 긍휼히 여김을 받을 것이다. 긍휼을 베풂으로 그들은 자신과 다른 사람들을 위해 베푸시는 하나님의 자비에 동참한다. 그들은 장차 올 왕국에서 "크고 영원한 영광"을 누릴 것이다.[164]

그리스도 안에 있던 마음을 가지고 있지 않은 자들은 끊임없이 싸우는 기독교 단체들, 두 진영으로 나뉘어 서로 대립하는 기독교 국가들, 시기와 질투와 분노로 찢어진 기독교 가정들에 실망한 나머지 울부짖을 것이다. "오, 하나님! 언제까지니이까? 당신의 약속을 어기실 것입니까?"

주님은 이렇게 대답하실 것이다. "내 양들아, 그것을 두려워하지 말라! 소망이 없는 곳에서 믿음으로 소망을 가지라! 이 세상을 새롭게 하는 것이 여전히 너희 하늘 아버지의 기쁨이다. … 확실히 이 모든 일은 끝나고 세계의 거민이 의를 배울 것이다."[165]

그러므로 "아직 추수가 시작되지 않았다면 처음 익은 열매의 한 부분이 되라."[166] 주님께서 당신의 마음을 모든 영혼에 대한 사랑으로 채워주심으로, 그들을 위해 목숨까지 버릴 수 있도록 하라.

E. 마음의 청결함

산상설교에 대한 웨슬리의 세 번째 설교 본문은 팔복 중 마지막 세 개다. "마음이 청결한 자는 복이 있나니 그들이 하나님을 볼 것임이요 화평

---

164 같은 곳.
165 "Sermon on the Mount," 22, B 1:507-9, J V:276-77, sec. 3. 18 ; 참고. 사 26:9.
166 같은 곳.

하게 하는 자는 복이 있나니 그들이 하나님의 아들이라 일컬음을 받을 것임이요 의를 위하여 박해를 받은 자는 복이 있나니 천국이 그들의 것임이라 나로 말미암아 너희를 욕하고 박해하고 거짓으로 너희를 거슬러 모든 악한 말을 할 때에는 너희에게 복이 있나니 기뻐하고 즐거워하라 하늘에서 너희의 상이 큼이라 너희 전에 있던 선지자들도 이같이 박해하였느니라" [마 5:8-12; 설교 #23, "산상설교 (3)"(Upon Our Lord's Sermon on the Mount: Discourse 3), B 1:510-30, J V:278-93 (1748)].

이웃을 향한 사랑은 우리를 먼저 사랑해주신 하나님의 사랑에서 솟아나온다. 고린도전서 13장의 바울의 가르침에 따르면, 우리가 이웃 즉 우리가 만나는 사람들을 사랑하지 않으면 우리가 행하는 모든 일, 우리가 당하는 모든 고난, 우리가 가르치는 모든 교리와 사역은 하나님 보시기에 가치가 없다. 그러므로 사랑은 "율법의 성취"이자 "율법의 목적"이다.[167] 이웃 사랑의 기초는 "'그가 우리를 먼저 사랑해주셨기 때문에' 우리도 그분을 사랑하는지, 그리고 우리의 마음이 청결한지에 있다. 이 기초는 불변한다. '마음이 청결한 자는 복이 있나니 그들이 하나님을 볼것임이요.'"[168]

1. 마음이 청결한 자는 복이 있나니

a. 신자는 오직 은혜로 마음이 청결해짐

"마음이 청결한 자"는 누구인가? 하나님께서 그 마음을 하나님을 닮아 청결하게 만들어주신 사람이다.[169] 그들은 그리스도의 십자가를 믿어 "모든 거룩하지 못한 성품에서" 청결케 됨으로, 모든 죄에서 씻음받아 하나

---

167 롬 13:10; 딤전 1:5; "Sermon on the Mount," 23, B 1:510, J V:278, sec. 1. 1.
168 "Sermon on the Mount," 23, B 1:510, J V:278, sec. 1. 1.
169 "Sermon on the Mount," 23, B 1:510-11, J V:278-79, sec. 1. 2.

님의 사랑을 받고 그 사랑을 자신이 만나는 사람에게 전해줄 준비가 되어 있다.[170] 성령께서 그들 안에서 행하시는 사역은 심령의 가난함으로 그들을 교만에서 청결케 하시고, 온유함으로 분노를 이겨내게 하시는 것이다.

은혜는 "의에 주리고 목말라 하는 것이 그들의 영혼 전체를 지배하게 함으로, 하나님을 기쁘시게 하고 즐거워하는 것 외의 다른 욕망에서 자유를 얻게 하고, 그분을 점점 더 깊이 알아가고 사랑하게 한다." 성령께서는 그들이 "마음을 다하고 목숨을 다하고 뜻을 다하고 힘을 다하여 주 하나님을 사랑"할 수 있도록 능력을 부으신다.[171] 이전에 다룬 팔복의 말씀을 이같이 요약함으로 웨슬리는 주님의 산상설교가 서로 정교하게 결속되어 있음을 보여준다. 팔복의 순서는 무계획적인 것이 아니다.

윤리적 성찰의 역사에서 사람들은 마음의 청결함에 거의 관심을 보이지 않았다. 도덕주의자들은 인간 내면의 부패를 다루지 않고 자주 불순한 외적 행실에만 관심을 두었다. 따라서 그들은 "핵심을 찌르지 못했다."[172]

산상설교에서 예수님은 생생한 가르침을 주신다. 한 율법사가 "간음하지 말라"고 말하면서도 자신 스스로는 다른 여인을 음란한 눈빛으로 바라보는 장면을 떠올려보라. 예수님은 "나는 너희에게 이르노니 음욕을 품고 여자를 보는 자마다 마음에 이미 간음하였느니라"라고 결론을 내리신다.[173] 하나님의 사랑에서 비롯된 마음의 청결함은 사람의 내적 동기를 먼저 다루어, 내면적 구원이 외적인 행동까지 구원하게 한다. 하나님은 사람의 마음을 살피고 시험하심으로 내면의 진실함을 요구하신다.[174]

---

170 같은 곳.
171 같은 곳; 참고. 막 12:30.
172 "Sermon on the Mount," 23, B 1:511, J V:279, sec. 1. 3.
173 마 5:28.
174 "Sermon on the Mount," 23, B 1:511, J V:279, sec. 1.3; 참고. 시 51:6 (BCP).

만약 당신의 불멸의 영혼이 위험한 상태에 있다면, 하나님과 함께하는 영원한 생명에 비해 당신의 새끼손가락이나 눈을 더 가치 있게 여길 수 있겠는가? 그래서 예수님은 다음의 비유를 말씀하신다. "만일 네 오른 눈이 너로 실족하게 해" 거룩하신 하나님께 범죄하게 하거든 "빼어 내버리라 네 백체 중 하나가 없어지고 온 몸이 지옥에 던져지지 않는 것이 유익하며."[175] 잘못된 행동을 일으킬 만한 모든 원인을 물리치라.[176] 내적 더러움을 즉시 끊어버리라. 하나님 앞에 내려 놓으라. 영원한 손실은 어떠한 일시적 손실과도 비교할 수 없다.[177] 먼저 당신의 양심을 점검하라. 금식과 기도로 악을 일으키는 더러운 영을 내쫓으라.[178]

성적인 유혹은 이 원리를 이해하기 쉽게 만든다. 예수님은 결혼을 거룩하고 고결한 것으로 가르치셨다. 성생활은 결혼으로 신성하게 된다. 그러나 성적인 욕망을 "방종의 핑곗거리"로 삼아서는 안된다.[179] 헬라어 '포르네이아'(*porneia*)는 "결혼을 한 상태든 하지 않은 상태든 전반적으로 음란함"을 의미한다.[180] 간음을 야기하는 것은 내적 불결함이다.[181] 일부일처제에 대한 반대는 전적으로 내적 불결함에서 비롯된다.[182]

b. 마음이 청결한 자가 받을 위로: 하나님을 봄

윤리에 관한 예수님의 가르침은 내적 동기, 즉 마음의 상태에 집중되어 있다. "이러한 마음의 순결이야말로 하나님께서 요구하시는 것으로,

---

175 마 5:29.
176 "Sermon on the Mount," 23, B 1:511-12, J V:279-80, sec. 1. 4.
177 같은 곳.
178 같은 곳.
179 "Sermon on the Mount," 23, B 1:512, J V:280, sec. 1. 5.
180 같은 곳.
181 마 5:31-32.
182 "Sermon on the Mount," 23, B 1:512, J V:280, sec. 1. 5.

그의 사랑하시는 아들을 믿는 사람들 속에서 역사한다. 이같이 '마음이 청결한 자'는 '복이 있나니 그들이 하나님을 볼 것이다.'" 하나님께서는 "성령의 가장 분명한 교통하심, 성부와 성자와의 가장 친밀한 교제로" 그들에게 복 주셔서 자신을 알게 하신다. "하나님은 그들에게 지속적으로 임재하셔서 그의 얼굴빛을 그들에게 비추실 것이다."[183]

마음이 청결한 자는 하나님께서 그 영광을 보여주시기를 기도한다. "그들은 이제 (마치 육체의 막이 투명해진 것처럼) 믿음을 통해 하나님이 만드신 가장 보잘것없는 것과 자신을 둘러싼 모든 것, 하나님이 창조하신 모든 것에서 하나님을 본다. 그들은 위의 높은 곳에서든 아래의 깊은 곳에서든 하나님을 보며, 하나님께서 모든 곳에 충만히 계심을 본다."[184]

마음이 청결한 자는 모든 것이 하나님으로 가득함을 본다. 그들은 자신의 삶에서 하나님의 섭리적 활동을 인식한다. "그들은 선을 이루시기 위해 하나님의 손이 자신 위에 함께해 꼭 필요한 모든 것을 정확히 주시고, 자신의 머리털까지 세어 아시며, 자신과 모든 소유를 지키시고, 그분의 깊은 지혜와 자비로 자신의 삶의 환경을 이끌어주심을 본다."[185]

마음이 청결한 자는 특히 주님께서 다시 오실 때까지 그의 죽으심을 기념하는 성만찬에서 하나님의 임재를 느낀다. 그들은 말씀이 선포될 때 주님의 음성을 듣는다. 공동 예배에서는 아버지 하나님 앞에 자신의 온 영혼을 쏟아놓는다. "그들은 마치 하나님을 얼굴과 얼굴로 보듯 바라보며, '사람이 자기의 친구와 이야기함같이' 그분과 대화한다. 이는 그분의 참모습을 그대로 볼 하늘의 처소에 가기 위한 적합한 준비가 된다.[186]

---

183 "Sermon on the Mount," 23, B 1:513, J V:280-81, sec. 1. 6.
184 같은 곳.
185 "Sermon on the Mount," 23, B 1:514, J V:281, sec. 1. 7.
186 "Sermon on the Mount," 23, B 1:514, J V:281, sec. 1. 8; 참고. 출 33:11; 요일 3:2.

c. 마음이 청결한 자는 함부로 맹세하지 않음

우리는 율법을 통해 "네 맹세한 것을 주께 지키라"고 바르게 배웠다. 그러나 산상에서 예수님은 마음이 청결한 자들이 깨달아야 할 내용으로, 맹세에 담긴 더 깊은 의도에 대해 가르치셨다. "도무지 맹세하지 말지니 하늘로도 하지 말라 이는 하나님의 보좌임이요 … 오직 너희 말은 옳다 옳다, 아니라 아니라 하라 이에서 지나는 것은 악으로부터 나느니라."[187] 주님은 사법제도에서 요구되는 맹세 자체를 금지하신 것이 아니라, "거짓 맹세와 자주 일어나는 위증"을 책망하신 것이다.[188]

맹세에 대해 주님은, "하나님은 모든 것에 계시기에 우리는 모든 피조물이라는 렌즈를 통해서도 창조주를 바라보아야 하며, 어떤 것도 하나님과 무관한 것으로 여기거나 그런 방식으로 사용해서는 안 된다"는 사실을 가르쳐주셨다.[189] 만물은 "하나님의 손 안에 있고, 그분은 친히 그중에 계셔서 그 모든 것을 붙드시고, 창조 세계 어디에나 계셔서 그것을 움직이게 하신다."[190]

2. 화평하게 하는 자는 복이 있나니

a. 평화는 하나님의 사랑과 은혜의 열매임

다음으로 주님은 "내적 성결이 어떻게 우리의 외적인 삶으로 나타나는지" 가르쳐주신다.[191] 즉 내적 성결은 대인 관계의 태도에서 드러난다. 예를 들면, 화평케 하는 것인데, 헬라어에서 화평케 하는 자란 다른 사람

---

187 마 5:33-37.
188 "Sermon on the Mount," 23, B 1:515-16, J V:282-83, sec. 1. 10.
189 "Sermon on the Mount," 23, B 1:516-17, J V:283, sec. 1. 11.
190 같은 곳.
191 "Sermon on the Mount," 23, B 1:517, J V:283, sec. 2. 1.

을 위해 모든 좋은 것, 즉 "영과 육, 현세와 내세의 모든 복"을 바라는 사람을 의미한다.[192]

화평은 "하나님께서 아무 자격 없는 자에게 값없이 주시는 사랑과 은혜의 열매"다. 하나님의 이 사랑과 은혜는 신자로 "영적이고 현세적인 모든 축복, 하나님이 자기를 사랑하는 자들을 위하여 예비하신 모든 좋은 것을 누리게 한다."[193] 그것을 받고 누리며 행복해하는 것이 평화의 왕국이다. 그것은 하루나 일 년이 아니라 영원히 지속되는 평화다.

이 평화는 국가 사이에서만이 아니라 하나님의 은혜가 미치는 모든 관계에 적용된다. 문자적인 의미로 화평하게 하는 자는, "하나님과 사람을 사랑함으로 모든 다툼과 논쟁, 갈등과 불화를 몹시 싫어하고 혐오해, 이 지옥의 불이 붙지 않도록, 일단 붙었다면 타오르지 않도록, 타올랐더라도 더는 퍼지지 않도록 전력을 다하는 사람이다."[194] 그들은 "사람들의 과열된 정신과 흥분된 감정을 가라앉히고, 대립된 양쪽 사람들의 격앙된 마음을 누그러뜨리며, 가능하다면 그들을 서로 화해시키고자 노력한다. 또 모든 선한 방법을 사용하고 하나님께서 주신 모든 힘과 역량을 총동원해, 평화가 있는 곳에서는 평화를 유지하기 위해, 평화가 없는 곳에서는 평화를 회복시키기 위해 노력한다."[195]

이러한 평화의 신학적 토대는 "그들이 '부르심의 한 소망 안에서 부르심을 받아' '한 주와 한 믿음'을 가졌음"을 아는 것이다.[196] 이것이 그들 모두가 "부르심을 받은 일에 합당하게 행하여 모든 겸손과 온유로 하고 오

---

192 "Sermon on the Mount," 23, B 1:517, J V:283-84, sec. 2. 2.
193 같은 곳; 참고. 엡 4:4; 고전 8:6; 고후 4:13.
194 "Sermon on the Mount," 23, B 1:517-18, J V:284, sec. 2. 3.
195 같은 곳.
196 같은 곳.

래 참음으로 나아갈 수 있게 한다." 이러한 이해에서 그들은 사랑 가운데서 서로 용납하고 "평안의 매는 줄로 성령이 하나 되게 하신 것을 힘써 지킨다."197

b. 모든 사람에게 선을 행함

화평하게 하는 자는 모든 사람에게 선을 행한다. "그러므로 우리는 기회 있는 대로 모든 이에게 착한 일을 하되 더욱 믿음의 가정들에게 할지니라."198

화평하게 하는 자는 "그 사랑을 자신의 가족, 친구, 지인, 또는 자신이 속한 당이나 자신과 의견이 일치하는 사람, 신앙의 노선이 같은 사람에게만 제한하지 않는다. 그는 이 좁은 범위를 넘어 모든 사람에게 선을 행하고, 어떻게든 사랑을 이웃과 낯선 사람, 친구와 원수 모두에게 나타내고자 노력한다." 기회가 있을 때마다 그는 "'시간을 아끼고' … 모든 기회를 활용하며, 자신의 모든 재능, 힘, 영과 육의 능력, "모든 재산과 이익과 명예"를 동원해 모두에게 선을 행하고자 한다.199 주린 자를 먹이고 헐벗은 자를 입히며 나그네를 대접한다. 언제나 "너희가 여기 내 형제 중에 지극히 작은 자 하나에게 한 것이 곧 내게 한 것이니라"라는 주님의 말씀을 기억하면서 병들거나 감옥에 갇힌 자를 돌아본다.200

사람이 어떤 선한 일을 행했든, 그것은 그보다 앞서 하나님께서 모든 인류와 그 사람을 위해 행하신 선한 일의 결과다. 다른 사람을 위해 마음

---

197 같은 곳; 참고. 엡 4:1-3.
198 갈 6:10.
199 "Sermon on the Mount," 23, B 1:518, J V:284, sec. 2. 4.
200 마 25:40; "Sermon on the Mount," 23, B 1:519, J V:285, sec. 2. 5.

에 어떤 선한 뜻을 품었든, 그 마음을 움직이시는 분은 하나님이시다.[201] 하나님께서는 자신이 마주치는 사람(이웃)을 자신의 손으로 직접 도울 수 있는 자유를 각 사람에게 주신다.

하나님께서는 비록 모든 것에서 모든 일을 행하시지만, 주로 사람을 통해 다른 사람을 돕고, "사람을 통해 다른 사람에게 자신의 능력과 복과 사랑을 전하기를" 기뻐하신다.[202] 따라서 누구도 하나님께서 인류를 보살 피시므로, 사람은 자신과 타인을 돕기 위해 아무것도 할 것이 없다고 결론지어서는 안 된다. 하나님의 포도원에서 빈둥거리고 보고만 있지 말라. 당신은 "하나님의 손에 들린 도구이기에, 주인의 쓰심에 합당하도록 땅을 고르고, 천국의 씨를 뿌리며, 이미 씨앗이 뿌려진 곳에는 물을 주어야 한다."[203] 당신은 받은 은혜의 분량대로 열심을 다해 "어둠 속에 거하는 자에게 빛을 비추고, 쓰러진 자를 일으키며, 저는 자에게 치유의 은혜를 전해 주어야 한다."[204]

c. 하나님의 아들이라 일컬음을 받을 것임이요

착한 일을 하되 더욱 믿음의 가정들에게 하라.[205] 자신이 믿는 하나님을 아는 사람들을 도우라. 그들 속에 있는 하나님의 은사를 북돋우라.

화평하게 하는 자는 다른 이를 복되게 하므로 복을 받는다. 복을 가져오는 그들은 하나님의 자녀라 일컬음을 받을 것이다. 하나님께서는 양자의 영으로 그들을 돌보시고, 그들의 마음에 성령을 더욱 충만하게 부어주

---

201 "Sermon on the Mount," 23, B 1:519-20, J V:285, sec. 2. 6.
202 같은 곳.
203 같은 곳.
204 같은 곳.
205 갈 6:10; "Sermon on the Mount," 23, B 1:519-20, J V:285, sec. 2. 6.

실 것이다. "하나님은 그의 자녀가 받을 모든 복을 그들에게 주어" 그들을 아들과 딸로 인정하실 것이며, "자녀이면 또한 상속자 곧 하나님의 상속자요 그리스도와 함께한 상속자"다.[206]

마지막으로, 성경적 의미의 화평이란 무엇인가? 웨슬리는 다음과 같이 답한다. "이 '화평'은 하나님께서 주시는 화평, 곧 우리가 예수님의 피로 말미암아 하나님께 받으심이 된다는 확신 아래 누리는 영혼의 잔잔한 평온함과 달콤한 안식이다. 이것이 사랑하는 자녀로서 하늘에 계신 아버지의 뜻을 어기는 것에 대해 갖는 두려움 이외의 모든 두려움을 내쫓는 평안이 아니면 무엇이겠는가?"[207]

성경이 말씀하는 이 평화는 "내적인 천국, 곧 '우리가 과거에 지은 죄를 사하시기 위해' 그리스도의 의를 전가하심으로 우리가 '예수님 안에서 속량'받은 사실을 우리 마음에 인치시는 '성령 안에서의 기쁨'을 의미한다." 이 기쁨은 우리의 영원한 유업에 대한 보증으로 이 세상에서 주어진다.[208]

3. 의를 위하여 박해를 받은 자는 복이 있나니

a. 천국이 그들의 것임이라

어떤 이는, 그처럼 겸손하고 자비로우며 평화를 사랑하는 사람은 어디를 가든 그 온화함과 선함으로 모든 공동체에서 사랑받을 것이라고 생각한다. 그러나 우리 주님은 인간의 본성을 더 잘 아신다. 그는 하나님께서 복 주시는 삶을 실제로 살아내면 그 삶은 큰 능력이 있어 세상적 가치만 추구해온 공동체를 붕괴시키게 될 것임을 미리 경고하셨다.

---

206 롬 8:17; "Sermon on the Mount," 23, B 1:520, J V:285-86, sec. 2. 7.
207 "Sermon on the Mount," 21, B 1:481, J V:256-57, sec. 1. 11.
208 같은 곳.

따라서 신자는 타락한 세상에서 박해를 예상해야 한다. 그들은 의를 갈구함으로 인해 박해를 받을 것이다. "온유하고 심령이 가난하며 애통하고 하나님 닮기를 갈구하는 모든 사람, 즉 하나님과 이웃을 사랑하는 모든 사람"은 자신이 단지 의를 추구한다는 이유로 박해받는다는 사실에 놀라지 말아야 한다.[209] 그러나 그들은 박해받는 중에도 천국을 받아 누리는 복을 받는다.[210]

우리는 육신적인 세계가 영적 세계를 어떻게 대하는지 사도 요한에게 배운다. "형제들아 세상이 너희를 미워하여도 이상히 여기지 말라 우리는 형제를 사랑함으로 사망에서 옮겨 생명으로 들어간 줄을 알거니와 사랑하지 아니하는 자는 사망에 머물러 있느니라."[211] 예수님은 말씀하셨다. "세상이 너희를 미워하면 너희보다 먼저 나를 미워한 줄을 알라 너희가 세상에 속하였으면 세상이 자기의 것을 사랑할 것이나 너희는 세상에 속한 자가 아니요 도리어 내가 너희를 세상에서 택하였기 때문에 세상이 너희를 미워하느니라 … 사람들이 나를 박해하였은즉 너희도 박해할 것이요."[212] 바울 역시 디모데에게 주의를 주었다. "무릇 그리스도 예수 안에서 경건하게 살고자 하는 자는 박해를 받으리라."[213]

b. 의로운 자가 박해받는 이유

왜 의로운 자들은 박해를 받는가? 바로 "의를 추구하기" 때문이다. 성령으로 난 그들은 세상에 속하지 않고 그리스도 안에 감추어진 삶을 살기

---

209 "Sermon on the Mount," 23, B 1:520-21, J V:286, sec. 3. 2.
210 "Sermon on the Mount," 23, B 1:520, J V:286, sec. 3. 1.
211 요일 3:13-14.
212 요 15:18-20.
213 딤후 3:12; "Sermon on the Mount," 23, B 1:520-21, J V:286, sec. 3. 2.

때문에 핍박받는다. 그들은 심령이 가난하고, 하나님의 뜻을 알기에 애통하며, 온유하고, 긍휼히 여기며, 마음이 청결하고, 모든 사람을 사랑하기 때문에 박해받는다. "이것이 모든 시대에 그들이 박해를 받아 왔고, 또 주님께서 만유를 회복하시기까지 계속 박해를 받을 수밖에 없는 가장 큰 이유다."[214] "다른 어떤 이유를 대더라도 진짜 이유는 이것이다."[215]

만일 신자가 믿음을 자신 속에 비밀로 간직한다면 세상은 그들을 관용할 만하다고 여길 것이다. 그러나 그렇게 하지 않는다면 그들은 단지 세상에 존재한다는 그 자체만으로도 세상에 해를 끼치는 사람으로 여김받는다.[216] 슬프게도 "하나님의 나라가 더 확장될수록 세상은 더 큰 해를 입었다며 그들을 더 핍박한다. 화평하게 하는 자들이 겸손과 온유와 다른 모든 거룩한 성품을 세상에 더 많이 전파할수록" 그들은 사회의 지배적 질서에 더욱 도전하는 것이 된다.[217]

육으로 난 자는 "사망에서 생명으로 옮겨지지 않은 자들이다."[218] 세상의 영은 하나님의 성령과 완전히 반대된다. 교만한 자들은 교만하기 때문에 겸손한 사람을 박해하지 않을 수 없다.[219]

c. 박해의 유형

신자에게는 어떤 방법으로 박해가 일어나는가? "만물을 지혜로 다스리시는 그분의 영광을 가장 크게 드러내고, 그분의 자녀가 은혜 안에서 자

---

214 "Sermon on the Mount," 23, B 1:521-22, J V:287, sec. 3. 3.
215 같은 곳.
216 같은 곳.
217 같은 곳.
218 "Sermon on the Mount," 23, B 1:522-23, J V:288, sec. 3. 4; 참고. 요일 3:14.
219 "Sermon on the Mount," 23, B 1:522-23, J V:288, sec. 3. 4.

라는 데 가장 유익하며, 하나님의 나라를 확장시키는 그런 방식과 정도로
만 일어난다."[220] 하나님의 섭리는 이러한 고난을 허용하심으로 우리의 영
혼을 강하게 하신다. "그의 눈은 언제나 우리에게 향하시며, 그의 손길은
가장 세밀한 상황에까지 미치신다. 폭풍이 시작되면 하나님께서는 실수
가 없으신 지혜로 그 힘이 얼마나 강한지, 그것이 어디로 향할지, 또 언제
어떻게 끝날지 결정하신다."[221]

특히 기독교가 처음 전파되었을 때, 하나님께서는 그 폭풍이 거세게
일어나는 것을 허용하셨다. 이 일은 "그들의 증거가 더 온전한 것이 되
고,"[222] 그들의 고난이 하나님께 영광이 되게 하기 위한 것이기도 하고, 한
편으로는 불법의 비밀이 여전히 강력하게 역사하고 있었기 때문에 일어
난 것이기도 하다.

그 일을 영국에서의 일과 비교해 보라. 영국에서는 하나님께서 매우
자비로운 방법으로 특별한 사람들을 대하셨음을 알 수 있다. 웨슬리는 하
나님께서 영국에 주신 가장 큰 복은, "복음의 순수한 빛이 떠올라 우리를
비추게 하신 것"임을 인정했다. "그러나 하나님께서 그 백성에게서 돌려
받으신 것은 무엇인가? 더 큰 악이었다." 그래서 하나님은 자신의 증인들
을 "박해자들의 손에 내어주셨다. 그러나 그 심판에는 자비가 함께했다.
비록 형벌의 고통이 따랐으나 그것은 동시에 그 백성의 통탄할 만한 타락
을 고치는 치료약이기도 했다."[223] 그러나 그 폭풍은 고문이나 죽음같이 거
세지는 않았다. 하나님의 자녀들이 가장 빈번하게 당한 고난은 "친족과 격
리되고, 자신의 영혼과도 같았던 친구를 잃거나 … 사업과 직장을 잃는 것

220 "Sermon on the Mount," 23, B 1:523-25, J V:288-89, sec. 3. 5.
221 같은 곳.
222 같은 곳.
223 같은 곳.

이었다."²²⁴ 선지자와 사도들이 겪은 것에 비하면 경미한 박해였다.

예수님은 하나님의 모든 자녀에게 뒤따를 박해를 명확히 가르쳐주셨다. "나로 말미암아 너희를 욕하고 박해하고 거짓으로 너희를 거슬러 모든 악한 말을 할 때에는 너희에게 복이 있나니."²²⁵ 이것은 우리의 제자 됨의 표지이자, 주님이 우리를 불러주신 사실에 대한 인장과도 같다. 이것이 없다면 우리는 사생자와 같다(히 12:8).

하나님의 자녀는 천국으로 가는 길에서 확신을 가지고 이러한 도전을 관통해 똑바로 나아간다. "하나님과 사람을 온유하고 진지하며 겸손하면서도 열심으로 사랑하는 사람은 믿음의 형제들에게서는 좋은 평판을 받지만, 그들을 '세상의 더러운 것과 만물의 찌꺼기같이' 여기는 세상에서는 악평을 받는다."²²⁶ 타락한 세상에서 선한 사람들은 이를 예상해야 한다. 역사상 기독교인이 높이 존경받은 예외적인 시기들이 있지만, 그 때도 "십자가에 대한 비방은 멈추지 않았다."²²⁷ 요한복음에서 예수님의 말씀은 명백하다. "너희가 세상에 속하였으면 세상이 자기의 것을 사랑할 것이나 너희는 세상에 속한 자가 아니요 도리어 내가 너희를 세상에서 택하였기 때문에 세상이 너희를 미워하느니라."²²⁸ 전체적으로 보면 타락한 세상은 온유하고 마음이 청결한 사람을 환영하지 않는다.

d. 박해를 자초하지 말라

신자는 "박해를 고의나 계획적으로 자초하지는 말아야 한다." 우리는

---

224 "Sermon on the Mount," 23, B 1:525, J V:289, sec. 3. 6.
225 마 5:11.
226 "Sermon on the Mount," 23, B 1:525-26, J V:289-90, sec. 3. 7; 참고. 고전 4:13.
227 "Sermon on the Mount," 23, B 1:526, J V:290, sec. 3. 8.
228 요 15:19; "Sermon on the Mount," 23, B 1:527, J V:291, sec. 3. 10.

박해를 추구해서는 안 되고, "우리의 양심에 해를 입지 않는 이상 최대한 멀리" 피해야 한다.[229] 우리 주님은 이를 분명히 말씀하셨다. "이 동네에서 너희를 박해하거든 저 동네로 피하라."[230] 여기서의 피난은 박해를 자초하신 것이 아니라 견디셨던 주님의 다시 오심과 관련된 것으로 보인다.

그러나 항상 박해를 피할 수 있을 것으로 생각하지 말라. 그 대신 "뱀같이 지혜롭고 비둘기같이 순결하라."[231] 만일 당신이 박해를 완전히 모면하려 한다면 "당신은 하나님의 자녀가 아니다. 당신이 박해를 조금도 받지 않으려 한다면 박해를 통해 주시는 복을 받지 못한다."[232] 우리는 "의를 위하여 박해를 받은 자는 복이 있나니 천국이 그들의 것임이라 나로 말미암아 너희를 욕하고 박해하고 거짓으로 너희를 거슬러 모든 악한 말을 할 때에는 너희에게 복이 있나니"라고 하신 주님의 말씀을 믿어야 한다.[233]

e. 기뻐하고 즐거워하라 하늘에서 너희의 상이 큼이라

어떻게 박해받는 자를 복되다 할 수 있는가? 예수님은 "기뻐하고 즐거워하라 하늘에서 너희의 상이 큼이라 너희 전에 있던 선지자들도 이같이 박해하였느니라"라고 대답하신다.[234]

그들이 욕하고 "거짓으로 당신을 거슬러 모든 악한 말을 함"으로 박해할 때, 당신은 이전 선지자들과 주님의 삶에 참여하는 것이다.

기뻐하라. 핍박은 당신이 속해 있는 그분을 당신이 안다는 징표이기

---

229 "Sermon on the Mount," 23, B 1:527, J V:291, sec. 3. 10.
230 마 10:23.
231 마 10:16.
232 "Sermon on the Mount," 23, B 1:527, J V:291, sec. 3. 11.
233 마 5:10-11.
234 마 5:12.

때문이다. "'우리가 잠시 받는 환난의 경한 것이 지극히 크고 영원한 영광의 중한 것을 우리에게 이루게 함'을 알고 '기뻐하고 즐거워하라.'"[235]

4. 원수를 대하는 법

a. 앙갚음하지 말라

"또 눈은 눈으로, 이는 이로 갚으라 하였다는 것을 너희가 들었으나 나는 너희에게 이르노니 악한 자를 대적하지 말라 누구든지 네 오른편 뺨을 치거든 왼편도 돌려 대며 또 너를 고발하여 속옷을 가지고자 하는 자에게 겉옷까지도 가지게 하며 또 누구든지 너로 억지로 오 리를 가게 하거든 그 사람과 십 리를 동행하고."[236] 당신의 온유함이 가득 넘치게 하라.

"네게 구하는 자에게 주며 네게 꾸고자 하는 자에게 거절하지 말라."[237] 다음을 주의하라. 당신의 소유가 아닌 것으로 나눠주지 말라. 빚을 피하라. 당신 가정에 필요한 것을 공급하라. 하나님께서 그것을 요구하신다. 그 후에 "매일 또는 매년 가정을 위해 쓰고 남은 모든 것을 다른 사람에게 주거나 빌려주라."[238]

우리는 의를 추구한다는 이유로 우리를 박해하는 사람에게 친절을 베풀어야 한다. 원수를 사랑하라. 당신을 저주하는 사람을 축복하라. "진실함과 의로움에 저촉되지 않는다면 할 수 있는 한 모든 좋은 것을 말하라."[239] 악을 선으로 갚으라. 선으로 악을 이기라. 만약 당신이 더는 아무것

---

235 "Sermon on the Mount," 23, B 1:527, J V:291, sec. 3.11; 참고. 고후 4:17.
236 마 5:38-41.
237 마 5:42.
238 "Sermon on the Mount," 23, B 1:528, J V:291-92, sec. 3.12.
239 "Sermon on the Mount," 23, B 1:528-30, J V:292-93, sec. 3.13.

도 할 수 없다면 "당신을 박해하는 자를 위하여 기도하라."[240] 그들이 회개를 하든 그렇지 않든 그들을 일곱 번을 일흔 번까지라도 용서하라.[241]

b. 산상설교의 내용적 통일성

우리는 예수님의 산상설교에서 "기독교를 만드신 분께서 직접 전해주신 그대로의 기독교"를 만난다. "이것이 예수 그리스도의 참 종교다!" 산상설교에서 우리는 "우리가 본받을 수 있는 하나님의 자화상"을 본다.[242]

"그 전체에서 얼마나 놀라운 아름다움이 나타나는가! 또 그 전체는 얼마나 균형을 이루고 있는가! 각각의 부분은 정확히 균형을 이루고 있다! 여기에 묘사된 행복은 얼마나 바람직하고 숭고하며, 그 거룩함은 얼마나 아름다운가! … 이러한 것이야말로 참으로 기독교의 본질이다."[243]

말씀을 행하는 자가 되고 듣기만 하는 자가 되지 말라.[244] 끊임없이 "이 자유롭게 하는 온전한 율법"을 살피라.[245] "그 모든 부분이 밝히 드러나고 하나님의 손으로 우리 영혼에 새겨져" 우리가 하나님의 거룩하심과 같이 거룩해질 때까지 멈추지 말라.[246]

---

240 같은 곳.
241 참고. 마 18:22.
242 "Sermon on the Mount," 23, B 1:528-30, J V:292-93, sec. 3. 13.
243 같은 곳.
244 참고. 약 1:22.
245 "Sermon on the Mount," 23, B 1:528-30, J V:292-93, sec. 3.13; 참고. 약 1:25.
246 "Sermon on the Mount," 23, B 1:528-30, J V:292-93, sec. 3.13; 참고. 벧전 1:15.

7장

세상의 소금과 빛

7장 세상의 소금과 빛

A. 인간관계에서의 맛과 빛

세상과 사랑의 관계는 음식과 소금의 관계와도 같다. 사랑은 인간관계에 맛을 더해준다. 사랑은 세상을 썩지 않게 하는 방부제다.

1. 거룩한 삶의 사회적 영향력

신자가 세상에 끼치는 영향은 어둠에 빛을 비추는 것, 음식에 소금을 넣는 것과 같다.[1] 신자는 세상의 소금과도 같다. 그들은 어둡고 절망적인 세상에 빛과 활기를 가져다준다.

산상설교에 대한 웨슬리의 네 번째 설교의 성경 본문은 세상의 소금과 빛으로서 신자의 거룩한 삶을 가르치는 마태복음 5:13-16이다. "너희는 세상의 소금이니 소금이 만일 그 맛을 잃으면 무엇으로 짜게 하리요 후에는 아무 쓸데없어 다만 밖에 버려져 사람에게 밟힐 뿐이니라 너희는 세상의 빛이라 산 위에 있는 동네가 숨겨지지 못할 것이요. 사람이 등불을 켜서 말 아래에 두지 아니하고 등경 위에 두나니 이러므로 집 안 모든 사람에게 비치느니라 이같이 너희 빛이 사람 앞에 비치게 하여 그들로 너희 착한 행실을 보고 하늘에 계신 너희 아버지께 영광을 돌리게 하라" [마 5:13-16; 설교 #24, "산상설교 (4)"(Upon Our Lord's Sermon on the Mount: Discourse 4), B 1:531-49, J V:294-310 (1748)].

---

1   참고. 마 5:13-16.

2. 썩지 않게 하는 소금과 길을 인도하는 빛

소금과 빛의 비유는 거룩한 삶이, 그것을 조금이라도 경험한 사람에게는 얼마나 사람의 마음을 끄는 힘이 있고 또 파급력이 강한지를 보여준다. 거룩한 삶은 본질적으로 아름답고 훌륭하다. 성결의 아름다움을 드러내기 때문이다. 웨슬리 설교 전체에 담긴 "성결의 아름다움"이라는 주제는 19세기 성결운동의 중심적 특징이 되었다. 그중에서도 특히 이 설교는 성결에 관한 핵심 본문이 되었다. 성결의 아름다움은 그 내면이 하나님의 형상을 따라 새로워진 사람에게서 나타난다.[2] 이 아름다움을 빛내는 장신구는 온유함과 겸손과 사랑이다.

웨슬리는 다음과 같이 말한다. "이 어지럽고 지각 없는 세상을 뒤덮고 있는 어둠에서 벗어나기 시작하면서부터 사람은 자신의 창조주 하나님의 형상으로 변화되는 것이 얼마나 절실히 필요한지를 깨닫는다."[3] 회복 불가능할 정도로 속물이 되어버리지 않은 이상, 누구나 거룩하게 사는 사람을 보면 하나님의 형상이 그에게 있음을 느낄 수 있다. 그런 모습을 본 사람이라면 그것이 하나님에게서 비롯된 것임을 의심할 수 없다.

하나님의 아들은 "하나님의 영광의 광채시요 그 본체의 형상"이시기에 하나님의 영원한 아름다움의 광채를 발하신다. "그럼에도 그 광채를 조절해 온화하게 하심으로 사람이 하나님을 보고도 생존할 수 있게 하셨다."[4] 우리는 하나님의 아들의 오심을 통해 그 빛을 받았기에 다른 사람들과의 상호작용 속에서 그 빛을 비출 수 있다.

예수님의 광채가 어두운 세상을 비추었듯, 믿음으로 거룩하게 살아감

---

2 "Sermon on the Mount," 24, B 1:531, J V:294-95, 서문, sec. 1.
3 같은 곳.
4 같은 곳; 참고. 히 1:3.

으로 그를 따르는 사람은 주님의 인격에 담긴 하나님 형상의 "기질과 특성과 생생한 인상"을 그 몸으로 나타내, "아름다움과 사랑의 원천이자 모든 탁월함과 완전함의 근원이신 주님"의 영광을 반영한다.[5] 종교가 이런 질적 특성을 나타내면 합리적으로 그것에 반대할 수 있는 사람은 거의 없다. 그러나 참된 종교는 너무나 자주 "불순물로 오염된다."[6] 그렇기에 종교의 진실성을 삶으로 보여주는 소수의 사람을 더욱 주목하게 된다.

3. 참된 종교는 인간 관계에 맛을 더함

a. 기독교는 왜 가장 사회적인 종교인가?

기독교가 모든 종교 중 가장 사회적인 것은, 내적인 의도가 외적인 결과로 나타나기 때문이다. 기독교를 단지 가시적인 외적 표현이 없는 내면적 종교로만 생각하는 것은 잘못이다. 어떤 사람은 기독교를 본질적으로 하늘의 것만 생각하고 하나님과만 소통하기에 외적인 행위나 사회적 영향과 관계없는 종교로 치부하려는 유혹을 받는다. 어떤 사람은 눈에 보이는 외적인 열매가 없더라도 '영이신 하나님을 우리의 마음으로 경배하는 것만으로도 충분하지 않은가?'라고 생각하기도 한다.[7]

기독교 역사에서 이런 견해를 강력히 옹호하는 사람들은 특히 신비주의 운동, 수도원 운동, 은둔 운동 등의 형태로 활동했다. 어떤 사람은 "모든 외적인 행위를 중단하라. … 세상에서 벗어나라. 육체를 무시하라. 감각적인 사물에 관심을 두지 말라. 종교의 외부적인 문제에 관심을 쏟지 말고 내면의 의지에서 덕을 실현하라. 그것이 우리 영혼을 위해 더 탁월하고

---

5   "Sermon on the Mount," 24, B 1:531, J V:294-95, 서문, sec. 1.
6   "Sermon on the Mount," 24, B 1:532, J V:295, 서문, sec. 2.
7   같은 곳.

온전한 방법이며 하나님께서 기뻐하시는 것이다"라고 가르치기도 했다.[8] 웨슬리는 지나치게 개인주의적인 은둔의 성향은 "가능한 한 하나님이 택하신 사람들을 기만하려는" 옛 원수의 유혹이라고 보았다.[9]

예수님께서는 그리스도인의 삶을 세상의 소금과 빛으로 설명하심으로 신자가 이런 "감언이설"에 빠지는 것에서 보호하셨다.[10] 산상에서 예수님은 온유함, 박해를 견딤, 심령의 가난함, 의에 주리고 목말라 함 등 "적극적이면서도 인내하는 종교를 가장 분명하고 강력하게 가르치셨다."[11] 기독교는 당면한 상황에 적합하도록 적극적으로 활동하는 것과 어려움을 인내하는 것이 완벽히 조화를 이룬다.

세상과 신앙의 관계는 음식과 소금의 관계와 같다. 기독교와 사회의 관계는 빛과 어두움의 관계와 같다. 사랑으로써 역사하는 믿음(갈 5:6)은 세상을 빛으로 가득하게 한다.

b. 인간관계에 맛을 더함

진정한 신자는 일상의 인간관계에 맛을 더한다. 소금이 음식의 맛을 내듯, 신자의 거룩한 삶은 다른 사람들의 습관이나 일상에 스며들어, 가정이 깨지고 회복되는 과정이나 어두운 세상에 선한 영향을 끼친다. 그것이 하나님과 사람 앞에서 신자의 모습을 더욱 아름답게 보이게 한다. 이런 방법으로 모든 인간관계는 개인과 개인의 관계를 통해, 더 넓게는 가족과 사회 질서에 복음의 사회적 영향력을 확대해가는 통로가 될 수 있다.[12]

---

8 "Sermon on the Mount," 24, B 1:532, JV:295, 서문, sec. 3.
9 같은 곳.
10 "Sermon on the Mount," 24, B 1:533, JV:296, 서문, sec. 5.
11 앞에서 설명한 팔복을 참고하라. "Sermon on the Mount," 24, B 1:533, JV:296, 서문, sec. 5.
12 "Sermon on the Mount," 24, B 1:536, JV:299, sec. 1. 6.

이런 이유로 기독교는 본질적으로 사회적인 종교다. 기독교를 은둔의 종교로 변질시키는 것은 기독교를 파괴한다. 기독교는 다른 사람과 "함께 살아가며 대화하지" 않고는 결코 존재할 수 없다.[13] 기독교가 가진 사회적 성격, 다른 사람들에 대한 사랑, 타락한 세상의 구원과의 연관성은 결코 숨길 수 없다.[14]

웨슬리는 개인 시간을 갖는 것과 사회에서 다른 사람과 지내는 것의 창조적 조합에 반대하지 않음을 분명히 밝힌다. 일정한 한도 내에서 고독은 기도의 필수적인 부분이다. "우리가 종일 사람과만 교제하면서도, 영혼에 손해를 입지 않고 성령을 근심하시게 하지 않는 것은 불가능하다. 우리는 매일, 적어도 아침과 저녁으로, 세상에서 물러나 하나님과 대화함으로 은밀한 중에 계시는 아버지와의 방해받지 않는 교제의 시간을 가져야 한다."[15]

그렇더라도 내면적 성결은 다른 사람과의 상호작용 없이 이루어지지 않는다. 예를 들어, 온유함의 의미에는 "온화함, 부드러움, 오래 참음"을 드러내는 행동과 외적 표현이 포함된다. 그런데 이 모두는 "홀로 내면에만 간직하는 미덕"이 아니라 다른 사람과의 관계에서 표현된다.[16]

더 넓은 견지에서 다른 사람에게 선을 행하는 것이라 할 수 있는 화평하게 하는 일 역시 광야에서는 할 수 없고, 사람들과 함께 살아가는 공동체적 삶에서라야 실현 가능하다.[17]

---

13   "Sermon on the Mount," 24, B 1:533-34, J V:296-97, sec. 1. 1.

14   "Sermon on the Mount," 24, B 1:533, J V:296, 서문, sec. 5.

15   "Sermon on the Mount," 24, B 1:533-34, J V:296-97, sec. 1. 1.

16   "Sermon on the Mount," 24, B 1:534, J V:297, sec. 1. 3.

17   "Sermon on the Mount," 24, B 1:534-35, J V:297-98, sec. 1. 4.

c. 사회에서 죄인들과 소통하며 맛을 내는 소금

다른 사람과의 소통 없이 그리스도인이 되는 것은 전적으로 불가능하다. "예수님께서 천국 가는 길로 가르쳐주신 모든 성품을 충분히 가꾸기 위해서는 불경건하고 거룩하지 못한 사람과의 교류도 반드시 필요하다."[18] 그들과의 교제가 심령의 가난함과 온유함, 그외에도 "예수 그리스도의 진정한 종교의 본질적인 다른 모든 성품"을 실현하는 계기가 된다.[19]

웨슬리는 대인 관계를 섭리적 관점으로 보았다. 신자는 하나님의 은혜로 다른 사람과 교제할 기회를 부여받는다. "주변의 모든 것에 맛을 내는 것이 그리스도인의 특성이다. 당신에게 있는 거룩한 향기의 특성은 당신이 만나는 주변 모든 사람에게 사방으로 퍼져가는 것이다. 하나님께서 당신이 다른 사람들과 섞여 살아가도록 섭리하신 중요한 이유는, 하나님께서 당신에게 주신 모든 은혜가 당신을 통해 그들에게도 전해지게 하시기 위함이다."[20] 모든 신자는 세상의 타락을 어느 정도 제어하는 일에서 각자의 역할이 있다.

당신이 받은 은혜를 그들에게 전해주라. 그로 인해 다른 사람도 유익을 얻게 하라. 그 은혜를 당신의 마음에만 담아두지 말라. 이 선물을 당신 속에만 간직하면 "소금은 맛을 잃는다." "거룩한 하늘의 성품"으로 모든 관계에 맛을 더하려면 그들과 관계를 끊지 말고 교제해야 한다.[21]

점점 성숙해가는 신자는 맛을 잃은 싱거운 소금과는 다르다. 거룩한 삶은 풍미로 가득하므로, 신자는 은혜로 인간관계를 풍요롭게 하기를 멈

18　"Sermon on the Mount," 24, B 1:536, J V:299, sec. 1. 6.
19　같은 곳.
20　"Sermon on the Mount," 24, B 1:536-37, J V:299, sec. 1. 7.
21　같은 곳.

추지 말아야 한다.[22]

d. 하늘의 은사를 맛봄

웨슬리는 산상설교의 소금 비유[23]를 그와 관련된 다른 사도적 가르침과 하나하나 연결해간다. 예를 들어, 그 비유를 히브리서 6장의 난해한 단락과 연결 짓는데, 여기서 히브리서 저자는 신앙의 초보를 버리고 은혜에 대한 온전한 반응으로 나아가는, 점차 성숙해가는 신앙 공동체를 향해 권고한다. 과거에 "하늘의 은사를 맛보고 성령에 참여"하고도 이후에 타락한 사람은 다시 회개와 신앙으로 나아가야 한다. 그러나 그들의 회개는 하나님의 특별한 은혜가 없이는 불가능하거나 매우 어렵다.[24]

히브리서의 맛봄의 비유는 산상설교의 소금 비유와 관계가 있다. 요점은, 성령을 맛본 사람은 자신의 삶으로 그 사실을 나타내, 다른 사람이 희미하게라도 그 은혜의 향기를 느낄 수 있게 한다는 것이다. "너희는 여호와의 선하심을 맛보아 알지어다."[25]

요한복음 15장의 주님의 가르침은 산상설교를 보완한다. 성자는 참포도나무, 성부 하나님은 농부시다. 당신은 포도나무 가지며, 포도 열매는 맛이 뛰어나다. 열매 맺지 않는 가지는 모두 잘려나간다. 그러나 열매 맺는 모든 가지는 계속 하나님과의 섭리적인 관계에 있을 것이다. "내 안에 거하라 나도 너희 안에 거하리라 가지가 포도나무에 붙어 있지 아니하면 스스로 열매를 맺을 수 없음같이 너희도 내 안에 있지 아니하면 그러하

---

22   "Sermon on the Mount," 24, B 1:537, J V:299-300, sec. 1. 8.
23   참고. 마 5:13-14.
24   히 6:4; 참고. 마 5:13-14.
25   시 34:8.

리라 나는 포도나무요 너희는 가지라 그가 내 안에, 내가 그 안에 거하면 사람이 열매를 많이 맺나니 나를 떠나서는 너희가 아무것도 할 수 없음이라."[26] 주님은 그런 훌륭한 열매를 맛보지 못한 사람을, 거룩하게 사는 사람들과의 풍미 있는 관계로 연결해주신다.

e. 악한 자를 멀리할 때 주의할 점

한 가지 주의할 점이 있다. 바울은 고린도 교회 성도들에게 성적으로 방종하는 사람과의 교제를 조심하라고 바르게 권고했는데, 여기에는 중요한 이유가 있다.[27] 성적으로 부도덕한 사람과 어울리는 것은 신자를 많은 불필요한 "위험과 덫"에 노출시키기 때문이다.[28] 그러나 바울의 권고는 하나님과 이웃을 자비로운 마음으로 사랑하는 자들이 하나님을 모르는 사람과 전혀 교제하지 말라는 의미가 아니다.[29] 그런 해석은 타락한 세상에서 길 잃은 사람들을 그대로 내버려두라는 의미기 때문이다.

바울이 소란이 끊이지 않던 도시인 고린도의 그리스도인들을 향해, "음행하거나 탐욕을 부리거나 우상숭배를 하거나 모욕하거나 술 취하거나 속여 빼앗는" 사람과 사귀지 말라고 한 것은, 신앙 공동체 전체의 평판을 나쁘게 할 수 있는 부적절한 관계를 피하라는 의미였다.[30]

그러면서도 바울은 중요한 말을 덧붙여, 그리스도인은 죄인을 원수로 여기거나 배제해 "그들과의 모든 유대를" 끊지 말고, 그들을 형제처럼 여

---

26   요. 15:4-5.
27   참고. 고전 5:9.
28   "Sermon on the Mount," 24, B 1:535-36, J V:298, sec. 1.5.
29   같은 곳.
30   같은 곳.

겨 권고해야 한다고 말한다.[31] 불경건한 사람과 관계를 완전히 끊지 말고 상황을 개선하기 위해 적절한 관계를 유지해, 넘어진 사람이 다시 일어설 수 있게 도우라는 것이다. 만약 우리가 넘어졌더라도 우리 마음이 "죄의 유혹으로 완고하게 되지" 않는 한,[32] 우리에게는 "우리 죄를 위한 화목제물"이신 대언자가 계신다.[33]

4. 산 위에 있는 동네가 숨겨지지 못할 것이요

a. 은혜는 언제나 소통의 통로를 열어놓음

적극적인 삶으로 하나님의 은혜를 다른 사람에게 전하는 것은 가장 눈에 띄지 않는 방식으로 하나님의 영광을 드러내는 것이다. 그것은 마치 소금이 아무런 외적인 과시 없이 맛을 내는 것과도 같다.[34] 소금처럼 하나님께서 당신의 마음에 심어놓으신 은혜로 다른 이들의 삶에 맛을 더해주라. "눈에 띄지 않게, 조용하고 비밀스럽게라도 다른 사람에게 전달되는 것이 은혜의 특성이므로", 이 거룩함의 맛을 전달하지 않고 말 아래에 숨겨두는 것을 훌륭하다고 할 수는 없다.[35] 참된 종교가 "우리 마음에 있는 한 그것을 숨기는 일은 불가능하다." 그것을 숨기는 것은 "창조주의 계획과 완전히 반대되기" 때문이다.[36] 사람의 본성은 사회적이어서 다른 사람과 상호작용을 할 수밖에 없기 때문에 참된 종교는 가만히 감추어져 있을 수 없다.[37]

---

31 같은 곳; 참고. 살후 3:15.
32 히 3:13.
33 요일 2:1-2.
34 "Sermon on the Mount," 24, B 1:539, J V:301, sec. 2. 1.
35 "Sermon on the Mount," 24, B 1:539, J V:301-2, sec. 2. 2.
36 "Sermon on the Mount," 24, B 1:539, J V:301, sec. 2. 1.
37 "Sermon on the Mount," 24, B 1:539, J V:301-2, sec. 2. 2.

예수님은 거룩한 삶을 빛에 비유해 이 사실을 명확히 하셨다. 그분은 "너희는 세상의 빛이라 산 위에 있는 동네가 숨겨지지 못할 것이요"라고 말씀하셨다.[38] "당신은 성품과 행실로 내면의 빛을 비춘다. 거룩함은 당신을 하늘에 있는 태양과 같이 뚜렷이 드러나게 한다."[39]

당신의 겸손과 온유함이 마음에서 비롯된 것이라면 그것을 숨기는 것은 불가능하다. 하나님의 영광을 드러내는 성품은 언제나 조용히 눈에 띈다. "빛처럼 사랑도 숨길 수 없다. 특히 행실을 통해 드러날 때 그렇다."[40] 당신이 기뻐할 이유는 그 행실이 드러나서가 아니라, 그로 인해 하나님의 영광이 드러나기 때문이다.

b. 빛보다 어둠을 사랑함

그러나 죄의 역사를 살펴보면 사람들은 "자기 행위가 악하므로 빛보다 어둠을 더 사랑"한다.[41] 그래서 그들은 "모든 노력을 다해 당신에게 있는 빛이 어둠임을 증명하려 한다."[42] 그들은 당신에 대해 온갖 악한 거짓말을 할 것이다. 그러나 "선한 일을 계속하는 인내와 주님을 위해 모든 것을 견디는 온유함, 박해 속에서도 누리는 평온하고도 겸손한 기쁨, 선으로 악을 이기려는 끈기 있는 노력은 당신을 이전보다 밝게 빛나게 할 것이다."[43] "가만히 감추어져 있을 수 있는 종교라면 그것은 기독교가 아니다. … 그러므로 하나님께서 그 심령을 새롭게 하신 사람은 그 빛을 숨기려 하거나

---

38   마 5:14; "Sermon on the Mount," 24, B 1:539, J V:301-2, sec. 2. 2.
39   "Sermon on the Mount," 24, B 1:539, J V:301-2, sec. 2. 2.
40   같은 곳.
41   "Sermon on the Mount," 24, B 1:540, J V:302, sec. 2.3; 참고. 요 3:19.
42   같은 곳.
43   같은 곳.

자신 속에만 간직하려 해서는 안 된다."[44]

c. 등불을 켜서 말 아래 두지 아니하고

산상에서 예수님은 이를 분명히 하셨다. "사람이 등불을 켜서 말 아래에 두지 아니하고 등경 위에 두나니 이러므로 집 안 모든 사람에게 비치느니라 이같이 너희 빛이 사람 앞에 비치게 하여 그들로 너희 착한 행실을 보고 하늘에 계신 너희 아버지께 영광을 돌리게 하라."[45]

등불의 목적은 밝히는 것이기에 말 아래 감추기 위해 등불을 켜는 사람은 없다. 하나님께서는 "소위 거짓된 신중함으로든, 부끄러움이나 의도적인 겸손으로든 하나님을 아는 지식과 사랑을 감추거나 숨겨두라고 영혼에 빛을 비추어주시는 것이 아니다. … 하나님의 뜻은 모든 그리스도인이 열린 마음으로 주변의 모든 사람에게 빛을 전하고, 예수 그리스도의 종교를 분명히 드러내는 것이다."[46]

하나님께서는 말씀과 성육신하심을 통해 모든 시대에 걸쳐 세상에 말씀하시며, 어떤 인류 문화도 율법으로든 복음으로든 자신을 전혀 증거하지 않은 채 내버려두시지 않는다. 양심이라는 인간 내면의 도덕법은 구원의 기쁜 소식을 받아들이기 위해 죄에 대한 깨달음이 무르익기 전부터 이미 주어져 있다.

율법은 회개로 초청하지만 그리스도는 온전한 구원을 주신다. 그러나 모든 문화에서 성경이나 이성이 말하는 동안에도 사람들은 죄로 인해 그것을 듣지도 보지도 못한다.[47]

---

44 "Sermon on the Mount," 24, B 1:540, J V:302, sec. 2. 4.
45 마 5:15-16.
46 "Sermon on the Mount," 24, B 1:540, J V:302, sec. 2. 5.
47 "Sermon on the Mount," 24, B 1:541, J V:303, sec. 2. 6.

d. 마음으로 믿는 데서 사랑의 외적 행실이 비롯됨

"마음에 뿌리를 두지 않은 그저 외적인 신앙"은 가치가 없다.[48] 당신의 외적 행실이 마음에서 비롯되게 하라. 당신의 마음이 외적 행실의 열매를 맺게 하라. 외적 행실은 신생(new birth)에 뒤따르는 마음의 변화를 증거한다.

엄밀히 말해 종교가 외적인 것에 달려 있지 않은 것은 사실이다. 신앙은 "마음속, 영혼의 가장 깊은 내면에 자리하는 것으로 … 하나님과 인간의 영혼의 연합이자, 인간의 영혼 속에 있는 하나님의 생명이다. … 그러나 그것이 정말로 마음에 뿌리를 두고 있다면 가지를 뻗지 않을 수 없다."[49] 주님은 "그 뿌리와 일치하는 성질을 가진" 외적인 행위와 열매만을 칭찬하신다.[50] 하나님은 좋은 뿌리뿐 아니라 그 뿌리에서 비롯된 가시적인 열매, 즉 "마음에서 비롯된 외적 섬김"을 기뻐하신다.[51] 이것은 공예배뿐 아니라 자비를 베푸는 일과 "하나님의 특별한 소유인 우리의 몸의 행실"을 통해 드러난다. 바울 사도는 우리에게 "하나님의 모든 자비하심으로 너희를 권하노니 너희 몸을 하나님이 기뻐하시는 거룩한 산 제물로 드리라"고 말씀한다.[52]

사랑으로써 역사하는 믿음이 없다면 "우리가 무엇을 하든, 어떤 고난을 감수하든 아무 소용이 없다."[53] 이는 사랑만 있으면 믿음이 필요 없다는 뜻이 아니다. 사랑은 율법의 완성이다. 사랑은 우리를 율법에서 해방

48 "Sermon on the Mount," 24, B 1:541-42, J V:303-4, sec. 3. 1.
49 같은 곳.
50 같은 곳.
51 같은 곳.
52 같은 곳; 참고. 롬 12:1.
53 참고. 고전 13장.

시켜주지 않고, 그 반대로 우리의 마음을 움직여 하나님의 뜻에 순종하게 한다. "우리가 사랑으로 행하고 감내하는 모든 일은 비록 그리스도의 이름으로 물 한 그릇을 주는 작은 일이더라도 하나님께서 기억하시는 바가 된다."[54]

e. 너희 몸으로 하나님께 영광을 돌리라

우리는 "우리의 영뿐 아니라 몸으로도 하나님께 영광을 돌려 하나님께 올려드리는 마음으로 외적 행실을 하고, 일상에서 행하는 모든 일을 하나님께 제물로 바치며, 그의 영광을 위해 사고팔고 먹고 마셔야 한다. 이는 광야에 나가 기도하는 것 못지않게 중요한 것으로, 그러한 삶 자체가 하나님께 영과 진리로 예배하는 것이다."[55]

웨슬리는 "묵상만이 하나님을 영과 진리로 예배하는 방법"이라는 주장에 반대해, 예배에서 그것 못지않게 중요한 것이 하나님의 섭리가 우리에게 요구하는 외적 행실임을 가르쳤다.[56] 신자는 "무슨 일을 하든 주께 하듯 해야 한다."[57] 그는 말이나 행동으로 하는 모든 것을 주님의 이름으로 한다. 그렇게 하는 것이 은밀히 기도하고 묵상하는 삶의 가치를 떨어뜨리거나 훼손하지 않는다.

우리는 마치 이웃이 단지 우리의 의로운 행위를 위한 수단인 것처럼, 외적인 행위로 이웃을 돕는 것을 목적을 위한 수단만으로 삼으려는 유혹을 받을 수 있다. 우리는 "그런 오용은 멈추더라도 외적 행위의 유용성은

---

54   "Sermon on the Mount," 24, B 1:542, J V:304, sec. 3. 2; 참고. 막 9:41.

55   "Sermon on the Mount," 24, B 1:543-44, J V:305-6, sec. 3. 4.

56   "Sermon on the Mount," 24, B 1:544, J V:306, sec. 3. 5.

57   같은 곳; 참고. 골 3:23.

부정하지 말아야 한다."[58] 다시 말해, 외적 행위를 선을 행할 수 있는 은혜의 방편으로 활용해야지, 그 행위 자체를 목적으로 삼아 다른 것을 수단화하지 말아야 한다.

그러므로 "모든 외적인 행실을 활용하되, 의와 참된 성결로 당신의 영혼을 갱신하는 일에 대한 끊임없는 관심으로 그렇게 하라."[59] 사랑의 대상이 자격이 있든 없든, 당신은 "주린 자를 먹이고 헐벗은 자를 입히라는 분명한 명령을 받았다."[60]

f. 하나님의 섭리의 통로인 인간관계

오직 하나님만 사람의 마음을 변화시키실 수 있다. 그러나 하나님은 대체로 사람을 통해 일하신다. 우리의 역할은 할 수 있는 한 선을 행하고 결과는 하나님께 맡기는 것이다.[61] 하나님께서는 "그 자녀가 온갖 좋은 은사로 서로를 세워주게 하심으로 전체를 풍성하게 하시고 강화하신다."[62]

세상과의 관계를 회피하는 사람은 다음과 같이 말하려는 유혹을 받을지도 모른다. "나는 다른 이들이 새로운 삶을 살도록 도우려 했으나 그것이 무슨 소용이 있는가? 나는 많은 경우 아무런 감명도 주지 못했다. 어떤 사람은 잠시 변화되었지만 얼마 지나지 않아 변화된 모습은 '아침 이슬같이 사라졌고, 그들의 상태는 이전보다 나빠졌다.' 어쩌면 나는 '내 신앙이나 잘 지켜야' 했는지도 모른다."[63]

---

58 "Sermon on the Mount," 24, B 1:545-46, J V:307, sec. 3. 7.
59 "Sermon on the Mount," 24, B 1:545, J V:306-7, sec. 3. 6.
60 "Sermon on the Mount," 24, B 1:546, J V:308, sec. 3. 7.
61 같은 곳.
62 "Sermon on the Mount," 24, B 1:545-46, J V:307, sec. 3. 7.
63 같은 곳.

그러나 성경은 하나님과 함께하는 삶을 우리만 간직해서는 안 된다고 말씀한다.[64] 우리는 어둠에 빛을 비추어야 한다. 예수님께서도 "죄인들을 구원하기 위해" 노력하셨으나 "그들은 들으려 하지 않았고, 그를 따랐던 사람들도 얼마 지나지 않아 곧 뒤돌아섰다."[65] 하나님 손에 있는 결과에 대해 조바심을 내지 말라. 노력의 성과가 얼마나 되든 선한 일을 위한 노력을 멈추지 말라. 당신의 역할은 빛을 비추는 것이다.[66] 그 결과는 하나님의 손에 있다. 당신은 어쩔 수 없는 일에 대해서는 책임이 없다. 그런 일은 모든 것을 다스리시는 하나님께 맡기라. "너는 아침에 씨를 뿌리고 저녁에도 손을 놓지 말라 이것이 잘 될는지, 저것이 잘 될는지, 혹 둘이 다 잘 될는지 알지 못함이니라."[67] 그러므로 "떡을 물 위에 던져라 여러 날 후에 도로 찾으리라."[68]

g. 당신의 빛을 비추어 사람들이 볼 수 있게 하라

그러므로 "등불을 말 아래에 두지 않는 것", 즉 하나님의 빛을 숨기지 않는 것이 당신의 뜻이 되게 하라. "그 빛을 등잔 위에 두어 집 안 모든 사람을 비추게 하라." 단, 그 목적이 자신이 칭송받기 위한 것이 되지 않도록 주의하라. "당신의 선행을 지켜본 모든 사람이 하나님 아버지께 영광을 돌리게 되는 것을 당신의 유일한 목표로 삼으라."[69]

당신의 사랑에 "위선이 개입되지 않게 하라. 온당하고 사심 없는 사랑

---

64 "Sermon on the Mount," 24, B 1:546, J V:308, sec. 3. 8.

65 "Sermon on the Mount," 24, B 1:547, J V:308, sec. 4. 1.

66 같은 곳.

67 전 11:6.

68 "Sermon on the Mount," 24, B 1:546-47, J V:307-8, sec. 3. 8; 참고. 전 11:1.

69 "Sermon on the Mount," 24, B 1:548, J V:309, sec. 4. 2.

이라면 왜 숨겨야 하겠는가? 당신의 말에 어떠한 간교한 속임수도 없게 하라. 당신의 말이 당신의 마음을 있는 그대로 비추게 하라. 모든 사람이 당신 속에 있는 하나님의 은혜를 볼 수 있도록 당신의 대화에는 어떠한 어둠이나 숨김이 없게 하고, 행실에는 어떠한 가장도 없게 하라."[70] 당신의 마음에 있는 빛이 온갖 선행을 통해 빛나게 하라.

B. 복음은 어떻게 율법을 재구성하는가?

1. 사랑으로 역사하는 믿음에 의한 율법의 성취

a. 율법주의 종교의 피상적인 의를 뛰어넘음

우리는 하나님의 의에 참여함으로 하나님 나라에 들어간다. 그 의는 십자가를 통해 선포되고 제시되었다. 우리는 믿음으로 그 의에 참여한다. 그것은 율법주의적 종교의 피상적인 의를 뛰어넘는다.

율법은 성자 그리스도의 온전한 순종의 빛에서 이해될 때 비로소 성취된다. 산상설교에 대한 웨슬리의 다섯 번째 설교의 성경 본문은 마태복음 5:17-20이다. "내가 율법이나 선지자를 폐하러 온 줄로 생각하지 말라 폐하러 온 것이 아니요 완전하게 하려 함이라 진실로 너희에게 이르노니 천지가 없어지기 전에는 율법의 일점일획도 결코 없어지지 아니하고 다 이루리라 그러므로 누구든지 이 계명 중의 지극히 작은 것 하나라도 버리고 그같이 사람을 가르치는 자는 천국에서 지극히 작다 일컬음을 받을 것이요 누구든지 이를 행하며 가르치는 자는 천국에서 크다 일컬음을 받으리라 내가 너희에게 이르노니 너희 의가 서기관과 바리새인보다 더 낫지 못

---

70 "Sermon on the Mount," 24, B 1:548, J V:309, sec. 4. 3.

하면 결코 천국에 들어가지 못하리라" [설교 #25, "산상설교 (5)"(Upon Our Lord's Sermon on the Mount: Discourse 5), B 1:550-71, J V:310-27 (1748)].

산상설교에서 예수님은 은혜 아래에서도 율법이 여전히 유효함을 가르치셨다. 그는 다가올 하나님 나라에서도 영원한 도덕법은 계속적으로 타당할 것임을 확언하셨다. 그는 율법이 복음과 어떤 관계며, 용서받은 신자는 율법과 어떤 새로운 관계에 놓이는지 설명하셨다.[71]

율법과 복음에 대한 웨슬리의 설교들은, 이 시리즈의 제1권『하나님과 섭리』와 제2권『그리스도와 구원』에서 논의한 창조자와 구원자가 행하시는 사역과 밀접한 관계가 있다. 이 책에서 다루는 웨슬리의 윤리는 이두 책에서 다룬 신학적 기반을 실제 삶에 구현해낸다.

b. 영원한 도덕법의 지속적 타당성

예수님께서는 인간의 마음에 새겨져 있는 영원한 도덕법을 폐하러 오시지 않았다. 예수님께서는 새로운 것을 가르치시고 새로운 종교를 소개하셨다는 이유로 비난받으셨다.[72] 어떤 사람은 그가 옛 종교를 폐지하고 다른 종교를 제시하는 것으로 생각했다.[73] 그러나 예수님은 산상설교에서 다가올 하나님 나라는 이스라엘 백성의 역사 및 하나님께서 그 언약 백성에게 율법을 주신 역사와 연속 선상에 있음을 명확히 하셨다. 율법은 폐지되지 않았고, 단지 은혜의 빛 가운데서 그 역할이 변화된 것이다.[74] 복음은 양심을 통해 인식할 수 있는 영원한 도덕법이나 십계명에 담긴 도덕법 중

---

71 참고. 마 5:17-20.
72 "Sermon on the Mount," 25, B 1:550, J V:310, 서문, sec. 1.
73 "Sermon on the Mount," 25, B 1:551, J V:311, 서문, sec. 2.
74 참고. 마 5:17.

어떤 것도 폐지하지 않았다. 오히려 하나님의 아들은 비길 데 없이 온전하게 율법을 성취하셨다. 예수님께서는 도덕법을 폐지하시기는커녕 하나님 나라의 신뢰할 만한 증인으로서 율법의 권위를 확증하셨다.

그러므로 도덕적 삶은 "불순종하는 완고한 사람들을 일시적으로 제어하기 위해 주어진 의식법"과는 전혀 다른 기반에 서 있다.[75] "구약의 희생 제사나 성전 봉사에 관해 규정하던 의식법"[76]은 십자가로 인해 변화되었다. 바울은 여전히 의식법의 철저한 준행을 강조한 사람들의 주장에 반대했다.[77] 그리스도인은 십자가를 통해 죄 용서를 받았기에 "성령과 우리는 이 요긴한 것들 외에는 아무 짐도 너희에게 지우지 아니하는 것이 옳은 줄 알았노니"라고 사도들은 말씀한다.[78] 즉, 이제 더는 의식법을 준수할 필요가 없다는 데 의견이 일치했다.[79]

c. 예수님은 율법을 폐하지 않고 완전하게 하심

영원한 도덕법은 "'돌판이 아니라' 모든 사람의 마음에 새겨졌기에" 사람은 이성과 양심을 통해 그것을 이해할 수 있다.[80] "도덕법의 모든 부분은 시대와 장소, 변하기 쉬운 상황에 기초하지 않고, 하나님의 본성과 인간의 본성, 그리고 그 양자의 변경할 수 없는 관계에 기초하므로, 모든 시대의 모든 사람에게 유효하다."[81] 예수님은 참으로 "도덕법에 온전하고 완벽하

---

75 "Sermon on the Mount," 25, B 1:551-52, J V:311-12, sec. 1. 2.
76 "Sermon on the Mount," 25, B 1:551, J V:311, sec. 1. 1.
77 행 15:5.
78 행 15:28; "Sermon on the Mount," 25, B 1:551, J V:311, sec. 1. 1.
79 "Sermon on the Mount," 25, B 1:551, J V:311, sec. 1. 1.
80 "Sermon on the Mount," 25, B 1:551-52, J V:311-12, sec. 1. 2.
81 같은 곳.

게 순종하심으로" 도덕법을 성취하기 위해 오셨다.[82] 도덕법은 "그것을 제정하신 위대하신 주님께서 친히 자신을 낮추어" 성육신하셔서 율법의 지속성과 영원한 권위를 드러내시기 전에는 "결코 충분히 설명된 적도, 온전히 이해된 적도 없었다."[83] 만약 그렇다면, 주님께서 율법과 다가올 하나님 나라의 관계를 설명해주시기 전에는 율법을 주신 하나님의 목적을 온전히 이해하는 것이 불가능했다는 것이 된다.

웨슬리의 복음적 윤리는 구원의 역사에서 비롯된다. 즉, 그것은 그리스도의 십자가 대속을 통한 하나님의 용서에 기초한다.

예수님께서는 율법에 온전히 순종하시고, 율법에서 알기 어렵고 모호했던 모든 부분을 빠짐없이 명확히 설명해주심으로, 율법을 그 온전함 가운데 확립하기 위해 오셨다.[84] "나는 율법의 모든 부분의 참되고 온전한 의미를 설명해, 그 속에 담긴 모든 계명의 길이와 넓이, 그 전체의 범위를 보여주고, 또 높이와 깊이, 상상할 수 없을 정도의 순수함과 영성을 드러내기 위해 왔다."[85] 이 모든 것은 하나님의 사랑을 반영하는, 사랑으로써 역사하는 믿음을 통해 성취된다.

산상에서 예수님께서는 친히 율법의 요구 중 어떤 것도 세상 끝, 즉 "모든 것이 이루어지기까지는" 결코 없어지지 않을 것임을 명확히 가르치셨다.[86] "일 점"은 문자 그대로 하나의 모음을 뜻하고 "일 획"은 말 그대로 하나의 자음을 뜻하는 것이 아니라, 어떤 계명이 우리가 보기에는 아무리 하찮아 보이더라도 그중 어떠한 부분도 폐지되지 않을 것임을 의미한

82　"Sermon on the Mount," 25, B 1:552, J V:312, sec. 1. 3.
83　"Sermon on the Mount," 25, B 1:552-53, J V:312, sec. 1. 4.
84　마 5:17.
85　"Sermon on the Mount," 25, B 1:552, J V:312, sec. 1. 3.
86　마 5:18.

다.[87] 이 모든 의미가 그리스도께서 삶과 십자가를 통해 보이신 능동적이고 수동적인 순종에 포함되어 있고, 우리는 사랑으로 역사하는 믿음을 통해 그 순종에 참여한다.

d. 모든 계명은 감추어진 약속임

율법의 의는 "예수 그리스도를 믿는 믿음을 통해" 우리 안에서 성취된다.[88] 그러므로 모든 계명은 "감추어진 약속"(covered promise)이다.[89] 복음은 율법이 약속하는 모든 것을 이룬다. 율법은 복음을 가리킨다. 복음은 율법을 완성한다.

믿음을 통해 은혜에 의해 구원받은 사람은 율법을 주신 분과의 관계가 예전과 달라진다. 웨슬리는 이런 이유로 "율법과 복음 사이에는 어떤 모순도 없다"고 주장했다. "율법과 복음의 관계는 둘 중 하나가 다른 것을 대체하는 것이 아니라, 그 둘이 완벽히 조화를 이룬다. … '네 마음을 다해 주 너의 하나님을 사랑하라'는 말씀을 계명으로 보면 율법에 속하지만, 약속으로 보면 복음의 핵심적인 요소다."[90]

율법은 그 성취를 위해 복음의 약속으로 향한다. 앞에서 논의한 심령의 가난함, 마음의 청결함, "그리고 그 외에 하나님의 거룩한 율법이 명령하는 모든 것은, 복음의 빛에서 보면 모두가 너무나 위대하고 복된 약속이다."[91]

"우리는 이 모든 명령을 지키기에는 스스로 너무나 부족하다고 느낀

87　"Sermon on the Mount," 25, B 1:553, J V:312-13, sec. 2. 1.
88　"Sermon on the Mount," 25, B 1:554-55, J V:313-14, sec. 2. 3; 참고. 롬 8:4.
89　"Sermon on the Mount," 25, B 1:554-55, J V:313-14, sec. 2. 3.
90　"Sermon on the Mount," 25, B 1:554, J V:313, sec. 2. 2.
91　"Sermon on the Mount," 25, B 1:554, J V:313, sec. 2. 2.

다.” “이것은 사람으로는 불가능한 것이기에” 그렇게 느끼는 것도 당연하
다. 그러나 우리는 복음을 통해 하나님께서 은혜로 “사랑을 부어주셔서
우리를 겸손하고 온유하며 거룩하게 만드실 것이라는” 약속을 받았다.[92]

2. 율법을 어겨도 된다는 가르침의 위험성

a. 율법무용론적 방종

율법 폐기론자란 율법은 어떤 의미로 보든 복음에 의해 전적으로 무
효화되었다고 가르치는 사람들이다. 웨슬리는 산상설교에서 율법 폐기
론과 율법주의 모두를 바로잡는 강력한 가르침을 발견했다. 율법 폐기론
자는 하나님의 명령을 “변경하거나 다른 것으로 대체”하려는 유혹에 빠져
있다. 그들은 주제넘게도 자신이 “성령의 특별한 인도하심을 받아” 행동
한다고 생각한다. 그러나 예수님 말씀에 따르면 도덕법은 “모든 것이 완성
될 때까지 지속되도록” 계획되었다.[93]

사람들에게 영원한 도덕법을 어기라고 가르치는 것은 심각한 범죄다.
그런 주장이 마치 복음 자체인 양 가장할 때는 분명히 반대해야 한다.

예수님보다 더 철저히 율법을 가르치신 분은 없다. “누가 하나님의 아
들이신 그분께 어떻게 설교해야 하는지를 가르칠 수 있겠는가? 성부 하나
님께 받은 메시지를 전하는 일에서 그분보다 더 잘 할 수 있는 사람이 누가
있겠는가?”[94] 이 계명들 중 가장 작은 계명 하나라도 고의로 어기라고 가르
치는 사람은 주님의 분명한 가르침을 거역하는 것이다.

기독교의 가르침의 직무는 율법을 가르치는 일을 포함한다. 율법의 가

---

92   “Sermon on the Mount,” 25, B 1:554-55, J V:313-14, sec. 2. 3.
93   “Sermon on the Mount,” 25, B 1:555, J V:314, sec. 2. 4.
94   “Sermon on the Mount,” 25, B 1:555, J V:314-15, sec. 3. 1.

르침을 무시하는 것은 곧 복음의 가르침을 무시하는 것이다.[95]

b. 지극히 작다 일컬음을 받을 것이요

예수님께서 산상에서 선포하신 말씀은 다른 사람에게 율법을 경시하라고 가르치는 것의 도덕적 위험성을 구체적으로 다룬다. 율법의 순종을 경시해도 좋은 이유나 율법을 회피하기 위한 핑곗거리로 복음을 잘못 아는 사람들은 하나님 나라에 들어가지 못할 것이다. "그러므로 누구든지 이 계명 중의 지극히 작은 것 하나라도 버리고 또 그같이 사람을 가르치는 자는 천국에서 지극히 작다 일컬음을 받을 것이요 누구든지 이를 행하며 가르치는 자는 천국에서 크다 일컬음을 받으리라 내가 너희에게 이르노니 너희 의가 서기관과 바리새인보다 더 낫지 못하면 결코 천국에 들어가지 못하리라."[96]

가르침은 말보다 행동으로 더 잘 전달된다. "모든 술주정뱅이는 술에 빠져 사는 삶을 가르치는 선생이다. 안식일을 어기는 모든 사람은 이웃에게 주님의 날을 모독하도록 끊임없이 가르치고 있다."[97] 불행하게도 "율법을 습관적으로 어기는 자는 자신만 어기는 것에서 만족하지 않고 다른 사람도 어기도록 가르친다. … 그는 자신이 떠나지 않을 죄에 대해 구실을 대면서, 그런 식으로 자신이 범하는 죄를 다른 사람들에게 전파한다."[98]

율법을 가르치지 않는 사람은 다가오는 하나님 나라와 약속된 영광에 참여하지 못할 것이다.[99] 자신이 "하나님께서 보내신 스승들의 성품"을

---

95 같은 곳.
96 마 5:19-20.
97 "Sermon on the Mount," 25, B 1:556-57, J V:315-16, sec. 3. 3.
98 같은 곳.
99 같은 곳.

가졌다고 가르치면서, "스스로는 하나님의 계명을 어기고 다른 사람들도 그렇게 하도록 공개적으로 가르치는 사람은 삶과 교리 모두에서 타락했다."[100] 이 중 어떤 사람은 자발적이고 습관적인 죄 가운데 사는 사람도 있지만, 어떤 사람은 겉으로 보기에는 해롭지 않은 삶을 살 수도 있다. 가장 심각하게 죄를 짓는 사람은 "공개적이고 노골적으로 '율법 자체를 판단'하고 '비난'하는 자들이다."[101]

이 중 많은 사람이 "율법의 모든 계명은 우리 시대에는 적합하지 않다"고 가르쳐 개신교를 타락시켰다.[102] 어떤 사람은 "그리스도의 율법을 전복시키면서 그것이 그리스도를 영화롭게 한다"고 생각한다.[103] 이런 식으로 가르치는 율법 폐기론자들은 종교개혁의 가장 깊이 있는 가르침을 부인하는 것이다.

3. 값없이 주시는 은혜가 율법 순종의 원천임

a. 복음과 율법의 실천과 가르침

오랜 세월 이어져온 하나님의 백성들의 믿음은 분명하다. "너희는 그 은혜에 의하여 믿음으로 말미암아 구원을 받았으니 … 행위에서 난 것이 아니니 이는 누구든지 자랑하지 못하게 함이라."[104] 바울과 야고보 모두 믿음은 활동적인 사랑에 의해 일한다는 사실을 명확히 가르쳤다.[105] 우리는 "거룩함 없이 죄에서 천국으로 바로 건너뛸" 수 없다.[106] 믿음은 거룩함을

100 "Sermon on the Mount," 25, B 1:557, J V:316, sec. 3. 4.
101 "Sermon on the Mount," 25, B 1:558-59, J V:317, sec. 3. 7.
102 같은 곳.
103 "Sermon on the Mount," 25, B 1:559, J V:317, sec. 3. 8.
104 엡 2:8-9; "Sermon on the Mount," 25, B 1:559-60, J V:318, sec. 3. 9.
105 참고. 갈 5:6.
106 "Sermon on the Mount," 25, B 1:559-60, J V:318, sec. 3. 9; 참고. 히 12:14.

대체하지 않고, 거룩함도 믿음을 대체하지 않는다. 그 대신 은혜가 거룩함을 가능하게 한다.[107]

우리는 사랑으로 역사하는 믿음을 통해 "평안과 능력을 함께" 발견하는데, 하나님의 용서는 평안뿐 아니라 죄를 이길 능력을 준다.[108]

누구든지 복음과 율법의 올바른 관계에 기초해 "하나님의 명령을 실천하고 바르게 가르치는 자는 천국에서 크다 일컬음을 받을 것이다."[109] 값싼 은혜, 율법 없는 복음 또는 복음 없는 율법을 행하고 가르치는 자는, 사랑의 행위를 통해 역사하는 신앙의 기쁨을 누릴 수 없다.[110]

b. 율법적 의를 주장하는 자들이 알지 못하는 것

사랑이 없고 은혜에 대한 진지한 행위적 반응이 없는 믿음은 영혼에 평안을 가져다주지 못한다. 하나님의 은혜로 가능케 되는 거룩한 삶이 영혼에 평안을 준다.

예수님은 명확히 말씀하셨다. "내가 너희에게 이르노니 너희 의가 서기관과 바리새인보다 더 낫지 못하면 결코 천국에 들어가지 못하리라."[111]

예수님을 가장 격렬하게 반대한 서기관과 율법사들도 끊임없이 율법을 연구한 사람들이다. "특히 회당에서 율법과 선지서를 낭독하고 설명하는 것은 그들의 고유한 일이었다. 그들은 유대인들 중에 공인된 일반적인 설교자였다. … 그들은 신학을 직업으로 삼았던 사람들로서 (그들의 이름이 문자적으로 의미하듯) 당시 유대 나라에서 가장 교육을 잘 받은 학식있

---

107 같은 곳.
108 같은 곳.
109 마 5:19.
110 "Sermon on the Mount," 25, B 1:559-60, J V:318, sec. 3. 9.
111 마 5:20.

는 사람들이었다."[112]

　사도 바울은 자신이 한때 그렇게 살았기 때문에 율법주의가 무엇인지 정확히 알았다. 바울이 그랬던 것처럼, 많은 서기관이 바리새파 소속이었다. '바리새인'이란 단어의 어근은 다른 사람과 구별된다는 의미에서 '나누다' '분리하다'라는 의미를 지닌다. "그들은 실제로 매우 엄격한 삶, 그 표현의 정확함으로 인해 다른 사람들과 구별되었다. 그들은 율법의 가장 사소한 실천에도 열정적이어서 박하와 회향과 근채의 십일조를 드릴 정도였고, 이로 인해 모든 사람에게서 영예를 얻어 일반적으로 가장 거룩한 사람으로 존경받았다."[113] 바울은 처음에는 다소에서, 이후에는 예루살렘에서 가말리엘 문하생이 되어 바리새인 교육을 받았다. 그는 자신을 "바리새인이요 또 바리새인의 아들"[114]로 설명했고, "우리 종교에서 가장 엄한 파를 따라 바리새인의 생활을 하였다"[115]고 묘사했다. 바리새인은 종교의 가장 탁월한 전문가일 뿐 아니라 신자 중 가장 거룩한 사람으로 여겨졌다.[116] 예수님은 바리새인과 세리 비유에서 "서기관과 바리새인의 의"를 묘사하셨다. 비유에서 바리새인은 성전에 기도하러 올라갔다. 그러나 그는 기도는 전혀 하지 않았다. 단지 자신이 얼마나 지혜롭고 선한지 하나님께 보고할 뿐이었다. "하나님이여 나는 다른 사람들 곧 토색, 불의, 간음을 하는 자들과 같지 아니하고 이 세리와도 같지 아니함을 감사하나이다 나는 이레에 두 번씩 금식하고 또 소득의 십일조를 드리나이다."[117]

112　"Sermon on the Mount," 25, B 1:560-61, J V:318-19, sec. 4. 1.
113　"Sermon on the Mount," 25, B 1:561, J V:319, sec. 4. 2.
114　행 23:6.
115　행 26:5.
116　"Sermon on the Mount," 25, B 1:561, J V:319, sec. 4. 2.
117　눅 18:11-12; "Sermon on the Mount," 25, B 1:562, J V:319, sec. 4. 3.

c. 서기관과 바리새인보다 나은 그리스도인의 의

서기관과 바리새인의 의는 많은 면에서 율법을 문자적으로 준수하는 것 이상으로, 율법의 일점일획까지 지키기 위해 노력하는 의였다. 웨슬리는 "우리 주님께서 많은 경우 엄하게 정죄하시고 날카롭게 책망하신 자들이 그들이었다"는 사실에 주목했다.[118] 이 종파의 특징은, 그들이 "자신의 의로움을 스스로 확신하면서 다른 사람을 경멸했다는 데 있었다."[119] 예수님의 비유에서 하나님 앞에서 자화자찬했던 서기관이나 바리새인은 의심할 나위 없이 자신을 의롭다고 생각했다.

사랑으로 역사하는 믿음에 의해 그리스도 안에서 살아가는 사람은 바리새인의 의보다 나은 그리스도를 믿는 믿음의 의를 받았다.[120] 스스로 진지하게 자문해 보라. 당신은 다른 사람에게 어떤 해도 끼치지 않고, 당신의 양심이 스스로를 정죄할 어떤 일도 하지 않았음을 확신하는가? 당신은 십일조를 드리고 금식하는가? 하나님 나라에 들어가려면 그 이상이어야 한다.[121] 그리스도인의 의는 어떤 방식으로 서기관과 바리새인의 의보다 나은가? 바리새인은 "모든 계명을 지키기 위해 노력했다. … 그럼에도 그리스도인의 의는 서기관과 바리새인의 이 모든 의보다 낫다." 어떻게 그럴 수 있는가? "율법을 외적뿐 아니라 내적으로도 순종해 율법을 문자적으로 행할 뿐 아니라 율법의 정신을 실현함으로 그렇게 된다."[122]

율법주의적인 의는 마음에서 비롯된 것이 아니다. 그것은 "단지 외면적인 의다. 그러나 그리스도인의 의는 속사람에 내재한다. … 바리새인들

---

118 "Sermon on the Mount," 25, B 1:564-65, J V:321-22, sec. 4. 5-6.
119 같은 곳.
120 참고 마 5:20.
121 "Sermon on the Mount," 25, B 1:565, J V:322-23, sec. 4. 7.
122 "Sermon on the Mount," 25, B 1:567-68, J V:324-25, sec. 4. 11.

은 하나님 앞에 선한 생활로 하나님께 드리기를 힘썼으나, 그리스도인은 … 가장 깊은 영혼에서 생명과 성령과 하나님의 구원의 능력이 느껴지지 않는 한 … 경건의 모양에 만족하지 않고 … 거룩한 마음을 드리기를 힘쓴다."[123] 하나님께서 그리스도의 십자가를 통해 죄인을 용서하시는 은혜는 거룩한 삶을 살고자 하는 열망에 불을 붙인다.

"다른 사람을 해롭게 하지 않고 선을 행하며 하나님의 규례를 지키는 것(바리새인의 의)이 모두 외적인 의라면, 심령의 가난함, 애통함, 온유함, 의에 주리고 목말라 함, 이웃에 대한 사랑, 마음의 청결함(그리스도인의 의)은 모두 내적인 것이다."[124] 그것들이 내면화가 이루어질 때라야 믿음은 사랑을 통해 활동적으로 일한다. 하나님께서는 외적인 행동보다 마음을 더 중요하게 여기신다. 예수님께서는 모든 외적이고 가시적인 행실을 낳는 근원으로 사람의 내면으로부터의 변화에 특별히 관심을 기울이셨다. 하나님께서는 외적 행실을 평가하실 때, 그것이 겸손함이나 온화함 같은 "내면적 성품에서 비롯되었는지에 따라" 평가하신다.[125]

d. 당신의 의가 바리새인의 의보다 나은 것이 되게 하라

당신이 그리스도인이라는 이름을 가지고 있다면, 당신의 의는 바리새인의 의보다 나아야 한다. 선을 행함에서 바리새인보다 부족하면 안 된다. "당신이 가진 모든 것으로 자비를 베풀라. 굶주린 자를 먹이고, 목마른 자에게 마실 것을 주라. 헐벗은 자에게 입을 것을 주라."[126]

당신의 의는 서기관과 바리새인의 의보다 나아야 한다. 당신은 당신에

---

123 같은 곳.
124 같은 곳.
125 같은 곳.
126 "Sermon on the Mount," 25, B 1:568-70, J V:325-26, sec. 4. 12.

게 능력을 주시는 "그리스도로 인해 모든 것을 할" 수 있다. 반면 "그 없이
는 아무것도 할 수 없다."[127] "당신이 거대한 구렁 가장자리에 서있고 당신
과 온 인류가" 영원한 영광이나 죽음으로 "들어가기 직전이라는 깊은 확
신에 따라 생각하고 말하고 행하라."[128] 당신의 마음이 온 인류를 향한 온
유함과 관용과 인내로 가득하게 하라.

---

127 "Sermon on the Mount," 25, B 1:570-71, J V:326-27, sec. 4. 13.
128 같은 곳. 웨슬리는 신학의 모든 요점을 한 설교에서 다 다루지 않는다. 율법의 엄격함에 대한
    웨슬리의 가르침 중 이 설교에서 충분히 설명되지 않은 것은, 믿음을 통해 은혜에 의해 구원받
    음을 가르치는 첫 아홉 편 설교에 설명되어 있다. *JWT*, 제2권『그리스도와 구원』을 참고하라.
    웨슬리의 표준설교 중 1738년에서 1746년 사이에 쓰인 첫 아홉 편 설교를 이미 읽은 사람이라
    면, 1748년에 쓰인 이 엄중한 설교를 믿음에 의한 구원, 칭의, 믿음의 의를 가르치는 중요한 이
    전 설교들과 따로 분리해 이해하면 안 된다는 사실을 알 것이다. 은혜에 의한 구원을 가르치는
    이전 설교에 대한 이해 없이 이 설교를 읽으면, 웨슬리의 윤리 전반의 신학적 전제를 오해하기
    쉽다. 이 설교에서 웨슬리는 일부 극단적 개신교인들의 복음에 대한 이해가 율법 폐기론의 성
    향을 지닌 것을 바로잡고 있다. 이 네 권의「존 웨슬리의 기독교 해설」시리즈는 웨슬리의 가르
    침 전체를 제시하기 위한 것이다. 시리즈의 각 부분은 전체와 관련지어 읽어야 한다.

8장

순수한 의도를 가지라

8장 순수한 의도를 가지라

A. 의도의 순수함과 자비의 일

1. 자비와 경건의 원천인 그리스도인의 성품

앞에서 살펴본 대로 예수님께서 산상설교를 통해 우리에게 가르쳐 주신 것은 "참된 기독교를 구성하는 영혼의 기질, 즉 '모든 사람이 주님을 뵙기 위해 반드시 가져야 할 거룩함'에 포함되는 마음의 성품"이다. 가르침의 초점은 내면적인 것, 즉 "그리스도 예수를 믿는 산 믿음이라는 올바른 원천에서 비롯된, 본질적이고 근본적으로 선하며 하나님께서 기뻐하시는 성품"에 맞추어져 있었다.[1]

다음으로 마태복음 6장부터 예수님은 우리의 모든 행위와 자비의 일이 어떻게 "순수하고 거룩한 의도로" 거룩하게 되어 하나님께 드려질 수 있는지 말씀하신다.[2] 이를 통해 우리 주님은 우리의 구제와 기도가, 이미 팔복에서 살펴본 의도의 순수함에 기초해야 함을 가르쳐 주신다.

a. 구제와 기도에 대한 예수님의 가르침

산상설교에 대한 웨슬리의 여섯 번째 설교의 성경 본문은 주기도문 해설을 포함해 구제와 기도에 대한 말씀인 마태복음 6:1-15의 긴 구절이다 [마 6:6-15; 설교 #26, "산상설교 (6)"(Upon Our Lord's Sermon on the Mount: Discourse 6), B 1:572-91, J V:328-43 (1748)].

---

1   "Sermon on the Mount," 26, B 1:572-73, J V:328, 서문, sec. 1; 참고. 히 12:14.
2   같은 곳.

설교의 긴 성경 본문은 다음과 같다.

사람에게 보이려고 그들 앞에서 너희 의를 행하지 않도록 주의하라 그리하지 아니하면 하늘에 계신 너희 아버지께 상을 받지 못하느니라

그러므로 구제할 때에 외식하는 자가 사람에게서 영광을 받으려고 회당과 거리에서 하는 것같이 너희 앞에 나팔을 불지 말라 진실로 너희에게 이르노니 그들은 자기 상을 이미 받았느니라 너는 구제할 때에 오른손이 하는 것을 왼손이 모르게 하여 네 구제함을 은밀하게 하라 은밀한 중에 보시는 너의 아버지께서 갚으시리라

또 너희는 기도할 때에 외식하는 자와 같이 하지 말라 그들은 사람에게 보이려고 회당과 큰 거리 어귀에 서서 기도하기를 좋아하느니라 내가 진실로 너희에게 이르노니 그들은 자기 상을 이미 받았느니라 너는 기도할 때에 네 골방에 들어가 문을 닫고 은밀한 중에 계신 네 아버지께 기도하라 은밀한 중에 보시는 네 아버지께서 갚으시리라 또 기도할 때에 이방인과 같이 중언부언하지 말라 그들은 말을 많이 하여야 들으실 줄 생각하느니라 그러므로 그들을 본받지 말라 구하기 전에 너희에게 있어야 할 것을 하나님 너희 아버지께서 아시느니라

그러므로 너희는 이렇게 기도하라 하늘에 계신 우리 아버지여 이름이 거룩히 여김을 받으시오며 나라가 임하시오며 뜻이 하늘에서 이루어진 것같이 땅에서도 이루어지이다 오늘 우리에게 일용할 양식을 주시옵고 우리가 우리에게 죄 지은 자를 사하여 준 것같이 우리 죄를 사하여 주시옵고 우리를 시험에 들게 하지 마시옵고 다만 악에서 구하시옵소서 (나라와 권세와 영광이 아버지께 영원히 있사옵나이다 아멘)

너희가 사람의 잘못을 용서하면 너희 하늘 아버지께서도 너희 잘못을 용서하시려니와 너희가 사람의 잘못을 용서하지 아니하면 너희 아버지께서도 너희 잘못을 용서하지 아니하시리라[3]

---

3 마 6:1-15.

b. 바른 의도는 자비를 베풀되 보이기 위한 것이 아님

이제 살펴볼 내용은 은밀한 중에 구제하라는 말씀이다.[4] 이것이 어떻게 선한 행실로 세상에 빛을 비추라는 말씀과 조화를 이룰 수 있는가? 두 말씀을 조화롭게 연결하면, 하나님의 빛으로 세상을 비출 때 사람에게 보이려고 구제하거나 기도하지 말라는 의미가 된다.

자비의 행위는 그 행위 자체를 목적으로 보아서는 안 되고, 하나님께서 사람에게 베푸시는 자비를 전달하기 위한 것이어야 한다. 산상에서 예수님은 신앙 공동체를 어두운 세상을 비추는 빛으로 비유하셨다. 당신의 사랑은 어둠 속에서의 빛처럼 세상에서 빛나야 한다. 사람들에게 보여 자랑하는 것이 아닌, 하나님의 자비를 드러내는 것이 목표여야 한다. 만약 그렇다면, 예수님은 어떻게 그 말씀과 동시에 "너희 빛이 사람 앞에 비치게 하여 그들로 너희 착한 행실을 보고 하늘에 계신 너희 아버지께 영광을 돌리게 하라"[5]라고 말씀하시는가? 어떻게 하면 사람에게 보이는 것을 목적으로 하지 않는 방법으로 빛이 될 수 있는가?

선한 행실로 세상을 비추려면, 그 행실이 투명해야 한다. 그래서 사람들이 그것을 통해 당신의 의로움을 보는 것이 아니라, "하늘에 계신 우리 아버지께 영광을 돌리게" 하는 것을 목적으로 삼아야 한다. 참된 구제를 통해 자신이 영광을 받으려는 생각을 버리라. "당신이 행하는 자비의 일에는 사람의 칭송을 바라는 마음이 전혀 발붙일 곳이 없어야 한다."[6] 만약 당신이 자신의 영광을 추구한다면 당신은 자기 상을 이미 받았기에 하나님께서 주시는 복을 받지 못할 것이다.

---

4   마 6:3-4.
5   마 5:16.
6   "Sermon on the Mount," 26, B 1:574, J V:329, sec. 1. 2.

2. 구제

a. 조용히 구제하라

"사람에게 보이려고 그들 앞에서 너희 의를 행하지 않도록 주의하라 그리하지 아니하면 하늘에 계신 너희 아버지께 상을 받지 못하느니라."[7]

여기서 구제는 단지 종교적 행위로서의 구제만이 아닌 모든 자선 행위를 말한다. 구제는 "다른 사람의 유익을 위해 하는 모든 일, 즉 말과 행동 모두"에 해당한다. 이 자비의 행위는 "배고픈 사람을 먹이고, 헐벗은 사람을 입히며, 나그네를 대접하거나 돕고, 병자나 옥에 갇힌 사람을 방문하며, 고난받는 사람을 위로하고, 무지한 자를 지도하며, 악인을 견책하고, 선을 행하는 사람을 권고하고 격려하는 것"을 포함한다.[8]

자비의 행위는 사람에게 보이기 위해서가 아니라, 돕기 위해 행하는 것이다. 이때 금지하신 것은 사람에게 보이기 위한 의도, 즉 궁핍한 사람을 동정하는 마음보다 자신이 의롭게 여김을 받으려는 의도다.

b. 위선 없이 구제하라

위선자들은 사람에게서 영광을 받기 위해 회당과 거리와 장터에서 공개적으로 구제한다.[9] "그러므로 구제할 때에 외식하는 자가 사람에게서 영광을 받으려고 회당과 거리에서 하는 것같이 너희 앞에 나팔을 불지 말라."[10] 바리새인들은 나팔을 불어 두드러지게 주목을 끄는 방식으로 공개적으로 구제하는 관례가 있었다. "그렇게 하는 명목상 이유는 가난한 사람

7   마 6:1.
8   "Sermon on the Mount," 26, B 1:573, J V:329, sec. 1. 1.
9   "Sermon on the Mount," 26, B 1:574, J V:329, sec. 1. 2.
10 마 6:2.

이 구제품을 받아갈 수 있도록 부른다는 것이지만, 그들의 진정한 의도는 사람들의 칭찬을 받으려는 것이었다." 사람의 칭찬을 구하는 사람은 이미 자기 상을 받았기에 하나님께 복을 받지 못한다.[11] "구제할 때에 오른손이 하는 것을 왼손이 모르게 하여 네 구제함을 은밀하게 하라 은밀한 중에 보시는 너의 아버지께서 갚으시리라."[12] 자비의 일을 행하는 동안, 당신의 생각을 그 일에 대한 보상으로 채우지 말라. 자비의 일에 집중하라.

하지 않으면 안 될 일을 하라. 공개적으로든 은밀하든 상황적 필요에 따라 하되, 당신의 의로움에 주목하지 말라. 웨슬리는 경험에 의거해 다음과 같이 조언한다. "당신이 선행을 드러냄으로 더 격려를 받거나 다른 사람들도 함께 자극을 받게 되는 경우처럼, 당신이 생각하기에 선행을 감추지 않는 것이 더 많은 선을 행하는 데 도움이 된다고 확신한다면, 그럴 때는 선행을 숨기지 않아도 좋다. 그런 때는 당신의 빛을 드러내 '집 안 모든 사람에게 비치게'(마 5:15) 하라. … 그러나 하나님의 영광이 드러나지 않거나 사람에게 유익이 되지 않는다면, 할 수 있는 한 개인적으로나 다른 사람이 알 수 없는 방법으로 선을 행하라."[13]

c. 위선 없이 기도하라

웨슬리는 마태복음 5장의 주요 관심사인 자비의 일과 6장의 주요 관심사인 경건의 일을 구분했다.

기도할 때 위선자들이 기도하는 것같이 하지 말라. "기도는 하나님께 마음을 올려드리는 것이다. 그것이 없는 모든 기도는 단지 위선일 뿐이

---

11   "Sermon on the Mount," 26, B 1:574-75, J V:329-30, sec. 1. 3.
12   마 6:3-4.
13   "Sermon on the Mount," 26, B 1:575, J V:330, sec. 1. 4.

다."[14] 기도의 유일한 목적이 "하나님과 교제하고, 당신의 마음을 그에게 올려드리며, 그분 앞에 당신의 영혼을 쏟아내는 것"이 되게 하라. "사람에게 보이기" 위해 기도하지 말라. 그렇게 기도하는 자는, 스스로가 주는 한심한 보상 외에는 받을 것이 없다.[15]

의도의 순수성은 "세상의 보상"을 바라는 것으로 인해 오염된다. "하나님의 영광을 나타내고, 그분의 뜻을 따라 다른 사람을 행복하게 하려는 것이 아닌 다른 의도는, 사람에게는 아무리 훌륭하게 보이더라도 하나님께는 혐오스러울 뿐이다."[16] "너는 기도할 때에 네 골방에 들어가 문을 닫고 은밀한 중에 계신 네 아버지께 기도하라 은밀한 중에 보시는 네 아버지께서 갚으시리라."[17]

많은 회중 앞에서 공개적으로 하나님을 영화롭게 해야 할 때가 있다. 그러나 은밀한 중에 계신 하나님께 마음을 쏟아놓기를 간절하게 원할 때는 문을 닫으라.[18] 기도할 때 "아무 의미 없이 많은 말을 하지 말라. 같은 말을 계속 반복하지 말라. 기도의 길이에 기도의 열매가 달려 있다고 생각하지 말라."[19]

"구하기 전에 너희에게 있어야 할 것을 하나님 너희 아버지께서 아시느니라."[20] 기도의 목적은 "하나님께서 당신의 필요를 아직 모르시는 것 같아서 하나님께 알려드리는 데 있지 않고, 당신이 필요로 하는 것이 무엇인지 마음에 분명히 한 후 당신의 모든 것을 공급하실 수 있는 하나님을 계속

14 "Sermon on the Mount," 26, B 1:575-76, J V:330-31, sec. 2. 1.
15 같은 곳.
16 "Sermon on the Mount," 26, B 1:576, J V:331, sec. 2. 2.
17 마 6:6.
18 "Sermon on the Mount," 26, B 1:576, J V:331, sec. 2. 3; 마 6:6.
19 "Sermon on the Mount," 26, B 1:576-77, J V:331-32, sec. 2. 4.
20 마 6:8.

적으로 의지하는 데 있다. 언제나 우리가 구하는 것보다 더 좋은 것을 주고자 예비하시는 하나님의 마음을 움직이는 것보다, 그분이 예비하신 좋은 것들을 받기 원하는 마음을 갖고, 또 받을 준비를 갖추도록 우리 자신을 바꾸는 것이 더 어려운 일이다."[21]

어떻게 기도해야 하는지에 대한 웨슬리의 조언은 다음과 같다.

B. 하나님의 인도하심을 구하라

1. 주기도문

기도의 참된 성격과 목적을 가르치신 주님께서는, 다음으로 오랜 세월 우리의 모든 기도의 모범이 되어온 기도의 지침을 알려주셨다. 주기도문은 "우리가 올바르게 거리낌 없이 기도할 수 있는 모든 내용을 담고 있다. 이 포괄적인 기도에는 직접적이든 간접적이든 우리가 하나님께 간구할 필요가 있는 내용과, 하나님의 뜻에 어긋나지 않으면서 우리가 간구할 수 있는 내용 중 빠진 것이 없다. … 주기도문에는 하나님과 사람을 향한 우리의 모든 의무, 즉 거룩하고 순결한 모든 것, 하나님께서 사람에게 요구하시는 모든 것, 하나님께서 기뻐하실 만한 모든 것, 우리가 이웃을 유익하게 할 수 있는 모든 것이 표현되고 함축되어 있다."[22] 또 주기도문은, 우리가 "하나님께서 우리의 기도와 삶을 받아주시기를 바란다면", 하나님 앞에 나아갈 때 마땅히 갖춰야 할 모든 성품을 가르쳐 준다.[23]

주기도문은 "서두, 간구, 송영 또는 결론의 세 부분으로 구성되어 있

21 "Sermon on the Mount," 26, B 1:577, J V:332, sec. 2. 5.
22 "Sermon on the Mount," 26, B 1:577-78, J V:332-33, sec. 3. 2.
23 "Sermon on the Mount," 26, B 1:578, J V:333, sec. 3. 3.

다. '하늘에 계신 우리 아버지'라는 서두는, 하나님께서 우리 기도를 들으실 것에 대한 확신을 가지고 기도할 수 있도록 우리가 하나님에 대해 반드시 알아야 할 내용으로 이루어져 있어, 기도의 총괄적인 토대를 놓는다.[24]

a. 우리 아버지

"너희는 이렇게 기도하라." 기도할 때 거룩하신 하나님을 하늘 아버지로 부르기를 주저하지 말라. 당신은 믿음으로 그분의 자녀가 되었기 때문이다. "그분이 아버지시면 자녀인 당신을 사랑하고 선대하신다."[25]

"그분은 '우리의 아버지'시다. 지금 그분께 부르짖는 사람뿐 아니라, 가장 넓은 의미로 우리 모두의 아버지시다."[26] 하나님은 우리를 자녀로서 사랑하시는 우리 아버지시므로, 사랑하는 자녀에게 "복 주시기를 기뻐하신다." 그러므로 "우리는 아버지께 복 주시기를 간구하자. … 아버지께서 우리를 만드셨다면, 아버지께 구하자. 그분은 자신의 손으로 만드신 우리에게 어떤 좋은 것도 주기를 거절하지 않으실 것이다."[27]

세상의 아버지와 같이, 하나님은 우리에게 주신 삶을 지속시키시면서 매일매일 우리를 보호하신다. 그러므로 그분은 특히 우리가 곤궁할 때 자신에게 와서 자비를 간구하도록 초대하신다. 당신에게 자식이 있다면, 부모로서 아이들의 필요를 채워주고 싶어 하는 그 마음을 잘 알 것이다. 그렇다면 하나님께서는 당신이 그분의 도움을 필요로 할 때 더욱 그런 마음을 가지시지 않겠는가?[28]

---

24 같은 곳.
25 마 6:9.
26 "Sermon on the Mount," 26, B 1:579, J V:333-34, sec. 3. 5.
27 "Sermon on the Mount," 26, B 1:578-79, J V:333, sec. 3. 4.
28 같은 곳.

그러나 하나님은 훨씬 더 심오한 의미에서 우리의 아버지시다. 그분은 "무엇보다 우리 주 예수 그리스도의 아버지이자, 그를 믿는 모든 사람의 아버지시다. 그분은 우리를 '그리스도 예수 안에 있는 속량으로 말미암아 자신의 은혜로 값없이 의롭다 칭해주신다'(롬 3:24)."[29] 우리의 하늘 아버지께서는 자신의 영원한 아들의 기도를 통해 "우리의 모든 죄를 없애시고 우리의 연약함을 고치셨으며", "은혜로 양자 삼으셔서 우리를 자녀로 맞아주셨다."[30] 그리스도로 인해 우리는 하나님의 아들과 딸이 되었으므로, 아버지께서는 "'우리를 썩지 아니할 씨로 거듭나게 하셨고', '그리스도 예수 안에서 우리를 새로운 피조물로 만드셨으며', '그 아들의 영을 우리 마음 가운데 보내사 아빠 아버지라 부르게 하셨다.'"[31] 우리가 하나님을 아버지로 부르는 것은, 하나님을 아버지로 부르시는 영원하신 아들의 목소리에 새롭게 양자가 된 우리의 목소리가 더해진 것이다. 그러므로 우리는 아버지께서 자녀 된 우리의 기도를 들으실 것을 알고 기도한다.

우리는 아들과 딸 개인으로서 기도할 뿐 아니라, 예배 공동체이자 믿음의 가족으로서도 기도한다. 우리는 "우리 모두의 아버지"를 부르기 위해 함께 모인다. 우리는 하나님의 가정의 자녀로서 한 마음으로 기도한다. 우리는 함께 "하늘과 땅의 모든 가족"의 아버지께 기도한다.[32] 하나님께서는 그가 만드신 모든 것을 사랑하시기에 모든 인류, 즉 타락한 사람과 구원받은 사람 모두의 기도를 들으신다. "여호와께서는 … 그 지으신 모든 것에 긍휼을 베푸시는도다."[33]

---

29   같은 곳.

30   같은 곳; 참고. 시 51:9; 103:3.

31   "Sermon on the Mount," 26, B 1:578-79, J V:333, sec. 3. 4; 갈 4:6; 참고. 고후 5:17; 엡 2:10; 벧전 1:23.

32   "Sermon on the Mount," 26, B 1:579, J V:333-34, sec. 3. 5.

33   시 145:9.

b. 하늘에 계신

하늘은 영광의 하나님이 계신 곳이다. 하나님께서는 다른 곳과는 비교할 수 없도록 그곳에 계신다. 하늘은 하나님의 영광으로 가득하다.[34] 하나님이 하늘에 계시다는 것은, 그분이 "만물보다 높으며 높임받으신다"는 뜻이다. 하나님은 "모든 것 위에 높이 계시며, 영원토록 복되시다. 그는 높은 곳에 좌정하셔서 하늘과 땅의 모든 것을 감찰하신다."[35]

웨슬리는 하늘에 계신 아버지께서 활동하시는 모습을 다음과 같이 묘사했다. 그의 "눈은 창조세계 전체를 꿰뚫어 보신다."[36] 하나님은 현재뿐 아니라 세상의 시작과 영원 전부터 모든 피조물의 내면의 생각과 외적인 행위를 보신다. 이는 하나님께 대한 경외감을 일으킨다.[37]

만유의 주와 통치자이신 하나님은 모든 것을 주관하시고 운행하신다. 그는 모든 신자가 "두려움으로 섬기며 경외함으로 기뻐하는 전능자시다. 그러므로 우리는 주시며 왕이신 하나님의 면전에서 그가 항상 지켜보고 계심을 기억하면서 생각하고 말하며 행동해야 한다."[38]

c. 이름이 거룩히 여김을 받으시오며

하나님은 능력이 비길 데 없이 크시고 성품이 의로우시므로, 그의 이름은 거룩하시다. "이름이 거룩히 여김을 받으시오며."[39] 주기도문은 다음 여섯 가지의 간구로 이루어져 있다. '(1) 이름이 거룩히 여김을 받으시오

---

34 "Sermon on the Mount," 26, B 1:579-80, J V:334, sec. 3. 6; 참고. 딤전 6:16.

35 "Sermon on the Mount," 26, B 1:579-80, J V:334, sec. 3. 6; 참고. Wisd. Sol. 13:2.

36 "Sermon on the Mount," 26, B 1:579-80, J V:334, sec. 3. 6.

37 같은 곳.

38 같은 곳.

39 "Sermon on the Mount," 26, B 1:580-81, J V:334-35, sec. 3. 7; 마 6:9.

며, (2) 나라가 임하시오며, (3) 뜻이 하늘에서 이루어진 것같이 땅에서도 이루어지이다. (4) 오늘 우리에게 일용할 양식을 주시옵고, (5) 우리 죄를 사하여 주시옵고, (6) 우리를 시험에 들게 하지 마시옵고 다만 악에서 구하시옵소서.' 그다음 송영으로 마무리된다.

"하나님의 이름은 곧 하나님 자신이시며, 인간이 파악할 수 있는 한계 내에서의 하나님의 본성이다."[40] 그 이름은 하나님의 존재의 필연성과 그분의 모든 속성이나 완전함을 가리킨다.

하나님의 속성은 우리의 기도의 대상이신 유일하신 하나님이 어떤 분이신지를 보여준다.

- "알파와 오메가며, 처음과 마지막이고, 이제도 계시고 전에도 계셨으며 장차 오실" 야웨라는 위대하고 말로 표현할 수 없는 이름이 뜻하는 하나님의 영원하심.[41]
- "또 다른 위대한 이름, '나는 스스로 있는 자'(I AM THAT I AM)가 의미하는" 하나님의 존재의 충만하심과 자존하심[42]
- 하나님의 편재하심
- 만물이 하나님의 손에 의해 운행됨을 의미하는 전능하심
- "눈에 보이는 것들과 우주의 훌륭한 질서에서 분명히 드러나는" 하나님의 지혜
- 한 분 하나님 안에 삼위로 존재하시고, 동시에 삼위로 구별되시면서 한 분이심
- 하나님의 온전한 순결함과 거룩하심
- "하나님의 영광의 광채 그 자체"인 사랑[43]

---

40 "The Sermon on the Mount," 26, B 1:581, J V:334, sec. 3. 7; 참고. 계 1:8.
41 "Sermon on the Mount," 26, B 1:581, J V:334-35, sec. 3. 7.
42 같은 곳; 참고. 출 3:14.
43 같은 곳.

하나님의 속성은 하나님의 성품을 드러낸다. 그분의 이름을 부를 때, 우리는 우리가 부르는 분이 누구신지를 알고 있는 것이다. 그는 우리가 생각할 수 있는 모든 선함을 가진 거룩한 분이시다. 우리의 유한성이라는 한계 속에서 하나님의 선하심을 알 수 있게 하신 분도 하나님 자신이시다.

하나님의 이름이 거룩히 여김과 영광 받으시기를 기도하는 것은, "하나님을 알 만한 모든 지성적 존재가 하나님을 그분의 모습 그대로 알고, 그분을 아는 지식에 합당한 성품으로 그분을 알게 되기를 기도하는 것이다. 또 하늘과 땅의 모든 존재, 곧 하나님을 알고 영원토록 사랑할 수 있도록 지으심을 받은 모든 천사와 사람이 하나님께 합당한 영광을 돌리고, 하나님께서 경외함과 사랑을 받으시기를 기도하는 것이다."[44]

d. 나라가 임하시오며

"우리는 하나님의 이름이 거룩히 여김을 받으시도록 하기 위해 그분의 나라, 즉 그리스도의 나라가 임하시기를 기도한다."[45] 그 나라는 당신이 회개하고 믿을 때 당신에게 임한다.[46] 그 나라는 영생 그 자체이며, 하나님께서 지금과 영원히 다스리시는 "신자의 마음에 세워짐으로 이 세상에서 이미 시작된 하나님의 나라"다.[47]

하나님의 통치는 성령의 능력을 통해 우리의 마음에 들어와 "모든 것을 그 발 아래에 두시고, '모든 생각을 사로잡아 그리스도에게 복종하게' 하실 때까지 온전히 승리하실 것이다."[48] 머지 않아 세상 땅끝까지 모든 나

---

44 "Sermon on the Mount," 26, B 1:580-81, J V:334-35, sec. 3. 7.
45 "Sermon on the Mount," 26, B 1:581-82, J V:335-36, sec. 3. 8; 참고. 마 6:10.
46 참고. 막 1:15.
47 "Sermon on the Mount," 26, B 1:581-82, J V:335-36, sec. 3. 8.
48 같은 곳; 참고. 고후 10:5.

라가 하나님의 것이 될 것이다.[49] 그러므로 예배 공동체는 그날이 속히 이르게 해주시기를 하나님께 기도한다. 즉, 모든 사람이 "의와 평강과 희락과 함께 성결과 행복으로 충만케 됨으로, 때가 되면 하나님 나라로 옮겨져 그곳에서 하나님과 함께 영원히 통치하게 해주시기를" 구하는 것이다.[50]

예수님은 우리에게 "나라가 임하시오며"라고 기도하라고 하셨다. 이 기도는 "하나님께서 불행과 죄, 연약함과 죽음을 끝내시고, 만물을 회복하시며 영원한 나라를 세워 모든 것을 최종적으로 새롭게 하시는 이 장엄한 사건에 관심을 갖고 있는 지적인 피조물 전체를 위해 끊임없이 드려야할" 기도다.[51] 나아가 우리는 죽을 때도 "주님의 거룩하신 이름을 참되게 믿는 가운데 세상을 떠난 모든 사람과 함께, 주님의 영원하고 끝없는 영광 속에서 몸과 영혼이 온전케 되어 천국의 기쁨을 누리도록" 기도한다.[52]

e. 뜻이 하늘에서 이루어진 것같이 땅에서도 이루어지이다

"나라가 임하시오며" 이후에 바로 뒤따르는 이 간구의 주된 의미는 수동적 체념이 아니라, "하나님의 뜻에 우리가 자발적이고 능동적으로 순종"할 수 있기를 구하는 것이다.[53] 천사들과 사람들은 하나님의 뜻이 이루어지기를 기도한다. 하나님의 보좌 곁에서 수종 드는 천사들은 하나님의 뜻이 하늘에서와 같이 땅에서도 이루어지기를 간절히 원한다. "하나님의 뜻을 행하는 것은 그들에게 대단한 즐거움이자 가장 큰 영광과 기쁨이다. 그들은 끊임없이 그분의 뜻을 행한다. 그들의 자발적인 섬김은 중단이 없

---

49   "Sermon on the Mount," 26, B 1:581-82, J V:335-36, sec. 3.8; 참고. 시 2:8.
50   "Sermon on the Mount," 26, B 1:581-82, J V:335-36, sec. 3.8.
51   같은 곳.
52   같은 곳; Book of Common Prayer (New York: Seabury, 1953), 334.
53   "Sermon on the Mount," 26, B 1:583-84, J V:336-37, sec. 3. 9; 참고. 마 6:10.

으며 … 완벽하다."⁵⁴ "천사들은 하나님의 뜻이라는 온전한 확신이 없으면 어떤 일도 행하지 않는다. 하나님의 뜻을 행할 때도 언제나 그분이 원하시고 기뻐하시는 방식으로 한다."⁵⁵

하나님의 뜻이 "하늘에서 이루어진 것같이 땅에서도" 이루어지게 해주시기를 구하는 것은, 특별히 "세상 모든 사람이 거룩한 천사들과 같이 자발적으로" 중단 없이 온전히 "하늘에 계신 아버지의 뜻을 행하게 해주시기를" 기도하는 것을 의미한다.⁵⁶ 모든 시대의 온 교회는 이렇게 기도한다. "양들의 큰 목자이신 우리 주 예수를 영원한 언약의 피로 죽은 자 가운데서 이끌어 내신 평강의 하나님이 모든 선한 일에 너희를 온전하게 하사 자기 뜻을 행하게 하시고 그 앞에 즐거운 것을 예수 그리스도로 말미암아 우리 가운데서 이루시기 원하노라."⁵⁷ 우리가 자주 기도하는 주기도문의 이 문구의 구체적인 의도는, 온 인류가 모든 일에서 하나님의 온전하신 뜻을 행하되 기쁘게 행하도록 해주시기를 기도하는 것이다.⁵⁸

f. 일용할 양식

우리는 온 인류를 위해 기도하는 것같이 우리 자신을 위해서도 기도해야 한다. 이 특권은 하나님께서 우리에게 주신 것이다. "일용할 양식"을 위해 기도하는 것으로 우리는 "우리의 영혼이나 육체를 위해 필요한 모든 것"을 위해 기도하는 것이다.⁵⁹ 우리는 이 기도로 다음과 같은 하나님

54　"Sermon on the Mount," 26, B 1:583-84, J V:336-37, sec. 3. 9.
55　같은 곳.
56　"Sermon on the Mount," 26, B 1:584, J V:337-38, sec. 3. 10.
57　히 13:20-21.
58　"Sermon on the Mount," 26, B 1:584, J V:337-38, sec. 3. 10.
59　"Sermon on the Mount," 26, B 1:584-85, J V:338, sec. 3. 11.

을 높여드린다. "그의 신기한 능력으로 생명과 경건에 속한 모든 것을 우리에게 주셨으니 이는 자기의 영광과 덕으로써 우리를 부르신 이를 앎으로 말미암음이라."[60]

일용할 양식은 실제로 썩게 될 육체의 양식도 의미하지만, 그보다 더 "영적인 양식, 하나님의 은혜, 하나님께서 인치신 인자께서 주시는 영생하도록 있는 양식"을 의미한다.[61]

우리는 여기서 양식을 쌓아두기 위해 기도하지 않고, 단지 "오늘 하루를 위해 충분한 양식을 구하고, 내일이 되면 또 그 날을 위해" 기도한다.[62]

g. 살아가는 데 꼭 필요한 것을 주옵소서

우리는 일용할 양식을 구할 때 마치 그것이 자연적 권리나 도덕적 공로의 대가인 것처럼 요구하는 것이 아니라 "오직 하나님의 값없이 베푸시는 자비에 의존한다. 우리는 우리가 호흡하는 공기나 밟고 살아가는 땅, 우리를 비추는 태양을 마땅히 받을 자격이 있는 것은 아니다."[63] 우리가 행하는 어떤 일도 우리로 하나님께 생명을 얻게 하는 공로가 될 수 없다. 하나님께서 우리에게 생명을 주시지 않았다면 우리는 간구조차 할 수 없었을 것이다. 그러나 "하나님께서는 값없이 우리를 사랑"하시기에, 우리는 자격이 없음에도 확신을 가지고 기도할 수 있다.[64] 우리는 그의 사랑하시는 자녀로서 그분 앞에 서는 것이다.

한편 하나님께서 우리에게 이성과 상상력과 육체적 힘을 주신다는 것

---

60   벧후 1:3.
61   "Sermon on the Mount," 26, B 1:584-85, J V:338, sec. 3. 11; 참고. 요 6:27.
62   "Sermon on the Mount," 26, B 1:584-85, J V:338, sec. 3. 11.
63   "Sermon on the Mount," 26, B 1:585, J V:338-39, sec. 3. 12.
64   같은 곳.

이 우리가 빈둥거리며 가만히 있을 이유가 되지는 않는다. "하나님의 뜻은, 마치 우리의 성공이 우리의 지혜와 노력의 자연적 결과인 것처럼, 우리가 모든 면에서 부지런하게 최선의 노력을 기울이는 것이다. 그런 후에는, 마치 우리가 한 것이 하나도 없는 것처럼, '온갖 좋은 은사와 온전한 선물'(약 1:17)을 주시는 하나님을 의지해야 한다."[65]

우리는 하나님의 공급하심과 자비를 신뢰하기에, 내일을 염려하지 말고 "오늘"을 위해 기도하면 된다. "우리가 매일을 하나님께서 주시는 새로운 선물로 여기면서" 오늘을 위해 기도하는 것은 유익한 훈련이다.[66]

웨슬리는 주기도문의 내용을 풀어쓴 가사로 일용할 양식을 주시는 하나님을 찬양하는 메소디스트 찬송으로 설교를 마무리한다.

> 아버지, 날마다 그 자녀의 필요를
> 새롭게 채워주시는 분은 당신입니다
> 아버지께서 들의 백합화를 입히시며
> 까마귀 새끼의 울음을 들으십니다
> 우리는 모든 염려를 당신께 맡기고
> 모든 필요를 아시는 당신의 도움으로 살아갑니다
> 당신의 은혜로 우리를 먹이시고
> 생명의 떡으로 우리의 영혼을 채워주소서![67]

h. 우리에게 죄 지은 자를 사하여 준 것같이 우리 죄를 사하여 주시옵고

예수님은 우리에게 이 기도의 본보기를 통해 "우리가 우리에게 죄 지

---

65 같은 곳.

66 같은 곳.

67 "Sermon on the Mount," 26, B 1:588-91, J V:341-43, sec. 3. 16 (국내 웨슬리설교전집에는 이 찬송시가 생략되어 있음–역주).

은 자를 사하여 준 것 같이 우리 죄를 사하여 주시옵고"라고 기도하라고 가르쳐 주신다.[68] 오직 죄만이 하나님의 풍성함이 모든 피조물에게로 흐르는 것을 방해한다. 하나님의 좋은 선물을 받지 못하게 하는 모든 방해물을 제거하려면, 하나님께서 우리의 죄를 사하여 주시는 것같이 우리도 다른 사람이 우리에게 행한 죄를 용서할 수 있도록 기도해야 한다.

"하나님께 이미 일만 달란트나 되는 많은 빚을 지고 있는" 우리는 새롭게 죄를 지을 때마다 "더 많은 빚을 쌓는다. 그분이 '빚을 갚으라'고 말씀하신다면 우리가 할 수 있는 대답이 무엇인가?"[69] 비할 데 없이 거룩하신 하나님 앞에서 죄 가운데 있는 "우리는 완전히 파산한 것이다. 우리는 갚을 수 있는 것이 아무것도 없다. 우리는 모든 재산을 허비해 버렸다. 우리는 우리가 지은 죄의 사슬로 손과 발이 이미 묶여버렸다."[70]

용서한다는 것은 "빚을 탕감하거나 사슬을 풀어주는 것"을 의미한다.[71] 하나님께 완전한 용서를 받으면 우리는 "죄가 힘을 잃어 '은혜 아래' 있는 사람, 즉 하나님의 사랑을 입은 사람을 다스릴 수 없음을 알게 된다. '그리스도 예수 안에 있는 자에게는 결코 정죄함이 없나니'(롬 8:1), 이는 그들이 죄책뿐 아니라 죄 자체에서 자유를 얻기 때문이다."[72] 하나님께서는 용서를 베푸실 때 그 조건이 회개임을 말씀하셨다. "우리가 다른 사람의 잘못을 용서하면, 우리가 용서한 것과 같이 하나님께서도 우리의 모든 잘못과 죄를 용서해 주실 것이다."[73]

---

68   참고. 마 6:12.
69   "Sermon on the Mount," 26, B 1:585-86, J V:339-40, sec. 3. 13; 참고. 마 18:28.
70   "Sermon on the Mount," 26, B 1:585-86, J V:339-40, sec. 3. 13.
71   같은 곳.
72   같은 곳.
73   "Sermon on the Mount," 26, B 1:587, J V:340, sec. 3. 14.

i. 우리를 시험에 들게 하지 마시옵고

사도 야고보는 시험이라는 단어를 죄에 대한 유혹과 믿음을 연단하기 위한 도덕적 시련이라는 두 가지 의미로 사용한다.[74] 우리는 우리를 시험에 들게 하지 마시옵기를 하나님께 기도한다.

인간의 자유는 언제나 유혹을 받을 수 있다. 그렇지 않다면 사람은 기계에 불과할 것이다. 우리는 시험받을 수 있는 상황 자체를 제어할 수는 없지만, 시험받을 때 어떻게 반응했는지에 대해서는 책임이 있다. "사람이 시험을 받을 때에 내가 하나님께 시험을 받는다 하지 말지니 하나님은 악에게 시험을 받지도 아니하시고 친히 아무도 시험하지 아니하시느니라 오직 각 사람이 시험을 받는 것은 자기 욕심에 끌려 미혹됨이니."[75]

j. 악에서 구하시옵소서

악은 이미 비길 데 없이 타락해 있고 또 더욱 타락해가는 사탄의 세력을 말한다. 사탄은 하나님의 은혜에서 떠나 "강한 능력으로 불순종의 아들들 가운데서 역사하는(엡 2:2) 이 세상의 임금(요 14:30)이자 이 세상의 신(고후 4:4)"으로 묘사된다. "그러나 믿음으로 하나님의 자녀가 된 모든 사람은 마귀의 손에서 건짐받는다."[76] 이 적이 우리를 공격할 것을 예상하라. 그러나 우리가 스스로 "우리 자신의 영혼을 팔지" 않는다면, 마귀는 우리를 이길 수 없다. "마귀는 한동안 하나님의 백성을 괴롭힐 수는 있어도 멸망시키지는 못한다. 마침내 승리하실 하나님께서 그들과 함께하시

---

74 약 1:12-13.
75 약 1:13-14. 웨슬리의 설교 "시험에 대하여"(On Temptation)를 참고하라.
76 "Sermon on the Mount," 26, B 1:578-88, J V:341, sec. 3. 15; 참고. 요 12:31.

기 때문이다."[77]

하나님께서는 우리가 가진 능력 밖의 시험은 허락하지 않으실 것이라고 약속하셨다. "사람이 감당할 시험 밖에는 너희가 당한 것이 없나니 오직 하나님은 미쁘사 너희가 감당하지 못할 시험 당함을 허락하지 아니하시고 시험 당할 즈음에 또한 피할 길을 내사 너희로 능히 감당하게 하시느니라."[78]

k. 나라와 권세와 영광이 아버지께 영원히 있사옵나이다

산상에서 무리에게 어떻게 궁핍한 사람을 구제하고 또 하나님께 기도해야 하는지 가르치신 예수님은, 그 기도의 본보기를 송영, 즉 "나라는 당신의 것입니다"라며 하나님께 돌리는 것으로 시작해 "하나님의 속성과 사역을 간명하게 고백"하는 "엄숙한 감사"로 마무리하신다.[79]

"나라"가 하나님의 것이라는 고백은, "과거에 지음받았거나 새롭게 지음받는 모든 것에 대한 절대적 권리"가 하나님께 있음을 인정하는 것이다. "권세"는 하나님께서 만물을 영원히 통치하시는 실제적 권능을 지니셨음을 고백하는 것이다. "영광"은 "모든 피조물에게서 마땅히 받으셔야 할 경배"를 말한다. 아멘은 "그렇게 되기를 바랍니다!"라는 뜻이다.[80] 설교의 마지막에 웨슬리는 "주기도문의 내용을 풀어써 가사로 옮긴" 찬송시를 덧붙였다(국내 웨슬리설교전집에는 이 찬송시가 생략되어 있음–역주).[81]

---

77   "Sermon on the Mount," 26, B 1:578-88, J V:341, sec. 3. 15.
78   고전 10:13.
79   "Sermon on the Mount," 26, B 1:588-91, J V:341-43, sec. 3. 16.
80   같은 곳.
81   참고. HSP (1742), 275-77.

C. 의도의 순수함

산상설교에 대한 웨슬리의 일곱 번째 설교의 본문은 하나님께 영광을 돌리는 방식의 금식에 대한 말씀인 마태복음 6:16-18이다. "금식할 때에 너희는 외식하는 자들과 같이 슬픈 기색을 보이지 말라 그들은 금식하는 것을 사람에게 보이려고 얼굴을 흉하게 하느니라 내가 진실로 너희에게 이르노니 그들은 자기 상을 이미 받았느니라 너는 금식할 때에 머리에 기름을 바르고 얼굴을 씻으라 이는 금식하는 자로 사람에게 보이지 않고 오직 은밀한 중에 계신 네 아버지께 보이게 하려 함이라 은밀한 중에 보시는 네 아버지께서 갚으시리라" [마 6:16-18; 설교 #27, "산상설교 (7)"(Upon Our Lord's Sermon on the Mount: Discourse 7), B 1:592-611, J V:344-60 (1748)].

1. 외적 행위의 원천인 의도의 순수함

예수님은 내적인 의도의 순수함과 외적인 자비의 행위를 긴밀히 연결 지으셨다. 사탄은 창세 때부터 "하나님이 결합하신 것을 갈라놓아 내면적 종교와 외면적 종교를 분리시키고, 그 둘이 충돌하게 만들기 위해 노력해왔다."[82] 금식은 너무나 자주 그것의 깊은 내적 동기에서 분리되어 왔다.

어리석게도 "외적 의무의 실행"을 가장 중요하게 여겨온 사람들은 "내면적인 의와 관계없이 … 율법의 의"를 추구하는 데 빠져 있었다.[83] 그들은 "하나님께 열심이 있으나 그것은 올바른 지식", 즉 하나님의 은혜에 대한 바른 이해에 "따른 것이 아니었다."[84] 내면적 의도에서 외적인 경건

---

82 "Sermon on the Mount," 27, B 1:592, J V:344, 서문, sec. 1; 참고. 고후 2:11.
83 "Sermon on the Mount," 27, B 1:592, J V:344, 서문, sec. 1; 참고. 롬 8:4.
84 "Sermon on the Mount," 27, B 1:592, J V:344, 서문, sec. 1; 참고. 롬 10:2.

의 행위를 분리하는 것은, 내적 의도와 외적 실행을 굳게 결합시키는 것과는 전혀 다른 삶을 낳는다. "믿음으로 하나님께로부터 난 의"를 추구하는 사람은, 내적 동기가 어떻게 외적 행위로 이어지는지 그 본질적인 연관성을 안다.[85]

의도의 순수함을 결여한 외적 종교는 모든 사람에게 익숙하다. 그것은 "교회의 예배에 참여하고, 성찬을 받고, 설교를 들으며, 경건 서적을 읽는 것이 종교의 전부인 것처럼 생각하면서, 이 모든 종교적 행위의 목적인 하나님과 이웃 사랑하기를 등한시하는" 자들에게서 볼 수 있다.[86] 이러한 분리는 하나님의 값없이 주시는 은혜의 복음의 능력을 약화시켰다.[87]

율법 폐기론자들은 "정반대의 극단"에서 이 분리를 주장해 "모든 외적 의무를 무시할 뿐 아니라", 율법이 자신에게 실제적인 수행을 요구하면 "심지어 율법을 악평하고 비난하기까지 한다."[88] 그들은 "선한 행실을 전적으로 도외시할 정도로 믿음"만 높이는 유혹에 빠졌다.[89]

한편 다른 사람들은 이러한 실수를 피하기 위해 지나치게 반대 극단으로 치달아, 선행이 칭의의 원인이라고까지 주장했다.[90] 율법주의와 율법 폐기론은 "목적과 방법은 서로 다르지만" 결과는 동일하다.[91]

a. 은혜의 방편으로서의 금식

금식은 "종교의 목적은 아니지만, 하나님께서 제정하신 … 소중한 수

---

85   빌 3:9; "Sermon on the Mount," 27, B 1:592, J V:344, 서문, sec. 1.
86   "Sermon on the Mount," 27, B 1:593, J V:345, 서문, sec. 3.
87   같은 곳.
88   "Sermon on the Mount," 27, B 1:592, J V:344, 서문, sec. 1.
89   "Sermon on the Mount," 27, B 1:592-93, J V:344-45, 서문, sec. 2.
90   같은 곳.
91   같은 곳.

단이다."[92] 그것을 바르게 이해하고 실천하는 사람은 복되다.

예수님은 기도와 금식을 가르치셨다. 금식은 은혜의 방편이다. 그러나 그 실천이 극단으로 치닫자 그 의미가 모호하게 되었다. 어떤 사람은 금식을 단지 육체의 훈련을 위한 외적인 것으로 여겼다. 다른 사람은 "그것을 전적으로 무시했다."[93] 시간이 지나면서 금식은 과소평가 또는 과대평가되었다.

새롭게 질문해보자. 금식이란 무엇인가? 금식해야 할 이유와 근거와 목적은 무엇인가? 예수님께서 몸소 바르게 금식할 것을 가르치셨다면, 우리는 금식에서 무엇을 배울 수 있는가?

금식의 문자적 의미는 매우 단순하다. 즉 특정 기간 "음식을 먹지 않고 금하는 것"이다.[94] 금식은 다윗, 느헤미야서와 이사야서를 비롯해 예언서들에 기록된 하나님의 백성들, 하나님의 독생자, 그의 사도들, 그리고 "더 순수한 신앙을 가졌던 시기의 그리스도인들"이 실천한 규율이다.[95] 금식의 성경적 사례에는, 바알 숭배자들처럼 "자신의 몸을 치거나 베어 상하게" 하는 것이 아니라, 때때로 재를 뒤집어쓰거나 상복을 입는 것같이 죄로 인해 애통함을 나타내는 상징이 동반되기도 했다.[96]

금식은 성경 전체에 나온다. 모세, 엘리야, 예수님은 사십 일 동안 금식하셨다. 레위기는 일곱째 달 열흘째 날인 속죄일을 금식일로 규정한다.[97] "그러나 성경에서 더 자주 언급된 금식 기간은 아침부터 저녁까지의 하루

---

92 "Sermon on the Mount," 27, B 1:593-94, J V:345, 서문, sec. 4.

93 같은 곳.

94 "Sermon on the Mount," 27, B 1:594, J V:345, sec. 1. 1.

95 "Sermon on the Mount," 27, B 1:594, J V:345, sec. 1. 2.

96 같은 곳.

97 참고. 레 23:27.

다."[98] 그것은 "고대 그리스도인들이 일반적으로 지키던" 규율이었다.[99] 금식에는 특정한 음식이나 행위에 대한 절제가 따랐다.[100] 고대 교회에서 가장 일반적인 금식은, 특별히 중요하게 지키는 일주일의 고난주간을 포함해 부활절 이전 40일 동안의 사순절 기간에 행해졌다.

그 외에도 웨슬리는 교회사 전통에서 지켜온 다른 일반적인 금식절로 "사계 재일(Ember days, 사계절에 각 사흘씩 은혜를 구하는 기도절–역주), 기원일(Rogation days, 그리스도의 승천 축일 전 사흘간–역주), 그 외 몇몇 엄숙한 절기의 철야나 전야제들", 그리고 "성금요일을 기억하며" 매주 금요일 금식일이 있었음을 설명한다.[101] 개신교 전통에서도 "하나님 앞에서 겸비하고 그분과 더 가까이 행하기 원하는" 사람들은, 회개를 위한 "조용한 기간을 갖기 위해 번번이 금식의 기회를" 가져왔다.[102]

2. 금식의 이유

a. 위기 때의 금식

위기, 불안, 슬픔, 절망, 우울함 등을 겪는 시기에는 자연히 음식에 대한 관심이 줄어들 수 있다. "다윗과 그와 함께했던 모든 사람은, 사람들이 전투에서 패배해 도망치고 많은 사람이 죽은 데다 사울과 그 아들 요나단도 죽었다는 소식을 듣자, '사울과 그의 아들 요나단과 이스라엘 족속을 위해 저녁 때까지 슬퍼하여 울며 금식'했다."[103] 바울 역시 항해하다 큰 풍랑

---

98 "Sermon on the Mount," 27, B 1:595, J V:345, sec. 1. 3.
99 같은 곳.
100 "Sermon on the Mount," 27, B 1:595, J V:346, sec. 1. 4.
101 "Sermon on the Mount," 27, B 1:596-97, J V:347-48, sec. 1. 6.
102 같은 곳.
103 참고. 삼하 1:12.

을 만나 "구원의 여망마저 없어지자" 금식했다.[104] 배에 함께 탔던 사람들은 "아무것도 먹지 못하고 계속 금식했다."[105]

이러한 것이 "자연적으로 금식을 하게 되는 이유다. 죄로 인한 슬픔과 하나님의 진노에 대한 큰 두려움으로 압도되어 깊은 고통 가운데 있는 사람은, 어떤 규칙이 없어도 또 그것이 하나님의 명령인지 아닌지 알지 못해도, '음식을 먹는 것조차 잊어버리게 된다.'"[106] 바울은 "사람의 손에 끌려 다메섹으로 들어가서 사흘 동안 보지 못하고 먹지도 마시지도 않았다.'"[107]

금식에 대한 예언자들의 요구는, 메뚜기 떼가 이스라엘을 휩쓸었을 때 예언자 요엘에 의해 열정적으로 표현되었다.

> 여호와의 말씀에 너희는 이제라도 금식하고 울며 애통하고 마음을 다하여 내게로 돌아오라 하셨나니 너희는 옷을 찢지 말고 마음을 찢고 너희 하나님 여호와께로 돌아올지어다 그는 은혜로우시며 자비로우시며 노하기를 더디하시며 인애가 크시사 뜻을 돌이켜 재앙을 내리지 아니하시나니 주께서 혹시 마음과 뜻을 돌이키시고 그 뒤에 복을 내리사 너희 하나님 여호와께 소제와 전제를 드리게 하지 아니하실지 누가 알겠느냐[108]

b. 어리석은 욕망을 자제함

웨슬리가 소속된 영국 국교회의 예배서는 다음과 같은 설명과 함께 금식을 지시한다. "사람들이 자신 속에서 죄의 무거운 짐을 느끼고, 그 죗값으로 저주를 받게 되었음을 인식하면서, 그들의 마음의 눈으로 지옥의 무시무시함을 보게 되면, 그들은 떨고 몸서리치면서 마음에 큰 슬픔을 느끼

---

104 "Sermon on the Mount," 27, B 1:597-98, J V:348-49, sec. 2. 1; 참고. 행 27:20.
105 행 27:33.
106 "Sermon on the Mount," 27, B 1:598-99, J V:349, sec. 2.2; 참고. 시 102:4.
107 행 9:8-9; "Sermon on the Mount," 27, B 1:598-99, J V:349, sec. 2. 2.
108 욜 2:12-14; "Sermon on the Mount," 27, B 1:603, J V:353-54, sec. 2. 11.

고 자신을 책망하면서, 전능하신 하나님께 자신의 비통함을 아뢰며, 자비를 베풀어 주시기를 부르짖지 않을 수 없게 된다."[109]

위기 때 금식의 필요를 느끼는 것은 경험상 흔히 있는 일이다. "하나님을 경외하는 많은 사람은, 비록 율법이 허락하는 것이더라도 그것을 남용함으로써 자신이 얼마나 많이 하나님께 범죄했는지를 깊이 느낀다. 그들은 자신이 과식으로 얼마나 많이 범죄했는지, 또 술 취함이 아니라면 그 이외의 것에서 절제가 부족함으로 얼마나 오랫동안 하나님의 거룩한 율법을 어겨왔는지, 그리고 자신이 얼마나 관능적 욕구에 빠져 있었는지를 안다."[110]

우리는 어떤 문화에서든 지혜로운 사람은 "사람의 영혼을 땅의 것에 매여있게 함으로 타락시키고 더럽히는 모든 저급한 욕구에 대한 탐닉"에서 스스로를 절제하고, "어리석고 해로운 욕심을 자극하는 것들을 자제한다"는 사실을 발견한다.[111] 그들은 모든 무절제함을 멀리한다. 이는 "어리석고 거룩하지 못한 욕망과 … 저열한 욕구"에 대한 강한 자각에도 적용될 수 있다.[112]

금식은 더 깊은 기도와 시의적절한 회개를 위해 영혼을 준비시킨다. "그럴 때 특별히 하나님은 종종 자신의 종들의 영혼을 땅의 모든 것 위로 끌어올려, 때때로 그들을 소위 삼층천까지 이끄시기를 기뻐하신." 금식은 "양심의 민감함과 … 모든 거룩한 하늘의 성품"을 더함으로 덕을 일으키는 방법이 될 수 있다.[113]

---

109 "Sermon on the Mount," 27, B 1:598-99, J V:349, sec. 2. 2.
110 "Sermon on the Mount," 27, B 1:599, J V:349-50, sec. 2. 3.
111 "Sermon on the Mount," 27, B 1:599-600, J V:350, sec. 2. 4.
112 같은 곳.
113 "Sermon on the Mount," 27, B 1:600, J V:351, sec. 2. 6.

c. 하나님의 노를 돌이키게 함

금식과 하나님의 복을 받는 것 사이의 관계는 예견 가능하지 않고, 둘 사이에는 필연적인 연관성이 없다. 하나님께서는 "자비를 베풀기 원하는 자에게 자비를 베푸실 것이기" 때문이다.[114] 따라서 결과에 대해서는 확신할 수 없다. 그럼에도 하나님께서는 모든 시대를 통해, 하나님의 노를 돌이키게 하려는 소망으로 회개의 은혜를 구하고, 또 "우리가 때때로 필요로 하는 복을 얻는" 적합한 수단으로 금식을 지정하셨다.[115]

웨슬리는 금식에 대한 고대의 실천 방식의 사례를 들었다. 다니엘은 하나님의 노를 돌이키기 위해 "금식하며 베옷을 입고 재를 뒤집어쓰고" 하나님을 찾았다.[116] 에스라는 이렇게 기도했다. "아하와 강 가에서 금식을 선포하고 우리 하나님 앞에서 스스로 겸비하여 우리와 우리 어린아이와 모든 소유를 위하여 평탄한 길을 그에게 간구하였으니."[117] 느헤미야는 "하늘의 하나님 앞에 금식하며 기도하여 이르되 … 주여 구하오니 … 종들의 기도를 들으시고 오늘 종이 형통하여 이 사람 앞에서 은혜를 입게 하옵소서"라고 기도했다. 그리고 하나님께서는 그에게 자비를 베푸셨다.[118]

d. 기도와 금식

구약뿐 아니라 신약에서도 사도들은 "중요한 일을 하면서 하나님의 복을 간절히 바랄 때는 항상 기도와 함께 금식을 했다."[119] 우리는 사도행전

---

114 참고. 롬 9:18.
115 "Sermon on the Mount," 27, B 1:600-601, J V:351, sec. 2. 7.
116 같은 곳; 단 9:3-19; 참고. 욘 3:5.
117 스 8:21; 참고. 삿 20:26; 삼상 7:6.
118 느 1:4-5, 11.
119 "Sermon on the Mount," 27, B 1:602-3, J V:352-53, sec. 2. 10.

에서 다음의 기록을 볼 수 있다. "주를 섬겨 금식할 때에 성령이 이르시되 내가 불러 시키는 일을 위하여 바나바와 사울을 따로 세우라 하시니 이에 금식하며 기도하고 두 사람에게 안수하여 보내니라."[120] "기도와 금식은 하나님이 지정하신 수단이었다. 하나님의 백성들이 모든 시대에 다양한 목적을 위한 수단으로 금식을 명령받은 것은, 단지 이성이나 자연적인 양심의 빛에 의한 것이 아니다. 그들은 때때로 하나님의 뜻에 대한 분명하고 공개적인 계시를 통해 하나님께 직접 가르침을 받았다."[121]

요엘의 예언에서는 복음의 약속이 예기된다. "그 후에 내가 내 영을 만민에게 부어 주리니 너희 자녀들이 장래 일을 말할 것이며 너희 늙은이는 꿈을 꾸며 너희 젊은이는 이상을 볼 것이며 그때에 내가 또 내 영을 남종과 여종에게 부어 줄 것이며."[122] 주님을 조용히 신뢰하는 가운데 구제하고 기도하며 금식하는 사람에게는 하나님께서 공개적으로 보상하실 것이다. "은밀한 중에 보시는 네 아버지께서 갚으시리라."[123]

e. 금식 반대에 대한 응답: 음식을 금하는 것과 죄를 금하는 것

어떤 사람은 "그리스도인이 금해야 할 것은 죄이지 음식이 아니다"[124]라고 주장하지만, 그런 주장은 음식을 중지하는 금식 자체를 부적절한 것으로 만들 수 있다.

그리스도인이 죄를 금하는 것은 언제나 마땅한 일이다. 그러나 산상설교에서 주님께서 가르치신 것처럼, 회개하는 사람은 바른 마음으로 하는

---

120 행 13:2-3.
121 "Sermon on the Mount," 27, B 1:603, J V:353-54, sec. 2. 11.
122 욜 2:28-29.
123 마 6:18; "Sermon on the Mount," 27, B 1:604, J V:354, sec. 2. 12.
124 "Sermon on the Mount," 27, B 1:604-5, J V:354-55, sec. 3. 1.

금식이라는 은혜의 방편으로도 초대된다. "만약 그리스도인이 죄를 삼가야 한다면, 음식마저 삼갈 필요는 없다"는 주장은 논리적 비약이다. "우리의 경험과 성경이 분명히 보여주는 금식의 이유와 목적에 따르면, 그리스도인은 하나님의 은혜로 '언제나'(always) 죄를 금해야 한다. 그리고 음식은 '자주'(often) 금해야 한다."[125]

하나님의 은혜는, "하나님께서 기뻐하시지 않는 모든 정욕과 성품을 우리가 절제할 수 있게 하기 위해 하나님께서 지정하신 이 금식이라는 외적 수단 및 다른 여러 통로를 통해 우리 영혼에 전달된다."[126] 이와 같은 자기 부인의 작은 실천이 하나님께서 우리에게 위대한 구원의 은혜를 주시기 위해 택하신 방법이다.

어떤 사람은 다음과 같이 주장한다. "자주 많이 금식했지만 우리에게 무슨 유익이 있었는가? 조금도 나아지지 않았다. 우리는 금식에서 어떠한 은혜도 받지 못했다. 오히려 금식은 신앙에 도움을 주기보다 방해가 되는 것을 발견했다. 예를 들어, 우리의 분노나 조바심을 막아주기는커녕 그것을 크게 확대시켜, 우리 자신도 다른 사람도 참지 못하게 만든다."[127]

만약 당신이 적절하지 않은 방식으로 금식하면, 당신의 삶은 전보다 덜 행복하고 덜 거룩해질 수도 있다. 그러나 산상에서의 예수님의 가르침의 목적은 효과적으로 금식하는 법을 권고하시는 것이다. "하나님이 명하시는 일을 행할 때는 그분이 명하신 방법대로 하라. 그러면 분명히 그분의 약속은 이루어질 것이다."[128]

올바른 동기로 행하는 금식에 대한 규율은 성경에서 매우 보편적으로

---

125 같은 곳.
126 "Sermon on the Mount," 27, B 1:605, J V:355, sec. 3. 2.
127 "Sermon on the Mount," 27, B 1:605, J V:355, sec. 3. 3.
128 같은 곳.

가르치므로, 하나님께서 그것을 하찮게 여기신다고 말할 수 없다. 사도들은 "성령과 지혜의 충만함을 입은" 후에 금식했다.[129] 그들이 금식함으로 자신들의 사역이 하나님께서 인정하시는 것임을 계속 나타내 주시기를 기도한 것은, "그들에게 모든 것을 가르쳐 주시는 거룩하신 성령의 기름부음"(참고. 요 14:26; 요일 2:20, 27)을 받은 후였다. 사도행전에서 사도들은 하나님의 영광과 관련된 어떤 일도 금식 없이 하지 않았다. 그들은 "진지한 기도와 금식 없이는 추수할 일꾼들을 파송하지 않았다."[130] 만약 당신이 안디옥 교회가 "바나바와 사울을 파송하기 전 금식하며 기도할 때" 사도들과 함께 있었다면, "당신이 이미 나름대로 절제와 금욕을 하고 있다는 것이 금식에 동참하지 않는 충분한 이유가 되었겠는가?"[131]

어떤 사람은 금식을 지나치게 강조해 우리는 "언제나 체력이 견딜 수 있는 한 최대한 금식해야 한다"고 주장한다.[132] 그러나 성경적 금식은 특정 기간에 하는 것이지 항상 하는 것이 아니다. 웨슬리는 "금식은 모든 방법으로 실천하되, 하나님의 계명을 어기지 않는 선에서" 해야 함을 강조했다.[133] 일상화된 금식은 몸을 상하게 할 수 있다. 과도한 금식은 당신이 "몸에 꼭 필요한 영양소조차 섭취"하지 못하게 만들 수 있다.[134]

f. 외식하는 자들과 같이 하지 말라

이제까지 금식에 대한 일반적인 반대를 다루었다. 이제는 예수님께서

---

129 "Sermon on the Mount," 27, B 1:606, J V:355-56, sec. 3. 4.
130 같은 곳.
131 "Sermon on the Mount," 27, B 1:607-8, J V:357, sec. 3. 7.
132 "Sermon on the Mount," 27, B 1:606, J V:356, sec. 3. 5.
133 같은 곳.
134 "Sermon on the Mount," 27, B 1:607, J V:356-57, sec. 3. 6.

우리에게 어떻게 바른 마음으로 금식할 수 있도록 가르치셨는지 살펴보자. "금식할 때에 너희는 외식하는 자들과 같이 슬픈 기색을 보이지 말라 그들은 금식하는 것을 사람에게 보이려고 얼굴을 흉하게 하느니라."[135]

금식은 하나님께서 명령하신 것으로, 우리는 그것을 통해 공로 없는 자에게 주시는 하나님의 자비를 기다린다. 하나님께서는 그것을 통해 우리에게 아무런 공로가 없어도 값없이 은혜를 부어 주실 것을 약속하셨다.[136] "첫째, 우리의 눈을 오직 하나님께 고정해 금식이 오직 주님을 향한 것이 되게 하자. 하늘에 계신 아버지를 영화롭게 하고, 그분의 거룩한 율법을 셀 수 없이 어긴 데 대해 슬픔과 수치심을 나타내며, 위의 것을 사모해 정결하게 하시는 은혜가 더 크게 임하기를 간구하는 것만을 금식의 목적으로 삼자. 또 우리의 기도에 진지함과 간절함을 더하고, 하나님의 진노를 돌이키며, 하나님께서 예수 그리스도 안에서 우리에게 주신 모든 위대하고 귀중한 약속을 받는 것만을 금식의 목적으로 삼자."[137]

"사람의 칭찬을 구함으로 … 금식과 기도를 주님 보시기에 가증한 것으로 변질시켜 하나님을 조롱하지 않도록 주의하라."[138] 특별히 예수님은 "금식할 때에 너희는 외식하는 자들과 같이 슬픈 기색을 보이지 말라"고 경고하셨다.[139] 하나님의 백성 중 너무나 많은 사람이 금식할 때 "'슬픈 기색'을 보였다. 즉 괴로워하면서 과장된 슬픈 표정으로 특이한 형태의 표정을 지었다. 그들은 얼굴을 부자연스럽게 찡그릴 뿐 아니라 '사람들이 금식하는 것을 알아보도록' 먼지와 재까지 뒤집어쓰면서 '얼굴을 흉하게 보

---

135 마 6:16.
136 "Sermon on the Mount," 27, B 1:608-9, J V:358, sec. 4. 2.
137 "Sermon on the Mount," 27, B 1:608, J V:358-59, sec. 4. 1.
138 같은 곳.
139 마 6:16.

이게 한다.' 그들에게는 사람에게 보이는 것이, 만약 유일하지 않다면, 가장 중요한 목적이다."[140] 이것이 외식하는 자(위선자)들의 금식이었다. 예수님은 "내가 진실로 너희에게 이르노니 그들은 자기 상을 이미 받았느니라"라고 말씀하셨다.[141] 그들이 받는 상은 기껏해야 사람의 존경과 칭찬이 전부다.

g. 회개의 행위로서의 금식

주님께서 가르치신 금식은 전혀 다르다. "너는 금식할 때에 머리에 기름을 바르고 얼굴을 씻으라 이는 금식하는 자로 사람에게 보이지 않고 오직 은밀한 중에 계신 네 아버지께 보이게 하려 함이라."[142] 머리에 기름을 바르는 것은 겸비한 마음으로 하는 내적 참회의 상징이다. 얼굴을 씻는 것은, 타락한 의도로 거짓되이 꾸며 다른 사람의 인정을 구할 의도가 없음을 나타낸다.[143] "이런 잘못된 의도가 금식에 조금도 끼어들지 못하게 하라." 사람의 눈이 아니라 오직 하나님께만 초점을 맞추라. 그는 은밀한 중에 당신을 보시고 당신의 회개를 바르게 다루실 것이다. "은밀한 중에 보시는 네 아버지께서 갚으시리라."[144]

"금식을 통해 하나님께 무엇인가를 요구할 만한 공로를 세웠다고 상상하지 않도록 주의하라."[145] 자기 의를 세우려는 욕망은 너무나 우리 마음속 깊이 뿌리내리고 있기에 아무리 경계해도 지나치지 않다. 단지 외적

140　"Sermon on the Mount," 27, B 1:608, J V:358-59, sec. 4. 1.

141　마 6:16.

142　마 6:17-18; "Sermon on the Mount," 27, B 1:608, J V:358-59, sec. 4. 1.

143　"Sermon on the Mount," 27, B 1:608, J V:358-59, sec. 4. 1.

144　마 6:18.

145　"Sermon on the Mount," 27, B 1:608-9, J V:358, sec. 4. 2.

인 행위로는 하나님께 복을 받지 못한다. 그것을 주님께서 기뻐하시는 금식이라 할 수 있겠는가? "만약 금식이 단지 외면적 행동뿐이라면, 그것은 헛수고에 불과하다. 그런 금식은 몸을 괴롭게 할 뿐 영혼에는 아무런 유익도 주지 못한다."[146]

h. 하나님의 뜻대로 하는 근심은 회개를 이룸

"공적이든 사적이든 모든 금식절을 상하고 통회하는 마음에 수반되는 모든 거룩한 성품을 훈련하는 절기가 되게 하라. 또 죄로 인한 진지한 애통함과 경건한 슬픔의 시간이 되게 하라."[147]

바울은 고린도 교회 신자들이 그러한 슬픔을 통해 회개하게 된 것을 기뻐하며 다음과 같이 감동적으로 기록했다.

> 그러므로 내가 편지로 너희를 근심하게 한 것을 후회하였으나 지금은 후회하지 아니함은 그 편지가 너희로 잠시만 근심하게 한 줄을 앎이라 내가 지금 기뻐함은 너희로 근심하게 한 까닭이 아니요 도리어 너희가 근심함으로 회개함에 이른 까닭이라 너희가 하나님의 뜻대로 근심하게 된 것은 우리에게서 아무 해도 받지 않게 하려 함이라 하나님의 뜻대로 하는 근심은 후회할 것이 없는 구원에 이르게 하는 회개를 이루는 것이요 세상 근심은 사망을 이루는 것이니라 보라 하나님의 뜻대로 하게 된 이 근심이 너희로 얼마나 간절하게 하며 얼마나 변증하게 하며 얼마나 분하게 하며 얼마나 두렵게 하며 얼마나 사모하게 하며 얼마나 열심 있게 하며 얼마나 벌하게 하였는가 너희가 그 일에 대하여 일체 너희 자신의 깨끗함을 나타내었느니라.[148]

---

146 "Sermon on the Mount," 27, B 1:609, J V:358, sec. 4. 3.
147 "Sermon on the Mount," 27, B 1:609-10, J V:359-60, sec. 4. 5.
148 고후 7:8-11; "Sermon on the Mount," 27, B 1:609-10, J V:359-60, sec. 4. 5.

경건한 슬픔은 "성령께서 주시는 귀중한 선물로서 우리의 영혼을 그러한 슬픔을 주신 하나님께 올려드리게 한다." 이 경건한 슬픔이 "우리 안에서 역사해 동일하게 내적 • 외적 회개를 이루고, 동일하게 온전한 심령의 변화를 일으켜 하나님의 형상을 따라 의와 참된 성결로 새로워지며, 동일하게 삶을 변화시켜 모든 삶의 방식에서 하나님의 거룩하심과 같이 거룩해지게 하자."[149]

"금식과 함께 언제나 열심 있는 기도를 더하여, 우리의 영혼 전체를 하나님께 쏟고, 우리의 죄와 그 악한 열매를 자백하며, 하나님의 전능하신 손 아래 스스로 겸비함으로 우리의 모든 필요와 죄와 무력함을 그분께 내어놓자."[150]

i. 예배 공동체의 행위로서의 금식

금식절은 "자신과 형제들을 위해 우리의 기도를 넓히는 절기다. 이제 우리 백성의 죄를 탄식하고 하나님의 도성을 위해 크게 부르짖어, 주님께서 시온을 일으키시고 이 황폐한 곳에 그 얼굴빛을 비추시게 하자."[151] 금식은 우리 자신뿐 아니라 신앙 공동체의 삶의 변화를 요구한다. 주님께서 기뻐하시는 금식을 하는 것은, 금식에 자비의 일을 더하는 것을 포함한다.[152]

금식이 지니는 사회적이고 국가적인 의미를 가르치는 중요한 성경 구절은 이사야 58장에 나온다. 웨슬리는 그것을 광범위하게 인용함으로 올바른 금식에 대한 예수님의 가르침을 마무리한다.

사람들의 질문과 하나님의 대답은 다음과 같다.

---

149 "Sermon on the Mount," 27, B 1:609-10, J V:359-60, sec. 4. 5.
150 같은 곳.
151 "Sermon on the Mount," 27, B 1:610, J V:360, sec. 4. 6.
152 "Sermon on the Mount," 27, B 1:610-11, J V:360, sec. 4. 7.

우리가 금식하되 어찌하여 주께서 보지 아니하시오며 우리가 마음을 괴롭게 하되 어찌하여 주께서 알아 주지 아니하시나이까

보라 너희가 금식하는 날에 오락을 구하며 온갖 일을 시키는도다 보라 너희가 금식하면서 논쟁하며 다투며 악한 주먹으로 치는도다 너희가 오늘 금식하는 것은 너희의 목소리를 상달하게 하려는 것이 아니니라 이것이 어찌 내가 기뻐하는 금식이 되겠으며 이것이 어찌 사람이 자기의 마음을 괴롭게 하는 날이 되겠느냐 그의 머리를 갈대같이 숙이고 굵은 베와 재를 펴는 것을 어찌 금식이라 하겠으며 여호와께 열납될 날이라 하겠느냐 내가 기뻐하는 금식은 흉악의 결박을 풀어 주며 멍에의 줄을 끌러 주며 압제당하는 자를 자유하게 하며 모든 멍에를 꺾는 것이 아니겠느냐 또 주린 자에게 네 양식을 나누어 주며 유리하는 빈민을 집에 들이며 헐벗은 자를 보면 입히며 또 네 골육을 피하여 스스로 숨지 아니하는 것이 아니겠느냐 그리하면 네 빛이 새벽같이 비칠 것이며 네 치유가 급속할 것이며 네 공의가 네 앞에 행하고 여호와의 영광이 네 뒤에 호위하리니 네가 부를 때에는 나 여호와가 응답하겠고 네가 부르짖을 때에는 내가 여기 있다 하리라 만일 네가 너희 중에서 멍에와 손가락질과 허망한 말을 제하여 버리고 주린 자에게 네 심정이 동하며 괴로워하는 자의 심정을 만족하게 하면 네 빛이 흑암 중에서 떠올라 네 어둠이 낮과 같이 될 것이며 [153]

D. 눈을 밝게 하라

1. 빛을 봄

산상설교에 대한 웨슬리의 여덟 번째 설교의 본문은 하늘에 있는 보물에 대한 말씀인 마태복음 6:19-23이다 [마 6:19-23, 설교 #28, "산상설교 (8)"(Upon Our Lord's Sermon on the Mount: Discourse 8), B 1:611-32, J V:361-77 (1748)].

---

153 사 58:3-10; "Sermon on the Mount," 27, B 1:610-11, J V:360, sec. 4. 7.

너희를 위하여 보물을 땅에 쌓아 두지 말라 거기는 좀과 동록이 해하며 도둑이
구멍을 뚫고 도둑질하느니라 오직 너희를 위하여 보물을 하늘에 쌓아 두라 거
기는 좀이나 동록이 해하지 못하며 도둑이 구멍을 뚫지도 못하고 도둑질도 못
하느니라 네 보물 있는 그곳에는 네 마음도 있느니라 눈은 몸의 등불이니 그러
므로 네 눈이 성하면 온 몸이 밝을 것이요 눈이 나쁘면 온 몸이 어두울 것이니
그러므로 네게 있는 빛이 어두우면 그 어둠이 얼마나 더하겠느냐

a. 눈은 몸의 등불이니

예수님은 무리에게 순수한 의도와 그에 부합하는 행동의 관계에 대해
가르치시며 간단한 비유를 드셨다. 곧 눈과 빛의 관계에 관한 비유다. "눈
은 몸의 등불이니."[154] 이 비유를 통해 주님은 내면의 의도와 외적 행실의
관계를 설명하시고 그것을 확장해 적용하셨다. 우리의 구제와 헌신이 순
수한 의도에서 비롯된 것이라면 하나님께서 기뻐하시는 섬김이 된다.[155]

순수한 신앙은 순수하고 거룩한 의도에서 비롯되며, 그것이 하나님과
함께하는 삶에 부합하는 외적 행실을 낳는다.[156] 우리의 구제와 헌신이 하
나님께서 받으실 만한 것이 되게 하는 의도의 순수함은, 우리의 직업 및 소
득과 자원의 사용에도 적용된다. "만약 사람이 세상에서 영예롭고 부유한
위치로 올라가기 위해 사업을 한다면, 그는 직업을 통해 하나님을 섬기는
것이 아니다. 그는 사람에게 보이려고 구제하며 사람의 귀에 들리게 하려
고 기도하는 사람처럼, 하나님께 상을 받지 못할 것이다."[157]

---

154 마 6:22.
155 "Sermon on the Mount," 28, B 1:612-13, J V:361-62, sec. 1.
156 같은 곳.
157 같은 곳.

b. 건강한 눈은 빛을 본다

빛을 볼 수 있어야 건강한 눈이다. 예수님은 "네 눈이 성하면 온 몸이 밝을 것이요"라고 말씀하셨다.[158] 웨슬리가 당시 예배에서 사용한 성경에는 다음과 같이 되어있다. "네 눈이 순수하면(single) 온 몸이 빛으로 가득할 것이요."[159] 여기서 '순수하다'는 것은 온전하거나 건강하다는 의미다.

주님의 말씀을 바르게 이해하기 위한 중요한 전제는 이것이다. 즉, "눈은 내면의 의도를 뜻한다. 영혼에서 의도는, 몸에서의 눈과 같은 것이다." 육신의 눈은 육신을 인도한다. 영혼의 눈은 영혼을 인도한다.[160] "영혼의 눈이 순수하다고 말할 수 있는 때는, 오직 한 가지만을 바라볼 때다." 이것이 마음의 순수함, 즉 한 가지만을 의도하는 것이다. 우리가 "하나님과 그가 보내신 자 예수 그리스도를 아는 것"만을 목적한다면, 우리는 조금도 흐릿하지 않은 시력으로 좋은 것을 바라보는 순수한 눈을 가진 것이다.[161] 우리가 "하나님이 우리를 사랑하신 것처럼 우리도 하나님을 사랑하면서 합당한 성품으로 하나님을 알아가고, 모든 일에서 하나님을 기쁘시게 하며, (우리가 하나님을 사랑하기에) 온 마음과 생각과 정성과 힘을 다해 섬기고, 이 땅에서와 영원히 모든 것에서 그리고 모든 것보다 더 하나님을 기뻐할 때" 우리는 건강한 눈을 가진 것이다.[162]

"눈이 나쁘면 온 몸이 어두울 것이니 그러므로 네게 있는 빛이 어두우면 그 어둠이 얼마나 더하겠느냐."[163] 영혼의 눈이 건강하면, 당신의 전 존

---

158 마 6:22; "Sermon on the Mount," 28, B 1:613, J V:362, sec. 2.
159 마 6:22.
160 "Sermon on the Mount," 28, B 1:613, J V:362, sec. 2.
161 같은 곳.
162 같은 곳.
163 마 6:23.

재와 당신이 하는 모든 일, 당신의 소원, 기질, 성품, 생각, 말, 행동은 진실을 바르게 인식함으로 빛으로 가득하게 될 것이다.

c. 하나님의 깊은 것을 이해하는 밝은 눈

우리 눈은 빛을 주신 분께서 영적 빛을 더하셔야 볼 수 있다. "옛적에 어두운 데에 빛이 비치라 말씀하셨던 그 하나님께서 당신의 마음을 비추실 것이다."[164] 즉, "하나님의 영광을 아는 빛을 당신의 마음에 비추실 것이다."[165] 당신에게 "하나님의 깊은 것"을 계시하시는 분은 성령이시다.[166]

시편 기자는 하나님께 대해 "진실로 생명의 원천이 주께 있사오니 주의 빛 안에서 우리가 빛을 보리이다"라고 노래했다.[167] 그 빛이 우리를 볼 수 있게 한다. 만약 우리가 마음에서 빛나던 이 빛을 잃어버리면, 곧 "무엇을 해야 할지, 어디로 가야 할지 몰라 이리저리 갈팡질팡하게 된다. 그러나 우리가 오직 하나님만 바라고 구하면, 안개와 의심은 사라질 것이다."[168] 과거 어둠에 있던 우리는 길을 명확히 비추는 밝은 빛을 본다.[169]

d. 거룩한 빛 가운데 사는 큰 기쁨

그 빛은 거룩하며 기쁨을 준다. 하나님의 거룩한 사랑의 빛은 우리를 더 거룩하게, 더 사랑하게 하는 원천이 된다. 우리는 우리를 통해 비추시는 하나님의 빛을 보며 기뻐한다.

---

164 참고. 고후 4:6.
165 "Sermon on the Mount," 28, B 1:613-14, J V:362-63, sec. 3.
166 같은 곳.
167 시 36:9.
168 "Sermon on the Mount," 28, B 1:613-14, J V:362-63, sec. 3.
169 같은 곳.

"모든 거룩함의 원천"이신 하나님께서 "우리를 하나님의 형상 및 정의와 자비와 진실로 끊임없이 채워 주시면" 우리의 도덕적 삶은 아름답게 변한다. 우리 영혼은 "우리를 창조하신 분의 형상을 따라 날마다 새로워진다."[170] 이 사실은 믿음을 통해 은혜에 의해 구원받은 자들의 경험으로 날마다 입증되고 있다. "믿음은 우리의 마음의 눈을 열어 하나님의 영광스러운 사랑의 빛을 보게 한다. 우리 눈이 자신과 세상을 화해시키신 그리스도 안에서 하나님께 변함없이 고정되어 있는 한, 우리는 점점 하나님과 사람에 대한 사랑, 온유와 겸손과 오래 참음, 모든 거룩한 열매로 가득하게 된다."[171] 은혜로 구원받은 사람은 "하나님께서 빛에 계신 것처럼 빛 가운데서 살아가므로 항상 기뻐하고, 쉬지 않고 기도하며, 범사에 감사한다."[172]

이 빛 가운데서 보는 모든 것은 눈에 즐거움을 준다. 눈이 건강할 때는 "빛은 실로 아름다운 것이며 눈으로" 빛이 비추는 모든 것을 "보는 것은 즐거운 일이다."[173] 그러면 온 몸이 빛으로 밝을 것이다.[174]

e. 네게 있는 빛이 어두우면

그러나 만약 눈이 건강하지 않다면, 온 몸은 어둠으로 가득할 것이다.[175] 눈이 건강한 것과 반대는 보지 못하는 것이다. 눈은 볼 수 있거나, 그렇지 않으면 볼 수 없다. 만약 눈이 볼 수 없다면 무슨 소용이 있는가? "만약 눈이 순수하지 않다면 악하다. 우리가 무엇을 하든 그 목적이 순수하

---

170 "Sermon on the Mount," 28, B 1:614, J V:363, sec. 4.
171 같은 곳.
172 "Sermon on the Mount," 28, B 1:615, J V:363, sec. 5.
173 전 11:7.
174 참고. 마 6:22.
175 참고. 마 6:23.

게 하나님이 아니어서 다른 것을 바란다면",[176] 수건이 아직 그 마음을 덮고 있고(고후 3:15) 우리는 어둠 속을 걷고 있는 것이다.[177] 마음이 청결해지는 것은, 오직 하나님만을 찾고 그분 외에 다른 것을 찾지 않는 것이다.

"그러므로 네게 있는 빛이 어두우면 그 어둠이 얼마나 더하겠느냐."[178] 만약 이해의 눈이 타락하면 당신의 욕망, 기질, 성품도 부적절해진다. 행실의 열매는 "무익하고 헛되며 악하여 성령을 근심하게 할 것이다."[179] "하나님을 모르는 사람에게는 안정되고 견고한 평화가 없다."[180]

온 영혼을 밝혀 지식과 사랑과 평화로 채워 주어야 할 마음의 의도가 잘못되면, 그것은 "빛 대신 어둠으로, 무지와 오류로, 죄와 비참함으로 영혼을 뒤덮을" 것이다. "아, 그 어둠이 얼마나 대단할 것인가! … 그것은 사망의 그늘진 땅, 그 중에서도 가장 깊은 곳을 다스리는 완전한 어둠이다!"[181]

E. 땅의 보물과 하늘의 보물

1. 보물을 땅에 쌓아 두는 것이란?

a. 북미 인디언과 유럽인의 삶의 방식 비교

웨슬리의 설교 본문은 산상설교의 구절로 의미가 매우 분명하다. "너희를 위하여 보물을 땅에 쌓아 두지 말라."[182] 자신을 위해, 시간이 지나면

---

176 "Sermon on the Mount," 28, B 1:615, J V:364, sec. 6.
177 "Sermon on the Mount," 28, B 1:615-16, J V:364, sec. 7.
178 마 6:23.
179 "Sermon on the Mount," 28, B 1:615-16, J V:364, sec. 7.
180 "Sermon on the Mount," 28, B 1:616, J V:364-65, sec. 8.
181 같은 곳.
182 마 6:19.

없어지는 일시적이며 물질적인 것을 "좀과 동록이 해하며 도둑이 구멍을 뚫고 도둑질하는" 곳에 쌓아 두지 말라.[183] 만약 그렇게 한다면, 마음의 눈이 건강하지 않고 또 온전히 하나님께 고정되지 않은 것이다.

웨슬리는 보물을 땅에 쌓아 두는 일에서 놀랄 만큼 대조적인 방식을 소개한다. 웨슬리가 1736년에 북미의 토착 인디언 선교를 위해 찾아간 미국 조지아(Georgia)의 칙소(Chicksaw), 촉토(Choctaw), 크릭(Creek), 야마크로(Yamacraw) 인디언들은 그에게 검소한 삶의 본보기가 되었다. 그들은 "간단한 음식과 간소한 옷" 이상을 구하지 않았다. "그리고 필요한 것을 그날 그날 찾았다. 그들은 다시 수확철이 올 때까지 한동안 필요로 하는 옥수수를 저장하는 것 외에는 어떤 것도 남겨놓거나 쌓아놓지 않는다."[184] 그들은 자신을 위한 보물, "화려하거나 고운 옷감, 금이나 은"을 땅에 쌓아두지 않는다.[185] 오직 성령만을 바라는 마음의 태도에서는 "그리스도인"이라 불리는 사람보다 "아프리카나 아메리카의 이교도"인 그들이 더 훌륭하다.[186]

반면, 유럽인들은 "'땅에 보물을 쌓아두는 것'에 대해 조금의 거리낌도 없으며, 단지 정직하지 않은 방법으로 쌓는 것에 대해서만 거리낌을 갖는다. 그들은 어릴 적부터" 땅에 보물을 쌓아서는 안 된다는 "생각조차 해본 적이 없다." "그들은 그리스도인 부모, 교사, 친구들 사이에서 자랐지만 단 한 번도 그런 가르침을 받지 못했다. 오히려 그들은 보물을 땅에 쌓아 두지 말라는 명령을 최대한 빨리, 많이 어기고, 삶의 끝날까지 그것을 어기며 살라는 가르침을 받는다."[187] "그들은 이 말씀을 수백 번 읽고 들으면서

---

183 "Sermon on the Mount," 28, B 1:616-18, J V:365-66, sec. 9; 마 6:19.
184 "Sermon on the Mount," 28, B 1:616-18, J V:365-66, sec. 9.
185 같은 곳.
186 같은 곳.
187 같은 곳.

도, 이 말씀이 자기 자녀를 몰록에게 바치는 것을 금하는 말씀 이상으로 자신을 정죄한다는 생각은 결코 하지 않는다."[188]

"대부분의 유럽 국가와 아메리카에 사는 사람들을 서로 비교하면, 누가 더 큰 죄를 짓고 있는지 판단하기 쉽지 않다. 적어도 아메리카 사람이 그리 유리하지는 않다." "당신은 어느 기독교 도시에서든 오백 명 중 단 한 명이라도, 할 수 있는 한 많이 재물을 쌓아 두는 태도에 대해 조금이라도 가책을 느끼는 사람을 발견할 수 있는가?"[189]

b. 저축과 미래에 대한 대비는 어느 정도까지 허용되는가?

주님은 재물을 저축하는 것을 어느 정도까지 허락하시는가? 우리가 아무것도 저축할 수 없도록 전적으로 금지되지는 않는다. 땅에 보물을 쌓아 두지 말라는 것은, 가족의 미래를 위해 저축하거나 계획도 세우지 말라는 것이 아니다. 그 계명이 무엇을 뜻하는지 해석하기 위해서는, 먼저 그것이 무엇을 뜻하지 않는지 알 필요가 있다.

첫째, 우리는 미래를 위해 저축하는 것마저 모두 금지되지는 않는다. 설교 "돈의 사용"(The Use of Money)에서 웨슬리는 "할 수 있는 한 많이 저축하라"고 말한다. 우리는 미래에 있을지도 모르는 만일의 사태를 대비해 바르게 저축하는 것과 부당하게 쌓아 두는 것의 차이를 알아야 한다.[190]

둘째, 하나님은 "아무에게든지 아무 빚도 지지 말라"고 말씀하신다.[191] 그렇다면 우리는 빚을 갚을 준비가 되어 있어야 한다. "따라서 우리는 누구에게 어떤 빚도 지지 않기 위해 우리의 소명을 따라 부지런히 일해야 한

---

188 "Sermon on the Mount," 28, B 1:618, J V:366, sec. 10.
189 "Sermon on the Mount," 28, B 1:616-18, J V:365-66, sec. 9.
190 "Sermon on the Mount," 28, B 1:618-19, J V:366-67, sec. 11.
191 롬 13:8.

다. 이것은 일반적인 정의의 분명한 법칙이다."[192]

셋째, 우리는 "필요한 만큼의 간단하지만 건강에 좋은 음식, 청결한 옷과 같이 몸에 필요한 것"을 제공하는 것이 금지되지 않는다. "하나님께서 우리에게 능력을 주시는 이상, 이러한 것을 스스로 공급해" "자기 양식을 먹고"(살후 3:12) 누구에게도 짐이 되지 않는 것은 "우리의 의무"다.[193]

넷째, 우리는 우리의 자녀와 가족의 필요를 공급하는 것이 금지되지 않는다. 모든 남성은 자신의 아내와 자녀가 살아가는 데 꼭 필요한 간단한 필수품들을 제공해야 하고, "혹 자신이 죽더라도 남은 가족이 스스로 살아갈 수 있을 만한 능력을" 갖추게 해야 한다.[194] 만약 우리가 게으르고 의존적이어서 받기는 좋아하면서 주기는 싫어한다면, 우리는 스스로의 자긍심에도, 우리를 돕는 이웃에게도 모두 부당하게 행동하는 것이다. 바울은, 자기 집안 사람 중 과부 된 자나 자기 자녀를 돌보지 않는 사람은 "믿음을 배반한 자요 불신자보다 더 악한 자"라고 말한다.[195] 다른 사람을 돕는 일에 게으른 태도는 자신의 영혼에도 아무 도움이 되지 않는다.

다섯째, 우리는 누구에게도 빚지지 않고, 생활에 필요한 것들을 갖추며, 우리가 하나님께로 먼저 가더라도 나머지 가족이 생계를 유지할 수 있도록 세상에서 사업을 지속하는 데 필요한 저축을 하는 것이 금지되지 않는다.[196] 이는 "호사나 사치"를 누리기 위한 것이 아니라 단순한 필수품들을 얻기 위한 목적에 적용된다.[197]

---

192 "Sermon on the Mount," 28, B 1:618-19, J V:366-67, sec. 11.
193 같은 곳.
194 같은 곳.
195 딤전 5:8; "Sermon on the Mount," 28, B 1:618-19, J V:366-67, sec. 11.
196 "Sermon on the Mount," 28, B 1:618-19, J V:366-67, sec. 11.
197 같은 곳.

c. 말씀이 금지하는 것

지금까지 우리는 성경 말씀에 따라 세상 물질의 저축이 합당하게 허용되는 경우를 살펴보았다. 지금부터는 예수님께서 산상설교에서 금지하시는 것이 무엇인지 알아보자.

우리에게는 온당한 필요는 충족시키면서도 우리 마음이 타락하지 않을 정도 이상의 것을 소유하는 것이 금지되었음이 분명하다. 만약 우리가 "세상에서 더 많은 재물"을 구한다면, 그것은 우리에게 필요한 자원을 충분히 공급해 주시는 주님을 "공개적이고 습관적으로 부인"하며 살고 있음을 의미한다.[198]

웨슬리는 '충분하다'는 것을 어떻게 정의하는가? 만약 당신이 누구에게도 빚을 지지 않고, 자신과 가족을 위해 먹을 것과 입을 것을 공급하며, 이러한 목적에 부합하도록 세상에서 사업을 지속하는 데 필요한 자산을 얻기 위한 것이라면, 당신은 선한 양심으로 세상의 재물을 저축할 수 있다. 그러나 이 범위를 벗어나서는 안 된다.[199]

2. 하늘에 보물을 쌓는 것이란?

당신은 언제까지 계속 세상적 재물의 무거운 짐을 자신에게 올려놓을 것인가? 당신은 언제 잠에서 깨어나 "결코 빼앗기지 않을 더 좋은 것을 택할 것인가"?[200] 당신은 언제 "보물을 하늘에 쌓을" 것인가?[201] 사라져 없어질 것을 위해 당신의 모든 시간과 힘을 낭비하지 말라. 자신의 영혼을 잃

---

198 "Sermon on the Mount," 28, B 1:619-20, J V:367-68, sec. 12.
199 같은 곳.
200 "Sermon on the Mount," 28, B 1:620, J V:368, sec. 13.
201 마 6:20.

으면서까지 그 모든 것을 얻으려 하지 말라. 그렇게 되면 "당신은 사람으로서는 살아있어도 그리스도인으로서는 죽은 것이다."[202] "네 보물이 있는 그곳에는 네 마음도 있느니라."[203]

당신의 마음이 땅의 티끌같이 부질없는 재물에 빠져 있으면 영혼도 땅에 매일 수밖에 없다. "당신의 마음은 위의 것이 아닌 땅의 것에 있고, 해만 입힐 뿐 하나님을 위해 지음받은 영원한 영혼을 만족시키지 못하는 빈약한 껍데기에 있다. … 당신은 천국의 보물을 내던져버린 것이다."[204]

a. 부자가 천국에 가는 것이 얼마나 어려운지 기억하라

예수님은 "재물이 있는 자는 하나님의 나라에 들어가기가 심히 어렵도다"[205]라고 말씀하셨다. 제자들이 그 말씀에 대해 묻자 예수님은 더 강한 어조로 "낙타가 바늘귀로 나가는 것이 부자가 하나님의 나라에 들어가는 것보다 쉬우니라"[206]라고 명확히 설명하셨다. "부자가 자신을 가난하고 천하며 배우지 못한 사람들보다 낮게 여기지 않는 것이 얼마나 힘든가! 부나 부에 의존해 있는 세상의 것, 육신의 정욕과 안목의 정욕과 이생의 자랑을 충족시키는 것에서 행복을 찾지 않는 것이 얼마나 힘든 일인가!"[207]

우리는 오직 "하나님으로서는 다 하실 수 있느니라"(막 10:27)라는 전제하에서만 부자가 어떻게 천국에 들어갈 수 있는지를 상상해볼 수 있다! 부자는 "여러 가지 어리석고 해로운 욕심"(딤전 6:9)의 덫에 더 쉽게 빠진

---

202 "Sermon on the Mount," 28, B 1:620, J V:368, sec. 13.

203 마 6:21.

204 "Sermon on the Mount," 28, B 1:620, J V:368, sec. 13.

205 막 10:23.

206 막 10:25.

207 "Sermon on the Mount," 28, B 1:620-21, J V:368-69, sec. 14.

다.[208] "부는 비록 위험하지만 반드시 '사람을 파멸과 저주에 빠져 죽게' 하지는 않는다. 부하려는 욕망이 그렇게 만드는 것이다. … 자신의 피로 우리를 사신 주님을 동전 몇 개에 팔아 넘기는 자들이 이런 사람이다."[209]

믿음으로 구원받은 그리스도인들이 아니면 누가 부자와 맞설 준비가 되어 있겠는가? 부자의 환심을 사려는 사람은 그들에게 직언할 수 없다. 그러나 "세상을 이기고, 오직 하나님만 바라며, 몸과 영혼을 능히 지옥에 멸하실 수 있는 이를 두려워하는(마 10:28)" 사람이 부자를 만나면, 그는 솔직히 말하고 진리의 어떤 것도 감추지 않을 것이다.[210]

b. 과도한 부가 영혼에게 요구하는 것

예수님은 한 부유한 젊은 관리에게 "네게 있는 것을 다 팔라"고 말씀하셨다.[211] 여기서 예수님은 모든 사람에게 적용되는 일반 규칙을 말씀하신 것이 아님을 기억하라. 이 극단적인 조치는 부에 집착했던 그 사람에게 필요한 것이었다. 그리고 그것은 그 청년이 "내가 무엇을 하여야 영생을 얻으리이까"라고 물었기에 하신 말씀이었다. 부에 대한 우상숭배가 만연한 곳에는 그 해결을 위한 하나님의 요구 역시 극단적일 수밖에 없다.[212]

다른 저울로 자신을 재어보라. 자신을 하나님께서 주신 믿음과 사랑의 저울로 측정해보라. 하나님께서는 욕창으로 가득한 채 부자의 대문 앞에 누워 있는 가장 비천한 거지를 부자보다 낮게 여기실 수 있다.[213] 부를 의

---

208 "Sermon on the Mount," 28, B 1:621, J V:369, sec. 15.
209 같은 곳.
210 "Sermon on the Mount," 28, B 1:622, J V:369-70, sec. 16.
211 눅 18:22.
212 같은 곳.
213 "Sermon on the Mount," 28, B 1:622-23, J V:370, sec. 17.

존해 도움이나 행복을 찾으려 하지 말라. 그것은 모두 이 생에서 사라져 없어질 것들이다. 또 당신을 영생으로 인도하는 데 아무런 도움도 되지 않는다.[214] 더구나 심각한 질병에 걸리면 아무 쓸모도 없다. [215] 하나님 앞에서 부는 "배설물과 찌꺼기 같은 것"이다.[216]

많은 날을 보내고 "인생의 정오가 지나 저녁의 어둠이 당신을 덮는다고 해보자. 당신은 죽음이 가까웠음을 스스로 느낀다."[217] 부는 당신에게 무슨 도움을 줄 수 있는가? "오늘 밤에 네 영혼을 도로 찾으리니"라는 말씀은 큰 곳간을 가득 채운 부자에게 하신 말씀이다.[218] "모태에서 알몸으로 나온 그는 알몸으로 그리 돌아갈 것이다."[219] "죽음을 눈앞에 둔 사람은 누구나 믿지 못할 대상인 부를 의지하지 않을 것이다."[220] 오직 살아계신 하나님을 신뢰할 때 당신은 "전능자의 그늘 아래서 안전할 것이다."[221]

주님은 신자에게 다음을 고백하도록 가르치셨다.

이 썩을 것이 반드시 썩지 아니할 것을 입겠고 이 죽을 것이 죽지 아니함을 입으리로다 이 썩을 것이 썩지 아니함을 입고 이 죽을 것이 죽지 아니함을 입을 때에는 사망을 삼키고 이기리라고 기록된 말씀이 이루어지리라 사망아 너의 승리가 어디 있느냐 사망아 네가 쏘는 것이 어디 있느냐 사망이 쏘는 것은 죄요 죄의 권능은 율법이라 우리 주 예수 그리스도로 말미암아 우리에게 승리를 주시는 하나님께 감사하노니[222]

---

214 "Sermon on the Mount," 28, B 1:623, J V:370-71, sec. 18.

215 같은 곳.

216 "Sermon on the Mount," 28, B 1:622-23, J V:370, sec. 17.

217 "Sermon on the Mount," 28, B 1:624, J V:371, sec. 19.

218 눅 12:20.

219 "Sermon on the Mount," 28, B 1:624, J V:371, sec. 19; 참고. 욥 1:21.

220 "Sermon on the Mount," 28, B 1:624, J V:371, sec. 19.

221 "Sermon on the Mount," 28, B 1:625-26, J V:372-73, sec. 21.

222 고전 15:53-57; "Sermon on the Mount," 28, B 1:625-26, J V:372-73, sec. 21.

그러므로 "너희를 위하여 보물을 땅에 쌓아 두지 말라."[223]

c. 부자에 대한 주님의 명령

만약 어떤 사람이 "눈과 손이 되어 줄 사람이 필요한 이웃을 도와주어 영원한 상급 받기를 택하는" 대신 세상에 부를 쌓는 것으로 즐거워한다면, "우리는 마땅히 그를 미쳤다고 하지 않겠는가? … 돈은 눈과 발이 되어 줄 수 있는 특성을 가지고 있다. 따라서 만약 우리가 가난하고 고통받는 사람들이 꼭 필요로 하는 돈을 궤짝 속에만 묵혀둔다면", 우리는 부인할 수 없이 잔인한 것이다.[224] "그들의 생활 양상을 보면, 그들은 계속 주님의 것을 가로채고 낭비해 하나님의 것을 도둑질하고 자기 영혼을 타락시킬 뿐 아니라, 가난하고 주리고 헐벗은 사람의 몫을 빼앗고, 고아와 과부에게 주어야 할 것을 사취하며, 그들이 없앨 수 있었음에도 그렇게 하지 않은 모든 결핍과 고통과 번민에 대해 스스로 책임져야 할 잘못을 저지른다."[225]

당신이 나눌 수 있는 것을 나눔으로 "이 세상보다 더 안전한 곳에" 투자하라. "가난한 자를 불쌍히 여기는 것은 여호와께 꾸어 드리는 것이니 그의 선행을 그에게 갚아 주시리라."[226] 단순한 의도와 올바른 마음으로 가난한 사람과 나눈 후에는 "하나님께 드렸음"이라고 기록하라.[227] 예수님께서는 "너희가 여기 내 형제 중에 지극히 작은 자 하나에게 한 것이 곧 내게

---

223 마 6:19. 여기서 웨슬리는 윌리엄 로의 *A Serious Call to the Devout and Holy Life* (1729)에서 널리 인용했다. Works 4:50-51, www.ccel.org/ccel/law/serious. 이 글은 웨슬리의 두 편의 설교 "돈의 사용", "부에 대하여"와 함께 읽는 것이 좋다.
224 "Sermon on the Mount," 28, B 1:628, J V:375, sec. 24.
225 "Sermon on the Mount," 28, B 1:628-29, J V:375, sec. 25.
226 잠 19:17; "Sermon on the Mount," 28, B 1:629, J V:375-76, sec. 26.
227 "Sermon on the Mount," 28, B 1:629, J V:375-76, sec. 26.

한 것이니라"라고 말씀하셨다.[228] "충성되고 지혜 있는 종"(마 24:45)은 자신에게 주어진 것을 "온전히 주인의 뜻대로 지혜롭고 합리적인 목적을 위해서만" 사용했다.[229]

주님은 당신에게 "'선한 일을 많이 하라.'(딤전 6:18) … '너희가 거저 받았으니 거저 주어'(마 10:8) 오직 하늘에 보물을 쌓으라"고 요구하신다.[230] "가진 것을 나누어 가난한 자에게 주고, 주린 자에게 먹을 것을 주라. 헐벗은 자에게 옷을 입히고, 나그네를 대접하며, 옥에 갇힌 자에게 구호의 손길을 펴라. 병자를 고치되, 기적으로가 아니라 당신이 때에 맞게 제공한 물질적 도움을 통해 하나님께서 그들에게 건강의 복을 주실 수 있게 하라. 극도의 궁핍함으로 소멸되기 직전이었던 그의 입에서 나오는 축복이 당신에게 이루어지게 하라. … 억압받는 사람을 변호하고, 고아들을 지켜주며, 과부의 마음이 기쁨으로 노래하게 하라."[231]

F. 하나님과 재물을 겸하여 섬기려는 헛된 시도

1. 재물로 마음이 나뉜 사람을 위한 지침

산상설교에 대한 웨슬리의 아홉 번째 설교의 성경 본문은 하나님, 맘몬, 염려에 대한 말씀인 마태복음 6:24-34이다. 웨슬리의 의도를 파악하기 위해서는 이 본문을 주의 깊게 숙고해야 한다 [마 6:24-34; 설교 #29, "산상설교 (9)"(Upon Our Lord's Sermon on the Mount: Discourse 9), B

---

228 마 25:40.
229 "Sermon on the Mount," 28, B 1:629, J V:375-76, sec. 26.
230 "Sermon on the Mount," 28, B 1:630, J V:376-77, sec. 27.
231 같은 곳.

1:632-49, J V:379-93 (1748)].

한 사람이 두 주인을 섬기지 못할 것이니 혹 이를 미워하고 저를 사랑하거나 혹 이를 중히 여기고 저를 경히 여김이라 너희가 하나님과 재물을 겸하여 섬기지 못하느니라

그러므로 내가 너희에게 이르노니 목숨을 위하여 무엇을 먹을까 무엇을 마실까 몸을 위하여 무엇을 입을까 염려하지 말라 목숨이 음식보다 중하지 아니하며 몸이 의복보다 중하지 아니하냐 공중의 새를 보라 심지도 않고 거두지도 않고 창고에 모아들이지도 아니하되 너희 하늘 아버지께서 기르시나니 너희는 이것들보다 귀하지 아니하냐 너희 중에 누가 염려함으로 그 키를 한 자라도 더할 수 있겠느냐

또 너희가 어찌 의복을 위하여 염려하느냐 들의 백합화가 어떻게 자라는가 생각하여 보라 수고도 아니하고 길쌈도 아니하느니라 그러나 내가 너희에게 말하노니 솔로몬의 모든 영광으로도 입은 것이 이 꽃 하나만 같지 못하였느니라 오늘 있다가 내일 아궁이에 던져지는 들풀도 하나님이 이렇게 입히시거든 하물며 너희일까보냐 믿음이 작은 자들아 그러므로 염려하여 이르기를 무엇을 먹을까 무엇을 마실까 무엇을 입을까 하지 말라 이는 다 이방인들이 구하는 것이라 너희 하늘 아버지께서 이 모든 것이 너희에게 있어야 할 줄을 아시느니라 그런즉 너희는 먼저 그의 나라와 그의 의를 구하라 그리하면 이 모든 것을 너희에게 더하시리라 그러므로 내일 일을 위하여 염려하지 말라 내일 일은 내일이 염려할 것이요 한 날의 괴로움은 그날로 족하니라

a. 왜 유일하신 하나님과 우상을 겸하여 섬길 수 없는가?

오늘날 대다수 그리스도인의 실천은 옛 이스라엘 백성과 다음 한 가지 면에서 일치한다. "그들은 외적으로 하나님을 예배하면서 동시에 '자신의

우상을 섬긴다.'"²³² "이와 같이 그들이 여호와도 경외하고 또한 어디서부터 옮겨왔든지 그 민족의 풍속대로 자기의 신들도 섬겼더라."²³³ "하늘의 일월 성신을 경배하며 또 바알을 섬기고 또 자기 자녀를 불 가운데로 지나가게 하며 복술과 사술을 행하고 스스로 팔려 여호와 보시기에 악을 행하여 그를 격노하게 하였으므로."²³⁴ 그러면서도 그들은 "하나님께 대한 외적인 예배의 형식을 버리지 않았다. … 이것이 '조상의 행실이 그들의 자녀와 자녀의 자녀에게 대대로 이어지며 오늘에까지 이르게' 된 방식이다."²³⁵

고대에도 있었고 지금도 있는 그런 사람들은 두 주인을 동시에 섬기려 한다. 이스라엘의 하나님은 "너는 나 외에는 다른 신들을 네게 두지 말라"²³⁶고 명령하셨다. 그럼에도 그들은 하나님과 맘몬을 겸하여 섬기려는 헛된 노력을 한다.²³⁷

b. 돈과 하나님 중 양자택일하라

두 주인 모두를 사랑하려는 시도는 어리석고 미련하다. 시도는 할 수 있어도 지속적인 만족은 얻을 수 없다. 두 마음을 품은 사람은 한동안 사랑과 미움 사이를 오갈 수 있다. "그는 자연히 자신이 사랑하는 주인을 붙들 것이다. 그리고 기꺼이 충성되게 열심히 그를 섬길 것이다. 반면 그가 좋아하지 않는 주인은 무시해 그의 명령을 대수롭지 않게 여기며, 순종하더라도 소홀하고 부주의한 태도로 하게 될 것이다."²³⁸ 도덕적 해이를 옹호

---

232 "Sermon on the Mount," 29, B 1:633, J V:379, sec. 1; 참고. 왕하 17:27-41.
233 왕하 17:33.
234 왕하 17:16-17; "Sermon on the Mount," 29, B 1:633, J V:379, sec. 1.
235 "Sermon on the Mount," 29, B 1:633, J V:379, sec. 1.
236 출 20:3.
237 "Sermon on the Mount," 29, B 1:633-34, J V:379-80, sec. 2.
238 "Sermon on the Mount," 29, B 1:634, J V:380, sec. 3.

하는 사람들이 어떻게 생각하든, 두 마음을 품는 것은 행복한 삶으로 인도하지 않는다. 그것은 필연적으로 자아의 분열을 초래한다.

"너희가 하나님과 재물(mammon)을 겸하여 섬기지 못하느니라."[239] "한 사람이 두 주인을 섬기지 못할 것이니 혹 이를 미워하고 저를 사랑하거나 혹 이를 중히 여기고 저를 경히 여김이라."[240] 맘몬(mammon, 한글 개역개정 성경은 이를 의역해 '재물'로 번역함–역주)은 이교도들의 우상 중 부를 관장하는 신이다. 그 분명한 의미는 이것이다. "너희가 하나님과 돈을 겸하여 섬기지 못하느니라."[241]

2. 하나님을 섬기는 것이란?

a. 하나님만을 믿고 본받으며 사랑하고 순종함

믿는다는 것은 무슨 뜻인가? "하나님을 믿는다는 것은, 하나님이 우리의 능력이 되심을 믿어 그분이 없이는 우리가 아무것도 할 수 없고, 또 매 순간 우리에게 위로부터 힘을 주시므로 그분의 능력 부음 없이는 우리가 그분을 기쁘시게 할 수 없음을 믿는 것을 의미한다. … 그것은 또한 하나님을 우리의 행복, 영혼의 중심, 영혼의 유일한 안식처, 그리고 우리가 가진 모든 능력에 부합하며 그분께 받은 모든 욕구를 만족시키기에 부족함이 없는 유일한 선으로 신뢰하는 것이다."[242]

하나님과 맘몬을 겸하여 섬기려는 것은 헛되다. "우리가 하나님을 믿지 않으면 하나님을 섬길 수 없기 때문이다. 오직 믿음이 하나님을 섬기는

---

239 마 6:24.
240 같은 곳.
241 같은 곳.
242 "Sermon on the Mount," 29, B 1:634-35, J V:380-81, sec. 4.

일의 참된 원천이다." 기독교의 가장 근본적인 주장은, 우리는 "하나님께서 그리스도 안에 계셔서 세상을 자기와 화목하게" 하셨음을 알기에, 하나님을 믿고 신뢰함으로 섬긴다는 것이다.[243] 하나님을 믿는 것이 무엇인지는 "하나님을 섬김에서 우리가 가장 먼저 알아야 할 것"이다.[244]

하나님을 섬김에서 우리가 알아야 할 두 번째는, 그를 사랑하는 것이다. 하나님을 믿는 것과 사랑하는 것은 본질적으로 연결되어 있다. 하나님을 사랑하는 것이란, "하나님 자신을 위해 하나님만을 바라며, 하나님과 관련된 것 외에는 어떤 것도 바라지 않는 것이다."[245]

"우리가 하나님을 섬김에서 알아야 할 세 번째는, 바로 그를 본받고 닮는 것이다."[246] 하나님께 대한 최고의 섬김은 최대한 그를 닮는 것이다. 즉 "우리의 마음의 중심이 그분을 본받고 닮는 것이다. … '하나님은 영'이시다. 따라서 그를 본받고 닮으려는 사람은 반드시 '영과 진리로' 그렇게 해야 한다."[247] 하나님은 사랑이시다. 따라서 "마음 중심에서 그분을 닮는 사람은 그의 사랑의 형상으로 변화된다. 그분이 자비로우시듯 그들도 자비롭다. 그들의 영혼은 사랑으로 가득하다."[248]

하나님을 섬김에서 우리가 하나님이 참으로 어떤 분이신지 안다면, 우리는 마치 자식이 아버지께 순종하듯 그분의 계명에 순종할 것이다. 즉, 그분이 명령하신 일은 행하고, 금하신 일은 멀리할 것이다.[249] 오직 사랑으로 행하는 순종을 통해 우리는 하나님을 본받고 섬긴다. 우리는 하나님을

---

243 같은 곳; 참고. 고후 5:19.
244 "Sermon on the Mount," 29, B 1:635, J V:381, sec. 5.
245 같은 곳.
246 "Sermon on the Mount," 29, B 1:635-36, J V:381, sec. 6.
247 같은 곳.
248 같은 곳.
249 "Sermon on the Mount," 29, B 1:636, J V:381-82, sec. 7.

섬기는 것과 피조물을 섬기는 것 중 하나만 택할 수 있다.

b. 재물을 섬기는 것은 사라져 없어질 것을 믿고 본받으며 사랑하고 따름을 의미함

재물을 섬기는 것은 첫째, "부와 돈" 또는 그것으로 살 수 있는 것들을 신뢰해, 그것에서 "위안을 얻거나 문제의 해결을 기대하는 것"을 의미한다.[250]

더 일반적으로는, "세상의 물질에서 행복을 찾을 줄로 믿고", 많은 소유가 위안을 줄 것이라고 생각하는 것이다.[251] 그것은 "영원과 관계없는 세상적인 것들을 점점 늘리는 것"을 의미한다.[252] 이것이 재물을 섬기는 것이다.

둘째로, 창조주보다 피조물을 더 사랑하는 것이다. 재물을 섬기는 것은 "세상을 사랑하는 것이다. 즉 세상 그 자체를 원하기에 세상을 바라며, 세상에 있는 것들에서 기쁨을 찾고, 그것들에 마음을 두는 것"을 의미한다.[253] 그것은 "우리가 일상의 경험을 통해 우리를 도울 수 없고 오직 '손을 찔러 상처만 낼 뿐임'을 알고 있는 부러진 갈대 지팡이에 우리의 영혼 전체"를 기대는 것을 뜻한다.[254]

셋째, 재물을 섬기는 것은 "세상을 닮고 따르며 … 세상에 속한 것에 적합한 욕망과 성품과 애정을 가지며 … 고집스럽고도 지나치게 자신을 사랑하는 것"을 뜻한다.[255]

---

250 "Sermon on the Mount," 29, B 1:636-37, J V:382, sec. 8. 4.
251 같은 곳.
252 같은 곳.
253 "Sermon on the Mount," 29, B 1:637, J V:382, sec. 9.
254 같은 곳.
255 "Sermon on the Mount," 29, B 1:637, J V:382, sec. 10.

마지막으로, 재물을 믿고 사랑하며 닮는 사람은 재물을 섬기는 것이다. 즉, 재물을 섬기는 것은 "세상의 규칙과 풍습을 좇아 다른 사람이 가는 일반적인 길, 넓고 평탄하며 잘 다져진 길로 행하고, 유행을 따르며, 대중을 따라가고, 다른 사람들을 따라 … 자신의 안일과 쾌락을 목표로 삼는 것이다."[256]

c. 하나님과 재물을 겸하여 섬길 수 없는 이유

하나님과 재물을 겸하여 섬기는 것은 불행으로 끝나는 확실한 길이다. 우리가 재물을 섬기고 있다면 하나님을 섬기고 있지 않음이 확실하다. "하나님과 세상 사이에서 우왕좌왕하는 태도는 둘 모두에 실망하는 확실한 길이다."[257] 한 사람이 둘 모두를 섬기려 하면 어느 편에서도 안식을 얻을 수 없다.[258]

두 신을 섬기려는 사람은, "자신을 비참하게 만들 정도의 신앙은 있지만 행복하게 해줄 만큼의 충분한 신앙은 갖고 있지 못하다." 그의 신앙은 그가 세상을 즐기는 것을 허락하지 않을 것이고, 세상은 그가 하나님을 즐거워하도록 내버려두지 않을 것이다.[259] 둘 사이에서 오가는 것으로는 하나님이나 세상 어느 편과도 평화를 이룰 수 없다.

그는 항상 "한발로는 앞으로 전진하고, 다른 한발로는 후퇴하기를 반복한다. 한 손으로는 계속 짓고 있지만, 다른 한 손으로는 지은 것을 계속 허문다. 한편으로는 죄를 사랑하면서도, 다른 한편으로는 미워한다. 언제나 하나님을 찾으면서도, 동시에 언제나 피해 다닌다. 그는 서로 반대되

---

256 "Sermon on the Mount," 29, B 1:637, J V:382-83, sec. 11.
257 "Sermon on the Mount," 29, B 1:637, J V:383, sec. 12.
258 같은 곳.
259 같은 곳.

는 것을 동시에 하고 있다. 그는 단 하루, 아니 단 한 시간도 인격적인 통일성을 가지지 못한다. 곧 온갖 모순과 자가당착의 덩어리다." 일관된 사람이 되라. 전심으로 섬길 생각이 아니라면 어느 편도 섬기려 하지 말라.[260] 당신이 어느 한편을 섬기면, "다른 한편은 필연적으로 부인할 수밖에 없다."[261]

d. 자신을 점검하라

웨슬리는 각 사람에게 자신이 무엇을 믿고 사랑하며 본받고 순종하는지 실제적으로 점검해 볼 것을 요청한다.

첫 번째로, 하나님과 재물 중 누구를 신뢰하는지 자문해 보라. 당신은 하나님을 당신의 힘과 도움과 방패와 행복으로 신뢰하는가? 그렇다면 당신은 재물을 신뢰할 수 없다.[262]

두 번째로, 당신이 누구를 사랑하는지 자문해 보라. "당신은 하나님을 사랑하는가? 그분 안에서 행복을 구하고 발견하는가? 그렇다면 당신은 세상이나 세상에 있는 것들을 사랑할 수 없다. 당신은 세상에 대하여 십자가에 못 박히고 세상은 당신에 대하여 십자가에 못 박혔다."[263]

세 번째로, "마음을 새롭게 함으로 당신을 창조하신 분의 형상으로 변화되고 있는지" 정직하게 자문해 보라. "그렇다면 당신은 이 세대를 본받는 자가 될 수 없다. 당신은 세상에 대한 애착을 버렸는가?"[264] "당신은 하나님을 닮았는가? 아버지께서 자비로우시듯 자비로운가?" 그렇지 않고

---

260 "Sermon on the Mount," 29, B 1:638, J V:383, sec. 13.
261 "Sermon on the Mount," 29, B 1:638-39, J V:383-84, sec. 14.
262 같은 곳.
263 같은 곳.
264 같은 곳.

"이 세상을 따르는가? … 그렇다면 당신은 아직 마음이 새롭게 되지 못한 것이다."[265]

마지막으로 "당신이 하나님께 순종하고 있는지" 자문해 보라. "당신은 그의 뜻을 행하는 데 열정적인가? … 그렇다면 당신이 맘몬에게 순종하는 것은 불가능하다. … 당신은 자신을 기쁘게 하는가? 그렇다면 하나님의 종이 아니다."[266]

이런 질문들에 충실히 답한다면 당신이 하나님을 섬기고 있는지 재물을 섬기고 있는지가 분명히 드러날 것이다. 그러므로 "주 너의 하나님께 경배하고 다만 그를 섬기라."[267]

G. 염려하지 말라

1. 적절하고 균형 잡힌 돌봄

하나님을 믿고 사랑하며 본받고 순종하는 사람에게 뒤따르는 결과는 염려에서 자유로워진다는 것이다. 이는 세상의 창조주께서 세상을 유익하게 하시기 위해 적절하고도 균형 있게 돌보시기 때문이다.

예수님은 이렇게 말씀하신다. "내가 너희에게 이르노니 목숨을 위하여 무엇을 먹을까 무엇을 마실까 몸을 위하여 무엇을 입을까 염려하지 말라 목숨이 음식보다 중하지 아니하며 몸이 의복보다 중하지 아니하냐."[268]

예수님은 이 말씀을 통해 세상적인 가치에 전혀 신경쓰지 말라는 것이 아니라, 다만 그것을 영원과 연관시켜 생각하라고 권고하신다. 신자들은

---

265 같은 곳.
266 같은 곳.
267 눅 4:8.
268 마 6:25.

자신이 책임져야 할 사람들을 돌보아야 한다. 예수님께서는 우리가 게으르거나 태만하거나 굼떠도 된다고 말씀하시지 않는다. 그런 태도는 주님께서 가르쳐 주신 기독교 신앙의 온전한 정신과 특징에 위배된다.[269]

신앙 공동체는 세상적 염려와는 구별되는 것으로, "하나님이 기뻐하시는 종류의 고민과 걱정이 있다는 것"을 안다.[270]

무엇을 먹고 마시며 입을까 고민하는 것은, 하나님을 믿고 사랑하며 따르고 순종하는 영역에 바르게 위치하고 있을 경우 그리스도인의 삶에서 무시할 수 없는 요소다. "모든 사람이 수고함으로 자기 양식을 먹고, 또 자신과 가족의 필요를 공급하며", "누구에게든 아무 빚도 지지 않고, 모든 사람 앞에서 바른 일을 행하는" 것이 "하나님의 뜻"이기 때문이다.[271] 가족을 돌보는 것은 가족의 유익을 위해 미리 예상하고 계획하며 구상하고 자주 힘든 일을 하는 것을 요구한다. "우리의 복되신 주님은, 우리가 자신과 가족의 필요를 공급하기 위해 돌보고, 어떻게 그들에게 적합한 것을 줄 수 있을지 생각하는 것에 대해 정죄하지 않으신다"는 사실은 분명하다.[272]

우리의 책임 아래 있는 모든 것을 돌보고, 그 성공을 위해 계획하고 실천하는 것은 하나님 보시기에 선하고 기뻐하실 만한 일이다. 우리가 이러한 책임을 효과적으로 수행하기 위해서는 모든 것을 미리 준비해야 한다.[273] 웨슬리는 이러한 합리적인 계획을, 염려하는 삶과는 다른 것으로 구분해 설명한다.

---

269 "Sermon on the Mount," 29, B 1:639-40, J V:385, sec. 16.
270 같은 곳.
271 같은 곳.
272 같은 곳.
273 같은 곳.

2. 불안해하는 염려와 안정되고 건강한 염려

예수님께서 우리에게 경계하시는 것은 "불안해하는 불안정한 염려, 고통을 주는 염려, 영혼이나 육체에 해가 되는 모든 염려다." 그것은 우리의 힘을 소진시킨다. 또 "두려워하는 모든 불행한 일을 미리 예상해 그 때가 오기도 전에 우리를 괴롭힌다." 그것은 "내일 올지 안 올지 모르는 것으로 오늘의 복을 독살하는" 염려다. 미래에 있을지 모르는 일에 대한 불안은, "미래의 결핍에 대한 염려로 오늘의 풍요를 누리지 못하게 하는" 강박관념이 될 수도 있다.[274] 이처럼 웨슬리는 현대 심리학 훨씬 이전부터 이미 습관화된 염려를 설명했다.

이 끈질기고 불안한 형태의 강박적인 염려는 "영혼의 고통스럽고 심각한 질병일 뿐 아니라, 하나님을 대적하는 악한 범죄이자, 가장 큰 죄다."[275] 하나님께서 세상을 바르게 돌보심을 믿지 못하고 절망에 빠지기 때문이다. 그것은 우상숭배에 신학적 토대를 두고 있고, 하나님의 섭리에 대한 신뢰가 결여되어 있다. 또 하나님께서 "우리가 무엇을 필요로 하는지 알지 못하기에 지혜가 부족하거나, 자신을 신뢰하는 자에게 필요로 하는 것을 공급하지 않기에 선하지 않다는 것"을 의미한다.[276]

"불안정한 염려가 죄악된 염려라는 것은 분명하고도 확실하다. 오직 하나님만을 향하는 단순한 마음으로, 모든 사람 앞에서 바르게 최선을 다하라. 그 후에는 더 크신 능력을 가지신 하나님께 모든 것을 맡기라."[277]

---

274 "Sermon on the Mount," 29, B 1:640-41, J V:385-86, sec. 17.
275 같은 곳.
276 같은 곳.
277 같은 곳.

3. 먹을 것과 입을 것의 적절한 가치

예수님은 신자에게 "무엇을 먹고 마시며 입어야 하는지에 대해 불안한 마음을 갖거나 부적절한 염려를 하지 말라"고 말씀하신다. 먹을 것과 입을 것은 삶의 전부가 아니다. 하나님께서 당신에게 몸을 주셨다면, 당신을 입힐 방법, 즉 옷을 마련할 능력을 주실 것이라고 생각하는 것이 타당하지 않겠는가? 왜 세상적인 재화가 약간 또는 일부 부족한 것에 그렇게 많은 의미를 두어야 하는가?[278]

"공중의 새를 보라 심지도 않고 거두지도 않고 창고에 모아들이지도 아니하되,"[279] 이들은 하늘 아버지께서 기르시기에 아무것도 부족함이 없다. "너희는 이것들보다 귀하지 아니하냐"[280] 당신이 하나님과 함께하는 삶을 살고 있다면, 하나님께서는 분명 당신에게 스스로를 돌볼 수 있는 능력을 주셨을 것이다. 하나님께서 새들을 보살필 방법을 마련하셨다면, 당신이 자신과 다른 사람을 돌볼 수 있도록 당신을 보살펴줄 방법을 마련하시지 않겠는가?

"너희 중에 누가 염려함으로 그 키를 한 자라도 더할 수 있겠느냐."[281] 당신이 하나님께서 현재 주시는 것을 누리는 대신, 앞으로 일어날 모든 일의 가능성을 예측하면서 미래를 해로울 정도로 걱정하면, 그것이 미래를 더 나은 것으로 바꿀 수 있는가?[282]

---

278 "Sermon on the Mount," 29, B 1:641, J V:386-87, sec. 18.
279 마 6:26.
280 같은 곳.
281 마 6:27.
282 "Sermon on the Mount," 29, B 1:641, J V:386-87, sec. 18.

4. 몸을 가릴 것에 대한 지나친 염려를 피하라

우리가 염려하는 '몸을 가릴 것'은 옷과 집 모두를 포함한다. 그 둘 모두가 가려주는 특징이 있기 때문이다. "또 너희가 어찌 의복을 위하여 염려하느냐."[283] 당신은 매일매일 당신의 눈이 향하는 모든 곳에 존재하는 각 식물들도 제각각 지닌 유한성의 한계 내에서 돌봄을 받고 있다는 사실을 보지 못하는가? 유한한 피조물이 죽는다는 사실이, 그들이 살 동안 좋은 것들을 받았다는 사실을 무효로 만드는가?

"들의 백합화가 어떻게 자라는가 생각하여 보라 수고도 아니하고 길쌈도 아니하느니라 그러나 내가 너희에게 말하노니 솔로몬의 모든 영광으로도 입은 것이 이 꽃 하나만 같지 못하였느니라."[284] 식물들은 햇빛과 비를 통해 하나님께서 날마다 주시는 것을 그저 받기만 할 뿐이다. 그것들은 내일 일어날지 모르는 일로 초조해하지 않는다. 그저 내일에 대한 아무런 염려 없이 햇빛의 온기와 비의 수분을 흡수한다. 식물은 유한한 공간에서 짧은 시간 동안 살도록 지음받았다. 그러나 당신은 다르다. 당신은 영원히 지속되도록 창조되었다. 자신의 가치가 풀보다 못하다는 생각은 어디서 갖게 되었는가?[285]

"오늘 있다가 내일 아궁이에 던져지는 [자르고 태워 더는 볼 수 없게 될] 들풀도 하나님이 이렇게 입히시거든 하물며 너희일까보냐 믿음이 작은 자들아."[286] 유한한 식물의 가치가 아무리 대단하더라도 그것을 당신의 영원한 가치와 비교해보라. 당신은 창조 시 "하나님의 영원하심을 닮

---

283 마 6:28.
284 마 6:28-29.
285 "Sermon on the Mount," 29, B 1:641, J V:386-87, sec. 18.
286 마 6:30.

아 영원히 지속될" 영혼을 부여받았다! "당신의 믿음은 참으로 작다. 그렇지 않았다면 당신은 그분의 사랑과 돌보심을 단 한순간도 의심하지 못할 것이다."[287]

그럼에도 타락한 상태에 있는 우리는 음식과 옷과 집을 확보하는 일에 몹시 집착한다. 이는 영원히 자비로우신 하나님과 아무런 관계가 없는 사람들이 하는 염려다. 세상은 이런 것을 좇는다. 당신에게는 분명 옷과 음식이 필요하다. 그러나 "너희 하늘 아버지께서 이 모든 것이 너희에게 있어야 할 줄을 아시느니라."[288] 식물은 상상력과 이성이 없으나, 당신은 자신과 가진 소유를 돌볼 수 있는 이성적 감각을 가지도록 창조되었다. 하나님께서는 이미 당신이 필요로 하는 것을 소유하거나 만들어낼 방법을 제공하셨다. 세상의 염려와 절망을 따르지 말라. 당신은 하나님의 것이다.[289]

287 "Sermon on the Mount," 29, B 1:641, J V:386-87, sec. 18.
288 마 6:32.
289 "Sermon on the Mount," 29, B 1:642, J V:387, sec. 19.

9장

하나님 나라에 들어가려면

9장 하나님 나라에 들어가려면

A. 먼저 그의 나라를 구하라

"그런즉 너희는 먼저 그의 나라와 그의 의를 구하라 그리하면 이 모든 것을 너희에게 더하시리라."[1] 이것이 "끊임없이 공급받는" 확실하고도 유일한 방법이다.[2] 하나님을 먼저 구하는 것은, "다른 생각이나 염려에 마음을 두기 전에 (자신의 독생자를 주셔서 그를 믿는 자마다 멸망하지 않고 영생을 얻게 하시는) 우리 주 예수 그리스도의 아버지 하나님께서 당신의 마음을 다스리시고, 당신의 영혼에 자신을 나타내 그곳에 내주하며 통치하심으로, '하나님 아는 것을 대적하여 높아진 것을 다 무너뜨리고 모든 생각을 사로잡아 그리스도에게 복종하게' 하심"을 의미한다.[3]

어떤 세상적 가치를 추구하려 한다면 그 전에 세상의 모든 것을 창조하신 하나님을 먼저 찾으라. 그는 당신이 그분을 온전히 믿고 신뢰하며 사랑하는 자유를 얻게 하시기 위해 당신을 구원하셨다. "어떤 경쟁자도 없이 오직 그만이 당신을 다스리실 수 있게 하라. 그가 당신의 온 마음을 사로잡아 홀로 통치하시도록 하라. 오직 그만이 당신의 유일한 갈망, 기쁨, 사랑이 되게 하라."[4] 영생을 얻을 때 시간과 공간에 있는 모든 유한한 것은 그 적절한 위치를 회복하게 될 것이다.

---

1   마 6:33.
2   "Sermon on the Mount," 29, B 1:642, J V:387, sec. 19.
3   "Sermon on the Mount," 29, B 1:642-43, J V:387, sec. 20; 참고. 요 3:16; 고후 10:5.
4   같은 곳.

1. 먼저 하나님의 의를 구하라

"의는 하나님께서 우리 마음에서 다스리심의 열매다. 의란 다름 아닌 사랑, 즉 하나님과 모든 사람에 대한 사랑으로, 예수 그리스도를 믿는 믿음에서 흘러나와 마음의 겸손함, 온유함, 친절함, 오래 참음, 인내, 세상에 대해 죽음, 사람과 하나님을 향한 모든 올바른 성품을 낳는 사랑이 아니면 무엇이겠는가."[5] 당신이 구하는 의는 하나님께서 "우리를 대신해 모든 죗값을 지불하신 의로우신 예수 그리스도로 인해 우리에게 값없이 주시는 선물이다. 오직 그분만이 성령의 감화로 우리 안에서 역사하신다."[6] 당신이 하나님의 의를 구한다는 것은, 율법 아래에서 행위의 공로로 얻는 의를 구하지 않는 것이다.[7] 바울이 선포한 것처럼, 당신은 하나님의 의를 예수님의 기쁜 소식을 통해 이미 받았다. 그는 이스라엘을 위해 기도하며 다음과 같이 적었다. "형제들아 내 마음에 원하는 바와 하나님께 구하는 바는 이스라엘을 위함이니 곧 그들로 구원을 받게 함이라 내가 증언하노니 그들이 하나님께 열심이 있으나 올바른 지식을 따른 것이 아니니라 하나님의 의를 모르고 자기 의를 세우려고 힘써 하나님의 의에 복종하지 아니하였느니라 그리스도는 모든 믿는 자에게 의를 이루기 위하여 율법의 마침이 되시니라."[8]

당신이 구하고 있는 그리스도의 의는, 들을 귀가 있는 모든 사람에게 이미 주어졌다. 그 의는 "모든 신자에게 전가되었고, 이로써 그들의 모든 죄는 사라졌고, 그들은 하나님의 사랑으로 회복되었다."[9] 이 의는 "거룩한

---

5   같은 곳.
6   같은 곳.
7   "Sermon on the Mount," 29, B 1:643-44, J V:388, sec. 21.
8   롬 10:1-4.
9   "Sermon on the Mount," 29, B 1:643-44, J V:388, sec. 21.

마음이라는 내적인 의로, 하나님께서 그리스도를 통해 값없이 주시는 선물이자, 전능하신 성령을 통해 그분이 행하시는 사역이기도 하기에, 가장 적절한 의미로 하나님의 의라 불린다."[10]

이 선물에 대해 의도적으로 무지한 상태로 남아 있는 사람은 끊임없이 "자기 의를 세우려고" 노력한다.[11] 그들은 "성령께서 이루어주시는" 선물을 받으려 하지 않고, "자기 의라고 불러 마땅한 외적인 의"를 세우기 위해 열심히 노력한다.[12] 그들은 자신의 능력을 믿으며, 하나님께서 모든 믿는 자에게 값없이 주시는 의 받기를 거부한다.[13]

2. 이 모든 것을 더하시리라

당신이 먼저 그분의 나라와 의를 구하면 "이 모든 것[마태복음 6:25-32에서 언급된 먹을 것과 입을 것과 필수품]을 당신에게 더하실 것이다."[14] "하나님의 선물과 사역, 당신의 영혼에 회복된 하나님의 형상"을 단지 받기만 하라. "그리하면 이 모든 것을 너희에게 더하시리라. 즉 육신에 필요한 모든 것을 공급해주신다."[15]

하나님의 사랑과 평강을 구하면, 당신은 먼저 구한 것으로 인해 더 많은 것, 즉 "흔들리지 않는 나라뿐 아니라 당신이 구하지도 않은" 이 모든 것을 받게 될 것이다.[16]

당신은 영원한 나라로 가는 길에서 "당신에게 유익한 범위 내에서 모

---

10 같은 곳.
11 참고. 롬 10:3.
12 "Sermon on the Mount," 29, B 1:643-44, J V:388, sec. 21.
13 같은 곳.
14 마 6:33.
15 "Sermon on the Mount," 29, B 1:643-44, J V:388, sec. 22.
16 "Sermon on the Mount," 29, B 1:644, J V:389, sec. 23.

든 외적인 것도 얻을 것이다." 모든 염려는 당신의 모든 바람과 필요를 아
시는 그분께 맡기라.[17]

3. 내일과 오늘

a. 그러므로 내일 일을 위하여 염려하지 말라

그러므로 하나님의 의를 신뢰하는 사람이라면 "내일 일을 위하여 염려
하지 말라."[18] "내일 일을 위하여 염려하지 말라 내일 일은 내일이 염려할
것이요 한 날의 괴로움은 그날로 족하니라."[19] "세상에 어떻게 보물을 쌓
고, 어떻게 재산이나 … 일상에서 소박하고 합리적인 삶의 목적을 이루기
위해 필요로 하는 것 이상으로 돈을 불릴지에 대해 생각하지 말라. … 아
직 먼 미래에 당신이 무엇을 해야 할지 생각하면서 현재의 자신을 괴롭히
지 말라. … 왜 불필요하게 자신을 혼란스럽게 만드는가?"[20]

가정의 가장들은 특히 다음을 기억하라. "하나님께서는 당신에게 주
신 삶을 유지할 수 있도록 당신이 오늘 필요로 하는 것을 주신다."[21] 미래
의 일에 대한 염려를, 가족과 사회를 돌보아야 할 "현재의 의무를 등한시
하는 것에 대한 핑곗거리"로 삼지 말라.[22] "세상을 위해 하나님을 버리는"
사람은 "그들이 구하지 않은 것뿐 아니라 구한 것까지 잃게 될 것이다."[23]
"그들이 하는 모든 일에는 눈에 보이는 실패"가 있고, 그들은 무엇을 하든

---

17 같은 곳.
18 마 6:34.
19 같은 곳.
20 "Sermon on the Mount," 29, B 1:645, J V:389, sec. 24.
21 같은 곳.
22 "Sermon on the Mount," 29, B 1:645-46, J V:390, sec. 25.
23 같은 곳.

성공하지 못할 것이다.[24]

어떤 이는 절망에 빠져 다음과 같이 말할지도 모른다. "오, 하나님께서 그 얼굴빛으로 다시 내 영혼을 비추시면 뜨겁게 하나님을 찬양할 텐데! 하나님께서 그 사랑을 다시 내 마음에 부으시면 어떻게 내가 다른 사람들에게 하나님을 높이도록 권고하지 않겠는가! 그때가 되면 나는 이것도 하고 저것도 할 것이다."[25] 그러나 웨슬리는 지금 그렇게 하지 않는다면, 그때도 그렇게 하지 않을 것이라고 경고했다. 예수님께서는 직접 말씀하셨다. "무릇 있는 자는 받아 넉넉하게 되되 없는 자는 그 있는 것도 빼앗기리라."[26] 여기서 '없다'는 것은, 하나님이 용서하심을 통해 주시는 의의 선물을 거부한다는 의미다. 물질적 가치로든 영적 가치로든 아무리 적은 것이라도 "지극히 작은 것에 충성된 자"는 "큰 것에도 충성할 것이다."[27] 한 달란트를 땅에 묻어두는 사람은 다섯 달란트를 받아도 그럴 것이다.[28]

b. 내일 일은 내일이 염려하게 하라

예수님은 산상에서 오늘을 어떻게 살아야 하는지에 대해 가르치셨다. "내일 일은 내일이 염려할 것이요."[29] 유혹이 올 때는 은혜도 따를 것이다. "더 큰 시험에는 더 강한 힘을 주실 것이다. 고난이 많을 때는, 그것과 비례해 하나님의 위로도 풍성할 것이다. 따라서 어떤 상황에서도 하나님의 은혜는 당신에게 족할 것이다."[30]

---

24 같은 곳.
25 "Sermon on the Mount," 29, B 1:646-47, J V:390-91, sec. 26.
26 마 13:12; "Sermon on the Mount," 29, B 1:646-47, J V:390-91, sec. 26.
27 참고. 눅 16:10.
28 "Sermon on the Mount," 29, B 1:646-47, J V:390-91, sec. 26.
29 마 6:34.
30 "Sermon on the Mount," 29, B 1:647, J V:391, sec. 27.

내일이 오면 그때, 그날 일어날 일에 대해 생각하라. 오늘을 살라. "현재를 보람있게 살라. 이것만이 당신의 것이고, 이것만이 전부다. 과거는 마치 없었던 것처럼 아무것도 아니다. 미래도 아무것도 아니다. 미래는 당신의 것이 아니고, 어쩌면 결코 당신의 것이 되지 않을 수도 있다. '하루 동안에도 무슨 일이 일어날지 모르는' 우리는 앞으로의 일을 알 수 없다."[31]

"한 날의 괴로움은 그날로 족하니라."[32] 하나님께서 오늘 당신에게 허용하신 모든 것을 기쁘게 감당하라. "그리고 내일의 괴로움은 미리 생각하지 말라."[33] "한 날의 괴로움은 그날로 족하니라."[34] 세상은 그것을 "고난"으로 여기지만, "하나님의 언어로는 모든 것이 복이다."[35]

B. 좋은 삶과 선행의 방해물

1. 비판하는 너희가 비판을 받을 것이요

a. 마음의 청결함은 갈등 관계를 어떻게 변화시키는가?

청결한 마음을 가지고 믿음으로 하나님 나라에 들어가는 사람은 자신이 맺고 있는 관계들이 변화되는 것을 볼 것이다. 그들은 이전과 다른 삶을 산다. 이웃을 무자비하게 비판하지 않으며, 과도하게 열정적이지도 않다. 또 자선을 등한시하지 않으며, 위선적으로 행하지 않는다. 그들은 자신이 대우받고 싶은 대로 다른 사람을 대한다.

산상설교에 대한 웨슬리의 열 번째 설교의 본문은 지나친 비판, 위선,

31 "Sermon on the Mount," 29, B 1:647-48, J V:391-92, sec. 28; 참고. 잠 27:1.
32 마 6:34.
33 "Sermon on the Mount," 29, B 1:648-49, J V:392-93, sec. 29.
34 마 6:34.
35 "Sermon on the Mount," 29, B 1:648-49, J V:392-93, sec. 29.

기도와 사랑에서의 태만 등 하나님과 함께하는 삶을 방해하는 모든 요소를 다룬다 [마태복음 7:1-12; 설교 #30, "산상설교 (10)"(Upon Our Lord's Sermon on the Mount: Discourse 10), B 1:650-62, J V:393-404 (1750)].

> 비판을 받지 아니하려거든 비판하지 말라 너희가 비판하는 그 비판으로 너희가 비판을 받을 것이요 너희가 헤아리는 그 헤아림으로 너희가 헤아림을 받을 것이니라 어찌하여 형제의 눈 속에 있는 티는 보고 네 눈 속에 있는 들보는 깨닫지 못하느냐 보라 네 눈 속에 들보가 있는데 어찌하여 형제에게 말하기를 나로 네 눈 속에 있는 티를 빼게 하라 하겠느냐 외식하는 자여 먼저 네 눈 속에서 들보를 빼어라 그 후에야 밝히 보고 형제의 눈 속에서 티를 빼리라 거룩한 것을 개에게 주지 말며 너희 진주를 돼지 앞에 던지지 말라 그들이 그것을 발로 밟고 돌이켜 너희를 찢어 상하게 할까 염려하라 구하라 그리하면 너희에게 주실 것이요 찾으라 그리하면 찾아낼 것이요 문을 두드리라 그리하면 너희에게 열릴 것이니 구하는 이마다 받을 것이요 찾는 이는 찾아낼 것이요 두드리는 이에게는 열릴 것이니라 너희 중에 누가 아들이 떡을 달라 하는데 돌을 주며 생선을 달라 하는데 뱀을 줄 사람이 있겠느냐 너희가 악한 자라도 좋은 것으로 자식에게 줄 줄 알거든 하물며 하늘에 계신 너희 아버지께서 구하는 자에게 좋은 것으로 주시지 않겠느냐 그러므로 무엇이든지 남에게 대접을 받고자 하는 대로 너희도 남을 대접하라 이것이 율법이요 선지자니라[36]

b. 선한 행실은 순결한 의도에서 나옴

웨슬리는 예수님의 도덕적 가르침의 전반적인 형식을 검토함으로 이 열 번째 설교를 시작한다.

산상에서 예수님은 참된 기독교를 형성하는 영혼의 성품을 가르치셨다. 이는 행복하고 거룩한 삶을 살기 위한 성품들이다. 그 성품들은 "사람

---

36   마 7:1-12.

이 주님을 보려면 반드시 필요한 거룩함"을 구현한다.[37]

하나님께 대한 살아있는 믿음에서 흘러나오는 절제된 성품은 겸손, 심령의 가난함, 자비, 사랑으로 시작한다. 이 성품들은 예수 그리스도를 통해 알게 된 하나님의 사랑이라는 원천에서 솟아나온다.

웨슬리는 산상설교에 대한 첫 아홉 개의 설교에서 내적 의도와 외적 행실의 일치를 예수님의 윤리의 핵심으로 굳게 확립했다. 나머지인 열 번째에서 열세 번째 설교는 사랑으로써 역사하는 믿음의 삶을 살 때 직면하는 중요한 도덕적 질문들을 다룬다. 이 설교가 다루는 주제는 무자비한 비판의 금지, 기도의 자리로 부르시는 하나님의 초대, 그리스도인의 삶의 황금률, 진주를 돼지에게 주지 말 것, 죽음의 쉬운 길을 가는 다수와 생명의 어려운 길을 가는 소수, 좁은 문으로 하나님 나라에 들어감, 거짓 선지자를 대항해야 할 의무, 모래가 아닌 반석 위에 책임성 있는 행실의 집을 짓는 것 등을 포함한다.

예수님의 산상설교의 나머지 구절은 그리스도인의 삶에 반드시 있어야 하는 많은 것을 요약한다. 그 모두는 기독교 윤리의 핵심을 그리스도 안에 있는 생명에서 비롯되는 것으로 설명한다. 주님의 가르침 전체에서 하나님이 기뻐하시는 외적 행실의 출발점은 올바른 의도다.[38] 하나님께서 기뻐하시는 선한 행실은 "순수하고 거룩한 의도"에서 비롯된다.[39]

웨슬리 설교 30번, 산상설교에 대한 그의 열 번째 설교는 다른 사람에 대한 지나친 비판, 과도한 열심, 기도와 구제에서의 태만 같은 거룩함의 방해물을 다룬다. 이 방해물들은 신자들이 "하나님이 위에서 부르신 부름의 상"을 받지 못하게 한다.[40]

---

37 히 12:14; "Sermon on the Mount," 30, B 1:651, J V:394, sec. 2.
38 "Sermon on the Mount," 30, B 1:650, J V:394, sec. 1.
39 "Sermon on the Mount," 30, B 1:651, J V:394, sec. 2.
40 "Sermon on the Mount," 30, B 1:651, J V:394, sec. 3.

2. 다른 사람에 대한 부당한 비판

a. 지금 타인을 비판한 것이 이후 영원한 심판을 초래함

예수님께서 경고하시는 첫 번째 방해물은 부당한 비판이다. "비판을 받지 아니하려거든 비판하지 말라."[41] 이 세상에서 이웃을 조금도 부당하게 비판하지 말라. 최후에는 당신이 영원하신 주님께 철저하게 공의로운 심판을 받을 것이기 때문이다. 그러므로 "비판을 받지 아니하려거든 비판하지 말라."[42] "너희가 비판하는 그 비판으로 너희가 비판을 받을 것이요 너희가 헤아리는 그 헤아림으로 너희가 헤아림을 받을 것이니라."[43]

이것은 "하나님께서 마지막 심판 날 당신을 어떻게 다루실지를 당신 스스로가 결정하도록 허용"하시는 기준이 되는 "분명하고 공평한 규칙이다."[44] 하나님은 당신에게 스스로 운명을 결정할 자유를 주신 것이다.

이 경고는 세상의 모든 신분과 시대, 문화에 동일하게 적용된다. 모든 사람은 어느 정도의 이성과 양심을 부여 받았다. 이성과 양심에 어떤 결점이 있는 자들은 그것이 어떤 결함인지에 따라 공정하게 심판을 받아야 한다.

우리는 매일 서로에 대해 비판할 많은 기회가 생기는데, 그때마다 과장되게 비판하려는 유혹이 찾아온다. 우리는 "그것이 얼마나 위험한지 미처 생각하기도 전에" 부당하게 비판하는 죄에 빠져 "말할 수 없는 해악을 만들어낸다."[45] 이 "쓴 뿌리가 나면" 많은 사람이 해를 입을 수 있다.[46]

---

41   마 7:1.
42   같은 곳.
43   마 7:2.
44   "Sermon on the Mount," 30, B 1:651, J V:394, sec. 4.
45   "Sermon on the Mount," 30, B 1:651-52, J V:395, sec. 5.
46   참고. 히 12:15.

b. 신앙 공동체의 깨끗함을 드러내라

신앙 공동체는 언덕 위에 세워진 도시와 같다. 그리스도인의 대인관계에서의 태도는 세상이 볼 수 있도록 공개되어 있다. 세상은 그리스도인이 삶에서 무엇을 노력하는지 볼 수 있다. 많은 사람은 그리스도인이 "겸손하고 진지하고 친절하며 자비롭고 마음을 청결하게 하기 위해" 노력하는 것을 지켜볼 것이다. 그렇게 되면 그들은 "자신들이 아직 이루지 못한 거룩한 성품을 그리스도인에게서 보기를" 진지하게 기대하면서, "그리스도인이 모든 사람에게 선을 행하고 인내로 악을 견디는 모습을 바랄 것이다."[47]

그러나 세상이 기대한 그런 도덕성이 실제로는 없음을 보게 되면, 그리스도인은 쉽게 위선적이고 진실하지 못한 사람들로 치부된다. 예를 들어, 그리스도인이 "자신의 잘못은 고치지 않고 이웃의 잘못을 지적하는 일에 시간을 보낸다면", 그런 부당한 모습을 보지 않았으면 그리스도인을 본받았을 세상에 오히려 그리스도인을 비난할 거리만 주게 된다.[48] 그런 경우 그리스도인은 "경건의 능력 없이 모양만 남은 빈약하고도 생명력 없는 종교인 그 이상으로는" 보이지 않을 것이다.[49]

3. 다른 사람의 눈에 있는 티만 보려는 태도

예수님은 우리에게 다른 이의 눈에 있는 티는 너무나 선명하게 보면서 왜 "네 눈 속에 있는 들보는 깨닫지 못하느냐"고 물으셨다.[50] 완고하고 세상을 우상숭배하듯 사랑하는 자신의 잘못은 생각하지 않으면서, 왜 다른

---

47 "Sermon on the Mount," 30, B 1:652, J V:395, sec. 6.
48 같은 곳.
49 같은 곳.
50 마 7:3.

사람의 "결점, 실수, 경솔함, 연약함"은 그리도 자세히 살피는가? "지옥의 입구에서 춤추고 있는 당신은 얼마나 경솔하고도 태연한가!"[51]

예수님은 "보라 네 눈 속에 들보가 있는데 어찌하여 형제에게 말하기를 나로 네 눈 속에 있는 티를 빼게 하라 하겠느냐"라고 물으셨다.[52] 당신이 그리스도인으로서 "하나님을 위한 지나친 열정, 과도한 자기 부인, 세상적인 일과 직업에 대한 과도한 무관심, 밤낮으로 기도하고 영원한 생명의 말씀을 듣고자 하는 열망"에 빠져 있다고 해보자. 만약 당신의 행동이 그런 열망에 부합하지 않는다면, 당신은 스스로 비난을 자초하는 것이다. 그런 당신이 이웃을 가혹하게 비난하거나 그 눈의 티를 빼도록 도와주겠다고 말하면, 그것은 그의 마음을 괴롭게 할 뿐이다.[53]

a. 먼저 네 눈에서 들보를 빼라

당신이 먼저 당신 눈에서 들보를 빼내면 다른 사람의 눈에 있는 티를 빼내기가 더 쉬워질 것이다.[54] 기꺼이 자신 스스로를 비판적으로 돌아보려는 태도는, 다른 사람을 비판하는 사람에게 먼저 있어야 할 도덕적 선결 조건이다. 소크라테스가 전파한 가장 오래된 도덕적 규칙은 "너 자신을 알라!"는 것이다. 당신이 스스로의 부족함을 안다면, 다른 사람을 비판할 때도 그 점을 잊지 말아야 한다. 당신의 삶에서 부적합한 요소를 솔직히 인정하라. "자기 고집이라는 들보를 빼내라!"[55]

신자는 남을 비판하기에 앞서 예수님의 명령의 의미를 숙고해보아야

51 "Sermon on the Mount," 30, B 1:652-54, J V:395-97, sec. 7.
52 마 7:4; "Sermon on the Mount," 30, B 1:652-54, J V:395-97, sec. 7.
53 "Sermon on the Mount," 30, B 1:652-54, J V:395-97, sec. 7.
54 참고. 마 7:5.
55 "Sermon on the Mount," 30, B 1:652-54, J V:395-97, sec. 7; 참고. 눅 9:23.

한다. "아무든지 나를 따라오려거든 자기를 부인하라."[56] 자기를 부인하고 날마다 자기 십자가를 지라. "세상에 대한 사랑이라는 들보를 빼내라! 이 세상이나 세상에 있는 것들을 사랑하지 말라. 당신은 세상에 대하여 십자가에 못 박히고, 세상은 당신에 대하여 십자가에 못 박히게 하라."[57] 당신의 뜻이 세상을 주신 분의 뜻과 일치한다면, 당신은 세상을 자유로이 활용할 수 있다. "세상은 단지 활용만 하라. 그러나 하나님은 향유하라." "한 가지 중요한 사실",[58] 즉 당신의 영원한 행복이 현재의 결정에 달려 있음을 기억하라. 그럴 때 당신은 형제의 눈에 있는 티를 어떻게 빼도록 도울 수 있는지 더 명확히 알게 될 것이다.[59]

C. 타인을 나쁘게 생각하거나 말하는 방식

1. 타인을 나쁘게 생각하는 태도

당신은 다른 사람이 있든 없든 어떤 사람에 대해 입으로는 아무 말도 하지 않더라도 마음으로 부당하게 비판할 수 있다.[60]

여기서 말하는 부당한 비판은 기본적으로 "사랑과는 반대되는 태도로 다른 사람에 대해 생각하는 것"이다.[61] 부당함은 비판받을 이유가 없는 사람을 비판하는 경우에도 생겨난다. 우리는 "다른 사람이 하지도 않은 말

---

56 "Sermon on the Mount," 30, B 1:652-54, J V:395-97, sec. 7.

57 같은 곳; 참고. 갈 6:14; 요일 2:15.

58 *JWT*, 제3권에 수록된 웨슬리의 설교 "한 가지만으로도 족하니라"(The One Thing Needful)를 참고하라.

59 "Sermon on the Mount," 30, B 1:652-54, J V:395-97, sec. 7.

60 "Sermon on the Mount," 30, B 1:654, J V:397, sec. 8.

61 "Sermon on the Mount," 30, B 1:654, J V:397, sec. 9.

과 행동"을 가지고 그를 비판할 수도 있다.[62] 또 다른 사람을 "그가 마땅히 받아야 할 정도보다 더 많이 정죄함으로" 그를 나쁘게 생각할 수도 있다. 이러한 태도는 "자비뿐 아니라 정의에도 위배된다."[63] 우리는 또 "어떤 사람의 잘못에 대해 알려진 정도보다 실제로 더 많은 잘못이 있다고 가정" 할 수도 있다. 그런가 하면 우리는 "타인에게 있는 좋은 점을 쉽게 평가절하"할 수도 있다.[64] 더 심한 경우 특히 우리의 눈으로 직접 보지 못하면 다른 사람에게 전혀 선한 것이 없다고 생각할 수도 있다.

2. 자리에 없는 사람에 대한 험담

타인에 대한 험담은 일반적으로 자리에 함께 있는 사람이 아니라 없는 사람에 대해 비판적으로 말하는 것을 의미한다. 그런 자리에서는 하나님의 공의에 부합하지 않는 부당한 일이 행해진다.

험담을 피하는 것은 사랑을 토대로 한다. 바울은 사랑을 이렇게 설명했다. 사랑은 "무례히 행하지 아니하며 자기의 유익을 구하지 아니하며 성내지 아니하며 악한 것을 생각하지 아니하며 불의를 기뻐하지 아니하며 진리와 함께 기뻐하고 모든 것을 참으며 모든 것을 믿으며 모든 것을 바라며 모든 것을 견디느니라."[65]

웨슬리는 바울의 설명에서 흥미를 끄는 구절인, "(사랑은) 불의를 기뻐하지 아니하며"를 다음과 같이 설명했다. "사랑은 명백한 죄의 행실에 한 번 빠진 사람을 보고 그가 습관적으로 그렇게 한다고 추측하지 않는다.

---

62 같은 곳.
63 "Sermon on the Mount," 30, B 1:654-55, J V:397, sec. 10.
64 같은 곳.
65 고전 13:5-7.

… 그가 한때 습관적으로 죄를 지었더라도, 사랑은 그가 여전히 그럴 것이라고 결론 내리지 않는다. 혹 그가 만약 지금도 그 죄를 짓는다 하더라도, 그렇기 때문에 그가 다른 죄도 짓고 있을 것이라고 판단하지 않는다. 이 모든 악한 추리는 주님께서 우리에게 경계하신 악한 비판에 해당된다."[66]

이와 유사한 종류의 부당한 비판은 충분한 증거 없이 사람을 정죄하는 것이다. 판단을 내리려면 그보다 먼저 그것이 사실임을 "추론하지 말고 입증"해야 한다.[67] 또 우리는 "비난받은 사람이 자신을 변호하는 말을 들어보기 전에는 최종적인 판단을 내리지" 말아야 한다.[68]

부당한 비판을 피할 수 있는 방법은 솔직하고 정직한 권고다. 다른 사람과 조화로운 관계를 유지하기 위해서는 교회 내 비난을 다루는 방법에 대한 예수님의 지침을 따르라. "네 형제가 죄를 범하거든 가서 너와 그 사람과만 상대하여 권고하라 만일 들으면 네가 네 형제를 얻은 것이요 만일 듣지 않거든 한두 사람을 데리고 가서 두세 증인의 입으로 말마다 확증하게 하라 만일 그들의 말도 듣지 않거든 교회에 말하고."[69] 당신이 이 모든 단계를 밟았다면, 당신이 해야 할 일을 다한 것이다. 그 일에 매여 있지 말라. 기도로 이웃을 하나님께 의탁하라.[70]

3. 거룩한 것을 개에게 주지 말라

a. 완고한 자를 권고하는 일에 집착하지 말라

"거룩한 것을 개에게 주지 말며 너희 진주를 돼지 앞에 던지지 말라 그

---

66 "Sermon on the Mount," 30, B 1:655, J V:397-98, sec. 11.
67 "Sermon on the Mount," 30, B 1:655, J V:398, sec. 12.
68 같은 곳.
69 마 18:15-17.
70 "Sermon on the Mount," 30, B 1:656, J V:399, sec. 14.

들이 그것을 발로 밟고.”[71] 우리 주님은 우리가 “힘을 헛되게 사용하는 것”을 막기 위해 이 중요한 경고를 주셨다. [72] 이 경고는 특히 믿음이 어린 자들과 인류 역사에서 나타난 죄의 완고함에 대한 실질적 경험이 없는 사람에게 해당된다. 우리가 믿음이 어릴 때는, 바로잡을 수 없는 사람을 “그들이 받아들이든 그렇지 않든” 설득해보겠다는 순진한 소망을 갖곤 한다. “그리고 이 과도한 열정이 실패하면 우리는 자주 마음고생을 한다.”[73] 비이성적인 사람에게 무엇인가 유익한 일을 하기 위해 노력하다가는 당신 자신이 해를 입을 수 있다.

당신이 은혜로 자신의 눈에 있는 들보를 빼내는 작업을 포함해 모든 화해의 노력을 다했다고 해보자. 다른 사람의 태도를 바로잡아 주기 위해 노력할 때는 다른 사람을 도우려다 자신이 지나친 해를 입지 않도록 주의하라.[74] 거룩한 것을 개에게 주지 말라.[75]

“그들이 불경건하고 악한 사람으로, 하나님과 의와 참된 거룩함에 문외한일 뿐 아니라 적이라는 사실이 명백하고 확실하게 드러나면”, 그들에게 거룩한 것을 주어 짓밟게 만들지 말라.[76] 이러한 거룩한 것을 부인하고 모독하거나 더럽히는 사람을 고무시키는 일을 해서는 안 된다. “그들이 감당할 수 있는 정도로만 이끌어주라.”[77]

b. 진주를 돼지 앞에 던지지 말라

만약 돼지들이 “자신의 부끄러움을 영광스러움으로 알고, 마음이나

---

71   마 7:6.
72   "Sermon on the Mount," 30, B 1:656-57, J V:399, sec. 15.
73   같은 곳.
74   "Sermon on the Mount," 30, B 1:656, J V:399, sec. 14.
75   "Sermon on the Mount," 30, B 1:656-57, J V:399, sec. 15.
76   "Sermon on the Mount," 30, B 1:657, J V:399-400, sec. 16.
77   같은 곳.

삶을 정결하게 하려는 시늉조차 하지 않으면서 탐욕으로 모든 더러운 일을 행한다면, 진주를 그들 앞에 던지지 말라."[78]

가망이 없는 부도덕한 사람과는 "하나님 나라, 곧 그들이 눈으로 보지 못하고 귀로도 듣지 못하는 비밀한 진리"에 대해 이야기하지 말라. 그들은 그 말을 듣지 않을 것이다. 그들에게는 영적 감각이 없기에, "그 마음으로 받아들여 이해하지 못한다." 그들이 "이 세상의 수령, 즉 세상의 쾌락과 정욕과 염려에 빠져" 있는데 "어떻게 신성한 성품에 참여하는 것을 이해할 수 있겠는가."[79]

완고한 마음으로 신앙을 조롱하는 사람에게는 진주를 던지지 말라. 그들은 "자신들이 이해하지 못하는 것을 경멸하고, 알지 못하는 것을 비방할 것이다."[80] 쓸데없이 그들에게 "당신의 선을 악으로, 복을 저주로, 선의를 미움으로 갚을" 기회를 주지 말라.[81]

4. 아버지의 초대: 필요한 것을 기도로 아뢰라

a. 구하고 찾고 두드리라

예수님은 앞에서 언급한 지나친 비판과 과도한 열정이라는 방해물을 제거하신 다음, 세 번째 "거룩함의 중대한 방해물"로 기도에 대한 태만함을 언급하셨다. 기도는 "다른 모든 방법이 소용이 없을 때 흔히 그 효력을 나타낸다."[82] 만약 당신의 모든 노력이 실패한다면, 그 문제를 기도로 하나님께 맡기라. 기도로 그의 인도하심을 구하라. "구하라 그리하면 너희에

---

78 "Sermon on the Mount," 30, B 1:658, J V:400-401, sec. 17.
79 같은 곳.
80 같은 곳.
81 같은 곳.
82 "Sermon on the Mount," 30, B 1:659, J V:401, sec. 18.

게 주실 것이요."[83]

우리 중 많은 사람이 실제로는 구하지 않기 때문에, 하나님의 생명에 온전히 참여함으로 얻는 생기를 가지고 있지 못하다. "아, 만약 당신이 구하기만 했더라면, 지금 당신은 얼마나 온유하고 친절하며, 마음이 겸손하고, 사람과 하나님을 향한 사랑으로 가득했겠는가."[84] 단지 하나님께 구하라. 무엇보다 그분은 당신의 아버지시다. "주님께서 산상수훈에서 너무나도 아름답게 묘사하신 종교를 철저히 경험하고 온전히 실천"할 수 있게 해주시도록 간구하라. "그러면 그것이 당신에게 이루어져 당신은 마음과 삶의 모든 것이 하나님의 거룩하심과 같이 거룩하게 될 것이다."[85]

기도로 구한 후에는, 그 구한 것을 적극적으로 찾아야 한다. 당신이 하나님께 구한 것을 적극적으로 찾으라. 성경을 읽고 하나님의 말씀을 들으며 성찬에 참여하는 등 하나님께서 이미 제공해주신 은혜의 방편을 활용해 찾으라. 이러한 것은 주님께서 명령하시고 제공하신 은혜의 방편이다. 주님은 찾으면 찾을 것이라고 약속하셨다.[86]

하나님 나라로 가는 길을 간구하고 찾은 후에는 문을 두드리라. 아버지께서 환영해주실 것을 기대하라. 그분은 당신이 구하고 찾고 두드리도록 초대하셨다. 아버지의 약속은 구하고 찾고 두드리는 자에게 문이 열릴 것이라는 것이다.[87]

예수님은 우리 마음의 완고함과 우리가 "하나님의 선하심을 믿는 일

---

83 마 7:7.
84 "Sermon on the Mount," 30, B 1:659, J V:401, sec. 18.
85 같은 곳.
86 같은 곳.
87 같은 곳.

에" 얼마나 더딘지 아신다.[88] 그러나 하나님께서는 "구하는 이마다 받을 것이요 찾는 이는 찾아낼 것이요 두드리는 이에게는 열릴 것이니라"라고 보증하심으로, 우리의 믿지 않는 태도에 대한 은혜로운 치료약을 제공하신다.[89] 복된 삶은 구하는 자가 받을 것이다. 그 길은 성실히 찾는 자가 발견할 것이다. 의의 문은 진정으로 두드리는 자에게 열릴 것이다.[90]

b. 자녀의 신뢰를 원하시는 아버지

하나님께서는 우리가 받은 모든 유혹을 잘라버리기를 원하신다. 그는 "불신앙"이나 낙심의 "모든 핑곗거리"를 잘라내신다. 그리고 이것을 설득력 있는 비유로 설명하신다. "너희 중에 누가 아들이 떡을 달라 하는데 돌을 주며."[91] 어떤 아버지가 본능적인 사랑으로 "자신이 사랑하는 자녀의 합당한 요구를 들어주지 않겠는가? 어떤 좋은 아버지가 자녀의 요구에 의도적으로 건강에 해가 되는 것으로 답하겠는가? 아들이 생선을 달라는데 어떤 아버지가 뱀을 주겠는가?"[92] 어떤 아버지도 그렇게 하지 않을 것이다. 그런데 하물며 하늘에 계신 아버지께서 그 자녀의 요청에 "유익이 아닌 해가 되는 것"으로 답하시겠는가?[93]

주님은 이 훌륭한 비유를 통해 신자들이 하나님의 약속을 온전히 신뢰하도록 가르치신 것이다.[94] "너희가 악한 자라도 좋은 것으로 자식에게 줄 줄 알거든 하물며 하늘에 계신 너희 아버지께서 구하는 자에게 좋은 것으

---

88   "Sermon on the Mount," 30, B 1:659, J V:402, sec. 19.
89   마 7:8.
90   "Sermon on the Mount," 30, B 1:659, J V:402, sec. 19.
91   마 7:9.
92   마 7:10.
93   "Sermon on the Mount," 30, B 1:660, J V:402, sec. 20.
94   같은 곳.

로 주시지 않겠느냐."[95] 하늘에 계신 아버지께서는 "간구하는 자에게 좋은 것"을 주시는 "순수하고 오염되지 않은 본질적인 선"이시다. 그러므로 당신이 진정으로 필요로 하고 원하는 것을 하나님께 구하라.[96]

5. 황금률

웨슬리의 설교는 "하나님 나라의 법, 즉 자비와 공정의 황금률"을 기림으로 끝난다.[97] 산상설교에서 예수님의 황금률은 진술하기 쉽다. "그러므로 무엇이든지 남에게 대접을 받고자 하는 대로 너희도 남을 대접하라 이것이 율법이요 선지자니라."[98] 그것은 너무나 합리적이어서 "그것을 듣는 모든 사람이 자신의 양심과 이성에 부합한다고 느낀다. … 누구도 황금률을 고의로 위반하고도 양심의 가책을 느끼지 않을 수는 없다."[99] "많은 사람이 세상에 태어날 때부터 모든 사람의 마음에 자연적으로 이 황금률이 새겨져 있다고 믿는다."[100]

구원의 역사는 남에게 대접받고자 하는 대로 남을 대접하라고 우리에게 가르쳐준다. 웨슬리는 황금률이 "온 율법과 선지서의 강령"이라는 말씀을 설명했다. 구원사와 양심 모두는 우리의 마음과 이성적인 자기 인식에 새겨져 있는 것을 증거한다.

황금률은 부정적으로도, 긍정적으로도 언급될 수 있다. 부정적인 의미는, 다른 사람에게서 원하지 않는 일은 누구에게도 행하지 말라는 것

95　마 7:11.
96　"Sermon on the Mount," 30, B 1:660, J V:402, sec. 20.
97　"Sermon on the Mount," 30, B 1:660-61, J V:403, sec. 22.
98　마 7:12.
99　"Sermon on the Mount," 30, B 1:660-61, J V:403, sec. 22.
100　같은 곳.

으로, 매우 설득력이 있다. 그것은 "명백하고, 항상 명심해야 하며, 언제나 적용하기 쉬운" 규칙이다. 모든 사람과의 관계에서 "상대방의 입장에서 생각해보라."[101]

황금률은 공감, 즉 다른 사람의 의식에 들어가 그가 어떻게 느끼는지를 묻고자 하는 태도에 기초해 있다. 즉, 그는 자신에게 이 일이 일어나지 않기를 바라지 않느냐고 자문하는 것이다. 그렇게 물을 수 있다면 당신은 그 경우 자신이 무엇을 원하는지 정확히 알게 돼, 그의 마음을 언짢게 만드는 일을 피하게 된다.

황금률의 긍정적인 해석은, 당신이 이웃의 입장이라면 무엇을 원하겠는가 하는 것이다. 당신은 자신 스스로의 감정을 알기 때문에 그것을 명확히 알 수 있다. 생각해보라. 그 사람이 당신의 행복을 위해 무엇을 해주면 좋겠는가? 긍정적으로는, 상대방이 당신에게 해주었으면 하는 그대로 그에게 해주라. 당신이 더 행복할 수 있도록 그가 당신에게 해주었으면 하는 것이 무엇이든 그를 위해 해주라. "당신이 그의 상황에 있다고 가정해 그에게서 합리적으로 기대할 만한 것이 무엇이든, 당신의 최선을 다해 모든 사람에게 그렇게 해주라."[102]

누구도 타인이 자신을 부당하게 비판하거나 가치 없게 여기거나 "이유 없이 또는 경솔히 나쁘게 생각하는 것"을 바라지 않음은 "모든 사람이 양심으로 분명히 아는 사실이다." 타인이 당신을 가혹하게 비난하는 것을 원하지 않는다면, 부당하게 타인에 대해 가혹한 말을 하지 말라는 법칙을 자신에게도 적용하라. "다른 사람들의 영혼의 유익을 위해 반드시 필요하다고 확신하는 경우가 아니라면, 그 자리에 없는 사람의 잘못이 사실이더라

---

101 같은 곳.
102 "Sermon on the Mount," 30, B 1:661, J V:403, sec. 24.

도 그것을 화제로 삼지 말라."[103]

a. 여분의 것, 편의, 필수품

우리는 우리 자신의 필수품을 위해 다른 사람이 사소한 욕망쯤은 양보하기를 바라지 않는가? 우리는 그런 바람을 충분히 이해할 수 있다. 만약 다른 사람에게 그런 것을 바란다면 우리 역시 같은 규칙에 따라 행하는 것이 합리적이다. "사람들이 우리에게 해주기를 바라는 대로 우리도 다른 사람에게 행하자. 모든 사람을 사랑하고 존중하자. 정의와 자비와 진실이 우리의 마음과 행동을 다스리게 하자. 이웃의 편의를 위해 우리의 여분을 나누어주자. … 이웃의 필수품을 위해 우리의 편의를 나누자. 극단적 궁핍에 처한 이웃에게는 우리의 필수품이라도 나누자."[104]

이 규칙은 도덕적 의식을 가진 어떤 문화의 어떤 사람도 이해할 수 있는 것이기에, 엄밀히 말하면, 하나님의 특별계시에 의존해 있다고 여기기보다, 하나님께서 타락한 인류 전체에 대해 가지시는 공감의 관점으로 이해할 때 그 의미가 더 설득력 있게 다가온다.[105] "황금률은 순수하고 참된 도덕이다. … 그러나 다음으로 우리는 사람이 먼저 하나님을 사랑하지 않으면, 누구도 황금률에 따라 살 수 없고(창세로부터 그것이 지켜진 적도 없으며), 이웃을 자신의 몸과 같이 사랑할 수 없음을 알아야 한다. 그리고

---

103 "Sermon on the Mount," 30, B 1:661, J V:403, sec. 25.

104 "Sermon on the Mount," 30, B 1:662, J V:404, sec. 26. 이것은 이후 칸트의 "정언 명령"(categorical imperative)의 핵심이 될 합리적 사고를 담고 있는 훌륭한 진술로, 칸트가 그것을 실천 이성의 원리로 제시하기 수년 전의 것이다. 이는 칸트의 출연을 예고하는 역사적 가치를 담은 문장으로, 이후 칸트의 진술보다 더 명료하고 뛰어나다. 왜 웨슬리는 칸트보다 앞서 이 공식을 만든 윤리학자로 인식되지 않는가? 그것은 주로 칸트가 웨슬리를 읽지 않았고, 당대의 윤리학자들이 웨슬리를 읽지 않았기 때문이다. 그로 인해 그들은 중요한 사실을 놓치고 말았다.

105 "Sermon on the Mount," 30, B 1:661, J V:403, sec. 25.

그리스도를 믿지 않으면 누구도 하나님을 사랑할 수 없다."[106] 이것은 전통적 기독교가 가르쳐온 것으로, 이 모든 것은 죄로 인간의 역사가 뒤틀렸기 때문이다. 그러나 당신이 예수님을 믿으면 그 믿음은 사랑으로 역사할 것이다. 주님께서 육신을 입고 오셔서 당신을 사랑하셨기에 당신도 주님을 사랑하게 될 것이다. 그리고 이웃을 자신과 같이 사랑하게 될 것이다. 그러면 다른 사람이 당신에게 보여주기를 바라는 "그 친절함을 나타내 … 사랑을 실천하고 그 사랑을 더 크게 하는 것이 당신의 영광과 기쁨이 될 것이다."[107]

D. 생명의 길

1. 하나님 나라에 들어가라

a. 좁은 문과 넓은 문의 비교

산상설교에 대한 웨슬리의 열한 번째 설교의 성경 본문은, 생명으로 인도하는 좁은 문에 관한 말씀인 마태복음 7:13-14이다. "좁은 문으로 들어가라 멸망으로 인도하는 문은 크고 그 길이 넓어 그리로 들어가는 자가 많고 생명으로 인도하는 문은 좁고 길이 협착하여 찾는 자가 적음이라" [마 7:13-14; 설교 #31, "산상설교 (11)"(Upon Our Lord's Sermon on the Mount: Discourse 11), B 1:664-74, J V:405-13 (1750)].

하나님과 함께하는 생명의 길을 믿고 따르는 사람은 많은 위험과 방해와 도전에 직면한다. 그중 대다수는 자신의 마음에서 비롯된다. 어떤 것

---

106 "Sermon on the Mount," 30, B 1:662-63, J V:404, sec. 27.
107 같은 곳.

은 부실한 지도로 발생하기도 한다.[108] 예수님은 가장 신뢰할 만한 지침을 주신다. 구원의 은혜를 한번 경험한 많은 사람이 그것을 소중히 여기지 않다 잊어버리거나 부인했다. 그들은 시작은 했을지 모르지만 목표에 도달하기까지 힘쓰지는 않은 것이다.[109] 위에서 부르신 부름은 "좁은 문으로 들어가라"는 것이다.

예수님께서는 무리를 위해 그 길을 간단히 분류해 설명하셨다. 모든 영혼에게는 두 길이 놓여 있다. 두 길은 정반대로 만들어져 있다. 한 길은 넓고, 다른 길은 좁다. 넓고 좁음은 두 길의 기본적인 특징이다. 또 한 길은 멸망으로, 다른 길은 구원으로 인도한다. 길이 넓다는 고유한 특징과 멸망으로 향한다는 결과는 분리할 수 없다. 길이 좁다는 고유한 특징과 영원한 행복으로 향한다는 결과 역시 분리할 수 없다.[110]

넓은 문을 열면 광대한 고속도로가 펼쳐진다. 대부분은 이 길을 선호한다. "문은 정말 넓고, 길은 광대한데 멸망으로 인도한다! 죄는 지옥의 문이다. … 죄의 문이 얼마나 넓은가! 죄악의 길 역시 얼마나 광대한가!"[111] 두 길의 특징을 깊이 생각해보라. 두 길은 각각 문이 있고, 길이 있고, 끝이 있으며, 우리는 그 둘 중 선택을 해야 한다. 그 문은 넓을 수도, 좁을 수도 있다. 그 길은 광대할 수도, 협착할 수도 있다. 한 길의 끝은 멸망이고, 다른 길의 끝은 행복이다. 대부분은 넓은 문을 선택한다. 소수만 좁은 문을 선택한다.

---

108 "Sermon on the Mount," 31, B 1:664, J V:405, 서문, sec. 1.
109 같은 곳.
110 "Sermon on the Mount," 31, B 1:664-65, J V:406, 서문, sec. 3.
111 "Sermon on the Mount," 31, B 1:665, J V:406, sec. 1. 2.

b. 부모의 죄는 어떻게 멸망으로 향하는 넓은 길을 만드는가?

원죄를 지칭하는 웨슬리의 용어 중 하나는 '부모의 죄'(parent-sins)다. 모든 사람은 부모가 있기에, 부모의 죄를 해결해야 한다.

죄는 우리 각각에게서 개인적으로 시작된 것이 아니고, 부모와 그들의 부모, 그리고 모든 양육 과정을 거슬러 올라가 인류 역사의 첫 번째 부모에게까지 올라간다. 그것이 우리가 이 시리즈의 제1권과 2권에서 다룬 '원죄'다. 원죄의 역사는 우리가 태어나기 전부터 인류가 정신없이 빠져든 모든 개별적인 결정을 포함한다. 우리는 과거를 바꿀 수는 없으나, 역사를 변화시키신 하나님의 특별한 방법에 응답할 기회를 부여받는다.

우리는 잘못된 선택이 수없이 축적된 역사를 물려받았다. 이것이 부당하게 느껴지는가? 죄의 역사는 자유의 대가다. 모든 자유로운 선택이 좋거나 나쁜 결과를 낳기 때문이다. 모든 인류가 자유와 그 남용의 역사에 참여한다.

기독교의 가르침은 이 잘못된 선택의 축적된 역사를 "하나님을 대적하는 육적인 마음, 마음의 교만, 자기 고집, 세상을 향한 사랑"으로 부른다.[112] "우리가 그것의 경계를 정할 수 있을까? 그것은 우리의 모든 생각에 퍼져 있고 우리의 성품에 뒤섞여 있지 않은가!" 그것은 "우리의 감정 전체"에 침투해 있다. "그것이 모든 시대와 나라에 얼마나 셀 수 없이 많은 결과를 낳았는가!"[113]

하나님께서 요구하시는 것은 "우리의 모든 행실"뿐 아니라, 모든 말과 "마음에서 일어나는 모든 생각"에까지 확대된다.[114] 우리가 인간으로 지음

---

112 같은 곳.
113 같은 곳.
114 "Sermon on the Mount," 31, B 1:665, J V:406, sec. 1. 2.

받은 목적을 벗어나는 길은 여러 가지다. 그 길은 믿기 힘들 정도로 다양
하다. 우리는 매일 수백 가지 방식으로 생각의 죄를 지을 수 있다. 죄의 길
은 하나님의 단순한 명령을 따르는 길보다 천 배는 넓고 매우 쉬워 보인다.
"각각의 계명을 어기는 데는 천 가지가 넘는 방법이 있다. 그러므로 그 문
은 참으로 넓다."[115] 하나님의 계명을 지키는 길은 한 가지밖에 없다. 그 길
은 단순한 회개와, 우리의 생각과 행실의 유일한 기초로서 우리 마음에 계
시되고 우리가 붙든 하나님의 은혜를 믿는 믿음이다.

c. 멸망으로 인도하는 넓은 길

보편적인 죄의 역사의 무게는 불가지론자, 이슬람 교도, 그리스도인을
모두 동일하게 짓누르고 있다. "어느 왕국, 나라, 도시, 마을을 살펴보더라
도 죄의 열매는 너무나 풍성하다. 그것은 이슬람교나 다른 이교의 어둠으
로 온통 뒤덮여 있는 나라만이 아니라, 그리스도의 영광스러운 복음의 빛
을 받은 기독교 국가로 불리는 나라에도 해당된다."[116]

소위 기독교 문화라 불리는 곳에서도 "모든 나이와 성별, 모든 직업과
직종, 높고 낮으며 부하고 가난한 모든 계급과 직위 대부분의 사람이 멸망
의 길을 걷고 있다. 기독교 도시의 주민 대다수는 현재도 자신이 지켜야
함을 알고 있는 율법을 명백하게 습관적이고 의도적으로 어기면서 죄 속
에 살아가고 있다."[117] 개신교인들은 "우리의 교리의 개혁에서 그치지 않
고 마음과 삶까지 개혁해야 한다"고 주장한다.[118] 그러나 그들에게도 멸망
으로 인도하는 문은 넓고, 그 길은 광대하다. 복음을 들을 좋은 기회가 있

---

115 같은 곳.
116 같은 곳.
117 "Sermon on the Mount," 31, B 1:665, J V:406, sec. 1. 5.
118 "Sermon on the Mount," 31, B 1:666, J V:406-7, sec. 1. 4.

었던 사람도 "'하나님의 의에 대해 전혀 무지한 상태로 남아 … 하나님과 화해하고 하나님께 용납되기 위한 토대로 자기 의를 세우려' 노력한다." 개신교인들은 "믿음을 통해 얻는 '하나님에게서 난 의'"를 바르게 선포하지 못했다.[119]

죄의 역사는 단순히 "인류 중 가난하고 지위가 낮으며 어리석은 사람으로 치부되는 일반 대중"에게만 해당되는 것이 아니다.[120] 그것은 박해하는 자들보다 자기 죄를 더 잘 알았던 성도들과 순교자들에게도 해당된다. 대부분의 사람은 멸망으로 인도하는 이 넓은 길에 남아 있기 위해 기꺼이 싸우려 한다.[121] 명망 있는 많은 사람이 이 넓은 길을 간다. "그들은 더 많은 돈과 권력을 가질수록 더 깊이 악에 빠져든다. 하나님께 복을 더 많이 받으면 받을수록 그들은 자신의 명예나 돈, 학식이나 지혜를 구원에 이르게 하는 도구가 아닌, 악한 일을 더 능숙하게 하고 결국 자신의 멸망을 확고히 하는 도구로 사용하면서 더 많은 죄를 짓는다!"[122] 그들은 좁은 길을 경멸하고 넓은 길을 숭상한다. "멸망으로 향하는 길이 넓어야 하는 이유는 그 많은 사람을 수용해야 하기 때문이다."[123]

2. 생명의 좁은 길은 찾는 자가 적음

"생명으로 인도하는 문은 좁고 길이 협착하여 찾는 자가 적음이라."[124] 천국 길의 결정적인 특징은 좁다는 것이다. 이 길을 선택하는 사람은 소수

---

119 "Sermon on the Mount," 31, B 1:665, J V:406, sec. 1. 5.
120 "Sermon on the Mount," 31, B 1:667-68, J V:408, sec. 1. 6.
121 같은 곳.
122 같은 곳.
123 "Sermon on the Mount," 31, B 1:668, J V:408, sec. 2. 1.
124 마 7:14.

뿐이다. 왜 그런가? "모든 부정한 것과 거룩하지 않은 것은 이 문을 들어갈 수 없다. 어떤 죄인도 모든 죄, 즉 모든 외적 행동의 죄뿐 아니라" 마음으로 짓는 죄에서 "구원받기 전에는 그 문을 통과할 수 없다."[125] 그는 "모든 죄악된 행실과 악하고 불필요한 말"에서 자유케 되어야 할 뿐 아니라, "내면이 변화되며 심령이 새로워져야 한다. 그렇지 않으면 생명의 문을 통과할 수 없고, 영광의 나라에 들어갈 수 없다."[126] 이것이 생명의 길로 인도하는 길이 이토록 좁은 이유다. "심령이 가난하고, 거룩함을 위해 애통하며, 온유하고, 의에 주리고 목말라 하는 길은 참으로 좁다. 자비하고, 진정으로 사랑하며, 마음이 청결하고, 모든 사람에게 자비를 베풀며, 의를 위해 모든 종류의 악을 기꺼이 감내하는 길은 좁다."[127]

하나님 앞에서 바른 마음을 가져 "참으로 온유하고 친절하며", 악에게 지지 않고 "선으로 악을 이기며", 하나님의 형상으로 새롭게 되기를 끊임없이 노력하는 사람은 정말 적다.[128] "자신이 당하기를 원하지 않는 일이라면, 자신도 다른 사람에게 하지 않는 사람이 얼마나 적은가!"[129] "이 땅에서 온 인류를 향한 사랑으로 넓은 마음을 가진 사람을 찾기가 얼마나 힘든가. … 자신의 온 힘을 다해 모든 사람에게 선을 행하고, 영원한 죽음에서 한 영혼을 구해내기 위해 모든 고통, 심지어 죽음까지도 감수할 준비가 되어 있는, 하나님과 이웃을 사랑하는 사람이 얼마나 적은가!"[130]

---

125 "Sermon on the Mount," 31, B 1:668, J V:408, sec. 2. 2.
126 같은 곳.
127 "Sermon on the Mount," 31, B 1:668, J V:408-9, sec. 2. 3.
128 "Sermon on the Mount," 31, B 1:669, J V:409, sec. 2. 4.
129 같은 곳.
130 같은 곳.

a. 연약한 자는 다수의 본보기라는 급류에 휩쓸림

인간의 모든 행동은 좋든 나쁘든 다른 사람에게는 본보기가 된다. 이것이 인간 역사에서 세상을 타락시키는 본보기들의 급류를 만들어낸다. 모든 사람은 그 급류에 휩쓸릴 위험에 처해 있다.[131] "단 하나의 본보기라도 그것이 우리 앞에서 계속 반복되면 우리에게 큰 영향을 끼치기 마련이다. 특히 그것이 우리의 본성과 일치하고 성향과 맞을 경우는 더욱 그렇다. 하물며 수없이 많은 본보기가 끊임없이 우리 앞에서 반복될 경우 그 영향력이 얼마나 막강하겠는가."[132]

이 넓은 길에는 무례하고 야만적인 사람만이 아니라, 힘 있고 부유한 사람들도 있다. 그들은 "멸망의 길을 가득 채울 만큼 많은 숫자의 본보기를 우리에게 보여준다." 그들은 주로 "좋은 교육을 받고 자랐으며, 상류층이고, 지혜로우며, 세상 돌아가는 이치를 알고, 지식과 깊고 다양한 학식이 있으며, 이성적이고, 언변을 가진 사람이다!"[133] 설득과 추론의 기술을 배웠기에 그들에게는 "넓은 길이 옳고, 다수를 따르는 사람은 잘못될 수 없으니 그들을 따르지 않는 사람이 잘못된 것이며, 당신의 길은 협착해 찾는 자가 적으므로 잘못된 길이라고 설득하는 것이" 쉬운 일이다. 그들은 "악이 선이고 선이 악이며, 거룩함의 길은 파멸의 길이고 세상의 길이 천국의 길이며", 혹 천국의 길까지는 아니더라도 적어도 세상에서는 규범과도 같은 것임을 보여주기 위해 온갖 노력을 다할 것이다.[134]

멸망으로 향하는 넓은 길에는 상류층 사람과 좋은 교육을 받은 사람 외

---

131 같은 곳.
132 "Sermon on the Mount," 31, B 1:669-70, J V:409, sec. 2. 5.
133 "Sermon on the Mount," 31, B 1:670, J V:409-10, sec. 2. 6.
134 같은 곳.

에도 "힘 있고 높고 권세 있는 자"가 많다.[135] 그들은 논리나 이해가 아닌 능력과 두려움으로 사람들의 마음을 사로잡는다. 그들이 가진 힘은 약한 자들로 경외심을 갖게 한다.[136]

멸망의 길에는 부자들도 있다. 그들은 넓은 길을 사랑한다. "힘 있고 높은 사람들"이 우리의 경외심을 불러일으키듯, 그들의 생활 방식은 "강력하고 효과적으로 우리의 어리석은 욕망을 사로잡는다."[137] 이 모든 멸망의 길을 대변하는 사람들의 홍수 속에서 힘 없는 사람들은 "조금이라도 유리하게 내세울 만한 것이 하나도 없다." 그들은 "자신이 믿는다고 말해온 것"을 어떻게 옹호해야 할지도 모르고, "심지어 자신이 경험한 것을 어떻게 설명해야 할지도" 모른다.[138] 그래서 생명으로 향하는 문을 향해 곧장 나아가는 사람은 소수에 불과하며, 좁은 길로 계속 걸어가는 사람은 더 적다. 그러는 중에도 "당신은 끊임없이 넓은 길로 돌아가고 싶은 자연적 욕망에 이끌린다." 이것은 어떤 문화에 한정된 독특한 특징이 아니라 모든 인간에게 고질적인 것이며, 사람이 벗어날 수 없는 상태다.[139]

이것이 웨슬리가 인간 본성에 대해 비관적인 생각을 갖고 있었음을 의미하는가? 일반적으로 사람들은 오히려 그에 대해 사람을 온전히 구원하는 하나님의 은혜의 능력을 낙관하는 사람으로 본다. 창조된 상태의 인간과 타락한 상태의 인간에 대한 그의 가르침에서 이미 다루었듯, 웨슬리는 창조 시 인간 본성에 대해서는 매우 높이 평가했지만, 타락한 인간 본성에 대해서는 암울한 견해를 가진 것이 분명하다. 웨슬리는 인간의 죄성에 대

135 "Sermon on the Mount," 31, B 1:670, J V:410, sec. 2. 7.
136 같은 곳.
137 "Sermon on the Mount," 31, B 1:671, J V:410, sec. 2. 8.
138 "Sermon on the Mount," 31, B 1:671, J V:410-11, sec. 2. 9.
139 "Sermon on the Mount," 31, B 1:671, J V:411, sec. 2. 10.

한 생각을 만들어낸 것이 아니다. 산상에서 생명의 길이 좁음을 말씀하신 분은 웨슬리가 아닌 예수님이시다.

b. 좁은 문

누가복음 13:22-24 역시 좁은 문에 대해 말씀하는 유사한 구절이다. 이 구절은 열심히 노력하지 않는 사람은 좁은 문을 통과할 수 없음을 보여 준다. 그 결과는 비참하다.

> 예수께서 각 성 각 마을로 다니사 가르치시며 예루살렘으로 여행하시더니 어떤 사람이 여짜오되 주여 구원을 받는 자가 적으니이까 그들에게 이르시되 좁은 문으로 들어가기를 힘쓰라 내가 너희에게 이르노니 들어가기를 구하여도 못 하는 자가 많으리라 집 주인이 일어나 문을 한 번 닫은 후에 너희가 밖에 서서 문을 두드리며 주여 열어 주소서 하면 그가 대답하여 이르되 나는 너희가 어디에서 온 자인지 알지 못하노라 하리니 그때에 너희가 말하되 우리는 주 앞에서 먹고 마셨으며 주는 또한 우리를 길거리에서 가르치셨나이다 하나 그가 너희에게 말하여 이르되 나는 너희가 어디에서 왔는지 알지 못하노라 행악하는 모든 자들아 나를 떠나가라 하리라(눅 13:22-27)

회개로의 초대에 응답을 미루는 것은 위험하다. 어떤 시점에 다다르면 회개하는 것이 불가능해질 수도 있다.[140] 예수님은 "아직 문이 닫히기 전에 찾았으나 그 노력이 충분하지 못했고, 문이 닫힌 후에 노력했으나 때가 너무 늦어버린" 사람들에 대해 말씀하셨다.[141] 결단의 시간은 지금이어야 한다. 기회는 다시 오지 않을 수도 있다. 결단을 미루면 당신은 "수많은 지혜로운 사람, 부자, 권세자, 높은 사람"과 함께 멸망의 길을 가게 될

---

140 "Sermon on the Mount," 31, B 1:672, J V:411, sec. 3. 2.
141 "Sermon on the Mount," 31, B 1:672, J V:411, sec. 3. 3.

지도 모른다.[142]

좁은 문으로 들어가는 것은 첫걸음부터 당신을 문화를 거스르는 사람으로 만든다. "당신이 하나님을 향해 한 발자국이라도 옮겨놓으면, 당신은 다른 사람들과 구별되어 고립될 것이다. … 그러나 지옥에 떨어지는 것보다 외톨이가 되는 것이 훨씬 낫다." 당신과 함께하는 사람이 소수뿐이더라도 인내로 당신 앞에 놓인 경주를 하라. 영원의 관점에서 보면 그 경주는 짧은 시간에 불과하다. "얼마 후 당신은 '천만 천사와 하늘에 기록된 장자들의 모임과 온전케 된 의인의 영들에게 이를' 것이다."[143]

E. 참 제자와 거짓 제자

1. 거짓 선지자들을 삼가라

산상설교에 대한 웨슬리의 열두 번째 설교의 본문은 거짓 선지자에 대한 마태복음 7:15-20이다 [설교 #32, "산상설교 (12)"(Upon Our Lord's Sermon on the Mount: Discourse 12), B 1:675-86, J V:413-22 (1750)].

> 거짓 선지자들을 삼가라 양의 옷을 입고 너희에게 나아오나 속에는 노략질하는 이리라 그들의 열매로 그들을 알지니 가시나무에서 포도를, 또는 엉겅퀴에서 무화과를 따겠느냐 이와 같이 좋은 나무마다 아름다운 열매를 맺고 못된 나무가 나쁜 열매를 맺나니 좋은 나무가 나쁜 열매를 맺을 수 없고 못된 나무가 아름다운 열매를 맺을 수 없느니라 아름다운 열매를 맺지 아니하는 나무마다 찍혀 불에 던져지느니라 이러므로 그들의 열매로 그들을 알리라

---

142 "Sermon on the Mount," 31, B 1:672-73, J V:412, sec. 3. 4.
143 "Sermon on the Mount," 31, B 1:674, J V:412, sec. 3.6; 참고. 히 12:22-24.

예수님께서 산상설교에서 거짓 예언을 분별해야 함을 이토록 진지하게 경고하신 것은 그럴 만한 이유가 있기 때문이다.[144] 셀 수 없이 많은 사람이 멸망의 길을 달려가는 것은, 멸망의 위험을 알면서도 좁은 길 가기를 거부하는 악한 선생들을 따랐기 때문이다.[145] 그들은 너무나 많은 사람이 넓은 길을 걷고 있음을 보고 그 대중적 인기에 마음을 빼앗긴다. "이것이 타인의 본보기가 연약한 자들에게 끼치는 막대한 영향력이다."[146]

하나님께서는 이 나쁜 영향의 확산에서 최대한 많이 보호하시고자 군중에게 그들이 처한 위험을 알리는 사람들을 세우셨다. 하나님께서는 모든 세대에 거쳐 "좁은 길을 가리켜 모든 사람에게 세상에 순응하지 말 것을 촉구할" 선지자들을 보내셨다.[147]

그러나 "만약 다른 사람들에게 경고해 돌이키게 해야 할 그 덫에 그들 스스로가 빠지면" 어떻게 되는가?[148] 만약 그들이 사람을 속여 자신이 빠진 그 잘못에 빠지게 하면 어떻게 되는가?[149] 우리는 시대와 장소를 불문하고 그런 협잡꾼을 발견한다.

웨슬리는 그런 거짓 선지자가 누구며, 그들은 자신을 어떻게 위장하는지, 신자는 어떻게 그들을 알아보고 분별할 수 있는지를 설명한다.

a. 그들은 양의 옷을 입음

굶주린 늑대가 순진한 양의 옷을 입고 나타날 수 있다.[150] 웨슬리는 "귀

---

144 참고. 마 7:15.
145 "Sermon on the Mount," 32, B 1:675, J V:413-14, 서문, sec. 1.
146 같은 곳.
147 "Sermon on the Mount," 32, B 1:675-76, J V:414, 서문, sec. 2.
148 같은 곳.
149 같은 곳.
150 "Sermon on the Mount," 32, B 1:676, J V:414, 서문, sec. 3.

에 거슬리지만 누구도 부인할 수 없는 분명한 진실을" 말해야 할 필요를 느꼈다.[151] 그들은 "천국으로 향하는 길이라며 거짓된 길을 가르친다."[152] 또 "하나님의 이름으로 말하는" 시늉을 하면서 "자신이 하나님께 보냄을 받아 사람들에게 천국 가는 길을 가르친다"고 주장한다.[153] 그뿐 아니라 그들은 성경을 심각하게 왜곡한다. 즉 하나님의 말씀을 더 명료하게 풀어주는 것처럼 보이지만 사실은 손상시킨다. 또 사도들이 가르친 견고한 진리를 왜곡한다. 결국 그들의 가르침은 다른 사람의 멸망을 초래한다. "그러므로 사랑하는 자들아 너희가 이것을 미리 알았은즉 무법한 자들의 미혹에 이끌려 너희가 굳센 데서 떨어질까 삼가라."[154]

예수님께서 앞선 구절에서 가르치셨듯, "모든 넓은 길은 틀림없이 거짓된 길이다." 예수님의 "명백하고 확실한 기준"은, "사람들에게 넓은 길로 가라고 가르치는 사람은 거짓 선지자"라는 것이다.[155] 예수님에 의하면 천국으로 가는 길은 언제나 좁다. 좁음이라는 특징은 생명의 길의 고유한 요소다. "좁은 길로 가라고 가르치지 않는 사람은 거짓 선지자다."[156] 그리스도의 생명에 참여하는 길은 이미 명백하게 제시되었다. 그것은 "겸손, 애통함, 온유함, 의에 대한 갈망, 하나님과 이웃에 대한 사랑, 이웃에게 자비를 행함, 그리스도를 위해 고난을 감수하는 것이다."[157] 이 길은 어떤 말로 설명하는지보다 그것을 실제로 따르는지가 더 중요하다.[158]

---

151 "Sermon on the Mount," 32, B 1:677, J V:415, sec. 1. 2.

152 같은 곳.

153 같은 곳.

154 벧후 3:17.

155 "Sermon on the Mount," 32, B 1:677, J V:415, sec. 1. 2.

156 "Sermon on the Mount," 32, B 1:677, J V:415, sec. 1. 4.

157 같은 곳.

158 "Sermon on the Mount," 32, B 1:677, J V:415, sec. 1. 5.

"그 길과 완전히 반대되는 길인 교만, 세상의 정욕, 하나님보다 쾌락을 사랑함, 이웃에 대한 불친절, 선행에 대한 무관심의 길을 가르치는 자"는 거짓 선지자다.[159] 처음에는 그들이 "지혜롭고 존경할 만하게" 보일지 모른다. 그러나 그들은 다른 사람들이 지옥으로 가는 길에서 죄를 범하면서도 천국으로 가는 길에 있다고 상상하게 만든다.[160] 그들의 가르침은 다른 사람의 영혼을 멸망시키는 것으로 끝나므로, 그들은 "하나님과 사람 모두를 배반한 자들이다."

b. 해가 되지 않고, 유익하며, 신앙적이고, 사랑이 많은 것처럼 보임

거짓 선지자는 "무해한 모습"으로 가장해 다가온다. "그들은 가장 부드럽고 악의 없는 모습으로, 어떤 적대감의 기미도 없이 다가온다. 누가 이런 평화로운 사람들이 다른 사람에게 해를 입힐 것이라 생각하겠는가?"[161]

그들은 "많은 유익을 줄 것 같은 모습"으로 다가와, 마치 자신이 "이 일을 위해 택함 받았고 … 특히 당신의 영혼을 돌보고" 당신에게 "억눌린 자들을 고치는 것"에 관해 가르치는 소명을 받은 것처럼 가장한다.[162] 또 그들은 "자신이 하는 모든 일이 선한 양심을 위한 것인 양" 가장하면서 "매우 종교적인 모습으로" 다가온다. 그들은 하나님을 위해 열심이 있는 것처럼 보이지만, 실제로는 "하나님을 거짓말하는 자로 만든다."[163] 그들은 자신의 종교적 자격을 증명해주는 허가증이나 학위를 가졌을지도 모른다.

마지막으로, 그들은 "자신의 선의와 관심을 뚜렷이 표명"하면서 "많은

---

159 "Sermon on the Mount," 32, B 1:677, J V:416, sec. 1. 6.
160 "Sermon on the Mount," 32, B 1:678, J V:416, sec. 1. 7.
161 "Sermon on the Mount," 32, B 1:679, J V:416, sec. 2. 2.
162 "Sermon on the Mount," 32, B 1:679, J V:416, sec. 2. 3.
163 "Sermon on the Mount," 32, B 1:679, J V:417, sec. 2. 4.

사랑을 가진 듯한 모습"으로 다가온다.[164]

2. 그들의 열매로 그들을 알지니

우리는 어떻게 거짓 선생을 알 수 있는가? 그들의 본심이 무엇이었는지 어떻게 알 수 있는가? "그들의 열매로 그들을 알지니."[165] 우리 주님은 위장의 달인이 아니라 위장을 벗겨 실체를 드러내는 일의 달인이셨다. 그분은 기만을 분석할 때 사용하는 길고 복잡한 주장이 아닌, 어떤 상황에서든 누구나 "쉽게 이해할 수 있는 짧고 분명한 기준"을 제시하셨다. 즉 "그들의 열매로 그들을 알지니"라는 기준이다.[166]

그들의 열매를 확인하기 위해서는 우선, "그들은 자신이 가르친 대로 실천하는가? 그들의 성품은 그리스도 예수 안에 있던 마음을 그대로 보여 주고 있는가? 그들은 실제로 '겸손하고, 온유하며, 하나님과 사람을 사랑하고, 선한 일에 열심'인가?"를 살펴보아야 한다.[167] 또 "그들의 가르침의 열매가 무엇인지" 지켜보아야 한다. 그들을 따르는 사람들을 보라. 그들이 그리스도께서 사셨던 것처럼 살고 있는가? 만약 그렇지 않다면, 그들은 하나님께서 보내신 자가 아니다.[168]

a. 증인의 신뢰성 판단을 위한 비유

우리 주님은 바른 분별력을 갖도록 도와주는 몇 가지 명확하고 설득력 있는 비유를 드셨다. 예수님은 산상에 모인 무리에게 생각해보도록 질문

---

164 "Sermon on the Mount," 32, B 1:679, J V:417, sec. 2. 5.
165 참고. 마 7:16.
166 "Sermon on the Mount," 32, B 1:680, J V:417, sec. 3. 1.
167 "Sermon on the Mount," 32, B 1:680, J V:417, sec. 3. 2.
168 "Sermon on the Mount," 32, B 1:680, J V:418, sec. 3. 3.

을 던지셨다. "가시나무에서 포도를, 또는 엉겅퀴에서 무화과를 따겠느냐"[169] "당신은 이 악한 사람들이 좋은 열매를 맺을 것이라고 기대하는가? 차라리 가시나무가 포도를, 엉겅퀴가 무화과 맺기를 기대하는 것이 나을 것이다!"[170] 하나님께 보내심을 받은 참 선지자라면 거룩한 삶의 열매를 맺을 것이다. 하나님께 보내심을 받지 않은 교사인 거짓 선지자는 타락을 가져올 것이다. 참 선지자나 교사는 "실수로든 가끔씩이든 악한 열매는 맺지 않는다."[171] 거룩한 삶의 열매를 맺는지의 여부로 그들을 분별하라.[172]

"아름다운 열매를 맺지 아니하는 나무마다 찍혀 불에 던져지느니라."[173] 거짓 선지자의 가르침은 언제나 구원의 은혜를 상실하고 멸망하는 것으로 끝난다.

b. 그들은 노략질하는 이리라

그들의 목적은 예배 공동체를 파괴하는 것이다. "그들은 양 떼를 해치고 삼키고 갈기갈기 찢어놓을 것이다. … 바른 길에서 벗어나게 만드는 그들의 미혹을 주의하라."[174] 그들은 "양의 옷을 입고 너희에게 나아오나 속에는 노략질하는 이리라."[175]

이것이 예수님께서 가르치신 말씀이다. 그렇다면 신자들은 이렇게 잘못된 것을 가르치는 목사들의 설교를 계속 들어야 하는가? 이 질문에 답하기 위해 웨슬리는 놀랍게도 마태복음 23:2-4에 나오는 주님의 특별한

---

169 마 7:16.
170 "Sermon on the Mount," 32, B 1:680-81, J V:418-19, sec. 3. 4.
171 같은 곳.
172 같은 곳.
173 마 7:19.
174 "Sermon on the Mount," 32, B 1:681, J V:419, sec. 3. 5.
175 마 7:15.

지혜의 말씀에 주목한다 "서기관들과 바리새인들이 모세의 자리에 앉았으니 그러므로 무엇이든지 그들이 말하는 바는 행하고 지키되 그들이 하는 행위는 본받지 말라 그들은 말만 하고 행하지 아니하며 또 무거운 짐을 묶어 사람의 어깨에 지우되 자기는 이것을 한 손가락으로도 움직이려 하지 아니하며."[176] 예수님께서 하신 대로만 하라. 예수님 자신도 그들의 말은 들으셨으나, 그들의 열매로 그들을 판단하셨다. 그분은 사람들에게 다음과 같이 경고하셨다. '당신이 거짓 선지자의 설교를 듣는 것조차 금지된 것은 아니지만, 그들의 인도를 받은 사람들의 삶의 모습은 경계하라.'[177]

설교를 듣고 참 선지자와 거짓 선지자를 분별했더라도 하나님의 백성은 하나님의 규례를 행할 의무를 폐하지 말아야 한다. "하나님의 규례의 효력은 그 집례자의 선함이 아니라 그것을 제정하신 분의 신실하심에 의존한다. 말씀을 바르게 가르치지 않는 목사가 성례를 집행하더라도 그 성례 자체는 경시하지 말라. … 하나님께서는 저주 아래 있는 사람을 통해서도 당신에게 복을 주실 수 있고, 또 그렇게 하신다. 우리는 그들이 나눠주는 떡이 '그리스도의 몸'임을 알고, 그들의 부정한 입을 통해 하나님께서 축복하신 잔이 그리스도의 피임을 안다."[178]

거짓 교사로 인해 말씀을 듣고 성찬 받는 것을 방해받지 말라. "겸손하고 간절한 기도로 하나님을 기다리고, 당신이 받은 가장 분명한 빛을 따라 행하라. 당신이 옳다고 믿는 길로 행하는 것이 대체로 당신에게 영적으로 가장 유익할 것이다. 성급하게 판단해 타인을 쉽게 거짓 선지자로 규정하지 않도록 주의하라. 그가 그런 사람이라는 확고한 증거가 있을 때도 분노

---

176 마 23:2-4; "Sermon on the Mount," 32, B 1:681-82, J V:419, sec. 3. 6.
177 "Sermon on the Mount," 32, B 1:681-82, J V:419, sec. 3. 6.
178 "Sermon on the Mount," 32, B 1:682-83, J V:420, sec. 3. 8.

나 경멸하는 태도가 마음에 자리 잡지 못하게 하라."[179]

그들의 설교를 듣고 그들이 집례하는 성례에 참여한 뒤, 하나님 앞에서 경외함으로 당신이 어떻게 해야 할지 스스로 판단하라. 하나님께서 당신을 인도하실 것이다. "만약 경험상 그들의 설교를 듣는 것이 영혼에 해가 된다면, 그들의 설교를 듣지 말고 조용히 멀리해 당신의 영혼에 유익을 주는 설교자의 말씀을 들으라. 만약 설교가 영혼에 해가 되지 않는다면 그들의 설교를 들어도 무방하다. 그러나 '어떻게 들을까 스스로 삼가라.' … 속지 않기 위해서는 두려움과 떨림으로 들어야 한다. 어떤 말도 엄밀한 검토 없이, 성소의 저울로 달아보기 전에는 받아들이지 말며", 성경 말씀으로 확증되지 않은 것은 믿지 말라.[180]

c. 거짓 선지자에게 미칠 화

예수님께서는 사람들을 천국에서 멀어지게 하는, 소경을 인도하는 소경에게 화가 있을 것임을 선언하셨다.[181] 바울 역시 바보에서 "성령이 충만하여" 마술사 엘루마를 꾸짖었다. "모든 거짓과 악행이 가득한 자요 마귀의 자식이요 모든 의의 원수여 주의 바른 길을 굽게 하기를 그치지 아니하겠느냐 보라 이제 주의 손이 네 위에 있으니 네가 맹인이 되어 얼마 동안 해를 보지 못하리라 하니 즉시 안개와 어둠이 그를 덮어 인도할 사람을 두루 구하는지라."[182] 거짓 사도는 자신이 만들어낸 거짓된 가르침에 대해 책임을 져야 한다.

---

179 "Sermon on the Mount," 32, B 1:683-84, J V:420-21, sec. 3. 9.
180 같은 곳.
181 참고. 마 15:14.
182 행 13:10-11; "Sermon on the Mount," 32, B 1:684, J V:421, sec. 3. 10.

에스겔의 경고는 모든 시대의 거짓 선지자들에게 적용된다. "가령 내가 악인에게 이르기를 악인아 너는 반드시 죽으리라 하였다 하자 네가 그 악인에게 말로 경고하여 그의 길에서 떠나게 하지 아니하면 그 악인은 자기 죄악으로 말미암아 죽으려니와 내가 그의 피를 네 손에서 찾으리라."[183]

웨슬리는 당대의 거짓 교사들에게 비슷한 말을 했다. "당신들은 이같이 사람을 구원의 문턱에서 넘어져 다시 일어나지 못하게 만든다. … 언제까지 주님의 바른 길을 왜곡해 어둠을 빛으로, 빛을 어둠으로 말할 것인가? 언제까지 죽음의 길을 가르치면서 그것을 생명의 길이라고 할 것인가?"[184]

거짓 교사라는 성가신 존재가 신실한 신자로 마음을 완고하게 하는 원인이 되지는 않는다. 오히려 그것은 신자로 깨어 있게 만든다. "영원한 생명이 위태로울 수 있기 때문이다."[185] 먼저 당신의 영혼을 일깨워 사랑으로 역사하는 믿음을 주시도록 하나님께 구하라. 그럴 때 영광의 성령 곧 그리스도의 영이 당신에게 임하실 것이다. 하나님께서는 자신이 보내신 자와 그렇지 않은 자를 드러내실 것이다. 당신의 입을 통해 나오는 하나님의 말씀은 "바위를 쳐서 부스러뜨리는 방망이 같을" 것이다.[186] 참 교사인지 거짓 교사인지는 그들의 열매로 알게 될 것이다.[187]

F. 지혜로운 건축자와 어리석은 건축자

누구도 하나님 앞에서 믿음을 속일 수는 없다. 말로 하는 확언이 거룩한 삶을 낳는 믿음을 대신할 수 없다. 종교적 직업도 도움이 되지 않는다.

---

183 겔 33:8.
184 "Sermon on the Mount," 32, B 1:684, J V:421, sec. 3. 11.
185 "Sermon on the Mount," 32, B 1:685-86, J V:422, sec. 3. 14.
186 렘 23:29.
187 "Sermon on the Mount," 32, B 1:685-86, J V:422, sec. 3. 14.

산상설교에 대한 웨슬리의 열세 번째 설교의 성경 본문은 지혜로운 건축자와 어리석은 건축자에 대한 마태복음 7:21-29이다 [설교 #33, "산 상설교 (13)"(Upon Our Lord's Sermon on the Mount: Discourse 13), B 1:686-98, J V:423-33 (1750)].

> 나더러 주여 주여하는 자마다 다 천국에 들어갈 것이 아니요 다만 하늘에 계신 내 아버지의 뜻대로 행하는 자라야 들어가리라 그날에 많은 사람이 나더러 이 르되 주여 주여 우리가 주의 이름으로 선지자 노릇 하며 주의 이름으로 귀신을 쫓아내며 주의 이름으로 많은 권능을 행하지 아니하였나이까 하리니 그때에 내 가 그들에게 밝히 말하되 내가 너희를 도무지 알지 못하니 불법을 행하는 자들 아 내게서 떠나가라 하리라 그러므로 누구든지 나의 이 말을 듣고 행하는 자는 그 집을 반석 위에 지은 지혜로운 사람 같으리니 비가 내리고 창수가 나고 바람 이 불어 그 집에 부딪치되 무너지지 아니하나니 이는 주추를 반석 위에 놓은 까 닭이요 나의 이 말을 듣고 행하지 아니하는 자는 그 집을 모래 위에 지은 어리석 은 사람 같으리니 비가 내리고 창수가 나고 바람이 불어 그 집에 부딪치매 무너 져 그 무너짐이 심하니라 예수께서 이 말씀을 마치시매 무리들이 그의 가르치 심에 놀라니 이는 그 가르치시는 것이 권위 있는 자와 같고 그들의 서기관들과 같지 아니함일러라

산상에서 우리 주님은 구원의 길과 그 길에서 만나는 주된 방해물들에 대해 하나님의 지혜의 말씀을 선포하셨다. 주님은 다음과 같은 중대한 경 고로 설교를 마무리하셨다. "나더러 주여 주여 하는 자마다 다 천국에 들 어갈 것이 아니요 다만 하늘에 계신 내 아버지의 뜻대로 행하는 자라야 들 어가리라 … 그러므로 누구든지 나의 이 말을 듣고 행하는 자는 그 집을 반 석 위에 지은 지혜로운 사람 같으리니."[188]

---

188 마 7:21, 24; "Sermon on the Mount," 33, B 1:687-88, J V:423, 서문, secs. 1-3.

1. 하나님의 뜻을 말하는 것과 실천하는 것

a. 주여 주여 하는 자마다 다 천국에 들어갈 것이 아니요

여기서 "주여 주여"라는 말은 무엇을 의미하는가? 단지 그렇게 말하는 것과 실제로 그렇게 행동하는 것 사이의 대조다. 따라서 예수님께서 말씀하신 이들은 말로는 "주여 주여"라고 하지만, 행동은 주님이 주님이 아닌 것처럼 하는 자들이다. "주여 주여" 하는 자는, "모든 좋은 말과 종교의 모든 언어", 즉 신앙고백과 기도와 하나님과 구원에 대한 말은 능숙하게 하면서도, 실천에서는 그와 반대의 길을 걷는 모든 사람을 함축한다.[189]

"주여 주여"라고 하는 이들에는, 죄에서 구원하시는 하나님의 능력에 대해 열정적으로 말하는 사람도 포함된다. 그러나 이 모든 것이 하나님의 뜻은 행하지 않으면서 "말로만 '주여 주여' 하는 것일 수 있다."[190]

b. 아버지의 뜻대로 행하는 자라야 들어가리라

이런 사람은 모든 외적인 죄를 삼가므로 "남에게 해를 끼치지 않는 것"처럼 보일 수 있다. 그들은 외적으로는 "모든 불결하고 불경건하며 불의한 것에서 깨끗할" 수도 있으나, 하나님 나라에 들어가기 위해 꼭 필요한 하나님의 뜻에 대한 실천을 하지 않는다.[191]

심지어 그들은 가난한 자를 먹이고 돌아보고 입히며 자신의 것을 나누는, "일반적으로 선행이라 부르는 많은 일"을 하면서도, "이 모든 것을 하나님을 기쁘시게 하려는 열망 없이" 할 수 있다. "그들은 여전히 장차 우리

---

189 "Sermon on the Mount," 33, B 1:688-89, J V:424-25, sec. 1. 1.
190 같은 곳.
191 "Sermon on the Mount," 33, B 1:689, J V:425, sec. 1. 2.

에게 나타날 영광에 참여하지 못할지도 모른다."[192]

어떤 말보다도 중요한 것은 가르침대로 사는 것이다. 말만 하는 사람은 예수님께서 산상수훈에서 탁월하게 요약해 설명하신 "예수 그리스도의 종교 전반에 대해" 전혀 알지 못하는 사람일 수 있다. "이 모든 것이 예수님께서 가르치신 의와 참된 거룩함과 얼마나 거리가 먼가?" 또 "처음에는 겨자씨 한 알처럼 심어지지만 이후에는 큰 가지를 뻗어 모든 거룩한 성품과 말과 행위라는 의의 열매를 맺는, 신자의 내면에 이루어진 하나님 나라"와 얼마나 거리가 먼가?[193]

c. 내게서 떠나가라

우리는 하나님 앞에 나아갈 때 자연스럽게 우리의 선함에 대한 주장과, 우리가 기도하고, 찬양하며, 악을 삼가고, 선을 행하며, 때로 주님의 이름으로 예언하고 귀신도 쫓아냈다는 증거들을 가져가고자 한다.[194]

주님께서 "내가 너희를 도무지 알지 못하니"라고 말씀하시는 사람은 이런 강한 자기 주장과 겸손의 결여가 특징이다. "네가 '내 이름으로 귀신을 내쫓을' 때도 나는 너를 내 백성으로 생각하지 않았다. 네 마음이 하나님께 대하여 올바르지 않았기 때문이다."[195] "너희는 온유하고 겸손하거나, 하나님 안에서 인류를 사랑하거나, '하나님의 형상으로 새로워지지' 않았고, 내가 거룩한 것같이 거룩하지 않았다. 나의 율법, 거룩함과 온전한 사랑의 법을 어기는 … '불법을 행하는 자들아 내게서 떠나가라.'"[196]

192 "Sermon on the Mount," 33, B 1:689, J V:425, sec. 1. 3; 참고. 롬 8:18.
193 "Sermon on the Mount," 33, B 1:690, J V:425, sec. 1. 4.
194 "Sermon on the Mount," 33, B 1:690, J V:426, sec. 1. 5.
195 같은 곳.
196 같은 곳.

2. 모래 위에 지은 집과 반석 위에 지은 집

a. 모래 위에 지은 집

주님께서는 다음의 말씀으로 하나님 나라에 들어갈 준비가 되었는가 하는 문제에 관한 모호함을 일축하셨다. "나의 이 말을 듣고 행하지 아니하는 자는 그 집을 모래 위에 지은 어리석은 사람 같으리니 비가 내리고 창수가 나고 바람이 불어 그 집에 부딪치매 무너져 그 무너짐이 심하니라."[197]

당신은 홍수가 들이닥치면 집이 얼마나 견딜 수 있는지를 알게 될 것이다. 고통, 유혹, 교만, 정욕의 홍수가 들이닥치면 집은 쓸려내려갈 것이다. 이것이 참된 종교가 "아닌 것에 안주했던 모든 사람이 감당해야 할 몫이다." "그들은 더 심하게 무너질 것이다. '말씀을 듣고도 행하지 않았기' 때문이다."[198]

b. 비가 내리면

반석 위에 집을 짓는 사람은 그의 "의가 서기관과 바리새인의 의보다 더 나은" 사람으로, 하나님의 뜻대로 행하는 사람이다.[199] 그것은 그가 무엇을 행하는지를 통해 알 수 있다. "그는 주께서 그를 아시는 것같이 자신을 알므로 심령이 가난하다. 또 자신의 모든 죄를 발견해 죄책감을 느끼다 그리스도의 대속의 피로 씻김 받는다. 그리고 자신이 잃어버린 유산, 자신을 향한 하나님의 진노, 자신의 전적인 무능함을 느끼다 성령 안에서 평강과 희락으로 충만하게 된다."[200]

---

197 마 7:26-27.
198 "Sermon on the Mount," 33, B 1:691, J V:426-27, sec. 1. 6.
199 참고. 마 5:20 ; 7:21.
200 "Sermon on the Mount," 33, B 1:691-92, J V:427, sec. 2. 1; 참고. 마 5:3; 요 3:36; 롬 14:17; 고전 13:12.

이러한 것이 산상설교에서 이미 제시된 내적 성품의 특징이다. 그리스도를 따르고 순종하는 사람은 온유하고, 부드러우며, 인내하고, 살아계신 하나님을 갈망하며, 선으로 악을 이기고, "원수를 위해 자신의 생명을 내려놓을 준비가 되어 있다. 그는 마음을 다하고 목숨을 다하고 뜻을 다하고 힘을 다하여 주 하나님을 사랑한다. 하나님 나라에 들어갈 사람은, 오직 이런 마음으로 모든 사람에게 선을 행하고, 그로 인해 멸시를 받아 사람에게 버린 바 되며, 미움과 책망을 받고 핍박을 당해도 기뻐하고 즐거워한다. 이는 자신이 믿는 분을 알며, '잠시 받는 환난의 경한 것이 지극히 크고 영원한 영광의 중한 것을 이루게 함'을 확신하기 때문이다."[201]

c. 반석 위에 집을 지은 지혜로운 사람

예수님의 비유에서 참으로 지혜로운 사람은, "자기 뜻을 행하려 함이 아니요 자신을 보내신 분의 뜻을 행하도록" 하시기 위해 자신에게 생명을 주어 이 흙집에 살게 하신 분이 하나님이심을 아는 사람이다. 그는 이 잠깐의 세상을, "영원한 거주지로 향하는 동안 나그네와 일시 체류자로서" 탄생과 죽음 사이의 짧은 시간 동안 거주하는 시공간의 장소로 여긴다.[202] "그 때가 단축하여진 고로 이 후부터 아내 있는 자들은 없는 자같이 하며 우는 자들은 울지 않는 자같이 하며 기쁜 자들은 기쁘지 않은 자같이 하며 매매하는 자들은 없는 자같이 하며 세상 물건을 쓰는 자들은 다 쓰지 못하는 자같이 하라 이 세상의 외형은 지나감이니라."[203]

그가 지혜로운 것은, 하나님을 "자신의 아버지이자 친구로, 모든 선의

---

201 같은 곳; 참고. 시 42:2; 사 53:5; 마 5:12; 막 12:30; 롬 12:21; 갈 6:10; 고후 4:17; 딤후 1:12; 벧전 3:9. .
202 "Sermon on the Mount," 33, B 1:692, J V:427, sec. 2. 2.
203 고전 7:29-31; "Sermon on the Mount," 33, B 1:692, J V:427, sec. 2. 2.

원천으로, 모든 사람의 영혼의 중심으로, 모든 지적인 존재의 유일한 행복"으로 알기 때문이다. 그는 자신을 만드신 분을 영화롭게 하고 그분을 사랑하고 향유하는 것이 인간의 목적이라는 사실을 정오의 태양 빛보다 더 분명히 안다."[204]

또 그가 지혜로운 것은, 변치 않으시고 "어제나 오늘이나 영원토록 동일"하신 "만세반석, 영원한 반석이신 주 예수 그리스도" 위에 집을 짓기 때문이다.[205] 아브라함은 지혜로운 사람의 본보기다. 그는 "부르심을 받았을 때에 순종하여 장래의 유업으로 받을 땅에 나아갈새 갈 바를 알지 못하고 나아갔으며 믿음으로 그가 이방의 땅에 있는 것같이 약속의 땅에 거류하여 동일한 약속을 유업으로 함께 받은 이삭 및 야곱과 더불어 장막에 거하였으니 이는 그가 하나님이 계획하시고 지으실 터가 있는 성을 바랐음이라."[206] "지혜로운 사람은 이 초석에 자신의 믿음을 고정시키고 자신의 영혼을 의지한다."[207]

지혜로운 사람은 마음에 온전한 신뢰를 가지고 다음을 고백한다. "내가 그리스도와 함께 십자가에 못 박혔나니 그런즉 이제는 내가 사는 것이 아니요 오직 내 안에 그리스도께서 사시는 것이라 이제 내가 육체 가운데 사는 것은 나를 사랑하사 나를 위하여 자기 자신을 버리신 하나님의 아들을 믿는 믿음 안에서 사는 것이라."[208] 그가 지혜로운 것은, 그리스도와 함께 일으키심을 받아 "위의 것을 생각하고 땅의 것을 생각하지" 않기 때문이다. "이는 너희가 죽었고 너희 생명이 그리스도와 함께 하나님 안에 감

204 "Sermon on the Mount," 33, B 1:692, J V:427, sec. 2. 2.
205 히 13:8; "Sermon on the Mount," 33, B 1:692-93, J V:428, sec. 2. 3.
206 히 11:8-10; "Sermon on the Mount," 33, B 1:692-93, J V:428, sec. 2. 3.
207 "Sermon on the Mount," 33, B 1:692-93, J V:428, sec. 2. 3.
208 갈 2:20.

추어졌음이라 우리 생명이신 그리스도께서 나타나실 그때에 너희도 그와 함께 영광 중에 나타나리라."[209]

그러나 그는 "자신이 더는 죄와 싸우지 않을 것이며, 이제 모든 유혹에서 완전히 벗어났다"고 생각할 정도로 비현실적이지 않다. 그는 은혜를 받았으나 여전히 "불로 정금같이 연단받아야 한다. 신자라는 이유로 하나님을 알지 못하는 자보다 유혹이 덜하지 않다. 아마도 더 많은 유혹이 있을 것이다."[210]

예상치 못한 때에 비가 내리고, 홍수는 "거센 파도와 함께 무시무시하게 몰아칠 것이다."[211] 그러나 지혜로운 자는 낙심하지 않는다. 그는 "땅이 변하든지 산이 흔들려 바다 가운데 빠지든지 두려워하지 않는다."[212]

3. 거짓이 아닌 진리 위에 건축하라

a. 자기 점검

모든 사람은 "자신이 바위와 모래 중 어떤 기초 위에 집을 짓고 있는지" 부지런히 자신의 양심을 살펴야 한다.[213] "심각하게 오용된 의미로, 단지 올바른 교리만을 의미하는 믿음"이라는 모래 위에 집을 짓지 말라.[214] "거룩하도록 도움을 줄지는 모르지만 그 자신들은 거룩하지 못한" 특정한 교회 소속이라는 모래 위에 집을 짓지 말라.[215]

"남에게 해를 끼치지 않는 것", "정직한 사람이 되는 것", 모든 사람에

---

209 골 3:2-4; "Sermon on the Mount," 33, B 1:692-93, J V:428, sec. 2. 3.

210 "Sermon on the Mount," 33, B 1:692-93, J V:428, sec. 2. 3.

211 "Sermon on the Mount," 33, B 1:693, J V:428-29, sec. 2. 4.

212 시 46:2; "Sermon on the Mount," 33, B 1:693, J V:428-29, sec. 2. 4.

213 "Sermon on the Mount," 33, B 1:694, J V:429, sec. 3. 1.

214 같은 곳.

215 같은 곳.

게 정당한 대가를 주는 것, 선을 행하는 것, 예배에 참석하는 것 같은 빈약한 기초 위에 집을 짓지 말라. 이런 것은 칭찬할 만한 장점이지만, 하나님 나라에 들어가는 방법은 아니다. 그 방법은 오직 하나님의 뜻을 행하는 것이다.[216]

그렇다면 다른 사람에게 매우 자주 배워온 다음의 말씀을 의미를 스스로 분명히 이해하라. "너희는 그 은혜에 의하여 믿음으로 말미암아 구원을 받았으니" 이는 "우리가 행한 의의 행위에 의한 것이 아니요 우리를 구원하시는 하나님의 자비에 의한 것이다."[217] 사랑으로써 역사하지 않는 믿음은 아무 소용이 없다. 거룩한 삶을 낳지 않는 믿음은 그리스도인의 믿음이 아니다. 믿음은 "내적이고 외적인 모든 거룩함을 가져온다. 우리 마음에 하나님의 온전한 형상을 새기고, 하나님의 깨끗하심과 같이 우리를 깨끗하게 한다."[218]

b. 산상설교의 마지막 호소

웨슬리는 근본적인 복음적 윤리에 대한 중요한 열세 편의 설교 시리즈를, 거룩함의 좁은 길과 반석 위에 지은 영생의 집에 대한 말씀으로 마무리한다. 그는 당신이 죄인임을 깨닫고 죄로 인해 애통하며, 의를 갈망하고, 자비를 베풀며, 정결한 마음을 구하는 것에 대한 산상설교의 중요한 가르침을 돌이켜본다. "하나님의 은혜로 자신을 바르게 알아" 당신이 성자에 의해 구원받고 그의 성령으로 정결케 되었으며, 하나님께서 '매순간 물을 주시지 않으면' 당신은 어떤 선한 열매도 맺을 수 없는 전적으로 무능

---

216 "Sermon on the Mount," 33, B 1:694, J V:429-30, sec. 3. 2.
217 "Sermon on the Mount," 33, B 1:695, J V:430, sec. 3. 4; 참고. 엡 2:8-9.
218 "Sermon on the Mount," 33, B 1:695-96, J V:430-31, sec. 3. 5.

한 자"임을 깨달으라.[219] 하나님께서 당신의 괴로움을 기쁨으로 바꾸어주
시기를 기도하라. "우는 자들과 함께 울고, 자신을 위해 울지 않는 자를 위
해 울라. 인류의 죄와 불행으로 인해 애통하라. 당신 눈앞에 펼쳐진 영원
의 거대한 바다를 보라. 거기에는 바닥도 끝도 없다."[220]

"당신의 모든 열정 특히 분노, 슬픔, 두려움을 바르게 다루라. … 어떠
한 형편에든지 자족하기를 배우라."[221] 하나님께서 자비로우신 것같이 자
비로우라. "이웃을 당신의 몸과 같이 사랑하라!"[222] 진리를 발견할 때마다
진리와 함께 기뻐하라. "하나님께 영광이 되고 사람들 중에 평화와 선의를
증진시키는 모든 일을 즐거워하라."[223] "믿음으로 모든 거룩하지 못한 성품
에서 마음을 깨끗하게 하라."[224] "당신의 종교가 마음의 종교가 되게 하라.
그것이 당신의 영혼 가장 깊은 곳에 자리 잡게 하라. … 당신이 지금" 영원
한 영광과 영원한 멸망 사이에 있는 "거대한 심연의 가장자리에 서 있다
는 깊은 깨달음에서 당신의 모든 생각과 말과 행동이 흘러나오게 하라."[225]

c. 산상설교의 결과

"예수께서 이 말씀을 마치시매 무리들이 그의 가르치심에 놀라니 이는
그 가르치시는 것이 권위 있는 자와 같고 그들의 서기관들과 같지 아니함
일러라."[226] 사람들은 그분의 권세를 즉시 알아보았다.

---

219 "Sermon on the Mount," 33, B 1:696, J V:431, sec. 3. 6; 참고. 사 27:3.
220 "Sermon on the Mount," 33, B 1:696, J V:431, sec. 3. 7.
221 "Sermon on the Mount," 33, B 1:696-97, J V:431, sec. 3. 8.
222 "Sermon on the Mount," 33, B 1:697-98, J V:432, sec. 3. 10.
223 같은 곳.
224 "Sermon on the Mount," 33, B 1:698, J V:432, sec. 3. 11.
225 "Sermon on the Mount," 33, B 1:698, J V:432-33, sec. 3. 12.
226 마 7:28-29.

10장

복음은 어떻게 율법을 재정의하는가?

10장 복음은 어떻게 율법을 재정의하는가?

A. 율법의 기원, 본성, 용법

1. 율법의 기원, 본성, 속성 및 용법

웨슬리는 자신이 기독교 윤리의 요약이라고 부른 산상설교에 관한 열세 편의 설교를 작성한 후, 의도적으로 복음이 어떻게 율법을 성취하고 확립하는가 하는 복음적 윤리의 중심 주제에 관해 글을 썼다. 그는 서로 밀접하게 연결되어 있는 세 편의 설교 "율법의 기원, 본성, 속성 및 용법", "믿음으로 세워지는 율법 (1)", "믿음으로 세워지는 율법 (2)"에서 이 주제를 다루었다.

복음이 율법과 맺는 관계는 복음적 윤리의 중심이 되는 교리다. 이 교리에서 웨슬리는 어거스틴, 루터, 칼빈, 영국 국교회 신학자들이 합의를 이룬 핵심적 가르침을 신중하게 따랐다. 그는 율법의 제3용법에서는 칼빈과 더 가까웠지만, 오직 믿음을 통한 은혜에 의한 칭의에서는 루터와 더 가까웠다. 그는 인간의 어떤 공로도 없이 오직 하나님의 은혜로 얻는 구원의 교리를 명확히 확언했다. 그러면서도 율법 폐기론적인 유혹이 나타날 때마다 그것에 반대했다. 그는 이 설교들에서 교리적 견해에 관해 논의하고자 한 것이 아니라, 영적 훈련을 위한 메소디스트 연합체를 대상으로 어떻게 사랑으로 행함의 뿌리가 되는 오직 믿음으로 은혜를 통해서만 율법이 세워지는지에 관해 가르치는 일에 마음을 쏟았다.

복음과 율법에 대한 주제는 웨슬리가 체계적이고 의도적으로 학문적 교육 설교의 형태로 풀어낸 몇 안 되는 주제 중 하나다. 그가 이와 유사한 방법을 사용해 훨씬 더 긴 분량으로 다룬 교리는 원죄, 예정, 구원의 확신, 온전하게 하시는 은혜, 네 가지다.

웨슬리는 복음과 율법의 관계에 대한 바울의 이해에 주의를 집중했다. 그가 첫 번째로 살펴본 중요한 구절은 로마서 7:12의 "이로 보건대 율법은 거룩하고 계명도 거룩하고 의로우며 선하도다"라는 말씀이다 [설교 #34, "율법의 기원, 본성, 속성 및 용법"(The Original, Nature, Property, and Use of the Law), B 2:4-19, J V:433-46 (1750)].

이 구절의 깊이 있는 가르침을 제대로 헤아리지 못하는 두 가지 잘못된 견해가 있다. 첫째는 이 구절이 말하는 율법이 옛 유대인들의 의식법만을 가리킨다는 것이고, 둘째는 이 율법이 옛 로마인들의 시민법을 가리킨다는 것이다. 두 가지 모두에 결함이 있다.[1]

바울은 율법을 자기 의의 수단으로 삼으려는 유혹을 철저히 부인했음에도, 율법은 여전히 "거룩하고 계명도 거룩하고 의로우며 선하다"고 말씀한다. 율법의 더 깊은 의미를 가르치고자 했기 때문이다. 이 설교에서 웨슬리는 바울의 의도와 분명한 표현을 주의 깊게 추적한다. "바울이 한 말의 취지를 주의깊게 숙고한 모든 사람"은, 율법이 창조시 하나님의 은혜로 주어졌으며 도덕법은 영원한 유효성이 있음을 깨달을 것이다.[2]

율법주의와 율법 폐기론 모두 율법에 대한 바울의 가르침과 전혀 부합하지 않는다. 바울은 독자에게 복음으로 인해 율법을 무시해도 되는 것처

---

1 "The Original, Nature, Property, and Use of the Law," B 2:4, J V:433, 서문, sec. 1.
2 같은 곳.

럼 율법을 전적으로 무가치하게 여기는 태도에 대해 어떤 구실도 주지 않는다. 모세에서 예언자와 시편 기자, 또 세례 요한에 이르기까지 율법은 도덕적 삶에 영향을 끼쳐왔다.

a. 로마서 7장 이해

웨슬리가 율법으로 무엇을 의미했는지 이해하려면 바울이 로마의 그리스도인들에게 쓴 편지, 그중에서도 특히 7장의 의미를 자세히 살펴보아야 한다. 바울은 처음에는 혼란스럽게 보일 수 있지만 좀 더 생각해보면 매우 깊이가 있는 훌륭한 비유로 복음과 율법에 관한 결정적인 논의를 시작했다. 이 비유는 영원한 도덕법에 대한 기독교 신자의 책임을, 한 미망인이 전 남편에 대해 지니는 책임에 빗대어 설명한다. 도덕법은 사람이 살아있는 한 그 행실을 지도한다. 그러나 복음은 새롭게 태어난 그리스도인이 율법을 이해하는 방식을 바꾸어놓는다. 율법은 그리스도 안에서 성취되고 확립된다.

살아있는 한 당신은, 양심에 드러나 있으며 구원사를 통해 좀 더 명확해진 영원한 도덕법의 제약을 받는다. 영원한 권위를 가진 이 율법은 유대인의 의식법이나 로마인의 시민법에 제한되지 않는다. 그것은 모든 사람의 양심에 새겨져 있는 도덕법이다. 사람은 누구도 자신의 행위를 평가받지 않을 수 없기 때문에 아무도 이 법을 피할 수 없다.

b. 복음은 율법의 거룩함, 의로움, 선함을 전제로 함

로마서 7장은 18세기에 신약성경에서 가장 뜨겁게 논쟁이 된 단락 중 하나며, 오늘날에도 여전히 그렇다. 그러나 어떤 반박을 받든 웨슬리는 이 논쟁에서 분명한 입장을 견지했다. 즉, 율법은 그리스도의 삶에서의 능동적인 순종과 십자가의 수동적인 순종을 통해 성취되었다는 것이다. 이 속죄의 행위가 율법을 성취할 뿐 아니라, 새롭고 은혜로운 관계의 틀에서 율법을 새롭게 확립한다.

이 비유에서 언급된 유대인의 결혼법을 아는 사람이라면, 그 법이 오직 살아있는 남성과 여성에게 적용된다는 것을 이해한다. 예를 들어, 그 법에 의하면 여인은 남편이 살아있는 동안에는 법적으로 그에게 매여 있다. 그러나 남편이 죽으면, 아내는 죽은 사람에게는 매이지 않기에 재혼할 자유가 있다.[3] 이는 기독교 신자와 유대인의 율법의 관계와 유사하다. 십자가에서 그리스도는 자신을 반대했던 위선자들의 율법주의적인 삶의 방식 전체를 폐하셨다. 이는 신자를, 의롭게 되는 수단으로서 율법의 요구와 아무런 관계가 없게 만든다. 이런 의미에서 회개하는 신자는 영원한 효력을 지닌 도덕법을 준수할 의무에서 자유를 얻는 것은 아니지만, 의롭게 되는 수단으로서의 율법의 속박에서 자유를 얻는다. 그리스도의 죽음에 동참함을 통해 그들은 말하자면 유대인의 특정한 규율집에 대해 죽을 뿐, 마음에 기록되고 양심으로 분별할 수 있는 율법에 대해 죽는 것은 아니다.

바울은 다음과 같이 신중하게 비유를 설명했다. "'너희도 그리스도의 몸으로 말미암아 [모세의] 율법에 대하여 죽임을 당하였으니 이는 다른 이' 즉 그리스도의 율법에 속한 자가 된다. 이는 '죽은 자 가운데서 살아나신 이에게 가서 우리가 하나님을 위하여 열매를 맺게 하려 함'이다."[4] 믿음의 열매는 율법의 모든 자기 의의 행위와는 달리, 값없이 주신 하나님의 자비에 대한 감사에서 우러나는 사랑의 행실들이다.

---

3 참고. 롬 7:2.

4 "The Original, Nature, Property, and Use of the Law," B 2:5, J V:434, 서문, sec. 2; 참고. 롬 7:4.

그러므로 이제 회개하는 신자는 자유로이 아무런 공로 없이 은혜를 주시고 용서해주시는 하나님과의 새로운 언약 관계에 들어간다. 그들이 옛 방식대로 살아가던 동안에는 옛 율법이 작용해 죄에 대한 속박을 심화시켰다. 죄가 그들을 다스렸고, 율법은 그들의 범죄를 더하게 했다. 그 후 그들은 율법에 둘러싸였고, 좌절과 절망은 커져갔다.[5] 죄는 이러한 기회를 악용해 율법의 명령을 자기 의를 이루고자 하는 유혹으로 변질시켜, 그것을 금단의 열매처럼 만들었다. 율법은 유용한 안내서가 되기보다 종교 생활로 교만에 빠지는 유혹의 원인이 되어버렸다.

c. 새로운 시대

그리스도를 통해 우리는 하나님의 새로운 섭리시대에 살고 있다. 전에 우리는 타락한 본성의 힘 아래 있었고, 그 본성이 우리의 행동을 지배했다. 그러나 이제 우리는 그리스도의 부활의 능력을 경험적으로 알 수 있다. 죄는 여전히 남아 있지만 우리를 다스리지는 못한다.[6]

율법의 죄책은 모세의 율법이 낳은 교만의 부추김으로 결국 죽음을 가져왔다. 그러나 이제 우리는 자신을 의롭게 하는 수단으로서의 율법에서 건짐 받아, 우리를 위해 죽으시고 영의 새로움으로 살아나신, 부활하신 주님의 생명에 참여한다.[7]

영원한 도덕법은 인간의 양심에 영구적으로 새겨져 있기 때문에 결코 없어지지 않는다. 인간의 양심은 자신이 어떤 행동을 하는지와 무관하게 작용할 수 없다. 그러나 이런 도덕법은 이제 복음의 빛이 찾아오기 전과는

---

5   같은 곳.
6   *JWT* 2:266-80를 참고하라.
7   "The Original, Nature, Property, and Use of the Law," B 2:5, J V:434, 서문, sec. 2; 참고. 롬 7:1-6.

전혀 다른 토대에 서 있다.

이것이 율법 자체를 죄악 된 것으로 만드는가? 아니다. 만약 율법이 없었다면 우리는 죄가 무엇인지조차 알지 못했을 것이다. 우리는 하나님께서 "탐내지 말라"고 명령하지 않으셨다면 탐내는 것이 하나님 앞에 죄가 된다는 사실을 몰랐을 것이다.[8] "그러나 죄가 기회를 타서 계명으로 말미암아 내 속에서 온갖 탐심을 이루었나니 이는 율법이 없으면 죄가 죽은 것임이라."[9] "죄는 살아나고 나는 죽었도다 생명에 이르게 할 그 계명이 내게 대하여 도리어 사망에 이르게 하는 것이 되었도다 죄가 기회를 타서 계명으로 말미암아 나를 속이고 그것으로 나를 죽였는지라."[10]

d. 율법은 거룩하고 의로우며 선함

이제 우리는 과거에 하나님과 맺었던 법적인 관계로 인해 죽었던 상태에서 일으키심을 받아 하나님과 새로운 관계를 맺게 되었다. 이것이 우리로 새로운 삶 속에서 열매를 맺게 한다.

이전의 법적인 관계는 예수님의 죽음과 함께 장사지낸 바 되었기 때문에 옛 율법의 요구는 사라졌다. "이제는 우리가 얽매였던 것에 대하여 죽었으므로 율법에서 벗어났으니 이러므로 우리가 영의 새로운 것으로 섬길 것이요 율법 조문의 묵은 것으로 아니할지니라."[11]

바울은 이러한 사실을 전제하면서, 지금 우리가 살펴보는 설교의 성경 본문에 이른다. "이로 보건대 율법은 거룩하고 계명도 거룩하고 의로

---

8   롬 7:7.
9   롬 7:8.
10   롬 7:9-11.
11   롬 7:6.

우며 선하도다."[12] 율법이 죽었다면, 어떻게 그리스도인의 삶에서 계속 거룩하고 의로우며 선할 수 있단 말인가? 이 설교의 나머지 부분에서 웨슬리는 율법의 본질, 기원, (거룩하고 의로우며 선한) 속성, 용법을 설명한다.[13]

2. 율법의 기원

a. 천사 창조와 율법 수여

노아나 에녹이 타락한 세상에서 하나님의 율법을 선포했다는 성경의 기록에서 분명히 알 수 있듯, 영원한 도덕법은 모세의 율법이 주어지기 전에도 존재했다. 성경은 세상이 창조되기 전, "'새벽 별들'(천사들–역주)이 처음으로 '함께 노래하던' 때"에도 율법이 존재했음을 명확히 한다.[14]

율법에 대한 인식은 천사의 창조, 천사가 가진 자유, 천사의 지식의 본질적인 요소다. 하나님께서는 지적이고 비물질적이며 영적인 존재인 천사를 만드셨고, "그들은 하나님께서 자신을 창조하셨음을 알았다." 하나님은 또 그들에게 "이해력을 주셔서 참과 거짓, 선과 악을 구분할 수 있게 하셨고, 그 필연적인 결과로 자유를 부여해 어떤 것은 선택하고 어떤 것은 거부할 수 있게 하셨다. 이를 통해 그들 역시 하나님께 자유롭게 기꺼이 예배드릴 수 있게 되었는데, 그 예배는 은혜로우신 주 하나님께서 가장 받으실 만할 뿐 아니라 그 자체로 상 받을 만한 것이었다."[15]

이해와 자유라는 기능은 하나님께서 지능을 가진 영적 존재에게 주신 것이다. 이성적인 양심이 이해할 수 있는 영원한 도덕법은, "유한한 존재

---

12   롬 7:12.
13   "The Original, Nature, Property, and Use of the Law," B 2:6, J V:435, 서문, sec. 4.
14   욥 38:7; "The Original, Nature, Property, and Use of the Law," B 2:6, J V:435, sec. 1.1.
15   같은 곳.

가 알 수 있는 한도 내에서 모든 진리의 완전한 모범이자, 천사들이 이해할 수 있는 모든 선의 모범이다. 또 그들을 다스리시는 자비로운 통치자의 계획은, 율법에 순종할 때마다 … 그들의 본성이 더 온전해지게 하심으로 그들이 더욱 더 행복을 누리게 하시는 것이었다."[16] 천사들은 진리를 이해할 수 있는 능력뿐 아니라, 지속적으로 기쁨을 더 크게 누릴 수 있는 능력도 부여받았다. 영원한 도덕법에 대한 하나하나의 순종이 점점 그들의 본성의 온전함을 더해갔다.[17]

b. 인간의 역사 속 율법

창조 여섯째 날 하나님은 땅의 흙으로 인간을 창조하시고 "생기를 그 코에 불어넣어" 생령이 되게 하셨다. 아담은 육체를 가진 점에서는 천사와 다르지만, 이성과 자유와 도덕적 의식을 가진 점에서는 그들과 유사하다. 인간은 천사처럼 "선과 악을 택할 수 있는 능력을 부여받았다." 율법은 "하나님의 손가락으로 그들의 마음에 새기신 것, 즉 인간과 천사의 가장 깊은 영의 중심에 쓰신 것이다. 그렇게 하신 이유는 율법이 멀리 떨어져 있거나 이해할 수 없는 어려운 것이 아니라, 늘 가까이 있어 하늘의 태양처럼 언제나 밝은 빛을 발하게 하시려는 것이다."[18]

이 영원한 도덕법이 바로 웨슬리가 "하나님의 율법의 기원"이라고 부른 것으로, 처음에는 영적 피조물에게, 그다음으로는 인간의 본성에 새겨졌다. "그러나 사람은 얼마 지나지 않아 하나님께 반역했고, 이 영광스러운 율법을 깨뜨림으로 그 마음에서 거의 지워버렸다." 사람의 이해의 눈은

---

16 "The Original, Nature, Property, and Use of the Law," B 2:6, J V:436, sec. 1. 2.
17 같은 곳.
18 "The Original, Nature, Property, and Use of the Law," B 2:7, J V:436, sec. 1. 3.

어두워졌고, 그 영혼은 "하나님의 생명에서 분리되었다."[19]

하나님은 인류를 버리지 않고, 자신의 아들을 통해 속량해 "어둡고 죄로 가득한 그들의 마음에 율법을 어느 정도 다시 새기셨다." 이로써 하나님은 사람에게 무엇이 선한지를 다시 한 번 가르쳐주셨다. 그 결과 이성을 가진 모든 피조물은 선을 인식할 수 있게 되었다. 즉, "오직 정의를 행하고 인자를 사랑하며 겸손하게 하나님과 함께 행할" 가능성이 생긴 것이다.[20]

c. 죄의 역사 속 율법

도덕적 인식 능력은 인류의 첫 부모뿐 아니라, 그들의 모든 후손에게도 주어졌다. 하나님께서 본래 주신 율법은 "세상에 와서 각 사람에게 비추는 빛"이 되었다.[21] 그러나 아담과 하와의 모든 후손은 죄 속에서 그들의 첫 조상을 따랐다.[22]

마침내 하나님은 "온 인류 가운데서 특별히 한 민족을 택하시고 그들에게 자신의 율법에 관한 더 완벽한 지식을 주셨다." 죄의 역사로 그들의 이해가 흐려졌기에, 하나님은 "두 돌판에 그것을 기록하셔서 부모가 자녀에게, 그리고 그 뒤를 잇는 모든 세대에 대대로 가르치게 하셨다."[23]

따라서 복잡한 역사를 통해 하나님께서 주신 본래의 율법은 모세가 기록한 율법을 통해 더 명확하게 표현되었다. 그러나 끈질긴 죄로 인해, 기록된 율법을 주시는 것만으로는 여전히 거룩하신 하나님과 고집 센 피조물을 화해시키기에 충분하지 않았다. "귀로 듣는 것만으로는 율법의 높이

19 "The Original, Nature, Property, and Use of the Law," B 2:7, J V:436, sec. 1. 4.
20 같은 곳; 미 6:8.
21 "The Original, Nature, Property, and Use of the Law," B 2:7, J V:436, sec. 1. 5; 참고. 요 1:9.
22 *LJW* 4:155; 6:240.
23 "The Original, Nature, Property, and Use of the Law," B 2:8, J V:437, sec. 1. 5.

와 길이와 깊이와 폭을 알 수 없다."[24] 한 분 하나님만이 자신의 성령으로 그것을 계시하실 수 있다. 율법이 얼마나 분명하게 선포되었든 하나님의 영의 도움이 없다면 우리는 그것을 이해할 수 없다. 영원한 율법의 수용은, 죄로 어두워진 역사에 의해 방해를 받는다.

새 언약의 약속은 거룩하신 하나님과 죄인인 인간의 화해를 위해 필요했다. "그래서 하나님께서는 진정으로 믿는 모든 자를 위해, 자신의 백성 이스라엘에게 주신 저 은혜로운 약속을 그대로 지켜 행하신다." 하나님은 "이스라엘 집과 새 언약"을 맺어, "내가 나의 법을 그들의 속에 두며 그들의 마음에 기록하여 나는 그들의 하나님이 되고 그들은 내 백성이 될 것이라"라고 약속하셨다.[25]

이제까지 율법의 기원에 대해 논의했고, 다음으로는 율법의 본성을 살펴볼 것이다. 우리는 율법을 어떻게 정의할 수 있는가?

3. 율법의 본성

율법의 본성은 무엇인가? "그것은 하나님께서 인간에게 드러내신 마음이자 … 그 본체의 형상이시다."[26] 율법은 우리에게 주신 "영원하신 하나님에 대한 묘사이자 … 베일을 벗으신 하나님의 얼굴이다. 하나님께서는 율법을 통해 피조물이 감당할 수 있을 만큼 자신을 보여주신 것이다."[27] "하나님의 율법"은 하나님께서 그 눈을 밝혀주신 모든 사람이 바라볼 수 있도록 "모든 덕을 하나로" 모으신 것이다. "율법이야말로 영원부터 창조

---

24 같은 곳.
25 렘 31:31-33; "The Original, Nature, Property, and Use of the Law," B 2:8, J V:437, sec. 1. 6.
26 "The Original, Nature, Property, and Use of the Law," B 2:9, J V:438, sec. 2. 3.
27 같은 곳; 참고. 히 1:3.

되지 않은 존재의 정신 속에 있던 것이 이제 인간의 이해로도 알 수 있는 형태로 옷을 입고 출현한 진리와 선에 대한 본래의 개념이 아니면 무엇이겠는가?"28 영원한 율법은 "불변하는 이성이자, 변할 수 없는 공정성이며, 모든 사물의 영원한 적합성이다."29

우리가 아는 것은 부분적이다. 우리는 이 흙집에 살 동안에는 말하는 것이 어린아이와 같지만, 어린아이의 일을 벗어버리고 "온전한 것이 올 때 부분적으로 하던 것이 폐할" 그날을 기다린다.30 성경은 "하나님의 율법은 (인간의 방식으로 표현해) 하나님의 영원한 정신의 복사본이자, 하나님의 성품을 글로 적어놓은 것"31이라고 가르친다.

율법의 속성이란, 율법에 속해 그것을 독특하고 유일하게 특징짓고 정의하는 것이다. 율법의 속성으로는 거룩함, 의로움, 선함이 있다.32

a. 율법은 거룩하다

율법이 거룩하다는 것은, 이 하나님의 마음의 형상이 순수하고 순결하며 흠 없고 더럽혀지거나 오염되지 않았으며,33 "모든 죄에서 순결하며, 어떤 악도 근접할 수 없이 깨끗하고 흠이 없음"34을 의미한다. "죄의 본성이 하나님께 대하여 되는 것처럼, 하나님의 율법도 죄에 대해 원수가 된다."35

하나님의 율법은 죄 자체나 죄의 원인이 아니다. "우리가 율법을 죄의

28 "The Original, Nature, Property, and Use of the Law," B 2:9, J V:438, sec. 2. 4.
29 "The Original, Nature, Property, and Use of the Law," B 2:10, J V:438, sec. 2. 5.
30 고전 13:10-11; "The Original, Nature, Property, and Use of the Law," B 2:10, J V:438, sec. 2. 5.
31 "The Original, Nature, Property, and Use of the Law," B 2:10, J V:438, sec. 2. 6; 참고. 골 1:15-19.
32 "The Original, Nature, Property, and Use of the Law," B 2:10, J V:439, sec. 3. 1.
33 "The Original, Nature, Property, and Use of the Law," B 2:10-11, J V:439, sec. 3. 2; 참고. 약 1:27; 3:17.
34 "The Original, Nature, Property, and Use of the Law," B 2:11, J V:439, sec. 3. 3.
35 "The Original, Nature, Property, and Use of the Law," B 2:11, J V:439, sec. 3. 3.

원인이라고 생각하는 것은 가당치 않다! 율법은 어둠에 감춰진 것들을 찾아내 탁 트인 햇빛 아래로 끌어내는 죄의 발견자이기 때문이다."[36] 율법으로 죄가 드러난다 해서 율법이 죄는 아니다.[37]

율법은 죄의 모든 가면을 벗겨버린다. 죄의 "가면뿐 아니라 핑계도" 하나님의 율법 앞에서 모두 사라지고 만다. "죄는 빛으로 끌어낼 때 더욱 사납게 날뛴다."[38]

b. 율법은 의롭다

율법을 정의하는 또 다른 속성은 의로움이다. 의로움은 율법에 속한다. 의롭지 않은 것은 영원한 도덕법과 부합하는 것일 수 없다. "율법은 모두에게 의당 돌아가야 할 것을 돌려준다. 율법은 무엇이 옳으며, 무엇을 마땅히 행하고 말하며 생각해야 하는지를 정확히 규정해준다."[39] 인간의 정의는 하나님의 마음에 있는 영원한 율법의 부정확한 그림자다.

하나님의 율법에서 제멋대로인 것은 조금도 없다. 율법의 명령은 모든 사물의 본성, 그 전체와 각 부분에 들어맞아 "각각의 모든 상황과 그들 상호 간의 모든 관계에 적합하다. … 율법은 사물의 적합성과 정확히 일치한다."[40] 율법은 모든 계명에서 "아버지의 뜻이 이루어지다"라고 말한다.[41]

"하나님이 어떤 것을 뜻하셨기에 그것이 옳은 것이 되는가, 아니면 그것이 옳기 때문에 하나님이 그것을 뜻하시는가?" 웨슬리는, 이 수수께끼

---

36 같은 곳.
37 참고. 롬 7:13.
38 "The Original, Nature, Property, and Use of the Law," B 2:11, J V:439, sec. 3. 4.
39 "The Original, Nature, Property, and Use of the Law," B 2:12, J V:440, sec. 3. 5.
40 같은 곳.
41 같은 곳.

는 하나님과 그의 뜻을 분리된 것으로 가정한다는 점에서 어리석은 질문이라고 보았다.[42] 이런 질문은 "유익하기보다 호기심만 자극할 뿐이다."[43]

유한한 피조물은 하나님의 존재와 그분의 뜻 사이의 관계의 신비에 경외심을 갖는다. 인간은 유한한 세계 안에서만 판단하므로, 창조 세계에 공의롭게 질서를 부여하신 무한하신 창조주를 온전히 이해할 수 없는 위치에 있다. 피조물은 유한한 지성으로 자신이 어떻게 스스로의 뜻이 아닌 영원한 공정성에 의해 창조되었는지 이해하기 위해 노력할지언정, 창조주께 책임을 물을 수는 없다. "하나님의 뜻으로, '그분의 기쁨'만을 위해, 모든 피조물은 '창조되고, 또 창조되었다.'"[44] 각각의 모든 경우마다 하나님께서 이것이나 저것을 뜻하시는 것은 "그것이 옳을 뿐 아니라, 사물의 적합성 및 그들이 맺고있는 관계에도 들어맞기 때문이다."[45]

c. 율법은 선하다

율법의 세 번째 속성은 그것이 선하다는 것이다. 율법이 선한 이유는 하나님께서 선하시기 때문이다.[46]

"오직 선하심이 아니면 하나님께서 무슨 이유로 사람에게 자신의 본성을 기록한 율법을 주셨겠는가? … 하나님께서 그 선하심으로 처음부터 주셨고 모든 시대에 걸쳐 보존해오신 이 율법은 마치 선의 근원과도 같아서 선과 자비로 가득하고 부드러우며 온화하다. 시편 기자가 표현한 것처럼

---

42   "The Original, Nature, Property, and Use of the Law," B 2:13, J V:441, sec. 3. 7.
43   "The Original, Nature, Property, and Use of the Law," B 2:12-13, J V:440-41, sec. 3. 6.
44   "The Original, Nature, Property, and Use of the Law," B 2:13, J V:441, sec. 3. 8.
45   "The Original, Nature, Property, and Use of the Law," B 2:13, J V:441, sec. 3. 9.
46   "The Original, Nature, Property, and Use of the Law," B 2:13, J V:441, sec. 3. 10.

율법은 '꿀과 송이꿀보다 더 달다.'"[47]

하나님의 율법은 "그 본성은 물론 효과도 선하다. 나무가 좋으면 그 열매도 좋은 것과 같다. 하나님의 율법의 열매는 '의와 평안과 영원한 확신이다.'"[48]

지금까지 율법의 기원, 본성, 속성에 대해 설명했다. 이제는 율법의 용법과 유익을 살펴보고자 한다. 성경을 균형 있게 이해하면 율법에는 세 가지 용법이 있음을 알 수 있다. 율법은 어떻게 우리에게 유익을 주는가?

4. 율법의 용법

a. 율법의 제1용법: 죄를 깨닫게 함

율법의 첫 번째 유익은 세상으로 죄를 깨닫게 하는 것이다. 이 일은 어떤 방법을 사용하시든, 또는 아무런 수단도 사용하지 않으시든 양심에 죄를 깨닫게 하실 수 있는 성령의 특별한 사역이다.

성령은 새로운 삶을 창조하시기 위해 옛 틀을 부수는 작업을 하실 수 있다. 어떤 사람은 "병중에 있든 건강하든, 어떤 명확한 이유도 없이 한순간에 마음이 깨어질 수 있다."

회개가 믿음보다 앞선다. 율법은 겸손과 회개를 일으킨다. "율법으로 죄인에게 죄를 깨닫게" 하시는 것은 성령께서 사용하시는 일반적인 방법이다.[49] 율법은 사람의 양심을 겸손한 자각으로 이끄는 일을 한다.

성령의 이러한 사역은 흔히 "즉각적이고 강력하며 … 좌우에 날 선 검

47　"The Original, Nature, Property, and Use of the Law," B 2:14, J V:441, sec. 3. 11.

48　"The Original, Nature, Property, and Use of the Law," B 2:15, J V:442, sec. 3. 12.

49　"The Original, Nature, Property, and Use of the Law," B 2:15, J V:442, sec. 4. 1.

보다 예리하다." 하나님과 그분이 보내신 사람의 손에 들린 율법은 "속임수로 가득한 마음을 꿰뚫고, '영혼과 심령을 갈라놓으며, 관절과 골수를 찔러 쪼갠다.' 이로써 죄인은 자신의 실체를 발견한다. 무성하던 무화과 나뭇잎은 떨어져버리고 그는 자신이 '악하고 가난하고 비참하며, 눈멀고 벌거벗은' 상태임을 알게 된다. 율법은 사방을 비추어 죄를 깨닫게 한다. 그는 자신이 그저 죄인임을 깨닫는다. 그는 어떤 것으로도 갚을 길이 없다. 그의 '입은 다물어지고', 그는 '하나님 앞에 죄인'으로 선다."[50] 성령께서는 은혜로 "죄인을 죽이시고 … 그가 신뢰했던 생명과 힘을 파괴하신다."[51]

b. 율법의 제2용법: 죄인을 그리스도께 인도함

죄인이 그리스도께서 자신을 위해 율법을 성취하셨다는 사실을 깨달을 때, 그는 믿음을 통해 은혜를 받을 준비가 된다. 이렇게 율법은 회개를 일으키는 역할을 넘어, 신앙을 가질 수 있도록 준비시킨다.

율법은 의롭다 하심을 얻기 위한 수단이 아니다. 칭의는 이미 믿음을 통해 하나님의 은혜로 성취되었기에 그럴 필요가 없다. "우리는 '그리스도 예수 안에 있는 속량으로 말미암아 하나님의 은혜로 값없이 의롭다 하심을 얻은 자 되었기' 때문에, 우리가 의롭다 하심을 얻는 수단으로서의 도덕법에서 자유하게 되었다. 그러나 다른 의미에서는 이 도덕법에서 자유롭지 않다. 아직 말로 다 표현할 수 없는 용도가 있기 때문이다." 도덕법은 신자에게 계속해서 "아직 마음과 삶에 남아 있는 죄"를 깨닫게 해준다.[52]

율법은 엄하지만 사랑을 품은 교사와 같다. 율법을 행하는 것이 의롭

---

50   같은 곳.
51   "The Original, Nature, Property, and Use of the Law," B 2:16, J V:443, sec. 4. 2.
52   "The Original, Nature, Property, and Use of the Law," B 2:17, J V:444, sec. 4. 4.

게 만들지는 못하지만, 율법은 우리가 의롭다 함을 받을 수 있도록 이끈다. "율법은 사랑으로 우리를 이끌기보다 힘으로 우리를 몰고 간다. 그럼에도 이 모든 것의 원천은 사랑이다. 이같이 고통스런 수단을 통해 육신에 대한 신뢰를 깨뜨려, 우리가 의지할 상한 갈대조차 남기지 않고 죄인으로 모든 것이 벌거벗겨진 채, 영혼의 쓰디쓴 고뇌 속에서 부르짖거나 마음 깊은 곳에서 신음하게 만드는 것은 바로 사랑의 영이시다."[53]

c. 율법의 제3용법: 그리스도 안에 머물러 있게 함

"성령께서 신자로 하여금 하나님의 생명과 더 깊이 교통할 수 있도록 준비시키시는 위대한 수단"은 믿음을 살아있게 하는 것이다.[54]

"그리스도는 모든 믿는 자에게 의를 이루기 위하여 율법의 마침이 되시니라"[55]는 말씀은 무엇을 의미하는가? 그리스도는 우리가 스스로 의로운 체하는 것을 종결시키신다. 율법으로는 아무도 의롭게 되지 못한다. 하나님의 의가 신자를 용서하시기 위해 공의로운 방법으로 일하기 때문이다. 이러한 역사 속에서 율법은 인류를, "율법이 끊임없이 가리키는 대상이자 율법의 마침과 목적이 되시는" 그리스도께 가까이 나아가게 한다.[56] 율법은 그리스도를 받아들이도록 우리를 회개로 인도할 뿐 아니라, 계속 그리스도께 가까이 붙어 있게 한다.

나아가 성령께서는 "우리의 머리가 되시는 주님에게서 능력을 받아", "아직 우리가 이루지 못했더라도 율법이 명령하는 것이면 무엇이든 은혜

---

53 "The Original, Nature, Property, and Use of the Law," B 2:15, J V:442, sec. 4. 2.
54 같은 곳.
55 롬 10:4.
56 "The Original, Nature, Property, and Use of the Law," B 2:16, J V:443-44, sec. 4. 3.

위에 은혜를 받아 그의 약속하신 것을 충만하게 소유하게 하실 것이라는 소망을 확증하심으로", 신자에게 율법의 명령을 행할 능력을 부으신다.[57]

신자는 끊임없이 율법을 연구하고 율법의 지도를 받는다. 그는 "내가 주의 법을 어찌 그리 사랑하는지요 내가 그것을 종일 작은 소리로 읊조리나이다"[58]라고 외친다. 신자가 다시 죄로 돌아가게 하는 모든 유혹을 받을 때, 율법은 그것을 하나님의 값없이 주시는 은혜와 사랑으로 되돌아갈 계기로 삼아야 한다고 가르친다. 우리가 항상 그리스도와 가까이 있기 위해서는 우리를 날마다 회개로 이끄는 율법이 필요하다.

"참으로 그리스도와 율법은 계속해서 서로에게 나를 보낸다. 율법은 나를 그리스도께 보내고, 그리스도는 나를 율법으로 보내신다."[59] "그리스도를 가까이하려거든 율법을 가까이하라." "당신에게 율법의 모든 의가 실현되어" 당신이 "하나님의 모든 충만하심으로 가득 채워질 때까지" 율법을 굳게 붙잡고 놓지 말라."[60]

만약 주님께서 이미 당신 마음에 그분의 율법을 기록하셨다면, "'그리스도께서 우리를 자유롭게 하려고 주신 자유 안에 굳건하게 서라.' 당신은 유대인들의 의식, 죄책, 지옥의 공포뿐 아니라 … 그보다 무한히 큰 것들, 죄의 권세와 … 하나님을 진노하시게 하는 일에서 자유를 얻었다. 이 자유에 굳게 서라. … 이는 온전한 자유로, 하나님의 율법을 지키고 모든 계명을 흠 없이 행할 수 있게 한다."[61]

---

57   "The Original, Nature, Property, and Use of the Law," B 2:17, J V:444, sec. 6.
58   시 119:97.
59   "The Original, Nature, Property, and Use of the Law," B 2:18, J V:445, sec. 4. 7.
60   "The Original, Nature, Property, and Use of the Law," B 2:18-19, J V:446, sec. 4. 9.
61   "The Original, Nature, Property, and Use of the Law," B 2:19, J V:445, sec. 4. 10 ; 참고. 갈 5:1.

B. 믿음으로 세워지는 율법

1. 복음은 율법을 전적으로 폐하는가?

a. 믿음으로 세워지는 율법 (1)

웨슬리는 설교 30번과 31번에 "믿음으로 세워지는 율법"이라는 동일한 포괄적인 제목을 붙였다. 두 설교는 모두 그리스도인의 윤리의 신학적 기초에 대한 웨슬리의 한결같은 주장을 담고 있다. 이 설교들에서 웨슬리는, 복음은 율법을 폐하지 않음을 분명히 한다. 더 정확히 말하면, 복음은 공로 없이 주시는 하나님의 은혜라는 새로운 조건 아래에서 율법을 확립한다.

웨슬리는 바울의 로마서에 나오는 중요한 구절을 이 두 설교의 본문으로 삼았다. "그런즉 우리가 믿음으로 말미암아 율법을 파기하느냐 그럴 수 없느니라 도리어 율법을 굳게 세우느니라" [롬 3:31; 설교 #30, J #35, "믿음으로 세워지는 율법 (1)"(The Law Established through Faith: Discourse 1), B 2:22-32, J V:447-57 (1750)].

웨슬리가 율법과 복음을 어떤 관계로 보았는지 이해하려면 이 두 설교를 주의 깊게 살펴보아야 한다. 설교에 담긴 통찰력은 충분히 연구할 가치가 있다.

b. 그리스도께서 오신 이후의 율법의 위치

그리스도께서 오신 이후의 율법의 위치에 대한 질문은 로마서 3:31에 그 답이 있다. 즉, 복음은 율법을 폐하지 않고 오히려 굳게 세운다는 것이다. 이것은 바울이 그의 편지의 서론이라 할 수 있는 로마서 1:1-3:30에서

말한 내용의 결론이다.[62]

바울은 자신이 편지를 쓴 의도를 로마서 1:16에서 다음과 같이 말한다. "내가 복음을 부끄러워하지 아니하노니 이 복음은 모든 믿는 자에게 구원을 주시는 하나님의 능력이 됨이라." 하나님께서는 들을 귀가 있는 모든 사람에게 죄를 용서받는 방법을 제공하셨다.[63]

하나님께서 제공해주신 방법 외에 인류가 구원받을 수 있는 방법은 없다.[64] 그것은 바로 하나님께서 예수 그리스도를 통해 이루신 구원의 기쁜 소식이다. 율법 아래서는 누구도 자신이 어떤 죄도 짓지 않았다고 항변할 수 없다. 모든 사람은 죄책에서 구원받을 필요가 있다. 인류 전체가 하나님의 용서를 필요로 한다. 믿음 아래서 율법을 바르게 보기 위해서는, "모든 사람은 입을 닫고, 율법의 의무에서 자신을 제외시키거나 율법으로 자기 의를 추구하기를 '멈춰야' 하고, '온 세상이 하나님 앞에서 죄가 있음을 알아야 한다.'"[65] 바울은 "일반적으로 칭의라고 부르는, 죄책에서의 구원을 특별히 강조했다."[66]

c. 율법 외에서 나타난 하나님의 의

복음이란 율법 아래서 우리가 이루는 의가 아닌, 믿음을 통해 받는 하나님의 의에 관한 것이다. "이제는 율법 외에 하나님의 한 의가 나타났으니 율법과 선지자들에게 증거를 받은 것이라 곧 예수 그리스도를 믿음으

---

62 로마서 3:31의 전제는 로마서 전체에 관한 바울의 서문이라 할 수 있는 1:1-3:20에 주의 깊게 설명되어 있다. 이 전제가 없다면 이 구절은 맥락을 상실하게 된다.

63 "The Law Established through Faith," 1, B 2:20-21, J V:447-48, 서문, sec. 1.

64 참고. 행 4:12.

65 같은 곳. "우리가 알거니와 무릇 율법이 말하는 바는 율법 아래에 있는 자들에게 말하는 것이니 이는 모든 입을 막고 온 세상으로 하나님의 심판 아래에 있게 하려 함이라"(롬 3:19).

66 "The Law Established through Faith," 1, B 2:20, J V:447, 서문, sec. 1.

로 말미암아 모든 믿는 자에게 미치는 하나님의 의니 차별이 없느니라."[67] 하나님은 이 의를 유대인과 헬라인 모두에게 주신다.

"모든 사람이 죄를 범하였으매 하나님의 영광에 이르지 못하더니 그리스도 예수 안에 있는 속량으로 말미암아 하나님의 은혜로 값없이 의롭다 하심을 얻은 자 되었느니라."[68]

우리 모두는 하나님의 영광스러운 형상으로 창조되었다. 우리는 "그리스도 예수 안에 있는 속량으로 말미암아 하나님의 은혜로 값없이 의롭다 하심을 얻은 자 되었느니라 이 예수를 하나님이 그의 피로써 믿음으로 말미암는 화목제물로 세우셨으니 이는 하나님께서 길이 참으시는 중에 전에 지은 죄를 간과하심으로 자기의 의로우심을 나타내려 하심이니."[69]

하나님의 공의가 하나님의 자비로 약화되지는 않는다. 하나님께서는 "자신의 공의로우심에 어떤 손상도 입지 않고도 인간을 속죄하기 위해 자비를 베푸신다."[70] 하나님은 자신의 아들의 대속 사역을 통해 이 자비를 나타내시므로 의로우시다. "그러므로 사람이 의롭다 하심을 얻는 것은 율법의 행위에 있지 않고 믿음으로 되는 줄 우리가 인정하노라."[71]

d. 복음을 악용해 방종하는 사람들에 대한 바울의 대답

이러한 복음에 대한 끊이지 않는 반대는, 복음이 율법 무용론적 방종을 일으키고 확대시킨다는 우려로 인한 것이다. 하나님께서 죄인을 전적으로 받아들이신다면 그것이 불법적인 행위를 일으키지 않겠는가? 이러

---

67   롬 3:21-22.
68   롬 3:23-24. "The Law Established through Faith," 1, B 2:20, J V:447, 서문, sec. 1.
69   롬 3:24-25.
70   "The Law Established through Faith," 1, B 2:20-21, J V:447-48, 서문, sec. 1.
71   "The Law Established through Faith," 1, B 2:20, J V:447, 서문, sec. 1; 참고. 롬 3:28.

한 반대는 신약시대부터 켈수스(Celsus, 기독교를 공격한 2세기 이교도 철학자-역주)의 비평을 거쳐 루터 반대자들에 이르기까지 계속 있어왔다. 심지어 바울 자신도 당대의 반대자들에게 "은혜를 더하게 하려고 죄에 거하겠느냐"[72]라고 반문했다. 어떤 사람은 율법에서의 해방과 율법의 마침이 되시는 그리스도에 대한 바울의 선포는 무조건적이라고 생각한다. 만약 그렇다면 그리스도인에게는 어떤 율법도 없다는 의미가 된다.

이 점에서 성경 구절들을 서로 비교해 사도의 가르침 전체를 균형 있게 이해하는 것이 필요하다. 몇몇 구절만 발췌해서 보면 바울이 율법은 모든 의미에서 폐지되었다고 주장하는 것처럼 보이지만, 지금 본문은 그것이 그의 의도가 아님을 보여준다. 우리는 사도의 일치된 가르침을 고찰함으로 이를 살펴볼 것이다.

사도적 저술가나 전통적 기독교 교사 중 누구도 주의 깊게 조건을 달지 않은 채 율법의 전적 폐지를 가르친 적이 없다. 지난 2천 년 동안 그런 주장은 율법 폐기론(또는 율법 무용론, antinomianism)으로 불리어왔다. 로마서 3:31을 기록한 바울의 목적은 바로 그런 주장에 결정적으로 답하기 위해서다. 더 정확히 말해, 하나님의 자비로운 용서로 인해 "우리는 율법을 굳게 세운다."[73] 웨슬리에 의하면, 하나님께서는 신앙을 통해 율법을 초월하셨다. 바울은 하나님께서 그렇게 하셨다는 사실을 공언했지만, 하나님께서 창조 시 피조물에게 주신 율법은 영원하기에 우리는 초월할 수 없다는 조건을 달았다. 대신, 하나님의 용서를 통해 율법은 하나님의 자비에 대한 감사라는 새로운 토대에서 확립되었다. 그러므로 "우리는 믿음

---

72 롬 6:1.
73 "The Law Established through Faith," 1, B 2:21, J V:448, 서문, sec. 1.

으로 율법을 파기하지 않고 도리어 굳게 세운다."[74] 이 조건이 기독교는 세상이 창조될 때부터 주어진 도덕법을 반대한다는 오해를 막아준다. 도덕법의 폐지는 결코 오직 믿음을 통해, 오직 은혜에 의해 인간을 구원하시는 하나님의 의도일 수 없다.

율법의 용법은 기독교 역사에서 수세기 동안 논쟁의 중심이 되어왔다. 많은 사람이 "성도에게 단번에 주신 믿음"(유 1:3)은 영원한 도덕법과 모세의 의식법 모두를 포함해 "율법 전체를 파기하기 위한" 것이라는 잘못된 주장을 펼쳤다. "그들은 의식법뿐 아니라 도덕법까지 폐하려 했다." 율법 폐기론자들은 대대로 "당신이 어떤 율법이든 세운다면, 그리스도는 당신에게 아무런 유익이 되지 않는다"[75]고 말해왔다.

그들은 믿음으로 율법이 굳게 세워진다는 바울의 주장을 놓치고 있다. 따라서 언제든 무모하게 복음이 의식법과 도덕법 모두를 파괴한다고 주장할 수 있다. 그들은 도덕법을 파기하는 것이 믿음 자체를 위태롭게 한다는 사실을 망각하고 있는 것이다.[76] 그리스도와 동행하기를 원하는 모든 사람은 로마서 3:31에 주의를 기울임으로 이같은 지나친 주장에 저항해야 한다.[77]

잘못된 방법으로 "율법을 무용하게 만드는" 데는 세 가지 방법이 있다. 그것은 (1) 율법에 대해 전혀 설교하지 않는 것, (2) 신자에게서 은혜에 대한 반응을 면제해주기 위해 율법을 설교하는 것, (3) 마치 믿음이 의롭다 하심을 받은 사람을 거룩한 삶에서 면제해주는 것처럼 실천적인 면에서

74 "The Law Established through Faith," 1, B 2:21, J V:448, 서문, sec. 3.
75 "The Law Established through Faith," 1, B 2:21, J V:448, 서문, sec. 4. 이것은 웨슬리가 높이 존경한 모라비아 교도 친구들이 그에게 한 말이다.
76 "The Law Established through Faith," 1, B 2:22, J V:448, 서문, sec. 5.
77 "The Law Established through Faith," 1, B 2:22, J V:448, 서문, sec. 6.

율법을 무용하게 하는 것이다.[78]

e. 율법을 설교하지 않음으로 무용하게 만듦

율법을 무용하게 만드는 첫 번째 방법은, 율법에 대해 전혀 가르치지 않는 것, 즉 전적으로 등한시하는 것이다. 믿음으로 율법을 폐하는 가장 일반적인 방법은, 율법을 전혀 가르치지 않음으로 일거에 무용하게 만드는 설교자에게서 발견된다. 이것은 성경의 가르침에서 율법에 관한 것을 완전히 지워버리는 것과 다름없으며, "그리스도를 설교한다는 명목으로" 복음과 율법 모두를 위태롭게 한다.[79]

"의도적으로 계획해 율법에 대해 으레 설교하지 않는 것을 규칙으로 삼을 때, '율법 설교자'라는 말이 '복음의 원수'라는 의미를 가진 비난이 된다"는 것은 더더욱 어처구니없는 일이다.[80]

율법 무용론적 방종은 "의의 말씀에 미숙한" 사람의 "율법의 본성, 속성, 용법에 대한 깊은 무지에서 비롯된다." 그들은 그런 행동을 통해 자신이 "산 믿음에 대해 전혀 알지 못하는 자"며 "그리스도 안에서 젖먹이"에 불과함을 드러낸다.[81]

f. 율법을 무용하게 하지 않는 방식으로 그리스도를 가르치라

웨슬리는 율법의 제1용법을 가르칠 때 어거스틴 및 루터나 칼빈, 영국 국교회 신학자의 전통적인 종교개혁적 가르침의 핵심을 따랐다. 이들의

---

78   같은 곳.

79   "The Law Established through Faith," 1, B 2:22, J V:449, sec. 1.1.

80   같은 곳.

81   "The Law Established through Faith," 1, B 2:22, J V:449, sec. 1. 2.

가르침에서 광범위하게 일치한 내용은, 율법의 첫 번째 목적이 죄를 자각
하게 하는 것, 즉 회개하고 믿어야 함을 설교함으로 "잠자고 있는 사람들
을 각성시키는 것"이라는 점이다.[82] 율법은 죄인에게 자신의 죄를 깨닫게
함으로써 하나님의 자비만이 그 치료약임을 알게 하려는 목적으로 주어
졌다. "건강하거나, 적어도 자신이 건강하다고 생각하는 사람에게 의사를
보내주는 것처럼 어이없는 일도 없을 것이다."[83] 율법이 죄를 깨닫게 하고
회개로 인도하는 그 고유의 일을 할 기회도 주지 않은 채 죄인에게 복음부
터 가르치는 것은, 마치 돼지에게 진주를 던져주는 것과 다를 바 없다. 진
주는 그 가치를 알아보고 받을 준비가 된 자에게 주어야 한다.[84]

　웨슬리는 다음과 같이 질문한다. "사도 바울만큼 율법을 많이 가르친
사람이 또 누가 있는가?" 이러한 사실을 전제로 우리는 "우리를 전파하는
것이 아니라 오직 그리스도 예수의 주 되신 것"을 전파한다.[85] 사도 바울은
"그들에게 먼저 모세의 율법이 아니라 오직 그리스도를 믿는 믿음으로만
의롭다 하심을 받을 수 있음"을 상기시켜준 뒤, 곧바로 율법은 "거룩하고
공의로우며 선하다"고 가르친다.[86]

　율법을 가르치지 않는 곳에서는 그리스도를 가르칠 수 없다. "그리스
도를 전하는 것이란, 그리스도께서 말씀하신 모든 것, 즉 그분의 모든 약
속과 경고와 명령, 그분의 책인 성경에 기록된 모든 것을 전하는 것이다.
그렇게 하면, 당신은 어떻게 율법을 무용하게 하지 않고 그리스도를 설교

82　"The Law Established through Faith," 1, B 2:22, J V:449, sec. 1. 3.
83　같은 곳.
84　같은 곳.
85　"The Law Established through Faith," 1, B 2:23, J V:450, sec. 1. 5; 참고. 고후 4:5.
86　"The Law Established through Faith," 1, B 2:23-24, J V:449, sec. 1. 6; 참고. 행 13:39.

할 수 있는지를 알게 될 것이다."[87] 율법을 가르치지 않고 그리스도에 대해서만 설교하는 것, 그 결과 율법이 우리를 회개로 인도하지 못하게 하는 것은 "율법뿐 아니라 복음까지 헛되게 만든다."[88]

g. 믿음이 성결을 대체한다고 가르쳐 율법을 무용하게 함

율법을 무용하게 하는 두 번째 방법은, 신자를 하나님의 은혜에 진지하게 응답해야 할 의무에서 면제시켜주는 방식으로 율법을 가르치는 것이다. 믿음이 성결해야 할 의무를 대신한다는 인상을 남길 정도로 율법을 피상적으로 가르친다고 해보자. 그것은 율법을 폐하는 더 교묘한 방법으로, 바울의 분명한 가르침과 반대되는 것이다.

믿음이 거룩함에 대한 요구를 면하게 한다는 생각은 셀 수 없이 많은 무분별함을 가져온다.[89] 이 오류는 크게 세 가지의 일반적인 형태로 나타난다. 그것은 (1) 그리스도가 오시기 전보다는 거룩함이 덜 필요하게 되었다거나, (2) 그 필요성의 정도가 낮아졌다거나, (3) 믿지 않는 사람에 비해 믿는 사람에게는 거룩함이 덜 필요하다고 생각하는 것이다.[90] 사람들은 이 세 경우 모두에서 그리스도인의 자유를 순종하지 않아도 되는 자유, 방종해도 되는 자유라는 의미로 잘못 해석한다.[91]

타락 전 아담과 하와는 하나님께 계속 용납받는 유일한 조건으로 완벽한 순종을 요구하는 최초의 언약 아래 있었다. 그러나 그들은 불순종했다. 그들 이후의 모든 후손은 율법 아래 있었지만, 역사 속에서 회개할 수

---

87   "The Law Established through Faith," 1, B 2:25, J V:452, sec. 1. 11.
88   "The Law Established through Faith," 1, B 2:25, J V:452, sec. 1. 12.
89   "The Law Established through Faith," 1, B 2:26, J V:452, sec. 2. 1.
90   "The Law Established through Faith," 1, B 2:26, J V:452, sec. 2. 2.
91   같은 곳.

있는 자비로운 기회가 주어진다. 죄에 대한 마땅한 대가인 죽음은 하나님의 자비로 연기되고, 죄인에게는 회개와, 공로 없이 주시는 은혜에 대한 신앙이 요구된다. "그들이 하나님께 용납받는 방법은 이것이다. 즉, 그리스도의 공로를 통해 하나님께서 값없이 주시는 은혜가 믿는 모든 사람에게 용서를 베푸는 것이다. 이 구원의 믿음은 모든 순종과 성결을 낳는 '사랑으로써 역사하는 믿음'(갈 5:6)이다."[92]

아브라함처럼 그리스도께서 오시기 전, 약속에 대한 믿음으로 살았던 사람들은 어떻게 되는가? 이사야와 요엘처럼 그들에게는 그리스도의 오심에 대한 소망이라는 충분한 은혜가 주어졌다. 아브라함처럼 예언자들도 자신들의 소망이 이루어질 미래를 보거나 알지 못했음에도, 그리스도 안에서 이루어질 일에 대한 믿음으로 의롭다 하심을 받았다.[93] "은혜 언약은 당신에게 어떤 정도로나 어떤 부분에서든 순종이나 성결의 일부를 폐기하도록 어떤 근거를 제공하지도, 격려하지도 않는다."[94]

h. 율법주의와 방종 모두 은혜를 부인함

율법주의는 율법의 정신이 아닌 문자만 그대로 따른다. 지나치게 율법주의적이었던 바리새인들은 은혜와는 완전히 반대로 극히 문자적이고 까다롭게 행했다. 이러한 태도는 "다른 사람들로" 종교를 아예 떠나버리게 만드는 "계기가 되었다."[95] 미성숙한 그리스도인은 마치 행실로 의롭게 되기를 노력하는 바리새인과 같다. 율법 무용론이라는 과도한 반응은, 구

---

92 "The Law Established through Faith," 1, B 2:26, J V:452, sec. 2. 4.
93 "The Law Established through Faith," 1, B 2:26, J V:452, sec. 2. 3.
94 "The Law Established through Faith," 1, B 2:26, J V:452, sec. 2. 4.
95 "The Law Established through Faith," 1, B 2:26, J V:452, sec. 2. 5.

원의 열매인 믿음, 소망, 사랑 없이 의롭게 되기를 추구하는 신앙에서 비롯된다.

구원의 기쁜 소식에 관한 진리는 율법주의에도, 율법 무용론적 방종에도 있지 않다. 웨슬리는 바울, 어거스틴, 루터, 칼빈, 그리고 영국 국교회와 청교도 신학자들을 따라 다음을 가르쳤다. "의심할 것 없이 우리는 믿음으로 칭의 된다. 이것은 기독교의 구조 전체의 초석이다. 우리는 칭의의 선결조건으로서의 어떤 율법의 행위도 없이 의롭다 하심을 받는다." 그러나 선행은 "우리로 의롭다 함을 얻게 하는 믿음의 즉각적 열매"다.[96] 믿음은 언제나 선행을 통해 활동하기 때문이다.[97]

자격 없는 자에게 주시는 하나님의 은혜에 대한 믿음은, 그 결과로 그분의 은혜에 응답하는 태도를 낳는다. "그렇기 때문에 만약 우리의 믿음에 선한 행위가 따르지 않고, 심지어 모든 내적이고 외적인 거룩함이 따르지 않는다면, 우리의 믿음은 아무런 가치가 없고, 우리는 아직 죄 가운데 있음이 명백하다." 그러므로 오직 은혜에 의한 칭의는 "믿음으로 율법을 무용하게 하는 어떤 근거도 될 수 없다."[98]

i. 왜 칭의 전에는 거룩함이 있을 수 없는가?

오직 은혜에 의한 칭의가 믿음으로 율법을 폐하는 근거가 될 수 없다면, 웨슬리는 로마서 4:5의 "일을 아니할지라도 경건하지 아니한 자를 의롭다 하시는 이를 믿는 자에게는 그의 믿음을 의로 여기시나니"라는 말씀을 어떻게 이해하는가? 이 구절은 신앙이 믿음, 소망, 사랑의 의롭고 선한

---

96   "The Law Established through Faith," 1, B 2:26, J V:452, sec. 2. 6.
97   율법 무용론에 대한 더 자세한 설명은 *JWT* 2:64-66, 81-82, 259-60을 참고하라.
98   "The Law Established through Faith," 1, B 2:26, J V:452, sec. 2. 6.

삶을 대체한다는 의미가 아니다. 이 구절에 대한 오해는 성경을 서로 비교하지 않고 이 구절 하나만 따로 떼어내어 "율법 무용론의 가장 중요한 기둥"으로 삼는다.[99]

하나님께서는 어떤 의미로 "경건하지 아니한 자를 의롭다 하시는가?" 웨슬리의 답변은 세 부분으로 나뉜다.

1. "하나님께서는 경건하지 아니한 자, 즉 바로 그 순간까지 모든 악으로 가득 차 있고 선한 것은 하나도 없는 전적으로 불경건한 사람을 의롭다 칭하신다."[100]

2. "악한 나무가 선한 열매를 맺을 수는 없다." 그러므로 하나님께서는 구원의 은혜를 받기 전에는 하나님이 기뻐하시지 않는 방식으로, 즉 하나님께서 주시는 의를 의지하지 않으면서, 자신의 행위를 하나님 앞에 내세워온 "경건하지 아니한 자를 의롭다 칭하신다."[101]

3. 하나님께서는 "어떤 선이나 의를 앞서서 행하지 않은 사람을 오직 믿음만으로 의롭다 칭하신다."[102] 따라서 믿음은 하나님께서 주시는 의 때문에 의로 여기심을 받는다. 하나님의 앞선(preceeding) 의가, 믿음의 결과로 얻는(subsequent) 의보다 시간적으로 앞선다. 이런 의미에서 "믿음이 의로 여기심 받을 때의 의는 앞선 의와 연결되어 있다. 다시 말해, 하나님께서는 그리스도의 공로를 통해 믿는 자들이 이미 모든 의를 이룬 것처럼 받아들여주신다는 것이다."[103]

명심하라. 하나님께서 부활하신 주님을 통해 은혜를 선물로 주심으로 "이미 모든 의를 이루어주셨다면" 우리는 그것으로 충분하다. 이 은혜

99 "The Law Established through Faith," 1, B 2:26, J V:452, sec. 2. 7.
100 같은 곳.
101 같은 곳; 참고. 마 7:18.
102 "The Law Established through Faith," 1, B 2:26, J V:452, sec. 2. 7.
103 "The Law Established through Faith," 1, B 2:26, J V:452, sec. 3. 2.

에서 자연스럽게 흘러나오는 선행은 칭의에 어떤 영향도 끼치지 못한다. "이 구절에서든 다른 어떤 구절에서든, 사도 바울은 이 믿음이 믿음의 결과로 얻는(subsequent) 의로 여겨진다고 말하지 않는다. 바울은 믿음 이전에는 의가 없다고 가르쳤으나, 어디서도 믿음 이후에 의가 없다고 가르치지 않았다. 그는 칭의 이전에는 거룩함이 있을 수 없다고 한 것이지, 칭의 이후에 거룩함이 따르지 않아도 된다고 가르친 것이 아니다."[104] 또 바울은 은혜에 호소하면서 율법을 무용하게 만드는 것에 대해 경고했다.[105]

j. 믿음이 거룩함을 면제해준 것처럼 사는 것이 율법을 무용하게 함

율법을 무용하게 하는 세 번째 방법은 가장 일반적이다. 이 방법은 율법을 "원리가 아닌" 실천으로 무용하게 한다. 즉, "마치 믿음이 우리를 거룩함에서 면제해주기 위한 목적으로 주어진 것인 양 살거나 행동하는 것이다."[106] 이는 율법의 타당성을 없애버리는 가장 흔한 방법이다. 이 방법으로 율법에 순종할 책임을 회피하는 사람은, 이론적으로는 우리가 율법 아래 있을 수 있지만, 실천에서는 책임에서 면제되었다고 주장한다. 그러나 율법을 실천적으로 면제해주는 것이 복음의 목적은 아니다.

사도 바울은 "그런즉 어찌하리요 우리가 법 아래에 있지 아니하고 은혜 아래에 있으니 죄를 지으리요 그럴 수 없느니라"라는 유명한 말로 신자들을 향해 율법을 회피하려는 태도에 대해 구체적으로 경고한다.[107] 신자는 계시된 하나님의 의를 믿고 신뢰하는 순간부터 더는 "율법 아래", 즉

---

104 같은 곳.
105 "The Law Established through Faith," 1, B 2:31, J V:452, sec. 3. 2.
106 The Law Established through Faith," 1, B 2:31, J V:452, sec. 3. 1.
107 "The Law Established through Faith," 1, B 2:31, J V:454-55, sec. 3. 1; 롬 6:15.

모세가 세운 제도인 의식법 아래 있지 않다. 그들은 "'은혜 아래', 즉 더 인자하고 은혜로운 섭리 아래 있다.[108]

하나님의 은혜는 우리를 "공포와 종으로서의 두려움으로 가득 차 죄책과 정죄 아래" 살아가는 것에서 해방시킨다.[109] 신자는 "율법 없는 자가 아니요 도리어 그리스도의 율법 아래에 있는 자"(고전 9:21)들이다[110] 그는 이제 의식법이나 모세의 제도 아래 있지 않다. 신자는 동물을 희생제물로 바치는 유대인의 의식법에서는 면제되었으나, 하나님의 영원한 도덕법에서는 면제되지 않았다. 우리는 이 사실을 이성과 양심을 통해 어느 정도 알 수 있다. 그러나 모세오경과 선지서는 구원사에서 특별한 방식으로 도덕법을 드러낸다.

"그리스도의 법 아래" 산다는 것은 용서받은 자로서 감사로 가득한 삶을 살아가는 것을 의미한다. 신자는 모든 죄책과 정죄에서 구원받는다. "이제 그는 기꺼이 모든 일에서 순종한다(이는 '율법 아래' 있을 때는 하지 못했던 것이다). 그는 종으로서의 두려움 때문이 아니라 더 고상한 원리, 즉 하나님의 은혜가 그의 마음을 다스려 그의 모든 행위가 사랑으로 이루어지게 하므로 순종한다."[111] 은혜가 마음을 다스릴 때, 사람의 내면의 의도는 행위로 드러난다. 우리는 율법이 아닌 은혜로, 종으로서의 두려움으로가 아니라 자녀가 사랑하는 부모에게 행하듯 책임 있게 행동하는 것이다.[112]

---

108 "The Law Established through Faith," 1, B 2:29, J V:455, sec. 3. 3.
109 "The Law Established through Faith," 1, B 2:29, J V:455, sec. 3. 2.
110 "The Law Established through Faith," 1, B 2:29, J V:455, sec. 3. 3.
111 같은 곳.
112 "The Law Established through Faith," 1, B 2:30, J V:455, sec. 3. 4.

k. 자기 진단

웨슬리는 이 성경 본문에 대한 첫 번째 설교를, 자신을 점검하라는 진지한 권고로 마무리했다. 정직하게 면밀히 자신을 점검해보라. "너희가 법 아래에 있지 아니하고 은혜 아래에 있음이라"(롬 6:14)라는 말씀을 빌미로 죄를 짓지 않도록 주의하라.[113] "그런 일을 계속해 '하나님의 은혜를 도리어 방탕한 것으로 바꾸지'(유 1:4) 않도록 주의하라!"[114] 당신이 복음을 처음 들었을 때 얼마나 강하게 죄를 자각했었는지 기억을 돌이켜보라. "지금 경험하는 하나님의 자비를, 전에 느꼈던 하나님의 맹렬한 분노보다 가볍게 여기지 말라. 사랑이 두려움보다 약한 동기를 부여하는가?" 하나님의 은혜에서 비롯된 사랑만이 당신의 모든 행위의 불변하는 법칙이 되게 하라.[115]

C. 율법은 파기되지 않고 성취됨

1. 율법에서의 해방을 상상하는 사람을 교정하는 성경적 치료약

웨슬리는 두 번째 "믿음으로 세워지는 율법"(설교 31번)에서 복음이 왜 율법을 무효화하지 않고 오히려 새로운 토대에 세우는지, 즉 율법의 토대로서의 복음을 더 자세히 설명한다.

성경 본문은 동일하다. "그런즉 우리가 믿음으로 말미암아 율법을 파기하느냐 그럴 수 없느니라 도리어 율법을 굳게 세우느니라" [롬 3:31;

---

113 "The Law Established through Faith," 1, B 2:30, J V:455, sec. 3. 3.
114 "The Law Established through Faith," 1, B 2:31, J V:457, sec. 3. 7.
115 같은 곳.

설교 #31, J #36, "믿음으로 세워지는 율법 (2)"(The Law Established through Faith: Discourse 2," B 2:33-43, J V:458-66 (1750)].

복음은 죄인이 자기 의를 주장하던 죽은 옛 삶의 토대가 된 유대교의 옛 희생제사에 관한 의식법을 다시 세우려 하지 않는다. 그것은 영원히 폐지되었다. 더군다나 모세의 율법 시대를 다시 확립하는 것이 아니다. "우리는 주께서 그것을 십자가에 못 박으셨음을 안다."[116]

또 우리는 도덕법이 마치 우리를 의롭게 해주거나, 죄를 용서하거나, 우리에게 은혜를 부어주는 것처럼 가르치지도 않는다. 어떤 죄인도 단순히 도덕법을 지키는 것만으로는 의롭게 될 수 없다. 그러나 도덕법이 사람을 의롭게 한다는 주장을 배제하고 복음의 관점에서 이해하면, 그럼에도 도덕법은 믿음으로 확립된다.[117]

우리는 어떻게 율법을 확립하는가? 구원받은 우리 마음의 상태로 이미 확증을 얻은 성경적 교리와 가르침을 통해서다.

2. 성경의 가르침으로 율법이 확립됨

a. 온전한 믿음을 가르치라

우리는 어떻게 교리적 가르침을 통해 율법을 바르게 확립할 수 있는가? "성도에게 단번에 주신 믿음의 도"(유 1:3)를 온전히 가르침으로 그렇게 할 수 있다. 즉, "우리는 우리의 위대한 교사이신 예수님께서 이 세상에 계실 동안 하셨던 것과 같은 방법으로 율법 전체와 … 그 각각의 부분을 가르쳐야 한다."[118] "우리는 말씀을 듣는 사람에게 어떤 제한이나 유보함 없

---

116 "The Law Established through Faith," 2, B 2:73, J V:458-59, 서문, sec. 2.
117 같은 곳.
118 "The Law Established through Faith," 2, B 2:73, J V:459, sec. 1. 1.

이 하나님의 말씀 전체를 선포함으로" 아무것도 숨기지 말아야 한다.[119] 율법에 대해 가르치려면 "매우 분명한 말"을 사용해야 한다.[120] 우리는 하나님의 말씀을 더럽혀서는 안 된다. "청중의 구미에 맞게 하기 위해 율법을 희석하거나 오염시키거나 어조를 약화시켜서는 안 된다."[121]

우리는 "숨은 부끄러움의 일을 버리고 속임으로 행하지 아니하며 하나님의 말씀을 혼잡하게 하지 아니하고 오직 진리를 나타냄으로 하나님 앞에서 각 사람의 양심에 대하여 스스로 추천"(고후 4:2)해야 하므로, 말이 분명해야 한다.[122] 우리는 자신이 아닌 그리스도를 전파한다. 이는 "어두운 데에 빛이 비치라 말씀하셨던 그 하나님께서 예수 그리스도의 얼굴에 있는 하나님의 영광을 아는 빛을 우리 마음에 비추시도록" 하기 위해서다.[123]

b. 율법의 목적: 외적 열매의 원천인 마음을 순결하게 함

율법과 복음의 온전한 연결이 없는 채로 각각의 단편만 다루면 둘 모두 왜곡되고 손상될 수 있다. 구원사에서 약속과 성취는 본질적으로 연결되어 있다. 율법의 의미를 재구성하는 복음의 교리에서 드러나는 것이 이 고전적인 사도적 기독교의 온전함이다.

"이처럼 우리가 모든 사람에게 공개적으로 율법을 선포하되, 은혜로 우신 주님과 사도들이 가르친 것처럼 그 충만함 가운데서, 그리고 그 높이와 깊이와 길이와 넓이를 충분히 공표할 때, 우리는 교리적 가르침으

---

119 같은 곳.
120 같은 곳.
121 같은 곳.
122 고후 4:2.
123 고후 4:6.

로 율법을 세운다."[124] 옛 언약 공동체는 "복 있는 사람은 … 오직 여호와의 율법을 즐거워하여"라고 노래했다.[125] 유대인과 마찬가지로 그리스도인도 여호와의 율법을 즐거워한다. 그것이 신자를 행복, 즉 삶 전체로 확장되는 참된 복으로 인도한다. 예언자들은 하나님의 약속에 따라 율법이 성취될 미래를 미리 바라보며 기대하고 있었다. 그렇다면 우리는 복음의 틀에서 이해한 율법 전체를 설명하고 확증하되 "그 각 부분, 즉 율법에 포함된 각각의 명령을 문자적인 의미뿐 아니라 영적인 의미까지, 율법이 금하거나 명령하는 외적 행위뿐 아니라 내적 원리와 마음속 생각, 욕구, 의도에까지 충분히 유의해 선포할 때 율법을 굳게 세운다."[126] "우리는 성경에 쓰인 모든 것을 사람이 아닌 하나님을 기쁘시게 하기 위한 목적으로 선포해야 한다."[127]

율법의 목적은 하나님의 구원 사역이라는 기쁜 소식을 받기 위한 준비로 "마음의 성품과 기질"을 깨끗하고 바르게 하는 것이다.[128] "그 온전한 영적 의미에 관해서라면, 율법은 창세 이후 '만세와 만대로부터 감추어졌던 비밀'이다."[129] 그러나 십자가와 부활은 그 감추어짐을 완전히 드러냈다.

c. 율법 바르게 가르치기

율법은 잔의 겉만 깨끗하게 하는 것이 아니라, 내면적 의도의 거룩함을 다룬다(참고. 마 23:25-26). 마음의 성향은 외적인 행실의 기초다. 율법

---

124 "The Law Established through Faith," 2, B 2:74, J V:459, sec. 1. 2.
125 참고. 시 1:2.
126 "The Law Established through Faith," 2, B 2:74-75, J V:459-60, sec. 1. 3.
127 "The Law Established through Faith," 2, B 2:75-76, J V:460-61, sec. 1. 5.
128 "The Law Established through Faith," 2, B 2:74-75, J V:459-60, sec. 1. 3.
129 참고. 골 1:26.

의 목적은 마음을 일깨워 순결하게 하는 것이다. 이는 시편 66:18의 "내가 나의 마음에 죄악을 품었더라면 주께서 듣지 아니하시리라"라는 말씀에 잘 표현되어 있다.[130]

율법의 이러한 충만한 의미, 즉 "율법의 영적 의미는 이방인 못지않게 대부분의 유대 민족에게도 감추어져 있었다." 이는 "우리 주님께서 그들 중 가장 현명한 자들이 율법을 심각하게 곡해하는 것에 대해 끊임없이 질책하신" 사실에서 드러난다.[131] 많은 기독교인 역시 비참하게도 율법의 더 깊은 의도를 깨닫지 못했다.[132] "경건의 모양은 가졌으나 그 능력은 갖지 못한 채, 자신을 대체로 현명하다고 생각하며, 스스로 의롭다는 자부심을 가진" 사람들은, 복음적 신앙을 가진 사람이 율법은 "마음의 종교"와 관계된다고 말하는 것을 들으면 매우 불쾌해한다.[133]

복음적 신앙을 가진 사람은 "하나님께서 그분의 자녀들을 위해 예비하신 모든 축복과 특권"에 대한 모든 약속을 공개적으로 선포할뿐 아니라, "그와 마찬가지로 '그분이 명령하신 것이면 무엇이든 빠짐 없이 가르쳐야 한다.'"[134] 하나님께서 명령하신 것은 성경에 충분히 설명되어 있다. "모든 성경은 하나님의 감동으로 된 것으로 교훈과 책망과 바르게 함과 의로 교육하기에 유익하니 이는 하나님의 사람으로 온전하게 하며 모든 선한 일을 행할 능력을 갖추게 하려 함이라."[135] 이것이 유대교뿐 아니라 기독교의 성경에 율법서와 선지서가 포함된 이유다.

---

130 "The Law Established through Faith," 2, B 2:74-75, J V:459-60, sec. 1. 3.
131 같은 곳.
132 "The Law Established through Faith," 2, B 2:75, J V:460, sec. 1. 4.
133 "The Law Established through Faith," 2, B 2:75-76, J V:460-61, sec. 1. 5.
134 같은 곳.
135 딤후 3:16-17; "The Law Established through Faith," 2, B 2:75-76, J V:460-61, sec. 1. 5.

물론 "'우리의 허물로 인해 찔리시고, 우리의 죄악으로 인해 상하셨으며, 우리로 나음을 받게 하려고 채찍에 맞으심'(참고. 사 53:5)으로 우리의 모든 죄를 짊어지신 제사장 되시는 주님을 반복해서 말하며 찬양"하는 것이 적합할 때가 있다. 그러나 그리스도를 제사장과 예언자와 왕으로서 "그분의 모든 직분을 전하지" 않는다면, 우리는 그리스도를 온전히 전한 것이 아니다. 그러므로 우리는 제사장이신 그리스도 외에도, "그분의 말씀과 성령으로 우리와 항상 함께하시면서 '우리를 모든 진리 가운데로 인도하시는'" 예언자 그리스도를 전해야 한다. 또한 "그의 피로 사신 모든 사람에게 율법을 주시고, 그분의 은혜를 회복한 자들에게 하나님의 형상을 회복시키시며, '만물을 자기에게 복종하게 하실'(빌 3:21) 때까지, 즉 모든 죄를 완전히 물리치시고 영원한 의를 가져오실 때까지", 모든 믿는 자의 마음을 지배하시는 왕으로서의 그리스도를 전해야 한다.[136]

3. 설교로 율법과 복음의 온전성을 확립하라

율법을 교리적으로 확립하는 것에 덧붙여 우리는 "두 번째로, 그리스도를 믿는 믿음이 성결을 대체하는 것이 아니라, 성결을 낳는다고 설교함으로, 즉 소극적이든 적극적이든 마음과 삶에서 온갖 종류의 성결을 낳는다고 설교함으로 율법을 굳게 세운다."[137] 복음은 사랑의 삶을 통해 하나님의 은혜에 온전히 반응하게 하는 건전한 믿음을 가르친다.

율법을 가르치지 않고 복음만 설교하려는 자들은 미숙한 복음을 가르치는 것이다. 복음은 율법을 파괴하지 않고, 계시된 은혜의 토대에 율법을

---

136 "The Law Established through Faith," 2, B 2:76, J V:461-62, sec. 1. 6; 참고. 사 53:5; 요 16:13; 빌 3:21.
137 "The Law Established through Faith," 2, B 2:77, J V:462, sec. 2. 1.

굳게 세운다. 복음적 설교는 함께 모인 공동체에 성경을 통해, '성도에게 단번에 주신 믿음'의 온전함을 드러냄으로 율법을 굳게 세운다.

a. 믿음이 사랑을 대체하는가?

"사랑은 하나님의 모든 계명의 목적이다. 사랑은 세상의 시작부터 모든 것이 완성되기까지 하나님의 모든 섭리의 유일한 목적이다. 그리고 하늘과 땅이 사라지더라도 사랑은 계속될 것이고, 사랑만이 영원히 남을 것이다. 다른 모든 것은 하나님의 영원한 시야에서 사라질 것이다."[138] 그러므로 사랑보다 신앙을 더 높이 두지 말라. 하나님의 용서를 신뢰하는 것은 구체적인 사랑을 일으킨다.

바울이 고린도전서 13장에서 가르친 것처럼 "믿음 자체, 심지어 그리스도인의 믿음, 즉 하나님의 택하심이나 역사하심에 대한 믿음도 단지 사랑의 시녀에 불과하다. … 믿음이 아무리 영광스럽고 영예롭더라도, 그것이 계명의 목적은 아니다. 하나님께서는 이 영예를 오직 사랑에만 주셨다."[139] "그런즉 믿음, 소망, 사랑, 이 세 가지는 항상 있을 것인데 그중의 제일은 사랑이라."[140] 사랑은 끊임없이 선을 베풀고, 영원히 칭송받는다.[141]

바울은 신앙의 탁월함에 대해 선포했다. "말할 수 없는 그의 은사로 말미암아 하나님께 감사하노라."[142] 그러나 그는 믿음을 사랑과의 관계성 속에 두었다. "믿음은 사랑과 비교하면 그 모든 탁월함의 빛이 바랜다."[143]

---

138 같은 곳.
139 같은 곳.
140 고전 13:13.
141 "The Law Established through Faith," 2, B 2:77, J V:462, sec. 2. 1.
142 고후 9:15; "The Law Established through Faith," 2, B 2:78, J V:462, sec. 2. 2.
143 "The Law Established through Faith," 2, B 2:78, J V:462, sec. 2. 2.

고린도후서 3장에서 바울은 모세 아래서의 율법의 직분과 복음 아래서의 은혜의 직분을 비교했다. "정죄를 가져온" 율법의 직분도 "영광이 있은즉 의를 가져온" 은혜의 직분은 "얼마나 더 영광스럽겠는가! 영광되었던 것이 더 큰 영광으로 말미암아 이에 영광될 것이 없으나."[144] 믿음은 이웃에 대한 사랑이라는 "영원한 목적을 증진시키기 위해 제정하신 훌륭한 일시적 수단"이다.[145]

그러나 율법 폐기론자들은 사랑을 포함해 다른 "모든 것을 삼켜버릴 정도로 믿음을 절대화했다." 그들은 믿음이 사랑의 대체물이라고 상상해 믿음의 성격을 오해했다.

b. 사랑은 영원하나 믿음은 그렇지 않음

바울은 믿음을 사랑 위에 두는 율법 폐기론자들의 경향에 반대해, 사랑은 타락 이전에도 필수적으로 존재했던 반면, 믿음은 타락 사건이 있기까지는 필수적이지 않았음을 보여준다. 웨슬리는 이러한 주장의 근거로 창세기 1-3장과 고린도전서 13장을 들었다. "사랑은 믿음이 있기 오래전부터 존재했던 것처럼, 믿음이 사라진 후에도 존재할 것이다. 창조된 순간부터 하늘에 계신 아버지의 얼굴을 바라본 천사들은, 일반적으로 보이지 않는 것들의 증거라고 일컫는 믿음을 필요로 하는 상황 자체가 없었다." 그러나 "사랑은 사랑의 대양(大洋, the great ocean of love)이신 하나님 속에서 영원 전부터 존재했다. 사랑은 하나님의 모든 자녀들이 창조되던 순간부터 그들 속에 자리 잡고 있었다. 그들은 은혜로우신 창조주로 말미암

---

144 고후 3:9-10.
145 "The Law Established through Faith," 2, B 2:78, J V:462, sec. 2. 2.

아 존재함과 동시에 사랑하게 되었다."[146]

하나님이 사랑이시기에 사랑은 영원하지만, 믿음은 그렇지 않다. 믿음이 마치 사랑 없이 존재할 수 있는 것처럼 믿음만 따로 분리하는 사람은, 믿음이 사랑으로써 역사한다(갈 5:6)는 사실을 잊은 것이다.[147] "하나님께 반역하기 전 아담은 하나님을 바라보며 동행했지, 믿음으로 동행한 것이 아니다. … 아담은 하나님과 얼굴을 맞대고 이야기할 수 있었으나, 우리는 하나님의 얼굴을 대면하면 살 수 없다. 따라서 아담은 믿음을 가질 필요가 없었다. 믿음의 역할은 눈으로 볼 수 없는 것을 돕는 것이기 때문이다."[148] 아담은 죄 가운데 창조되지 않았고, 자발적으로 하나님께 불순종하기 전까지는 어떤 죄도 짓지 않았기 때문에, 타락 이전에는 용서도 필요하지 않았다.

그러므로 아담이 본래 창조된 상태에서는 "사랑이 그의 마음을 채웠고, 어떤 경쟁자도 없이 사람을 다스렸다. 오직 죄로 인해 사랑이 상실되자 믿음이 더해졌는데, 그것은 믿음 그 자체를 위해서나, 믿음이 목적을 성취한 뒤에도 즉 인간의 타락으로 상실한 사랑을 회복시켜준 뒤에도 계속 존재하도록 하기 위해서가 아니다. 따라서 보이지 않는 것들에 대한 증거로서, 타락 전에는 불필요했던 믿음이 더해진 것은 타락 후다. 하나님의 구원하시는 사랑에 대한 이러한 신뢰는, 하나님의 구원의 약속이 주어지기 전에는 존재할 수 없었다."[149] 요점은 사랑만이 영원하며, 믿음은 타락의 결과로 존재하게 되었다는 것이다. 그래서 웨슬리는 율법 폐기론자들에게 믿음을 사랑 위에 두지 말라고 주의를 준 것이다.

---

146 같은 곳.
147 "The Law Established through Faith," 2, B 2:78, J V:463-64, sec. 2. 3.
148 "The Law Established through Faith," 2, B 2:79, J V:463, sec. 2. 4.
149 "The Law Established through Faith," 2, B 2:79, J V:463-64, sec. 2. 5.

"믿음은 하나님께서 본래 사랑의 율법을 다시 세우시기 위해 계획하신 것이다. 따라서 우리가 이렇게 말한다고 해서 믿음의 가치를 평가절하하거나 마땅히 받아야 할 칭송을 빼앗는 것이 아니다. 오히려 반대로 그 진가를 드러내고, 믿음을 그 적합한 위치로 끌어올리고, 태초부터 하나님의 지혜가 부여한 바로 그 자리에 믿음을 두는 것이다. 믿음은 본래 인간이 창조되었을 때 있었던 거룩한 사랑을 회복시키는 중요한 수단이다."[150] 이렇게 중요한 사랑이 없이 단지 믿음만 키워가는 것은 복음의 목적이 아니다. 더 정확히 말해, 믿음은 "우리 마음에 사랑의 율법을 새롭게 확립"한다. 그런 이유로 믿음은, "사람에게 말할 수 없는 축복이자, 하나님 앞에서 말할 수 없는 가치를 지닌다."[151]

4. 마음에 율법을 굳게 세우라

a. 믿음은 사랑의 삶을 낳음

우리가 사랑의 율법을 온전한 의미로 가르치고, 성경에 기초한 신뢰할 만한 교리적 사실로 견고하게 확립했음에도, 그것을 실천하지 않는다고 해보자. 우리가 율법의 "가장 깊은 영적 의미"를 자세히 설명했다고 해보자. 나아가 우리가 "그리스도를 그분의 모든 직분을 통해 가르치고, 그리스도를 믿는 믿음을 그분의 사랑의 모든 보고를 여는 열쇠로 가르치면서도, 우리가 전한 율법이 우리 마음에 굳게 세워지지 않는다면, 우리는 하나님 앞에서 '소리 나는 구리와 울리는 꽹과리'밖에 되지 못한다."[152]

---

150 "The Law Established through Faith," 2, B 2:80, J V:464, sec. 2. 6.
151 같은 곳.
152 "The Law Established through Faith," 2, B 2:80, J V:464, sec. 3. 1; 참고. 고전 13:1.

우리는 이제 "우리 마음에 율법을 확립해 그것이 우리 삶에 온전히 영향을 미칠 수 있도록 해야 한다. 그리고 이것은 오직 믿음을 통해서만 가능하다."[153] "영혼의 눈을 일시적인 것이 아닌 영원한 것에 끊임없이 고착시키고, 우리의 애착도 점점 땅에 있는 것을 벗어나 위에 있는 것에 고정시키자."[154] 이러한 믿음은 "모든 의와 참된 거룩함을 증진시키는 가장 직접적이고 효과적인 수단이다."[155] 그러나 믿음을 통해 확립되는 율법의 어떠한 가르침도 그것을 듣는 사람이 마음으로 받아들이지 않는다면 구원에 아무런 도움이 되지 않는다.[156]

b. 사랑은 어떤 의미에서 율법의 완성인가?

믿음은 "용서하시는 하나님께 대한 신뢰"인데, 이 신뢰를 통해 하나님은 회개하는 신자의 "마음에 더욱 효과적인 방법으로 주님의 율법을 세우신다. 그리스도를 통해 하나님의 사랑을 느끼는 것만큼 우리로 하나님을 사랑하도록 강하게 이끄는 동기는 없기 때문이다. 그리고 바로 이 하나님께 대한 감사에서 우러나는 사랑의 원리에서 이웃에 대한 사랑 역시 생겨난다."[157] 사랑이 율법의 성취인 것은 바로 이런 이유 때문이다.

"남을 사랑하는 자는 율법을 다 이루었느니라."[158] "사랑은 시간과 기회가 생기는 대로, 모든 가능한 방법으로, 모든 사람에게 선을 행하라고 계속해서 우리를 독려한다."[159]

---

153 "The Law Established through Faith," 2, B 2:80-81, J V:464-65, sec. 3. 2.
154 같은 곳.
155 같은 곳.
156 "The Law Established through Faith," 2, B 2:80, J V:464, sec. 3. 1.
157 "The Law Established through Faith," 2, B 2:81, J V:465, sec. 3. 3.
158 롬 13:8.
159 "The Law Established through Faith," 2, B 2:81, J V:465, sec. 3. 3.

믿음은 "사랑으로 사람의 내면에서 작용해 그 마음을 모든 더러운 것에서 깨끗하게 하고, 순결하게 한다."[160] "사랑하는 자들아 우리가 지금은 하나님의 자녀라 장래에 어떻게 될지는 아직 나타나지 아니하였으나 그가 나타나시면 우리가 그와 같을 줄을 아는 것은 그의 참모습 그대로 볼 것이기 때문이니 주를 향하여 이 소망을 가진 자마다 그의 깨끗하심과 같이 자기를 깨끗하게 하느니라."[161]

우리가 사랑으로 하여금 "온전히 일하게" 하면, 그것은 우리를 "모든 선함과 의로움과 진실함으로" 가득 채우고, "영혼에 천국을 가져다주며, 하나님께서 빛 가운데 계시듯 우리도 빛 안에서 살아갈 수 있게 한다."[162]

"영원한 세계를 분명하고 확고히 바라보며 두려움이 아닌 기쁨으로 살아간다면, 우리는 쾌락이나 부귀, 칭찬 같은 이 세상의 모든 것을 물 위의 거품처럼 중요하지 않고, 바랄 만하지 않으며, 깊이 생각할 가치가 없는 것으로 여기고, 오직 '주님이 계신 성소'를 바라보게 된다."[163] "태양이 어두운 곳을 비추면 전에는 볼 수 없었던 티끌을 볼 수 있다. 마찬가지로 의의 태양이 당신의 마음을 비추면 당신은 전에 볼 수 없었던 죄를 보게 된다. 그렇다면 이제 당신이 이미 받은 빛을 따라 모든 면에서 부지런히 행하라! … 하나님을 직접 보게 됨으로 믿음이 더는 필요 없게 되고 사랑의 법이 영원히 확립될 때까지, 믿음에서 믿음으로 계속 전진하면서 거룩한 사랑 안에서 날마다 성장하라!"[164]

---

160 "The Law Established through Faith," 2, B 2:81-82, J V:465, sec. 3. 4.
161 요일 3:2-3.
162 "The Law Established through Faith," 2, B 2:81-82, J V:465, sec. 3. 4.
163 "The Law Established through Faith," 2, B 2:82, J V:465-66, sec. 3. 5; 참고. 히 6:19.
164 "The Law Established through Faith," 2, B 2:82-83, J V:466, sec. 3. 6.

더 깊은 이해를 위한 독서 자료

Abraham, William J. *Waking from Doctrinal Amnesia: The Healing of Doctrine in the United Methodist Church*. Nashville: Abingdon, 1995.

Allen, Ted. "John Wesley on the Mission of Church." In *The Mission of the Church in Methodist Perspective*. Edited by Alan Padgett, 45-62. Lewiston, NY: Edwin Mellen, 1992.

Anderson, Neil D. *A Definitive Study of Evidence Concerning John Wesley's Appropriation of the Thought of Clement of Alexandria*. Lewiston, NY: Edwin Mellen, 2004.

Arnett, William M. "A Study in John Wesley's Explanatory Notes upon the Old Testament." *WTJ* 8 (1973): 14-32.

Burwash, Nathaniel. *Wesley's Doctrinal Standard*. Introduction. 1881. Repr., Salem, OH: Schmul, 1967.

Callen, Barry L. *God as Loving Grace*. Nappanee, IN: Evangel, 1996.

Callen, Barry L., and William C. Kostlevy, eds. *Heart of the Heritage: Core Themes of the Wesleyan/Holiness Tradition*. Salem, OH: Schmul, 2001.

Cannon, W. R. *The Theology of John Wesley: With Special Reference to the Doctrine of Justification*. New York: Abingdon, 1946.

Clapper, Gregory S. *The Renewal of the Heart Is the Mission of the Church: Wesley's Heart Religion in the Twenty First Century*. Eugene, OR: Cascade, 2010.

Collins, Kenneth J. "The Doctrine of Justification: Historic Wesleyan and Contemporary Understandings." In *Justification: What's at Stake in the Current Debate*. Edited by Mark Husbands and Daniel J. Treier, 177-204. Downers Grove, IL: InterVarsity, 2004.

_____. *A Real Christian: The Life of John Wesley*. Nashville: Abingdon, 1999.

_____. *The Scripture Way of Salvation: The Heart of John Wesley's Theology*.

Nashville: Abingdon, 1997.

Cushman, R. E. *Faith Seeking Understanding*. Durham, NC: Duke Univ. Press, 1981.

Deschner, John. *Wesley's Christology*. Dallas: Southern Methodist Univ. Press, 1960. Repr., Grand Rapids: Zondervan, 1988.

Dunnam, Maxie D. *The Christian Way: A Wesleyan View of Spiritual Journey*. Grand Rapids: Zondervan, 1984.

Dunning, H. Ray. Grace, *Faith and Holiness*. Kansas City: Beacon Hill, 1988.

_____. *Reflecting the Divine Image: Christian Ethics in Wesleyan Perspective*. Downers Grove, IL: InterVarsity, 1998.

Edwards, Maldwyn. *Family Circle: A Study of the Epworth Household in Relation to John and Charles Wesley*. London: Epworth, 1961.

Gambold, John. "The Character of Mr. John Wesley." *MM* 21, 1798.

Gunter, W. Stephen. *The Limits of "Love Divine": John Wesley's Response to Antinomianism and Enthusiasm*. Nashville: Kingswood, 1989.

Hildebrandt, Franz, *Christianity according to the Wesleys*. London: Epworth, 1956.

Hulley, Leonard D. *To Be and to Do: Exploring Wesley's Thought on Ethical Behavior*. Pretoria: Univ. of South Africa, 1988.

Hynson, Leon O. *Through Faith to Understanding: Wesleyan Essays on Vital Christianity*. Lexington, KY: Emeth, 2005.

Jones, Howard Watkins. *The Holy Spirit from Arminius to Wesley*. London: Epworth, 1929.

Jones, Ivor H., and Kenneth B. Wilson, eds. *Freedom and Grace*. London: Epworth, 1988.

Lerch, David. *Heil und Heiligung bei John Wesley*. Zürich: Christliche Vereinsbuch-handlung, 1941.

Marquardt, Manfred. "John Wesley's 'Synergismus.'" In *Die Einheit der Kirche: Dimensionen ihrer Heiligkeit Katholizitat und Apostolizitat: Festgabe Peter Hein*, 96-102. Weisbaden: Steiner Verlag, 1977.

McDonald, Frederick W. "Bishop Butler and John Wesley." *Methodist Recorder* (1896): 142, 156, 172.

Meeks, Merrill D. "The Future of the Methodist Theological Traditions." In *The Future of the Methodist Theological Traditions*. Edited by Merrill D. Meeks, 13-33. Nashville: Abingdon, 1985.

Miley, John. *Systematic Theology*. New York: Hunt and Eaton, 1892-94. Vol. 2, chap. 8, on sanctification.

Nicholson, Roy S. "John Wesley on Prevenient Grace." *Wesleyan Advocate* (1976): 5, 6.

Nilson, E. A. "Prevenient Grace." *LQHR* 184 (1959): 188-94.

Noll, Mark. "John Wesley and the Doctrine of Assurance." *Bibliotheca Sacra* 132 (1974): 195-223.

Page, Isaac E., and John Brash. *Scriptural Holiness: As Taught by John Wesley*. London: C. H. Kelly, 1891.

Pask, A. H. "The Influence of Arminius on John Wesley." *LQHR* 185 (1960): 258-63.

Runyan, Theodore, ed. *Sanctification and Liberation*. Nashville: Abingdon, 1981.

Sangster, W. E. *The Path of Perfection*. London: Hodder and Stoughton, 1943.

Smith, J. Weldon, III. "Some Notes on Wesley's Doctrine of Prevenient Grace." *RL* 34 (1964): 68-80.

Tillett, Wilbur. *Personal Salvation*. Nashville: Barbee and Smith, 1902.

Wood, A. Skevington. "The Contribution of John Wesley to the Theology of Grace." In *Grace Unlimited*. Edited by Clark Pinnock, 209-22. Minneapolis: Bethany Fellowship, 1975.

알파벳순 웨슬리 설교 목록

(200주년 기념판, 잭슨판 출처)

200주년 기념판은 'B', 잭슨판은 'J'로 표기했다. 설교 번호 앞에 샤프[#] 부호를 붙였다. 이전 웨슬리 전집에서 웨슬리 설교가 아닌데도 웨슬리 설교에 포함시켜 저자가 바로잡았거나, 다른 판에서 서로 다른 제목이나 번호를 붙였을 경우에는 별[*] 표로 표시했다

The Almost Christian (#2, B 1:131-41 = #2, J V:17-25), Acts 26:28

Awake, Thou That Sleepest (#3, B 1:142-58 = #3, J V:25-36), Ephesians 5:14

A Call to Backsliders (#86, B 3:201-26 = #86, J VI:514-27), Psalm 77:7-8

The Case of Reason Impartially Considered (#70, B 2:587-600 = #70, J VI:350-60), 1 Corinthians 14:20

The Catholic Spirit (#39, B 2:79-96 = #2, J V:492-504), 2 Kings 10:15

*The Cause and Cure of Earthquakes (찰스 웨슬리의 설교, #129, 잭슨판에만 수록됨, J VII:386-99), Psalm 46:8

The Causes of the Inefficiency of Christianity (#122, B 4:85-96 = #122, J VII:281-90), Jeremiah 8:22

A Caution against Bigotry (#38, B 2:61-78 = #38, J V:479-92), Mark 9:38-39

Christian Perfection (#40, B 2:97-124 = #40, J VI:1-22), Philippians 3:12

The Circumcision of the Heart (#17, B 1:398-414 = #17, J V:202-12), Romans 2:29

The Cure of Evil Speaking (#49, B 2:251-62 = #49, J VI:114-24), Matthew 18:15-17

The Danger of Increasing Riches (#131, B 4:177-86 = #131, J VII:355-62), Psalm 62:10

The Danger of Riches (#87, B 3:227-46 = #87, J VII:1-15), 1 Timothy 6:9

Death and Deliverance (#133, B 4:204-14; 잭슨판에는 수록되지 않음)

Dives and Lazarus (#115, B 4:4-18 = "The Rich Man and Lazarus"라는 다른 제목, #112, J VII:244-55), Luke 16:31

The Duty of Constant Communion (#101, B 3:427-39 = #101, J VII:147-57), Luke 22:19

The Duty of Reproving Our Neighbor (#65, B 2:511-20 = #65, J VI:296-304), Leviticus 19:17

The End of Christ's Coming (#62, B 2:471-84 = #62, J VI:267-77), 1 John 3:8

The First Fruits of the Spirit (#8, B 1:233-47 = #8, J V:87-97), Romans 8:1

Free Grace (#110, B 3:542-63 = #110, J VII:373-86), Romans 8:32

The General Deliverance (#60, B 2:436-50 = #60, J VI:241-52), Romans 8:19-22

On Attending the Church Service (#104, B 3:464-78＝#104, J VII:174-85), 1 Samuel 2:17

On Charity (#91, B 3:290-307＝#91, J VII:45-57), 1 Corinthians 13:1-3

On Conscience (#105, B 3:478-90＝#105, J VII:186-94), 2 Corinthians 1:12

On Corrupting the Word of God (#137, B 4:244-51＝#137, J VII:468-73), 2 Corinthians 2:17

On the Death of Mr. Whitefield (#53, B 2:325-48＝#53, #133, J VI:167-82), Numbers 20:10

On the Death of Rev. Mr. John Fletcher (#133, B 3:610-29＝#133; J VII:431-52, 1785), Psalm 37:37

On the Deceitfulness of the Human Heart (#128, B 4:149-60＝#128, J VII:335-43), Jeremiah 17:9

On the Discoveries of Faith (#117, B 4:28-38; #117, J VII:231-38), Hebrews 11:1

On Dissipation (#79, B 3:115-25＝#79, J VI:444-52), 1 Corinthians 7:35

On Divine Providence (#67, B 2:534-50＝#67, J VI:313-25), Luke 12:7

On Dress (#88, B 3:247-61＝#88, J VII:15-26), 1 Peter 3:3-4

On the Education of Children (#95, B 3:347-60＝#95, J VII:86-98), Proverbs 22:6

On Eternity (#54, B 2:358-72＝#54, J VI:189-98), Psalm 90:2

On Faith (#106, B 3:491-501＝#106, J VII:195-202), Hebrews 11:6

On Faith (#132, B 4:187-200＝#122, J VII:326-35), Hebrews 11:1

On the Fall of Man (#57, B 2:400-412＝#57, J VI:215-24), Genesis 3:19

On Family Religion (#94, B 3:333-46＝#94, J VII:76-86), Joshua 24:15

On Friendship with the World (#80, B 3:126-40＝#80, J VI:452-63), James 4:4

On God's Vineyard (#107, B 3:502-17＝#107, J VII:203-13), Isaiah 5:4

*On Grieving the Holy Spirit [윌리엄 틸리(William Tilly)의 설교, #137, 잭슨판에만 수록됨, J VII:485-92], Ephesians 4:30

*On the Holy Spirit [존 갬볼드(John Gambold)의 설교, #141, 잭슨판에만 수록됨, J VII:508-20], 2 Corinthians 3:17

On Knowing Christ after the Flesh (#123, B 4:97-106＝#123, J VII:291-96), 2 Corinthians 5:16

On Laying the Foundation of the New Chapel (#112, B 3:577-93＝#112, J VII:419-30), Numbers 23:23

On Living without God (#130, B 4:168-76＝#130, J VII:349-54), Ephesians 2:12

On Love (#149, B 4:378-88＝#149, J VII:492-99), 1 Corinthians 13:3

On Mourning for the Dead (#136, B 4:236-43＝#136, J VII:463-68), 2 Samuel 12:23

On Obedience to Parents (#96, B 3:361-72＝#96, J VII:98-108), Colossians 3:20

On Obedience to Pastors (#97, B 3:373-83＝#97, J VII:108-16), Hebrews 13:17

On the Omnipresence of God (#118, B 4:39-47＝#118, J VII:238-44), Jeremiah 23:24

On Patience (#83, B 3:169-80＝#83, J VI:484-92), James 1:4

Sermon on the Mount, 2 (#22, B 1:488-509=#22, J V:262-77), Matthew 5:5-7

Sermon on the Mount, 3 (#23, B 1:510-30=#23, J V:278-294, Matthew 5:8-12

Sermon on the Mount, 4 (#24, B 1:531-49=#24, J V:294-310), Matthew 5:13-16

Sermon on the Mount, 5 (#25, B 1:550-71=#25, J V:310-27), Matthew 5:17-20

Sermon on the Mount, 6 (#26, B 1:572-91=#26, J V:327-43), Matthew 6:1-15

Sermon on the Mount, 7 (#27, B 1:591-611=#27, J V:344-60), Matthew 6:16-18

Sermon on the Mount, 8 (#28, B 1:612-31=#28, J V:361-77), Matthew 6:19-23

Sermon on the Mount, 9 (#29, B 1:632-49=#29, J V:378-93), Matthew 6:24-34

Sermon on the Mount, 10 (#30, B 1:650-63=#30, J V:393-404), Matthew 7:1-12

Sermon on the Mount, 11 (#31, B 1:664-74=#31, J V:405-13), Matthew 7:13-14

Sermon on the Mount, 12 (#32, B 1:675-686=#32, J V:414-22), Matthew 7:15-20

Sermon on the Mount, 13 (#33, B 1:687-98=#33, J V:423-33), Matthew 7:21-27

The Signs of the Times (#66, B 2:521-33=#66, J VII:409-19), Ezekiel 1:16

The Signs of the Times (#66, B 2:521-33=#66, J VI:304-13), Matthew 16:3

Some Account of the Late Work of God in North America (#113, B 3:594-608=#131, J VII:409-29), Ezekiel 1:16

The Spirit of Bondage and of Adoption (#9, B 1:248-66=#9, J V:98-111), Romans 8:15

Spiritual Idolatry (#78, B 3:103-14=#78, J VI:435-444), 1 John 5:21

Spiritual Worship (#77, B 3:88-102=#77, J VI:424-435), 1 John 5:20

The Trouble and Rest of Good Men (#109, B 3:531-41=#109, J VII:365-32), Job 3:17

True Christianity Defended (#134, Jackson ed. only, VII:452-62), Isaiah 1:21

The Unity of the Divine Being (#120, B 4:61-71=#114, J VII:264-73), Mark 12:32

The Use of Money (#50, B 2:263-80=#50, J VI:124-36), Luke 16:9

Walking by Sight and Walking by Faith (#119, B 4:48-59=#113, J VII:256-64), 2 Corinthians 5:7

Wandering Thoughts (#41, B 2:125-37=#41, J VI:23-32), 2 Corinthians 10:5

The Way to the Kingdom (#7, B 1:217-32=#7, J V:76-86), Mark 1:15

What Is Man? (#103, B 3:454-63=#103, J VII:167-74), Psalm 8:4

Wilderness State (#46, B 2:202-21=#46, J VI:7-91), John 16:22

The Wisdom of God's Counsels (#68, B 3:551-66=#68, J VI:325-33), Romans 11:33

The Wisdom of Winning Souls (#142, 200주년 기념판에만 수록됨, B 4:305-17), 2 Corinthians 1:12

The Witness of the Spirit, 1 (#10, B 1:267-84=#10, J V:111-23), Romans 8:16

The Witness of the Spirit, 2 (#11, B 1:285-98=#11, J V:123-34), 2 Corinthians 1:12

우리말 웨슬리 설교 목록

우리말 웨슬리 설교 목록은 한국웨슬리학회가 번역·출판한 「웨슬리 설교전집」(총 7권), 한국웨슬리학회 편 (대한기독교서회: 서울, 2006)을 정리했다. 각 권 아래 설교 번호, 제목: 영문 제목: 성경 본문 = 페이지 순서로 표기했다.

존 웨슬리의 기독교 해설 4: 윤리와 사회

Copyright ⓒ 웨슬리 르네상스 2020

초판1쇄 2020년 3월 31일

지은이 토머스 C. 오든
옮긴이 장성결
펴낸이 장기영
편 집 장기영
교정·윤문 이주련
표지 오인표 (도서출판 토비아)
인쇄 (주) 예원프린팅

펴낸곳 웨슬리 르네상스
출판등록 2017년 7월 7일 제2017-000058호
주소 경기도 부천시 호현로 467번길 33-5, 1층 (소사본동)
전화 010-3273-1907
이메일 samhyung@gmail.com

ISBN 979-11-966084-3-9 (04230)
값 22,000원